ULLSTEIN

Das Buch

Als Laura Manning am 11. September 2001 auf dem Weg zu ihrem Büro die Lobby des World Trade Center betritt, schlägt ihr aus dem Fahrstuhlschacht ein Feuerball entgegen. Die lebenslustige junge Frau wird zwar gerettet, erleidet aber so schwere Verbrennungen, dass die behandelnden Ärzte ihrem Ehemann Greg nur wenig Hoffnung machen können. Während Laura wochenlang ums Überleben kämpft, hält Greg die täglichen kleinen Fortschritte, seine Gedanken und Sorgen schriftlich fest.
Ein persönlicher und rührender Bericht über die Kraft von Liebe und Hoffnung.

Der Autor

Greg Manning ist Absolvent der University of Pennsylvania. Er arbeitete als Reporter und Redakteur sowie seit 1984 in führenden Marketingpositionen der Wirtschaftsinformationsbranche. Zurzeit ist er Marketingchef bei Euro Brokers, einer Firma, die ihren Sitz im World Trade Center hatte.
Lauren Manning, Vizepräsidentin der Firma Cantor Fitzgerald, ist inzwischen in den USA zu einer Berühmtheit geworden. Auch zwei Jahre nach der Katastrophe vom 11. September sehen die Amerikaner in ihr ein Symbol der Hoffnung für die gesamte Nation.

Greg Manning

Jeder Tag ein kleines Wunder

Aus dem Englischen
von Hedda Pänke

Ullstein

Besuchen Sie uns im Internet:
www.ullstein-taschenbuch.de

Umwelthinweis:
Dieses Buch wurde auf chlor- und säurefreiem Papier gedruckt.

Ullstein Verlag
Ullstein ist ein Verlag des Verlagshauses Ullstein Heyne List GmbH & Co. KG.
1. Auflage Oktober 2003

Titel der amerikanischen Originalausgabe: *Love, Greg & Lauren* (Bantam Books, New York)
Übersetzung: Hedda Pänke
Umschlaggestaltung: Thomas Jarzina, Köln, unter Verwendung einer Vorlage von Büro Jorge Schmidt, München
Titelabbildung: Privat
Gesetzt aus der Aldus
Satz: Pinkuin Satz und Datentechnik, Berlin
Druck und Bindearbeiten: Elsnerdruck, Berlin
Printed in Germany
ISBN 3-548-36480-2

Vorwort

Am 11. September 2001 um Mitternacht stand ich am Bett meiner Frau im William Randolph Hearst Burn Center des Presbyterian Hospital in New York.

Über ein Netz von Plastikschläuchen rannen Medikamente und eine Kochsalzlösung in ihren Körper. In den nächsten vierundzwanzig Stunden sollten ihr rund zwanzig Liter Flüssigkeit zugeführt werden, um das zu ersetzen, was ihr Organismus durch die Verletzungen verlor. Schlaf- und Beruhigungsmittel hatten sie in ein Schlafkoma versetzt, das wochenlang anhalten sollte. Ein Respirator unterstützte ihre Atmung, ein Nasenschlauch versorgte sie mit flüssiger Nahrung. Weiße Mullgaze hüllte ihren Körper ein, zusätzliche Decken hielten sie warm. Als sie am Morgen dieses Tages, um 8.48 Uhr, die Lobby im Nordturm des World Trade Centers betreten hatte, waren 82,5 Prozent ihrer Haut verbrannt worden.

Um acht Uhr war sie eine lebensprühende, schöne Frau gewesen, selbstbewusst, aktiv und kerngesund.

Gegen halb neun sauste sie durch unser Wohnzimmer und erzählte mir, dass sie noch schnell ein paar dringende geschäftliche Anrufe getätigt hatte, die ihren Aufbruch um rund eine Viertelstunde verzögert hatten. Sie verabschiedete sich von unserem zehn Monate alten Sohn Tyler, verließ die Wohnung und winkte sich unten auf der Straße ein Taxi, um sich zu Cantor Fitzgerald im World Trade Center fahren zu lassen. Sie war (und ist) Vizepräsidentin des Unternehmens und Leiterin der Abteilung für Weltumsatzdaten.

Knapp zwanzig Minuten später wollte auch ich zur Arbeit gehen und hörte mit halbem Ohr *Imus in the Morning,* als Imus die Sendung plötzlich unterbrach. »*Was?*« fragte er. »Ein Flugzeug ist in das World Trade Center geflogen?«

Ich rannte auf unsere Terrasse, von der aus man über die West Street bis zu den Twin Towers blicken kann, und sah, dass aus einem gigantischen Loch in den oberen Stockwerken des Nordturms schwarzer Rauch quoll. Das Flugzeug musste das Gebäude auf der Höhe oder kurz unterhalb der Büros von Cantor Fitzgerald getroffen haben. Verzweifelt sagte ich mir, die Hoffnung nicht zu verlieren, dass Lauren, dass alle bei Cantor Fitzgerald noch leben konnten. Immer wieder wählte ich ihre Nummern im Büro, aber es war besetzt, und ihr Mobiltelefon klingelte nicht. Ruhelos lief ich im Apartment auf und ab, schlug mit den Fäusten gegen die Wand, rief ihren Namen und sah dann, wie das zweite Flugzeug in den Südturm schlug, offenbar genau in Höhe des 84. Stockwerks, in dem sich mein Büro bei Euro Brokers befand.

Ich kam mir vor wie ein Mann, der seiner Einheit auf dem Schlachtfeld kurz den Rücken zuwendet, um dann mit ansehen zu müssen, wie sie vor seinen Augen in die Luft gesprengt wird.

Verwandte und Freunde riefen an, um sich zu vergewissern, dass uns nichts geschehen war. Ich konnte ihnen nicht sagen, ob Lauren noch lebte. Fast war ich vom Gegenteil überzeugt.

Aber sie hatte überlebt.

Als Lauren vor dem World Trade Center ankam, hörte sie ein pfeifendes Geräusch, betrat die Halle, um die Ursache zu erkunden, als ein Feuerball auf sie zuschoss. Mit brennender Kleidung rannte sie wieder hinaus. Ein Wertpapierverkäufer aus dem World Financial Center sah, wie Lauren und zwei andere aus dem Gebäude stürzten, raste über die West Street und erstickte hastig die Flammen, die sich durch Laurens Sachen auf die Haut durchfraßen. Sie war geistesgegenwärtig genug, ihm ihren Namen und unsere Telefonnummer zu nennen. Passanten hatten Hals über Kopf die Flucht angetreten, und es war weit und breit niemand zu sehen. Obwohl aus dreihundert Meter Höhe Stahlteile auf sie herabstürzten, blieb der Mann bei Lauren, bis ein Krankenwagen eintraf.

Um 9.35 Uhr meldete sich unser Telefon einmal kurz und verstummte wieder. Einen Moment später klingelte es erneut. »Mister Manning«, keuchte eine atemlose Stimme, »ich bin hier bei Ihrer Frau. Sie hat schwere Brandverletzungen erlitten, wird aber durchkommen. Sie ist jetzt in einem Krankenwagen.« Das Gespräch wurde abgebrochen, bevor er mir sagen konnte, wo sie war und wohin sie gebracht wurde. Später erfuhr ich, dass der Anrufer ein Obligationenmakler war. Sein Freund und Kollege hatte Lauren gerade das Leben gerettet.

Laurens Eltern meldeten sich aus Savannah, Georgia, hörten von mir, was geschehen war, ließen den Telefonhörer fallen, sprangen ins Auto und fuhren zum Flughafen, um nach New York zu fliegen.

Zwanzig Minuten später rief eine Krankenschwester an und teilte mir mit, dass sich Lauren im acht Blocks entfernten St. Vincent's Hospital befand. Mit den Tränen kämpfend, suchte ich mir meinen Weg durch die entsetzten, schockierten Menschenmassen, die auf der Hudson Street nach Norden eilten. Irgendwann drehte ich mich um und sah den in schwarzen Rauch gehüllten Tower One. Mir war nicht bewusst, dass Tower Two bereits in sich zusammengestürzt war.

Ich betrat das St. Vincent's Hospital wenige Minuten, bevor es für alle Besucher geschlossen wurde. Vollständig in weiße Tücher gehüllt, die nur das Gesicht freiließen, lag Lauren auf einem Bett im zehnten Stockwerk. Sie sah aus, als wäre ihre Haut tief gebräunt, aber ihre Augenbrauen waren verbrannt und ihre blonden Haare rußig verschmort.

»Bring mich in eine Klinik für Brandmedizin«, waren ihre ersten Worte.

Dann fügte sie hinzu: »Ich stand in Flammen, Greg. Und betete darum, sterben zu dürfen. Aber dann beschloss ich, für Tyler und dich am Leben zu bleiben.«

Sie bat mich, ihre aufgesprungenen, blasigen Lippen mit kühlender Salbe zu bestreichen. Ihre Schmerzen nahmen zu, und sie bettelte um Morphium. Sie schien das Bewusstsein zu verlieren. Ihr Gesicht begann anzuschwellen. Man verlegte sie in ein Einzelzimmer und schickte mich auf den Flur. In den nächsten beiden Stunden versorgten und verbanden Schwestern ihre Wunden.

Um fünf Uhr nachmittags hatte Dr. Edmund Kwan, ein am St. Vincent's wie am New York-Presbyterian tätiger plastischer Chirurg, für Lauren ein Bett im Burn Center gefunden. Er ließ ihr Beruhigungsmittel geben und sie mit einem Respirator versorgen, um zu verhindern, dass es während des Transports zu einem Atemstillstand kam. Der Krankenwagen raste über die 14th Street, den für den Normalverkehr gesperrten FDR Drive und hielt vor dem Krankenhaus. Wenige Minuten später waren wir im Burn Center in der achten Etage. Lauren wurde in einen rundum verglasten Raum gefahren, in dem Ärzte und Schwestern sich um ihr Bett scharten. Irgendjemand führte mich in den Warteraum, und ich sank auf einen Stuhl.

Die Stunden vergingen. Die City war großräumig gesperrt, und *Zuhause* schien ein sehr ferner Ort zu sein, unerreichbar. Während ich mich auf dem Fußboden des Warteraums ausstreckte, um in der Nähe zu sein, sollte ich an Laurens Bett gerufen werden, kümmerte sich daheim Tylers Kindermädchen Joyce um unseren Sohn. Mein Freund Bill Fisher hielt mit mir gemeinsam Nachtwache. Auch Angehörige anderer Patienten schliefen auf Stühlen oder bereitgestellten Liegen. Am Mittwoch gegen Mittag trafen Laurens Eltern ein. Sie würden in den nächsten drei Monaten in unserem Apartment wohnen, um für Lauren und Tyler da zu sein. Laurens Schwester kam aus New Jersey, ihr Bruder aus North Carolina. Meine eigene Familie bat ich, zu Hause in Florida zu bleiben. Ich hatte keine Unterbringungsmöglichkeiten für sie, versprach ihnen aber, sie über Laurens Zustand auf dem Laufenden zu halten.

Am Donnerstagabend kam ein grauhaariger Mann mit weißem Kittel zu uns in den Warteraum. Es war Dr. Roger Yurt, der medizinische Direktor des Burn Centers und Laurens behandelnder Arzt in den kommenden Wochen und Monaten. Mit ruhiger Stimme erklärte er, was Lauren bevorstand. Die ersten zweiundsiebzig Stunden bezeichnete er als Wiederbelebungsphase, in der ihr große Mengen an Flüssigkeit zugeführt würden, um den Verlust ihres Körpers auszugleichen. Wenn Lauren dieses Stadium überlebte, wollte Dr. Yurt in den folgenden Wochen zahlreiche Hauttransplantationen vornehmen, um ihre Wunden zu schließen. Erst danach wäre sie wirklich außer Gefahr. Und bis dahin blieben Infektionen ein beständiges Risiko.

Trotz dieser eher düsteren Prognose weckte das Gespräch mit Dr. Yurt erstmals Hoffnung in mir. Wenn es auf Erden einen Menschen gibt, der sie retten kann, dachte ich, dann er.

Am späten Sonnabend erlag ein Patient, der zur gleichen Zeit wie Lauren in die Klinik gebracht worden war, seinen Verletzungen. Dr. Yurts Stellvertreter, Dr. Palmer Bessey, überbrachte den Angehörigen die traurige Nachricht, und als ich an diesem Abend das Burn Center verlassen wollte, hielt er mich auf. »Sie ist sehr tapfer«, sagte er uns und verstummte kurz. »Ihr Zustand wird sich noch verschlechtern, bevor es ihr wieder besser geht.« Erneut machte er eine Pause und fügte dann energisch hinzu: »Aber wir unternehmen alles, um sie durchzubringen. Ich will nicht, dass sich diese Mistkerle noch eines weiteren Todesopfers rühmen können.«

Am frühen Nachmittag des Sonntag erfuhr ich, dass Laurens Überlebenschancen bei knapp 50:50 lagen, vermutlich sogar sehr viel geringer waren. (Später hörte ich, dass sie gerade einmal 15 Prozent betrugen.) Ich fand Trost bei einem Rabbi, der sich im Warteraum aufhielt, weil er ein anderes Brandopfer besuchen wollte. Auf meine Bitte hin begleitete er mich zu Laurens Bett, um für sie zu beten, und ich hoffte, dass sie die heiligen Worte hörte und wusste, dass wir für sie beteten.

In dieser Nacht starb ein weiterer Patient an den Folgen des Anschlags auf das World Trade Center.

Zu Hause klingelte Tag und Nacht das Telefon: Freunde, Kollegen und Verwandte aus aller Welt riefen an und wollten wissen, wie es Lauren ging. Es war nicht leicht, immer wieder alle Details zu wiederholen, aber ich erkannte auch, dass eine verkürzte Version kaum mehr als ein medizinisches Bulletin wäre und nichts über ihren Mut und ihre Tapferkeit aussagen würde.

Und so setzte ich mich am Nachmittag des 19. September hin und verfasste ein E-Mail über Laurens aktuellen Zustand. Ich wollte allen für ihre guten Wünsche und Gebete danken und ihnen mehr über Laurens Kampf um ihr Leben mitteilen. Ich erlebte und sah so vieles, das nicht in Vergessenheit geraten durfte: Die Fähigkeit und Hingabe des Krankenhauspersonals, die Liebe und Zuneigung von Freunden und Verwandten, die tapfere Entschlossenheit, die sich mir mitteilte, wenn ich an Laurens Bett stand.

Als Zeichen meines Vertrauens in ihren Überlebenswillen setzte ich unsere beiden Namen unter das erste Rundschreiben, wie auch unter alle folgenden.

Die täglichen E-Mails wurden für mich zu einer Selbstverständlichkeit.

Am 19. November schrieb ich:

»Wie ihr alle wisst, habe ich zwei wichtige Aufgaben: Ich bin für Tyler und Lauren da (mit enormer Unterstützung durch ihre Eltern), und ich schreibe diese E-Mails, die sich, nach der Sorge für meine Familie, als das Wertvollste erweisen, das ich jemals getan habe. Mir ging es darum, ein Netzwerk der Liebe für Lauren zu knüpfen, das notfalls die ganze Welt umspannt, wenn sie es braucht. Es hat mich gefreut, von Menschen zu hören, dass meine Worte als anregend und tröstend empfunden wurden. Es ist auch für mich inspirierend, dass sie gelesen werden. Aber die Quelle der Inspiration ist und bleibt selbstverständlich Lauren.

Dieses Buch ist für sie bestimmt.

Absender: Greg
Empfänger: alle
Datum: Mittwoch, 19. September 2001, 17:30
Betreff: Lauren am 18. September

Zunächst möchte ich euch danken, wie auch allen anderen, mit denen ihr über Lauren sprecht. Die Liebe und Zuneigung, die uns zuteil wurde, die Gebete, die für uns gesprochen wurden, haben uns geholfen.

Wegen ihrer Schmerzen hat man ihr Beruhigungsmittel und Narkotika gegeben, aber da die Ärzte sagen, dass sie meine Stimme hören kann, erzähle ich ihr von allen, mit denen ich gesprochen habe, von den vielen guten Wünschen und den Bittgebeten für ihre Gesundung, die in Gemeinden überall auf der Welt abgehalten werden, in Kirchen wie in Synagogen. Wie ich erfuhr, werden heute Abend auch die Baptisten für ihr Leben beten.

Lauren ist eine unglaubliche Kämpferin. Sie musste zwei Operationen über sich ergehen lassen und hält sich sehr tapfer. Vor ihr liegt noch ein langer, schwerer Weg, aber sie will durchhalten, und wir sind ständig bei ihr. Seit Mittwoch, 17 Uhr, ist ihr Zustand stabil.

Vielleicht wissen einige von euch noch nicht, was genau geschah: Lauren betrat die Lobby im Nordturm des World Trade Centers in dem Augenblick, als aus dem Fahrstuhlschacht ein Feuerball schoss. Ihr und zwei anderen gelang es, aus dem Gebäude zu flüchten. Alle drei standen in Flammen. Ein Passant sah sie, lief quer über die Straße, erreichte zuerst Lauren und erstickte beherzt die Flammen. Dann besorgte er für sie einen Krankenwagen, der sie als erstes Opfer in ein Krankenhaus brachte. Damit hat er ihr mit Sicherheit das Leben gerettet.

Sie kam zunächst in das St. Vincent's Hospital. Dort suchte ich sie am Dienstagnachmittag um fünf auf und fuhr dann vorn in der Ambulanz mit, die sie in das Burn Center des NY-Presbyterian brachte.

Sie habe beschlossen, für Tyler und mich am Leben zu bleiben, erklärte sie mir, als ich ins St. Vincent's kam. Also nehme ich sie beim Wort.

Ich danke euch allen für euer Mitgefühl, eure guten Wünsche und Gebete.

Herzlichst,
Greg & Lauren

Absender: Greg
Empfänger: alle
Datum: Freitag, 21. September 2001, 00:38
Betreff: Lauren am 20. September

Heute hatte Lauren einen guten Tag. Die künstliche Beatmung wurde eingeschränkt, und sie reagiert darauf positiv. Ihr Blutdruck ist gleich bleibend, ihre Magenfunktion normal. Es kommt mir vor, als sähe sie bereits ein bisschen besser aus. Sie zeigt in nicht allzu schwer beeinträchtigten Körperbereichen durchaus ermutigende Symptome für eine Gesundung aus eigener Kraft.

Wir dürfen unsere Erwartungen nicht zu hoch ansetzen, denn sie hat noch einen langen Weg vor sich. Aber es gibt Anzeichen für begründete Hoffnung.

Gestern erwähnte ich, dass Lauren bereits zwei Operationen hinter sich hat. Ein paar Stunden nach ihrer Verlegung in das Burn Center am 11. September ritzten die Ärzte die Haut ihres linken Arms auf seiner ganzen Länge mit einem Skalpell ein, denn das in das Gewebe eingeschwemmte Wasser drohte die Durchblutung abzudrücken. Am Dienstag, dem 18. September, wurden Teile ihrer unversehrten Haut auf die Rückseiten ihrer Beine und große Teile des Rückenbereichs transplantiert.

Wenn ihr Zustand stabil bleibt und sie weiterhin erfreuliche Anzeichen für Genesung zeigt, soll die nächste Transplantation Anfang der nächsten Woche erfolgen. Für morgen ist ihr erster Besuch im »Becken« vorgesehen, in dem Patienten mittels eines Krans in eine Stahlwanne gehoben und gebadet werden, wobei verbranntes Gewebe entfernt wird.

Wir wissen eure Gebete zu schätzen und sind dankbar (ich bin dankbar), dass Lauren von so vielen Menschen geliebt wird. Ich bewundere ihre Kraft und Stärke. Sie ist eine bemerkenswerte Frau.

Es ist schon spät, aber diese Neuigkeiten musste ich euch einfach mitteilen.

Herzlichst,
Greg & Lauren

Absender: Greg
Empfänger: alle
Datum: Freitag, 21. September 2001, 22:12
Betreff: Lauren am 21. September

Hallo, ihr Lieben,

Lauren hält weiter durch. Sie war heute zwar doch nicht im Becken, aber es geht ihr relativ gut. Am Morgen war ihr Blutdruck abgesackt, betrug jedoch wieder 110, als ich gegen neun Uhr abends das Krankenhaus verließ. Wahrscheinlich wird sie morgen gebadet. Bei der Wundpflege –

bei der alle zwölf Stunden die Verbände gewechselt und die Wunden gewaschen werden – bemerkte heute eine der Schwestern, Laurens Transplantationen sähen gut aus.

Heute habe ich den Mann kennen gelernt, der bei der Rettung von Jennieann, einer anderen Patientin, geholfen hat. Er kam mit ihrer Familie ins Krankenhaus, um sie zu besuchen. Leider habe ich seinen Namen vergessen!

Er war im *Marriott World Trade Center*, als das erste Flugzeug in das Gebäude schlug. Für jene von euch, die sich im World Trade Center ein wenig auskennen: Er befand sich direkt hinter der Drehtür zwischen der WTC-Lobby und dem *Marriott*. Er zerrte Jennieann durch die Drehtür, als sie aus den Qualmwolken in der Lobby auftauchte. Aber als die zweite Maschine einschlug, ließ er sich auf den Boden fallen. Sie flehte ihn an, wieder aufzustehen und zusammen mit ihr das Hotel zu verlassen. Sie benutzten einen Seitenausgang, der auf die Liberty Street führte.

Später stellte sich heraus, dass die Schwester und die Nichte des Mannes mit dem zweiten Flugzeug abgestürzt waren – und ein guter Freund mit der ersten Maschine! Im Warteraum des Krankenhauses hört man von unvorstellbaren Tragödien.

Laurens Eltern halten sich tagsüber im Krankenhaus auf. Ich denke daran, von der nächsten Woche an wieder arbeiten zu gehen, zumindest für ein paar Stunden täglich. Aber keine Sorge: Lauren hat absolute Priorität.

Tyler geht es nicht schlecht, er genießt die Zuwendung von Joyce tagsüber von montags bis freitags sowie von Laurens Eltern abends und an den Wochenenden. Ich bin zu meiner alltäglichen Routine zurückgekehrt, wache zusammen mit Tyler auf, gebe ihm seine Flasche, wechsle seine Windeln und spiele ein wenig mit ihm, bis es Zeit für seinen Brei ist.

Erneut danke für eure Wünsche und Gebete.

Herzlichst,
Greg & Lauren

Absender: Greg
Empfänger: alle
Datum: Sonnabend, 22. September 2001, 23:32
Betreff: Lauren am 22. September

Wieder hatte Lauren einen guten Tag. Sie müssten sich nicht so intensiv um sie kümmern wie an den vergangenen Tagen, sagen die Schwestern. Natürlich befinden wir uns noch im Anfangsstadium, haben unzählige Transplantationen und Operationen vor uns. Aber jeder noch so kleine Fortschritt ist unendlich wichtig.

Da sie inzwischen keine »lähmenden« Mittel mehr bekommt, kann sie selbst zur Kräftigung ihrer Atmung beitragen. Eine eindeutige Verbesserung zu dem Respirator, auf den sie bislang angewiesen war. Ihr Blutdruck lässt nichts zu wünschen übrig, und etliche Medikamente konnten bereits abgesetzt werden.

Obwohl sie noch immer unter Schmerz- und Beruhigungsmitteln steht, öffnet sie hin und wieder die Lider einen Spalt weit, und heute Abend habe ich es gewagt, ihren Arm zu berühren und ihr über die Haare zu streichen. Sie scheint wieder mehr bei Bewusstsein zu sein.

Morgen ist mit großer Wahrscheinlichkeit ihr Besuch im Becken vorgesehen, am fünften Tag nach ihrer zweiten Operation. Die Ärzte wollen sehen, wie gut die Hautverpflanzungen auf ihrem Po heilen.

Ich lese ihr aus dem Gedichtband *A Poem a Day* vor, den mir mein Freund Dan Gold gebracht hat. Unglücklicherweise sind die meisten Gedichte ziemlich melancholisch und handeln vor allem von dem Wunsch, das irdische Jammertal hinter sich zu lassen. Aber es finden sich auch einige großartige Liebesgedichte, darunter etliche Shakespeare-Sonette. Heute habe ich ihr »My Love Is Like a Red, Red, Red Rose« von Robert Burns vorgelesen.

Mein Lieb das ist ein Röslein rund,
Ein Röslein roth im Mai,

Und jedes Wort aus ihrem Mund
Ist süße Melodei.

So schön du bist, mein Lieb, so sehr,
So sehr bin ich verliebt.
Will lieben dich, bis es im Meer
Kein Tröpflein Wasser giebt;

Bis alle Felsen an dem Strand
Wie Eis zerflossen sind;
In meiner Lebensuhr der Sand,
Mein Leben, nicht mehr rinnt.

Und nun ade, du liebes Aug'.
Ade für eine Zeit.
Ich komme wieder, wär ich auch
Zehntausend Meilen weit.

Gut, gut, ihr könnt die Taschentücher wieder einstecken.

Wieder (und immer wieder) Dank für euer Gebet und Mitgefühl.

Herzlichst,
Greg & Lauren

Absender: Greg
Empfänger: alle
Datum: Sonntag, 23. September 2001, 23:55
Betreff: Lauren am 23. September

Heute war Lauren im Becken und ihre Transplantationen sehen ziemlich gut aus. Einige kleine Beinpartien nehmen die verpflanzte Haut nicht an, aber das ist wegen des Umfangs des transplantierten Gewebes nicht verwunderlich. Ihr Rücken scheint gut zu heilen. Auch ihr Gesicht sieht positiv aus. Ihre Körperfunktionen sind weiterhin stabil.

Ganz langsam, Schritt für Schritt, wird die Dosierung der Beruhigungsmittel reduziert. Das führte heute dazu, dass sie mehr Anteil an ihrer Umgebung nahm, beim Klang meiner Stimme den Kopf ganz leicht in meine Richtung drehte und die Augäpfel hinter den Lidern bewegte.

Sie schien sich auch anzustrengen, selbstständig zu atmen, ein gutes Zeichen, wenn auch nicht hundertprozentig erfolgreich. Ihre Atemzüge hörten sich sehr flach an, und sie nahm nicht so viel Sauerstoff auf wie mit umfassender Unterstützung durch das Beatmungsgerät.

Die Schwester rettete die Situation wie bei vielen anderen Gelegenheiten. Lauren befindet sich noch immer in einem kritischen Zustand, und so sind die Tage vor allem durch das Bemühen gekennzeichnet, sie nach einem Absacken des Blutdrucks, einem leichten Fieberanfall oder Unregelmäßigkeiten bei der Atmung wieder in einen relativ stabilen Zustand zu bekommen.

Da Lauren bei klarerem Bewusstsein zu sein schien, las ich ihr wieder ein paar Gedichte vor, berichtete ihr von den Genesungswünschen unserer Freunde und erwähnte die Fotos, die wir an der Wand ihres Zimmers befestigt hatten, ein Bild von uns beiden mit Tyler, eins von Tyler und das Foto von Lauren, Deirdre und Leslie, das Leslie bei unserem Zusammensein im Dezember aufgenommen hat. »Wir lieben dich, Lauren!«, hatte jemand auf die weiße Kunststofftafel an der Wand geschrieben.

Einige von euch haben sich erkundigt, wie es mir geht: *How are YOU doing*, wollten sie wissen, wie in dieser Bier-Werbung. Nun, es geht mir nicht schlecht. Natürlich wären wir alle ohne die Ereignisse bei weitem besser dran, aber ich habe Hoffnung. Manchmal ist es schwer, nicht mit dem Schicksal zu hadern, aber ich bemühe mich nach Kräften. Ich esse und schlafe recht regelmäßig, und in der letzten Woche war ich tatsächlich bei einer Off Wall Street Jamsession mit den Rolling Bones. (Ich spiele Bass.) Es wird lange dauern, in die Normalität zurückzufinden, und im Moment konzentriere ich mich vor allem darauf, für Lauren da zu sein.

Wie immer danke ich euch für eure Gebete und eure vielen Angebote, uns zu helfen.

Herzliche Grüße an alle,
Greg & Lauren

Absender: Greg
Empfänger: alle
Datum: Dienstag, 25. September 2001, 00:27
Betreff: Lauren am 24. September

Erneut ein positiver Tag. Während der letzten vierundzwanzig Stunden war Lauren durchweg stabil. Die Transplantationen auf ihren Beinen und am Rücken sehen gut aus, ausgenommen eine Hautpartie an ihrer Hüfte, doch auch die muss kein Anlass zur Sorge sein. Die dort verpflanzte Haut stammte von der Hautbank, also dürfte ein erneuter Versuch mit ihrer eigenen Haut größere Aussichten auf Erfolg bieten.

Wie ihr wisst, wurden in der letzten Woche größere Bereiche verbrannter Haut an Laurens Beinen, ihrem Rücken und an den Hüften transplantiert. So etwas kann auf dreierlei Weise geschehen: mit Leichenhaut aus einer Hautbank, mit künstlicher Haut – einer kollagenbeschichteten Silikonfolie, die das Wachstum der Unterhaut begünstigen soll, auf die später eine Schicht der körpereigenen Epidermis aufgetragen wird – und mit Eigenhaut des Verletzten. Die Behandlung mit so genannten Autotransplantaten ist die dauerhafteste Lösung. Das dazu nötige Material wird unversehrten Hautpartien des Patienten entnommen. Die so entstandenen Wunden heilen innerhalb von zwei Wochen, dann kann erneut Hautgewebe entnommen werden.

Auf Laurens Rücken und Beine wurden Autotransplantate verpflanzt, während man auf Hüften und Po künstliche Haut übertrug. Bei ihrem Besuch im Becken löste das Wasser die Schicht künstlicher Haut, doch das ist weniger bedenklich, da sie ersetzt werden kann.

Laurens zweite große Operation soll am Dienstagmorgen um 7.30 Uhr erfolgen. Anderthalb Stunden sind für die Prozedur vorgesehen, bei der körpereigene Haut auf ihren linken Arm übertragen wird, möglicherweise auch auf ihre linke Hand.

Es ist unwahrscheinlich, dass sich Lauren später an etwas aus diesen ersten Tagen erinnert. Sie befindet sich noch immer in einem komaähnlichen Schlaf, obwohl es auch Momente gibt, in denen sie an ihrer Umwelt bewusster Anteil nimmt. Ob im Tiefschlaf oder wacher – auf jeden Fall zeigt sie sich ziemlich eigensinnig. Beispielsweise soll sie im Lauf der Zeit dem Respirator entwöhnt werden, der eine bestimmte Anzahl von Luftschüben pro Minute abgibt. Gestern reagierte sie darauf mit einer Reihe hastiger, flacher Atemzüge, weil ihr der eingestellte Rhythmus nicht behagte, wie die Schwester bemerkte. »Haben Sie uns nicht gesagt, dass sie recht dickköpfig ist?« fügte sie hinzu. Laurens Atmung stand nicht im Gleichklang mit dem Takt des Gerätes, was zu einer unzulänglichen Sauerstoffversorgung in ihrem Blut führte.

Daraufhin wurde das Beatmungsgerät umgestellt. Jetzt »spürt« das Gerät anhand des zunehmenden Drucks, wenn Lauren aus eigenem Antrieb atmen will, und unterstützt sie dabei. Heute Abend schien sie sich so sehr viel wohler zu fühlen.

Heute habe ich einen Radiorecorder für sie gekauft, also wird Willie Nelson wohl die Gedichte ablösen. Morgen bringe ich ein paar CDs mit, um die Auswahl zu vergrößern. Ich könnte mir vorstellen, dass Musik ihr gut tut – eine Mischung aus gefälligem Pop und Klassik. Über Nacht habe ich das Radio auf Lite 106,7 eingeschaltet gelassen. Ich hoffe, sie verzeiht es mir eines Tages.

Heute war ich bei einem Freund zu einem informellen Abendessen. Er hatte etwa zehn Gäste eingeladen, die auf diese oder jene Weise von der Tragödie betroffen waren. Zwei von ihnen hielten sich im Südturm auf, als das erste Flugzeug in den Nordturm prallte. Sie sahen Stahl- und Betontrümmer zu Boden regnen und erkannten, dass sie sich so schnell wie möglich retten mussten. Ein weiterer Gast beobachtete die Ereignisse von einer Fährenanlegestelle in New Jersey aus und verspürte hilfloses Entsetzen, als die zweite Maschine auf den Südturm zuflog.

Wir erinnerten uns der Freunde und Bekannten, die ihr Leben verloren haben. Obwohl die Atmosphäre verständlicherweise bedrückt war, tat es uns doch allen gut, sich einmal aussprechen zu können. Ein großes Lob für die Gastgeberin, die ganz ausgezeichnete *Stars-and-Stripes*-Kekse gebacken hatte.

Ich danke allen für ihre Antworten auf diese E-Mails. Auch wenn ich nicht auf jedes Schreiben individuell reagieren kann, lese ich doch jede Zeile und bin allen für ihre Zuneigung und ihren Zuspruch dankbar.

Dank von uns beiden!!!
Greg & Lauren.

Absender: Greg
Empfänger: alle
Datum: Mittwoch, 26. September 2001, 00:32
Betreff: Lauren am 25. September

Laurens Operation ist gut verlaufen. Pünktlich um 7.30 Uhr wurde sie in den OP gebracht und kam gleich als erste Patientin »unter das Messer«. Die Operation dauerte ein wenig länger als angenommen, und sie kam erst gegen Mittag in ihr Zimmer zurück, doch das aus guten Gründen. Dem Arzt gelang es nicht nur, Laurens eigene Haut auf ihren linken Arm und ihren linken Handrücken zu verpflanzen, sondern auch auf eine Stelle an ihrem rechten Arm.

Die durch die heutige Hautentnahme entstandenen Wunden sind in etwa zwei Wochen verheilt, die der letzten Woche in sieben Tagen. Daher wird sie frühestens in einer Woche erneut operiert. Wenn Laurens Körper die Transplantationen annimmt, reduziert das ihre Verbrennungen von insgesamt 82,5 auf dreißig Prozent. Unter der Voraussetzung, dass die transplantierte Haut heilt, verbessert sich Laurens Prognose beträchtlich, obwohl sie sich noch immer in einem kritischen Zustand befindet. Dennoch ist es ein wichtiger Schritt.

Da mir entfallen ist, ob ich es schon erwähnt habe, hier der »Schlüssel«, den mir die Ärzte genannt haben: Es ist davon auszugehen, dass jedes Prozent verbrannter Haut einen Tag Aufenthalt im Burn Center bedeutet. In Laurens Fall sind das nahezu drei Monate. Während dieses gesamten Zeitraums gilt ihr Zustand als kritisch, wobei Infektionen das größte Risiko darstellen. Für mich ist das wie eine 83-Meilen-Reise über feindliches Terrain. Jederzeit kann alles Mögliche passieren. Aber vierzehn Meilen liegen bereits hinter uns, also hoffen wir auf das Beste.

Folglich war es ein weiterer guter Tag. Ihre Lebensfunktionen sind weiterhin zufrieden stellend. Während der Operation ist ihre Körpertemperatur zwar abgesunken, blieb aber im Rahmen dessen, was zu erwarten war. Ihre Lungen werden ausreichend mit Sauerstoff versorgt, was für den Heilungsprozess von großer Bedeutung ist.

Gelegentlich habe ich bei meinen Besuchen Soldaten in Tarnkleidung bemerkt, und heute fragte ich einen von ihnen, ob er von der National Guard wäre. Nein, entgegnete er, er gehöre den regulären Truppen an. Ich erzählte ihm, dass meine Frau im Burn Center behandelt wird, schüttelte seine Hand und wünschte ihm Glück für seine Mission. Es stellte sich heraus, dass er ein Oberst ist, der federführend den Einsatz der Gesundheitsdienste im Katastrophenfall koordiniert.

Auch die beiden Schwestern, die in den vergangenen fünf Tagen Lauren gepflegt haben, gehören zu diesem Katastrophenteam. Insgesamt sind fünfzehn derartige Krankenschwestern im Burn Center tätig.

Laurens Tagpfleger gehört zu einem Versorgungsteam für Brandverletzte in Minnesota. Ihre Nachtschwester ist aus Boston, und ich halte sie für die Koordinatorin/Leiterin des gesamten Teams. In den nächsten Tagen übernehmen sie Aufgaben an anderen Einsatzorten, aber die Nachtschwester rechnet damit, in ein paar Wochen ins Burn Center zurückzukehren. Beide Schwestern zeigten sich äußerst verständnisvoll, wenn ich Lauren besuchen wollte, und gaben mir jederzeit bereitwillig Auskunft, wenn ich mich nach ihrem Zustand erkundigte. Darüber hinaus hatten sie nichts dagegen, um mich herumzusteigen, damit ich neben Lauren sitzen bleiben konnte, um ihren Arm zu berühren, ihr etwas vorzulesen oder mit ihr zu reden.

Die regulären Krankenschwestern des Burn Centers sind ähnlich freundlich und zuvorkommend.

Heute kam Laurens Tagpfleger in Anzug und Krawatte vorbei, um nach ihr zu sehen. Neben seinen Pflegetätigkeiten ist er Dozent im Rahmen des Weiterbildungsprogramms für das Krankenhauspersonal.

Offensichtlich empfinden die Pflegekräfte des Burn Centers für Lauren und die anderen Opfer des Anschlags auf das World Trade Center besonders großes Mitgefühl. Die Tatsache, dass dieses ganze Elend voller Absicht herbeigeführt wurde, lässt keinen unberührt.

Meiner Meinung nach gibt es zwei Ground Zeros in New York. Einmal den Ort der Katastrophe, auf dem Rettungsmannschaften Tag und Nacht haushohe Schuttberge nach möglichen Überlebenden durchwühlen. Und dann das Burn Center des NY-Presbyterian sowie alle anderen Krankenhäuser der Stadt, in denen Opfer der Tragödie behandelt werden.

Von meinen Erfahrungen im Burn Center ausgehend, arbeiten die Ärzte und Schwestern unglaublich hart, und das rund um die Uhr. Dennoch verhalten sie sich nie anders als liebenswürdig, höflich, auskunftsbereit und voller Verständnis für die Gefühle der Angehörigen.

Selbst wenn so etwas den Idealen der Krankenpflege entspricht, bleibt es nichtsdestotrotz bewundernswert, denn es beruhigt die Familien der Patienten und vermittelt ihnen die Sicherheit, dass ihre Angehörigen die bestmögliche Zuwendung und Pflege genießen.

Gestern kam eine junge Frau vorbei, die bei Cantor Fitzgerald von Lauren betreut worden war, um ihr Mitgefühl und ihre besten Wünsche für Laurens Genesung auszudrücken. Sie hatte eSpeed am Tag vor der Katastrophe verlassen, aber mehrere ihrer besten Freunde verloren. Sie äußerte Dankbarkeit gegenüber Lauren, die stets zuvorkommend gewesen sei und sich gut um sie gekümmert habe, wie sie sagte. Natürlich habe ich Lauren von ihrem Besuch ebenso erzählt wie von allen anderen.

Etwa eine Stunde vor dem Erscheinen hatte ich endlich einen Teddybär angenommen, den mir jemand vom Personal im Burn Center schon seit Tagen in die Hand drücken wollte. Nun gab ich ihn der jungen Frau mit den Worten, sie solle sich vorstellen, er käme von Lauren.

Das mag sich vielleicht ein bisschen unsinnig anhören, aber in gewissem Sinn kam er ja tatsächlich von Lauren. Und so schlecht scheint die Idee nicht gewesen zu sein, denn sie nahm den Teddy erfreut an.

In die Fotogalerie an der Wand wurde ein Bild unseres Wheaten Terriers aufgenommen. Es zeigt Caleigh mit den Pfoten auf einem Kissen und wurde von Lauren aufgenommen.

Alles in allem ging es Lauren heute ganz gut, und das lässt mich leichter einschlafen.

Herzlichst,
Greg & Lauren

Absender: Greg
Empfänger: alle
Datum: Mittwoch, 26. September 2001, 23:54
Betreff: Lauren am 26. September

Heute kam es zu ein paar Komplikationen. Lauren musste mehr Flüssigkeit zugeführt werden, um ihren Blutdruck zu stützen. Sie zeigt Anzeichen für eine leichte Lungenentzündung, und sie hat eine Blutinfektion. Als ich sie verließ, hatte sich ihr Blutdruck stabilisiert, dennoch erhält sie drei verschiedene Antibiotika.

Wie schon betont, sind Infektionen die größte Gefahr bei der Behandlung und Heilung eines Patienten mit Brandverletzungen. Neben der eigentlichen Erkrankung können Entzündungen die Blutzufuhr in das Bindegewebe hemmen, was die »Annahme« der Transplantate beeinträchtigt und das Wachstum neuer Haut schwächt. Bei Patienten mit so schwer wiegenden Verbrennungen wie bei Lauren kommt es fast ausnahmslos irgendwann zu Infektionen. Wir können von Glück reden, dass es bislang noch nicht der Fall war.

Zur Bekämpfung von Entzündungen werden Antibiotika eingesetzt und durch Blutuntersuchungen der Erregertyp bestimmt. Antibiotika sind aber kein Allheilmittel, sie bedürfen der Unterstützung durch körpereigene Abwehrstoffe. Bei Patienten wie Lauren ist das Immunsystem jedoch extrem geschwächt.

Glücklicherweise haben die Ärzte jahrelange Erfahrung bei der Behandlung dieses besonderen Problems. Darüber hinaus hat Lauren die drei Operationen, die sie bisher hatte, relativ gut überstanden. Wenn ihr Zustand konstant bleibt, wird sie am nächsten Dienstag erneut operiert.

Wir haben fünfzehn Tage hinter uns und sehen vertrauensvoll in die Zukunft.

Am Nachmittag gab es eine Teeparty im Warteraum. Derartige Zusammenkünfte wurden von einer Frau namens Claire seit Jahren allwöchentlich in der Kinder-Neurologie und der Kardiologischen Abteilung des Columbia Presbyterian Hospital veranstaltet. Nach dem 11. September verlegte sie die Veranstaltung vorübergehend in das Burn Center des NY-Presbyterian. Zusammen mit anderen Frauen hatte sie fünfzehn verschiedene Kuchen gebacken und brachte diese nun mit Kaffee in Thermoskannen, Sandwiches, Tischtüchern, Bestecken, Tassen, *Stars-and-Stripes*-Servietten ins Burn Center, um die Angehörigen der Patienten zu bewirten.

Es war wundervoll, mit diesen Frauen zu sprechen. Eine hatte Fotos von ihrer Schwester mitgebracht, die bei einer Progangas-Explosion schwer verletzt worden war (sechzig Prozent Verbrennungen an Gesicht und Händen), aber zwei Jahre später wieder mit ihrem Mann im gemeinsamen Bauunternehmen arbeitete. Auch der Mann hatte Verbrennungen erlitten, treibt aber wieder intensiv Sport: Radfahren, Skilanglauf und Felsklettern! Die Fotos und die Erzählungen haben mir viel Mut gemacht.

Als ich bei Sonnenuntergang mein Yom-Kippur-Fasten begann – ich habe bereits fünf Kilo abgenommen und bin sicher, morgen weitere Pfunde zu verlieren –, erschien ein Chor, um ein paar Gospels zu singen. Die Freunde eines Patienten sprachen mit den Chormitgliedern im Warteraum ein kurzes Gebet, und plötzlich machten Tabletts mit Pfannkuchen und Schokokeksen die Runde. Jemand bot mir Kekse an, aber ich lehnte unter Hinweis auf mein Fasten dankend ab. »Okay«, sagte er, »dann nehmen Sie einen Donut.«

Ich bin mir nicht sicher, ob die Bibel Donuts erlaubt, und verzichtete auch darauf.

Das wäre es für heute. Wir sind voller Bewunderung für Laurens Tapferkeit und hoffen auf ein besseres Morgen.

Und ich bin unendlich müde, also wünsche ich euch allen gute Nacht.

Herzlichst,
Greg & Lauren

Absender: Greg
Empfänger: alle
Datum: Freitag, 28. September 2001, 02:01
Betreff: Lauren am 27. September

Lauren ging es heute besser. Keine schlechte Nachricht nach den Problemen vom Tag zuvor.

Am Mittwoch benötigte sie mehr Flüssigkeit, um ihren Blutdruck zu stabilisieren, und es gab Anzeichen für eine Infektion. Glücklicherweise besserte sich ihr Blutdruck nach einer geringen Dosis Dopa, und sie bekam auch kein Fieber. Die Erreger wurden bestimmt, sodass man sicher sein konnte, ihr die richtigen Antibiotika zu verabreichen. Am Donnerstagnachmittag war ihr Zustand stabil.

Gerade habe ich mit ihrer Nachtschwester gesprochen, und sie sagte mir, dass Laurens Blutdruck ein bisschen niedrig sei, aber man würde ihre Dopa-Dosis erhöhen und abwarten, ob das etwas bessert.

Sie sind unermüdlich darum bemüht, ihren Organismus zu stabilisieren und zu stützen.

Denn je schneller sie die Infektion übersteht, desto besser nimmt ihr Körper die Transplantate an, desto besser heilen die Stellen, wo Hautpartien abgelöst wurden, und desto günstiger sind die Prognosen für die Operation in der kommenden Woche.

Zusammen mit meinen Freunden Mitch und Wendi habe ich am Yom-Kippur-Gottesdienst im Krankenhaus teilgenommen, der in einem Vortragssaal im elften Geschoss stattfand. Obwohl die Zeremonie recht kurz war, konnte ich während des Versöhnungsgebets Laurens Namen sagen. Ich war nie ein besonders eifriger Gottesdienstbesucher, bin aber froh, diesmal das Richtige getan zu haben.

Die Wände des Burn Centers sind übersät mit riesigen, von Schulklassen im ganzen Land gemalten Bildern, Hunderten von Karten mit guten Wünschen, die Grundschüler geschickt haben, sowie einer Reihe von Grußkarten, auf die kleine Tüten mit Hershey's Kisses geklebt sind.

Weiterhin lassen gute Samariter den Familien im Warteraum Kuchen, Süßigkeiten und anderes zukommen. Heute gab es Brownies und Granola-Riegel.

Zum Abschluss meines Fastens gönnte ich mir heute Abend ein angenehmes Essen und hatte danach einen Auftritt im *Red Lion*.

Das fiel mir nicht leicht, aber da jedermann betonte, wie wichtig es sei, mich abzulenken, war ich dazu bereit.

Wir begannen mit einer Kurzversion von »You Can't Always Get What You Want«, gefolgt von »Street Fighting Man«. Unser Bandleader Billy ging mit ein paar wohl überlegten Worten auf die terroristischen Angriffe ein.

Während unseres Auftritts ging ich zum Mikrophon, um Lauren einen Song zu widmen. Zunächst konnte ich die Leute kaum dazu bringen, meiner Ansage zuzuhören, aber als ich ihnen erklärte, wer Lauren war, verstummten sie sofort. Die Katastrophe beträfe uns alle auf unterschiedliche Weise, sagte ich, als Stadt, aber auch als Individuen. Dann sagte ich, dass meine Frau als Folge der terroristischen Angriffe im Burn Center des NY-Presbyterian Hospital um ihr Leben kämpfte.

Ich hätte nach einem Stones-Song gesucht, der passend sei, um ihn Lauren zu widmen, erzählte ich weiter, und mich für »Wild Horses« entschieden. Allerdings kämen mir einige Textpassagen nicht ganz passend vor. Zunächst einmal sei Lauren nicht ungebärdig und wild, sondern im Gegenteil sehr kultiviert und elegant. Zweitens könnte ich mit der letzten Textzeile – »*Let's do some living after we die*« – nicht einverstanden sein, da wir fest entschlossen seien, *vor* unserem Tod ausgiebig zu leben. Der Applaus war ohrenbetäubend.

Wir spielten »Wild Horses« mit viel Gefühl und Leidenschaft, und ich war froh, ihr den Song gewidmet zu haben.

Danach rockten wir, was das Zeug hielt. Zwanzig Leute tanzten direkt vor uns, und jeder ging voll aus sich heraus: Unsere Sängerin begab sich unter die Zuhörer, wie auch unser Lead-Gitarrist. Jeder in der Band war total bei der Sache.

Es tat mir ungemein wohl, zur Abwechslung einmal an nichts anderes denken zu müssen als an die richtigen Griffe und Töne. In der Pause kamen Zuhörer auf die Bühne, um mir Genesungswünsche für Lauren zu überbringen.

Ich glaube, selbst die Stones wären zufrieden mit unseren Darbietungen gewesen.

Später tauchte noch ein Freund von mir im *Red Lion* auf, der zuvor beim Trauergottesdienst für seinen guten Freund gewesen war, ein gemeinsamer Kollege bei Euro Brokers. Mein Freund hatte an die dreihundert Programme gedruckt, aber es kamen fast tausend Trauergäste. Der Mann lässt drei Kinder zurück, und sein Tod ist wie der all der anderen eine Tragödie.

Heute erschien mein Firmenchef Gil Scharf im Krankenhaus, um sich nach Laurens Befinden zu erkundigen und zu berichten, wie sich unsere Kollegen in den Ausweichquartieren zurechtfanden. Er erzählte von Angestellten, die vermisst wurden, darunter auch von jenen, die andere in untere Stockwerke begleitet hatten, dann jedoch wegen der Hilferufe von Kollegen über Walkie-Talkies sowie der Durchsagen, das Gebäude sei sicher, wieder in unsere Räume im 84. Stockwerk zurückgekehrt waren und nie wieder gesehen wurden. Die Tatsache, dass viele Menschen sterben mussten, weil sie andere retten wollten, lässt ihren Tod noch tragischer erscheinen.

Heute kam auch Laurens Vorstandschef Howard Lutnick ins Burn Center. Immer deutlicher erkenne ich, dass all die gute Arbeit, die Lauren in ihrem Leben geleistet hat, viele Menschen beeindruckt hat. Sie kommen nun alle ins Krankenhaus, um ihr ihre Zuneigung zu beweisen. Ich bin für all diese Besuche dankbar. Sie bedeuten mir viel. Ich erzähle ihr von jedem, der vorbeikommt oder mir schreibt. Schließlich ist sie es, die am meisten leidet.

Herzlichst,
Greg & Lauren

Absender: Greg
Empfänger: alle
Datum: Freitag, 28. September 2001, 9:52
Betreff: Nachtrag zum 27. September

Vermutlich waren meine Gedanken beim Schreiben der gestrigen E-Mail voll auf den Sabbat konzentriert. Ich fürchte, ich habe eine wichtige Nachricht glatt vergessen:

Tyler war gestern elf Monate alt.

Herzliche Glückwünsche, Tyler!!!

Beste Grüße
Greg

Absender: Greg
Empfänger: alle
Datum: Sonnabend, 29. September 2001, 00:40
Betreff: Lauren am 28. September

Heute war ein guter Tag. Lauren leidet noch immer unter der Infektion, aber ihre Lungen arbeiten ebenso zufriedenstellend wie ihr Magen, und das ist sehr positiv. Der Sauerstoff und die Proteine, die ihr zugeführt werden, sind dringend nötig, um neues Bindegewebe aufzubauen und ihre Haut heilen zu lassen.

Inzwischen verstehe ich auch, was der Arzt meinte, als er sagte, er würde bei Laurens Transplantaten »drei zu eins« vorgehen. Mit einer Art Nudelmaschine werden die Transplantate aus Laurens unversehrter Haut zu einem perforierten Netz ausgewalzt, das eine dreimal größere Fläche schließt als die Körperpartie, der sie entnommen wurde. Über dieses Spalthautnetz wird Leichenhaut gespannt, die wie ein Verband dazu beiträgt, dass die Eigenhaut besser angenommen wird.

Die bisher vorgenommenen Transplantationen machen

einen guten Eindruck, was darauf schließen lässt, dass sie in der Mehrzahl erfolgreich verlaufen. Bedauerlicherweise wirkt sich die Infektion ebenso negativ auf den Heilungsprozess aus wie auf die Bildung von neuer Haut auf den »Spenderflächen«. Deshalb ist Laurens Aufenthalt auf der Intensivstation ein ziemlicher Balanceakt. Negative Faktoren müssen ausgeschlossen werden, damit positive die Überhand gewinnen können. Günstig für Lauren wirkt sich aus, dass sie vor der Katastrophe kerngesund war und es aufgrund dieser Konstitution geschafft hat, ihre Körperfunktionen stabil zu halten – ein Wort, das für die Angehörigen aller Brandverletzten von großer Bedeutung ist.

Wenn wir morgens ins Krankenhaus kommen, gilt unsere erste Frage dem Befinden der anderen Patienten. Fast ausnahmslos erhalten wir von den Angehörigen ein Schulterzucken zur Antwort und ein einziges Wort: »stabil«.

Heute Abend erzählte mir die Schwester, wie Laurens Organismus von sich aus um konstante Körperfunktionen bemüht ist. Beispielsweise schlägt ihr Herz schneller, um trotz einer leichten Erweiterung der Blutgefäße durch die Infektion den Blutdruck aufrechtzuerhalten.

Heute habe ich zwei neue Bilder an die Wand gepinnt, eins von Lauren und eins von Lauren, Tyler und meinem Vater. Die Fotos sind auch eine Möglichkeit für das Pflegepersonal, sich mit Lauren vertrauter zu machen. Sie alle freuen sich darauf, sie besser kennen zu lernen, wenn sie endlich wieder bei klarerem Bewusstsein ist.

Schon das vermittelt einen Eindruck davon, wie schwer die Arbeit der Schwestern und Pfleger ist: Die Patienten treffen schwer verletzt ein, in kritischem Zustand und häufig unfähig zu irgendeiner Kommunikation. Oft müssen Ärzte und Schwestern wochenlang kämpfen, bis es den Opfern ein wenig besser geht. Daher lernt das Pflegepersonal die Patienten zunächst durch deren Besucher kennen, und die Fotos sind ein gutes Mittel, sich ein Bild von dem früheren Leben ihrer Pflegebefohlenen zu machen, in das sie durch ihre Behandlung zurückgeführt werden sollen.

Mitterweile kommen die Angehörigen von Opfern der World-Trade-Center-Katastrophe seit siebzehn Tagen in das Burn Center, und wir kennen einander ganz gut. Wir achten gegenseitig auf unsere Taschen, und ich scherze regelmäßig mit einer Familie, die mich immer wieder fragt, ob ich nicht eine Million Dollar in der Brieftasche habe. Nein, aber knapp unter einer Million, entschuldigte ich mich eines Tages, und erhielt prompt zur Antwort, das lohne den Diebstahl nicht. Am nächsten Tag prahlte ich unverfroren mit zwei Millionen.

Der enge Zusammenhalt zwischen den Angehörigen beruht auf der belastenden Situation. Wir haben mitterweile Wochen miteinander verbracht und werden hoffentlich weitere Monate miteinander verbringen, in denen wir uns Minute für Minute um unsere Lieben sorgen. Das ist so, als würde sich eine lebensbedrohliche Operation über Wochen hinziehen. Wir haben gelernt, die Mienen der Ärzte und Pflegekräfte zu deuten. Sobald eine neue Schwester auftaucht, habe ich das Bedürfnis, wenigstens eine Viertelstunde mit ihr zu sprechen, bis ich weiß, wie sie Laurens Zustand bewertet. Trotz ihrer streng sachlichen Fachsprache hat jede ihre eigene Art der Kommunikation. Doch letztlich läuft alles darauf hinaus, auf welch unterschiedliche Art sie »stabil« definieren.

Und so sprechen wir Wartenden miteinander, mit den Krankenhauspsychologen, dem Kaplan, den Mitarbeitern des Roten Kreuzes sowie den vielen guten Samaritern, die uns Lebensmittel, Süßigkeiten, Getränke und Zeitschriften bringen. Aber letztendlich wissen nur wir, was wir durchmachen. Wir sind die Angehörigen von Patienten, die bei einer unvorstellbaren Katastrophe lebensgefährlich verletzt wurden, während die meisten anderen Opfer entweder nicht überlebt haben oder aber den Ort der Tragödie relativ unbeschadet verlassen konnten.

Wir, die Wartenden, sind irgendwie losgelöst von der Welt um uns herum, die sich um *Bewältigung* bemüht, indem man versucht, über den Verlust eines Familienmitglieds hinwegzukommen, oder fassungslos erkennt, dass Leben von so etwas Belanglosem wie einem verspäteten Arbeitsantritt abhängen kann. Es werden die Heldentaten von Feuerwehrmännern, Polizisten sowie von Firmendirektoren gerühmt, denen es gelang, ihre Angestellten rechtzeitig aus dem Gebäude zu schaffen, wie auch von Mitarbeitern vieler Firmen, die unermüdlich Kollegen in Sicherheit brachten, selbst dann noch, als alles über ihnen zusammenstürzte. Die meisten anderen Menschen auf der Welt haben bereits einen gewissen Abstand zu den Ereignissen gewonnen, aber wir befinden uns noch immer mittendrin – und wissen nicht, wie es weitergeht.

Die Verbundenheit ist groß. In den ersten Tagen gehörten zu den Wartenden die Mutter, die Schwester und der Freund einer Frau, die mit schweren Brandverletzungen aus dem 78. Stockwerk des Südturms entkam. Besonders mit ihrer Schwester habe ich mich oft und gern unterhalten. Als ich am fünften Abend das Krankenhaus verließ, bat ein Arzt die Angehörigen in einen angrenzenden Warteraum. Am nächsten Tag waren sie nicht mehr unter den Wartenden.

Ich hatte überlegt, ob ich mich nicht nach ihren Namen erkundigen sollte, um ihnen eine Karte zu schicken, aber gestern, fast zwei Wochen später, kam die Schwester in den Warteraum und erzählte uns, wie die Familie versuchte, über den Verlust hinwegzukommen, und wie sehr der vierzehnjährige Sohn um seine Mutter trauerte. Irgendwann fielen wir einander alle in die Arme und konnten sogar lächeln, aber das täuschte weder über den Schmerz der Schwester hinweg noch darüber, wie schwer das sorgenvolle Warten für uns andere ist.

Aber mit der Hilfe unserer vielen Freunde werden wir durchhalten. Ich danke euch allen für eure Unterstützung und euren Zuspruch. Das Wissen, Freunde zu haben, auf die wir uns verlassen können, hilft Lauren und mir sehr.

Herzlichst,
Greg & Lauren

Absender: Greg
Empfänger: alle
Datum: Sonntag, 30. September 2001, 1:12
Betreff: Lauren am 29. September

Laurens Befinden ist konstant. Seit mehreren Tagen, wie ihre Schwester mit flach ausgestreckter Hand andeutete. Laurens Infektion wird noch immer mit Antibiotika behandelt, aber sie hält sich tapfer.

Sie wird noch immer in künstlichem Schlaf gehalten, aber als ich heute mit ihr sprach, bewegten sich ihre Augen hinter den Lidern wie in einer REM-Phase, daher nehme ich an, dass sie mich hören kann. Deshalb habe ich ihr versichert, dass Tyler sie sehr lieb hat.

Heute habe ich Lauren eine CD mit Bachmusik vorgespielt. Der Name des Interpreten – Dirk Freymouth – hört sich an, als hätte ihn sich Douglas Adams für seinen *Hitchhiker's Guide to the Galaxy* ausgedacht. Aber die Musik klang wundervoll. Natürlich ist Bach immer wundervoll. Gleichmäßig in der Modulation, ohne abrupte Übergänge, sodass das Zuhören sehr beruhigend war.

Da ich für die Musikauswahl verantwortlich bin, wechselt sich Bach mit Dwight Yoakam, Eric Clapton, Sting, Willie Nelson und Patsy Cline ab. Vermutlich nehmt ihr jetzt an, das würde Lauren dazu provozieren, aus dem Bett zu springen, um mir eins hinter die Ohren zu geben. Dennoch bin ich mir fast sicher, das Richtige zu tun.

Der Kalender sagt mir, dass heute Sonnabend ist, aber irgendwie scheinen die Tage nahtlos ineinander überzugehen. Es gibt nur wenig Abwechslung, und ein Tag ist so lausig wie der andere.

Aber wie ich heute beim Verlassen des Burn Centers zu den Angehörigen eines anderen Patienten bemerkte, können wir uns über ereignislose Tage nur freuen …

Gestern habe ich vom Zusammenhalt der Familien gesprochen. Der Zustand jedes Patienten ist überaus kritisch und kann sich von Stunde zu Stunde abrupt ändern. Jedes kleine Problem löst tiefe Niedergeschlagenheit, jede Wende zum Besseren Euphorie aus. Jeder Patient führt einen individuellen Kampf gegen eine Vielzahl möglicher Gefahren. Ein Patient mit geringfügigeren Verbrennungen, aber angegriffenen Lungen, braucht vielleicht keine umfassenden Transplantationen, ist jedoch wesentlich anfälliger für Lungeninfektionen oder einen Lungenkollaps. Lauren hat insofern Glück, als ihre Lungen das Blut mit genügend Sauerstoff versorgen und so den Heilungsprozess fördern. Ein anderer Patient, dessen Hautoberfläche zu neunzig Prozent verbrannt ist, wurde gerade in den OP gebracht.

Das Bedürfnis nach Trost und körperlicher Nähe ist von Familie zu Familie unterschiedlich und hängt von der aktuellen Information über den Zustand ihres Angehörigen ab. Wir sind alle bemüht, einander Zuspruch und Trost zu geben, werden jedoch häufig von einer Hilflosigkeit überwältigt, die den Gefühlen von Menschen überall auf der Welt ähneln, als sie zusehen mussten, wie die Zwillingstürme am 11. September in sich zusammenstürzten. Wir wissen genau, was wir uns wünschen, können aber nur zusehen, abwarten und auf das Beste hoffen.

Heute habe ich die meisten Stunden des Tages mit Tyler verbracht. Ich unterstütze ihn beim Laufenlernen (offen gestanden setze ich damit Joyces Bemühungen in dieser Richtung fort). Heute nahm ich seine rechte Hand in meine linke, machte einen Schritt vorwärts, und er folgte meinem Beispiel. Dann machte ich einen weiteren Schritt mit dem anderen Fuß, und wieder ahmte er mich nach. Auf diese Weise absolvierten wir noch eine Reihe von Schritten, erst mein Fuß, dann sein sehr viel kleinerer. Ich weiß, wie kitschig das klingen könnte. Aber wenn ihr es gesehen hättet, wäre auch euch warm ums Herz geworden.

Wieder danken wir euch allen für eure Gebete und eure Zuwendung.

Herzlichst,
Greg & Lauren

Absender: Greg
Empfänger: alle
Datum: Dienstag, 2. Oktober 2001, 1:12
Betreff: Lauren am 1. Oktober

Der Tag brachte ungewöhnliche emotionale Ereignisse, und für Lauren waren es insgesamt ermutigende vierundzwanzig Stunden.

Wie schon erwähnt, erhielten Laurens Eigenhautverpflanzungen eine Deckschicht aus Leichenhaut, weil das die Heilung begünstigt. Bis dieser »Überzug« sich ablöst, sind keine Aussagen über den Erfolg der eigentlichen Transplantationen zu treffen. Bei Lauren löste er sich vielleicht sogar ein wenig früh, und die Schwestern waren sich über den Ausgang nicht sicher.

Aber es stellte sich heraus, dass die Transplantate zu achtzig bis neunzig Prozent angewachsen sind. In Anbetracht ihres noch immer kritischen Zustandes ist das eine ganz ausgezeichnete Nachricht. Sie hält ihren Blutdruck aus eigener Kraft, ihre Lungen nehmen ausreichend Sauerstoff auf, und auch ihre anderen Organe arbeiten zufrieden stellend. Sie nimmt genügend Nährstoffe auf, um den Heilungsprozess und die Bildung neuen Gewebes zu fördern. Das ist ein sehr wichtiger Punkt und erklärt die gute Annahme der Transplantate. Sie erhält keinerlei paralytische Mittel mehr, und auch die Dosierungen einiger anderer Medikamente werden zurückgefahren. In Anbetracht ihrer Situation geben einige Faktoren durchaus Anlass zur Hoffnung.

Allerdings sind die Übertragungen von Silikonfolie auf Po und Hüften fehlgeschlagen. Und auch die zehn bis zwanzig Prozent Eigenhauttransplantationen, die nicht angenommen wurden, müssen wiederholt werden. Darüber hinaus haben sich einige verbrannte Hautpartien, die nicht operiert wurden, bedauerlicherweise nicht von selbst geschlossen.

Laurens nächste Operation soll am Mittwoch stattfinden. Dabei will sich der Arzt auch ihrer Hände annehmen. Aber da diese gut durchblutet sind, will man ihnen die Chance geben, so gut es geht aus eigener Kraft zu heilen.

Heute fand die offizielle Trauerfeier von Cantor Fitzgerald statt. Das Unternehmen hat 658 Angestellte verloren. Insgesamt starben 698 Menschen – Handwerker und Mechaniker, Besucher, freie Mitarbeiter – auf den Firmenetagen. Die Gedenkveranstaltung wurde im Central Park abgehalten, und Tausende nahmen daran teil. Menschen, die ich seit langem nicht mehr gesehen hatte, Menschen, die Cantor vor Jahren verlassen hatten, kamen zusammen. Eine Frau, die früher einmal für mich gearbeitet hatte, sah mich, kam auf mich zu, umarmte mich und brach in Tränen aus. Mir wurde bewusst, dass sie mich bis zu diesem Moment für tot gehalten hatte. Sie wusste auch nicht, dass Lauren und ich verheiratet waren, einen kleinen Sohn hatten und dass Lauren als Folge des terroristischen Angriffs im Krankenhaus lag.

Ich erinnerte mich, dass sie mir vor Jahren bei einem Firmenereignis, an dem Lauren und ich teilnahmen, auf den Kopf zusagte, aus Lauren und mir würde ein Paar. Das verblüffte mich sehr, denn damals hatte sich zwischen uns absolut noch nichts abgespielt. Jetzt erzählte ich ihr, dass sie vor Jahren offenbar so etwas wie einen sechsten Sinn gehabt hätte. Das überrasche sie überhaupt nicht, erwiderte sie, sie wäre schon immer sehr intuitiv gewesen.

Viele, sehr viele Menschen kamen auf mich zu und erkundigten sich nach Lauren, darunter auch Leute, denen ich nie zuvor begegnet war. »Lauren ist unsere Hoffnung«, sagte einer von ihnen.

Am Eingang gab es eine »Wand der Erinnerung« mit Fotos der vermissten Mitarbeiter und Worten des Gedenkens. Karten lagen bereit, damit die Anwesenden ihre eigenen Erinnerungen an lieb gewonnene Kollegen neben die Fotos heften konnten. Die Wand war bewegend, doch nicht so ergreifend wie die Fotos der Vermissten, mit denen verzweifelte Familien im Krisenzentrum, das Cantor Fitzgerald vor zwei Wochen im *Plaza Hotel* eingerichtet hatte, nach ihren Angehörigen suchten. Ich gewann den Eindruck, dass es an diesem Tag weniger darum ging, sich an das Einzelschicksal zu erinnern, als vielmehr den gemeinsamen Verlust zu akzeptieren und zu betrauern.

Unter einem riesigen Zeltdach waren lange Stuhlreihen aufgestellt. Auf jedem Sitz lag ein Teddybär mit dem Namen des Schulkindes, das ihn geschickt hatte. Die Redner saßen auf einem überdachten Podium. Hinter ihnen hatte der Harlem Boys Choir Aufstellung genommen, und ein großes Sternenbanner bedeckte die Rückwand der Bühne.

Bürgermeister Giuliani fand sehr bewegende Worte. Er nannte die Angestellten von Cantor Fitzgerald Helden des Alltags, die mit harter Arbeit einen Schlüsselfaktor der Wirtschaft, den Wertpapiermarkt, zum Blühen gebracht hätten. Und dann sagte er etwas sehr Einfaches: »*We're right, and they are wrong.*« Während unsere Gesellschaft von Freiheit, dem Austausch von Meinungen, der Achtung vor dem Gesetz und dem Respekt vor dem menschlichen Leben bestimmt ist, lehnen die Terroristen diese Überzeugungen ab. Er äußerte Bewunderung dafür, dass Cantor Fitzgerald innerhalb von zwei Tagen die Arbeit wieder aufgenommen hatte und damit ein Beispiel für ganz Amerika gäbe.

Er wurde mehrfach von Beifall unterbrochen, aber den größten Applaus erhielt er bei seinem Eintreffen und nach Beendigung seiner Rede. Durch sein vorbildliches Handeln nach der Katastrophe hatte er sich auf der ganzen Welt Bewunderung und Anerkennung erworben. Er war aber auch zur Vaterfigur für die entsetzten, geschockten Bürger von New York geworden, und allein seine Anwesenheit war für viele von uns ein Trost in unserer Trauer. Seine Entschlossenheit und sein Stolz auf die Stadt und ihre Menschen gaben uns allen Mut und Zuversicht.

Drei Hinterbliebene – zwei Witwen und ein Witwer – erinnerten an ihre Ehepartner und das Leben, das sie geführt hatten. Zwei Pfarrer und ein Rabbi hielten kurze Ansprachen und beteten mit uns.

Howard Lutnick ergriff das Wort und äußerte, wie stolz er auf die Menschen sei, die gestorben waren, aber auch auf jene, die überlebt hatten. Er sprach von dem unendlichen Schmerz, der Trauer, die Menschen erfahren hätten, aber auch von der Hoffnung, die nahezu sofort aufgekommen sei, und von seinem Empfinden, dass die Ereignisse alle in der Firma enger zusammengeführt, sie zu einer »Familie« gemacht hätten. Daraus beziehe er sein festes Vertrauen, dass sich das Unternehmen auch in der Zukunft bewähren und gute Arbeit leisten würde, während es gleichzeitig die Familien jener unterstützte, die nicht mehr unter uns waren. Lutnick erwähnte voller Bewunderung, dass ihn nach der Katastrophe Witwen angerufen und *ihm* Trost zugesprochen hätten.

Der Chor stimmte »God Bless America«, »We Shall Overcome« und »The Battle Hymn of the Republic« an, während Judy Collins mit klarer, faszinierender Stimme »America the Beautiful« und »Amazing Grace« sang.

Und dann war es vorbei, und ich ging ins Krankenhaus. Ich wusste, dass es Lauren relativ gut ging, hoffte aber dennoch, mit ihrem Arzt sprechen zu können, um meine Sorgen vom gestrigen Abend zu zerstreuen. Bei diesem Gespräch erfuhr ich, dass der Emir von Qatar das Burn Center besuchen würde. Da das Weill-Cornell Medical College in Qatar das Weill Medical College of Qatar errichtet, wolle das Staatsoberhaupt den Verletzten des Terroranschlages sein Mitgefühl beweisen.

Ich befand mich in Laurens Zimmer, als der Emir mit seinem Gefolge unter einem wahren Blitzlichtgewitter und gefolgt von einem großen Aufgebot an Sicherheitskräften seinen Besuch absolvierte. Ich saß neben Laurens Bett auf einem Drehstuhl, und als der Emir vorbeikam, deutete Laurens Arzt auf uns. Der Emir sah Lauren und mich an und neigte den Kopf. Ich nickte ihm zu, er nickte mir zu, und sie gingen weiter.

Ein ereignisreicher und guter Tag, vor allem für Lauren. Vielleicht liegt das daran, dass überall auf der Welt immer mehr Gebete für sie gesprochen werden, wie ich dieser E-Mail meiner Mutter entnehme:

»Übrigens weiß ich nicht, ob es dir bekannt ist, aber ... hat mir erzählt, dass ihre Nichte sechs Monate in Irland verbringt und die andere Hälfte des Jahres in den Vereinigten Staaten. Als sie (die Nichte) von Laurens Unglück erfuhr, rief sie ihren Priester in Irland an und bat ihn, für sie in seiner Kirche zu beten. Der Priester war so berührt von dieser Bitte, dass er seine Amtsbrüder überall in Irland anrief und sie bat, während ihrer Gottesdienste für Lauren Mannings Gesundheit zu beten. Ich halte das für eine großartige Geste und hoffe, dass sie hilft.«

Davon bin ich überzeugt.

Euch allen nur Gutes.

Herzlichst,
Greg & Lauren

Absender: Greg
Empfänger: alle
Datum: Mittwoch, 3. Oktober 2001, 1:15
Betreff: Lauren am 2. Oktober
(und Gregs Besuch an einem ganz besonderen Ort)

Lauren hält sich weiterhin sehr tapfer. Nach wie vor soll sie morgen gegen Mittag operiert werden. Neben etlichen Hautverpflanzungen ist ein Luftröhrenschnitt geplant, damit ihr Atemschlauch in den oberen Brustkorb verlegt werden kann. Nachdem sie drei Wochen lang durch die Nase beatmet wurde, kann das möglicherweise zu ernsten Problemen führen.

Die Ärzte wollen auch die Dosierung ihrer Beruhigungsmittel weiter einschränken. Sie nimmt noch immer nicht viel von ihrer Umgebung wahr, und ihre Augen sind geschlossen, aber sie scheint zu versuchen, ihre Arme zu bewegen, was ich heute an ihrem rechten Arm spüren konnte. Es ist ein winziger Schritt in die richtige Richtung.

Gestern holte ich ein Buch mit Mark Twains humoristischen Skizzen, das unsere Freunde Milena und Frank für mich bei ihrem Portier hinterlegt hatten. Endlich konnte ich Lauren etwas Amüsantes vorlesen und begann mit »Punch, Brothers, Punch«, einer kleinen Geschichte, die mit Sicherheit keiner von euch kennt, die aber äußerst komisch ist.

Lauren hat etliche neue Grußkarten mit guten Wünschen von ihrer Freundin Leslie erhalten. Heute hatten wir eine Reihe von Besuchern im Warteraum, darunter auch Laurens Freund Harvey, dem ich zuvor nie begegnet war. Harveys Sohn hat im vergangenen Sommer ein Praktikum bei Lauren absolviert.

Vor meinem Weg ins Krankenhaus habe ich mich längere Zeit mit Tyler beschäftigt und konnte kaum glauben, wie niedlich er geworden ist. Er weiß genau, was er will, ist ungemein aktiv, und wenn er lächelt, durchpulst einen ein unglaubliches Glücksgefühl. Er lehnt es ab zu krabbeln. Er will auf seinen eigenen Beinen stehen und laufen, indem er sich von Gegenstand zu Gegenstand hangelt. Er will Küchenschränke und Stereovitrinen genau erforschen, und das erinnert mich daran, dass Lauren und ich vor all diesem Schrecken gerade damit begonnen hatten, unser Apartment babysicher zu machen.

»Time Waits for No One«, heißt es in einem Song der Stones. Tyler lässt sich mit Sicherheit keine Zeit. Ich sehe, wie er sich entwickelt, und wünsche mir, dass er seine Mutter so bald wie möglich wiederbekommt. In einer Hinsicht kann man von Glück sagen, dass er noch so klein ist, aber es wäre zu schön, wenn Lauren diese Zeit miterleben könnte. Daher nehmen wir ihn in regelmäßigen Abständen auf Video auf, damit ihr diese Phase nicht ganz entgeht. Dabei sollte ich nicht verschweigen, dass auf mich in dieser Sache kein Verlass gewesen wäre. Laurens Familie hat den Camcorder aufgetrieben und ein Nachbar Bänder gekauft. Ich habe den Recorder lediglich einmal zur Hand genommen: Als ich mir die Gebrauchsanweisung zu Gemüte führte.

Den größten Teil des Vormittags verbrachte ich mit einem Vorhaben, das ich nicht länger aufschieben wollte. Wenn ihr die Schilderungen allzu bedrückend findet, überlest sie einfach!

Ich habe mir Ground Zero angesehen. Der Besuch wurde von Lucie Ferell organisiert, einer Krankenschwester des Roten Kreuzes aus Minnesota. In der vergangenen Woche hat sie beträchtliche Zeit im Burn Center damit zugebracht, die Hilfsangebote des Roten Kreuzes für die Familien der Verletzten zu koordinieren. Sie erklärte, dass das Ausmaß der Katastrophe alle bisherigen Erfahrungen ihrer Organisation bei weitem übersteigt und wir alle – Patienten, Angehörige, Mitarbeiter von Gesundheits- und Sozialbehörden sowie freiwillige Helfer – erst nach Wegen suchen müssen, um mit den individuellen Verlusten fertig zu werden, wie auch die alltäglichen und langfristigen Aufgaben zu bewältigen, denen sich viele von uns gegenübersehen.

Als Leitende Mitarbeiterin des Roten Kreuzes ist sie zum Tragen eines Ausweiskärtchens mit grünem Streifen berechtigt, der unbeschränkten Zugang zu Ground Zero gewährt. Darüber hinaus kann sie Angehörige von Verletzten oder Opfern der Tragödie vom 11. September zum Ort des Geschehens führen. Sie hat dafür gesorgt, dass ich heute Ground Zero aufsuchen kann, und meinen Freund Mitch eingeladen, uns zu begleiten.

Wir fuhren in Mitchs Auto zum World Trade Center und folgten der Route, die Lauren und ich auf unserem täglichen Weg zur Arbeit genommen hatten: über die Washington Street, dann rechts in die Houston Street, nach links über die West Street zum World Trade Center. Vor dem Anschlag dauerte die Fahrt mit dem Taxi fünf Minuten und kostete 4,70 Dollar.

Lauren bog für gewöhnlich gleich hinter der Vesey

Street auf die Zufahrt zum 1 World Trade und betrat den Nordturm durch die Drehtür an der West Street. Und genauso hielt sie es auch am 11. September, als sie in der Lobby lebensgefährlich verletzt wurde.

Ich ließ mein Taxi zur Liberty Street bis zur Höhe des *Marriott World Trade Center* weiterfahren, stieg an der Ecke aus und lief zu Fuß zum Eingang des 2 World Trade Centers (des Südturms).

An diesem Morgen wurden wir an der Canal Street zum ersten Mal angehalten. Lucie zückte ihr Ausweiskärtchen, und wir wurden aufgefordert, ein mit Foto versehenes Personaldokument zu zeigen, den Führerschein beispielsweise, und unsere Anstellung im WTC nachzuweisen (in meinem Fall durch meinen Ausweis der Port Authority World Trade Center). Wir wurden durchgewinkt auf die einzige nach Süden führende Fahrbahn auf der Nordseite der West Street, die von orangefarbenen Leitkegeln gesäumt war.

Auf unserer Weiterfahrt nach Süden kamen wir an drei Kontrollpunkten vorbei, an denen zunehmend mehr Polizisten ihren Dienst verrichteten (die letzte Straßensperre war mit sechs Polizisten besetzt), und erreichten schließlich die Vesey Street. Wir parkten am Straßenrand, stiegen aus und überquerten die Vesey Street, um Ground Zero zu betreten.

Es war schwer zu glauben, dass beide Türme einfach fort sein sollten, dass es auch die Straßen nicht mehr gab, und doch war es so. Die Szene erinnerte ihn an einen apokalyptischen Film, stellte Mitch fest, mit Kulissen in einem unvorstellbar großen Ausmaß.

Ich rechnete damit, von Emotionen überwältigt zu werden, reagierte aber wie gelähmt. Ich fungierte vorwiegend als eine Art Fremdenführer und schilderte meinen beiden Begleitern, was früher wo gestanden hatte, wo Lauren und ich aus unseren Taxis gestiegen waren, um die Gebäude zu betreten und unseren Arbeitstag in ihnen zu verbringen. Ich erkannte, dass bei meinen Vorstellungen der katastrophalen Zerstörung die Gebäude und Plazas trotzdem immer noch intakt vor meinem inneren Auge gestanden hatten. Aber so ist es nicht mehr.

Stattdessen sah ich mich Trümmerbergen gegenüber. Das Welthandelszentrum ist ein Meer aus Schutt. Inmitten der Zerstörung ist noch immer die aufgerissene und eingedellte Bronzekugelplastik zu erkennen, die den Mittelpunkt der Plaza bildete. Überall ist schweres Räumgerät bei der Arbeit. Hier und da scharten sich Feuerwehrmänner und Abbrucharbeiter zusammen. Zwei K-9-Polizisten kamen mit Rettungshunden an der Leine vorbei.

Eine Ecke des American Express Buildings im World Financial Center ist weggefetzt wie die Seite eines Pappkartons, aber noch immer verbunden mit einem Gebäudeteil des Trade Centers. Zerborstene Fenster machen deutlich, dass sich die Wucht des Aufpralls wie eine invertierte Parabel über eine Fläche von dreißig bis vierzig Stockwerken ausgewirkt hat.

Die Fassaden der Gebäude in der Umgebung dessen, was einst das World Trade Center war, sind schwarz und verrußt wie die Innenseiten eines Kamins, in dem die Flammen außer Kontrolle geraten sind.

Es lässt sich schwer sagen, wo sich Bürgersteige und Übergänge befunden haben, denn von den ursprünglichen Anlagen ist nahezu nichts mehr zu erkennen. Die Fußgängerbrücke vom World Trade Center zum Atrium des World Financial Centers wurde total zerstört und bis auf ihren zentralen Betonstützpfeiler bereits abgetragen. Den Zugang zum Atrium gibt es nicht mehr.

Und natürlich sind auch die beiden Türme verschwunden. Um zehn Uhr vormittags werden wir von der Sonne beschienen. Gebäude, über die ich früher hinwegblickte, um die Fähren auf dem Hudson zu beobachten, ragten nun fünfzig Stockwerke hoch und mehr über unseren Köpfen auf.

Wo sich noch am 10. September eine moderne Stadtlandschaft mit riesigen Bürogebäuden und einem neu asphaltierten Boulevard befand, flankiert von nahezu fertig gestellten Bürgersteigen, Radwegen und frisch angelegten Rasenflächen, gab es nur noch Berge von Schutt und Metall, die einer gigantischen Schrotthalde ähnelten. Hier und da stiegen Rauchsäulen aus dem Schutt auf wie aus unterirdischen Glutherden eines aktiven Vulkans. Die Fahrbahnen waren auf großer Fläche in sich zusammengebrochen. Verbogene Stahlträger hingen wie Lametta von den teilweise zerstörten flacheren Gebäuden des World Trade Centers.

Innerhalb der zwanzig Meter hohen, von Flammen geschwärzten und durch die Wucht der Implosion gebeugten Überreste der drei Nordturm-Außenmauern türmt sich zehn bis fünfzehn Meter hoch pulverisierter Schutt. Er füllt unterirdische Einkaufsstraßen, Tiefgaragen, die Stationen von drei Subway-Linien sowie den Bahnhof der Hudsontunnelbahn, die bis zu dreißig Meter unter Straßenniveau liegen. Bizarr verbogen ragen die Strebepfeiler aus den Trümmern, die zwölf Meter oberhalb des ersten Obergeschosses dreißig Zentimeter von der Vertikalen abweichend ausschwangen.

Im Vergleich zu den teilweise erhaltenen, mehr als zwanzig Meter hohen Stahlrahmengerüsten der Lobbyfenster in beiden Türmen wirken die Räumfahrzeuge mit ihren hydraulischen Greifschaufeln wie Ameisen.

In langer Reihe warten Tieflader und Kipplastwagen darauf, beladen zu werden. Obwohl jeder dieser riesigen Schuttlaster innerhalb von zehn Minuten bis über den Rand der Ladefläche gefüllt ist, scheinen die Trümmerberge um keinen Zentimeter kleiner zu werden. Sobald einer davonfährt, nimmt der nächste seinen Platz ein. Gigantische Kranausleger schwenken aus und entladen ihre Last auf die Fahrzeuge.

Lucie fragte nach Schutzhelmen, und ein Feuerwehrmann aus der Bronx fuhr mit uns auf einem Elektrokarren über West Street und Pine zur Feuerwache an der Ecke Liberty und Greenwich Street. Er ging hinein und kam mit drei weißen Schutzhelmen wieder heraus. Wir setzten sie auf und liefen auf die Polizeibarrieren zu, die die Schuttberge des Südturms umgeben. Mein Büro hat sich im 84. Stockwerk befunden.

Straßen oder Bürgersteige gibt es nicht mehr. Die Fußgängerbrücke vom 2 World Trade zum Bankers Trust Building ist zusammengestürzt. Für einen Moment verlor ich jede Orientierung, doch dann begriff ich, dass die südlichsten vierzig Gebäudemeter von 3 World Trade gleichfalls verschwunden sind. Die umliegenden Häuser wirken mit ihren leeren Fensterhöhlen und eingedrückten Fassaden wie nach einem Brandbombenangriff. Das *Millenium Hotel* und einige andere Gebäude sind mit roten Plastiknetzen verhängt. Es sieht aus wie der dilettantische Versuch einer Christo-Verpackung.

Vor uns gähnte ein zehn Meter tiefes Loch. Der Haupteingang, vor dem sich früher Raucher und Touristen versammelt hatten, war ein groteskes Gewirr aus eingestürzten Stützpfeilern. Auch hier umgaben die Reste der Stahlkonstruktion der Lobby und der untersten Stockwerke Berge pulverisierten Schutts.

Unter diesen Grabhügeln aus Trümmern lagen mehr als fünfzig Kollegen von mir und Tausende weiterer Opfer. Mitch und ich sprachen ein Kaddisch für sie und gingen die einstige Liberty Street entlang, vorbei an den Überresten des Hotels und der Tall Ships Bar an der Ecke. Der Parkplatz, der auf der Südseite der Liberty Street einen ganzen Block eingenommen hatte, war ein einziges Trümmerfeld. Man konnte nicht einmal mehr erkennen, wo die Kirche gestanden hat.

Als wir die West Street erreichten, liefen wir zwischen gewaltigen Kränen hindurch und an den Trümmern des Eingangs zum *Marriott World Trade Center* vorbei und kehrten schließlich zum Trümmerfeld des Nordturms zurück. Ich blieb stehen, blickte in die Höhe und versuchte mir den Turmklotz vorzustellen, der hier 420 Meter hoch aufgeragt hatte. Ich sah nur den klaren, blauen Himmel.

Wir sprachen auch ein Kaddisch für die Angestellten von Cantor Fitzgerald, die hier ihr Leben verloren hatten.

Dann hockte ich mich an der Stelle nieder, an der Lauren mit großer Wahrscheinlichkeit ihre Brandverletzungen erlitten hatte, legte meine Hände auf den Boden und betete für sie wie auch für ein weiteres Opfer der Flammen, das zum Zeitpunkt der Katastrophe in der Nähe auf den Bus zum Flughafen gewartet hatte.

Wir blieben noch lange Zeit stehen und liefen dann an Bürocontainern von Polizei und Feuerwehr vorbei über die West Street nach Norden und kehrten in eine Welt zurück, in der noch Gebäude stehen und es Straßen gibt. Wir bestiegen Mitchs Auto, passierten etliche Polizeiabsperrungen, und einige Blocks nördlich vom Schauplatz der Katastrophe spritzten zwei Männer mit Hochdruckschläuchen Staub und Asche vom Wagen.

Als wir den letzten Kontrollpunkt hinter uns ließen, sagte einer der Polizisten: »Es gibt kaum Verkehr.«

Herzlichst,
Greg & Lauren

Absender: Greg
Empfänger: alle
Datum: Donnerstag, 4. Oktober 2001, 2:14
Betreff: Lauren am 3. Oktober

Laurens Operation ist gut verlaufen. Sie wurde erst um halb fünf in den OP gebracht, um Viertel vor acht war der Eingriff beendet, und gegen neun lag sie wieder in ihrem Zimmer. Man hat Flächen auf ihren Füßen, an der Bauchseite und einige Stellen am Po mit Leichenhaut versehen. Erst in der nächsten Woche verfügt sie wieder über genügend Eigenhaut, die zu Verpflanzungen genutzt werden kann.

Wie schon erwähnt, wird Leichenhaut für gewöhnlich nach zwei oder drei Monaten abgestoßen, aber bis dahin fungiert sie wie ein Verband, der den Selbstheilungskräften des Körpers die Chance gibt, eine bessere Grundlage für spätere Eigenhaut-Transplantationen zu bilden. In fünf Tagen werden die Ärzte überprüfen, ob Laurens Organismus die Leichenhauttransplantate »angenommen« hat.

Bei meinem heutigen Besuch im Krankenhaus habe ich mich zunächst nach dem Befinden einer anderen lebensgefährlich verletzten Patientin erkundigt. Ich hörte mit Freude, dass sie ihre schwere Operation gut überstanden und damit bewiesen hat, dass sie eine ähnliche Kämpfernatur wie Lauren ist.

Bevor Lauren in den OP gebracht wurde, hat sie es tatsächlich geschafft, kurz die Augen zu öffnen. Sofort fielen mir all die Dinge ein, die ich ihr in den vergangenen Wochen während ihres künstlichen Komas erzählt hatte, als ich nicht sicher sein konnte, dass sie mich hörte, geschweige denn verstand. Offenbar hatte ich in meinem Bemühen, so umfassend wie möglich zu berichten, Lauren genügend erregt, um ihren Blutkreislauf in Wallung zu bringen. Aber es tat unglaublich gut, ihr zum ersten Mal seit dem 11. September kurz in die Augen blicken zu können.

Wie ich schon erwähnte, sorgen die Schwestern rührend für die Verletzten der WTC-Katastrophe, und die Ärzte geben sich alle erdenkliche Mühe, sie zu retten, aber nicht weil sie »wichtiger« als andere Brandverletzte wären, sondern weil es sich um die Opfer eines heimtückischen Anschlages handelt. Und das begann bereits, bevor die Patienten eingeliefert wurden.

Kurz nach den Flugzeugabstürzen traten im Burn Center Pläne für den Notfall in Kraft. Am 11. September sah sich das Burn Center vor Aufgaben gestellt, die seine Kapazität bis an die Grenzen erschöpfte. Unter normalen Umständen finden am Tag ein bis zwei brandverletzte Patienten Aufnahme, aber nicht fünfzehn.

Auf der Intensivstation wurden alle Betten bis auf eins freigemacht. Das war möglich, weil die Hälfte der Zimmer dazu vorgesehen ist, in vergleichbaren Notfällen zu Intensivräumen umgestaltet zu werden. Der Zustand eines kleinen Jungen war zu ernst, um ihn verlegen zu können, aber vierzehn andere Patienten wurden umgebettet. Eine Krankenschwester erzählte mir, dass man überall in anderen Abteilungen fieberhaft nach nicht benötigten Infusionsschläuchen, Geräteständern, Infusionsbehältern, Verbandsmaterial und anderen Dingen fahndete, die in großer Zahl benötigt würden.

Innerhalb von zwei Stunden war das Burn Center auf die Patienten vorbereitet. Aber dann begann die eigentliche Arbeit erst.

Die Funktionen aller lebenswichtigen Organe – darunter Herz, Lungen, Nieren – der brandverletzten Patienten müssen doppelt und dreifach überprüft werden. Zwei Computerschirme über jedem Bett geben Auskunft über Herzfrequenz, Blutdruck, Blutsauerstoff, Lungendruck, Gasvolumen und Atmung (spontan, unterstützt).

Elektronische Baxter-Pumpen mit kleinen Displays und horizontalen Schlitzen, durch die Infusionsschläuche geführt werden können, kontrollieren den Fluss aller Infusionen wie Sedativa, Antischmerzmittel und Flüssignahrung. Mindestens zweimal pro Schicht werden Blutproben entnommen und untersucht, wenn die Schwester es für notwendig erachtet, noch häufiger.

Manche Patienten, so auch Lauren, liegen auf Luftmatratzen, in deren verschiedenen Kammern sich der Luftinhalt per Knopfdruck verändern lässt, sodass man die Patienten problemlos von einer Körperseite auf die andere drehen kann. Leichte Stöße verhindern, dass sich Wasser in den Lungen staut.

Alle diese Geräte – Respirator, Herzfrequenzmesser, Infusionsleitungen, selbst die Luftmatratze – können jederzeit Warnsignale von sich geben, auf die die Schwestern reagieren müssen.

Darüber hinaus werden bei den meisten Patienten zweimal täglich Verbände gewechselt und Brandverletzungen versorgt. Dazu kommen Besuche von Physiotherapeuten, die mit Übungen dafür sorgen, dass die Patienten die Bewegungsfähigkeit ihrer Glieder nicht verlieren.

Um das Arbeitspensum der Schwestern vom Burn Center zu erleichtern, werden sie durch FEMA-Pflegepersonal aus dem ganzen Land, unter anderem aus Minnesota, Massachusetts, Florida und Alabama unterstützt. Jede dieser Schwestern, jeder Pfleger assistiert einer regulären Schwester während einer Schicht und sorgt danach eigenständig für bestimmte Patienten. Es spricht für die sorgsame Planung des Krankenhauses wie auch der Gesundheitsorganisationen des ganzen Landes, dass diese Schwestern im Fall der Katastrophe bereitstanden.

Auch die Ärzte sahen sich vor großen Herausforderungen. Sie mussten Therapiepläne für die neuen Patienten entwickeln und genügend Zeit für eine überwältigende Zahl von Eingriffen und Operationen finden. Normalerweise operieren die Chirurgen des Burn Centers in einem OP einen Patienten pro Tag. Aber in den vergangenen drei Wochen behandelten sämtliche Chirurgen in zwei OPs zwei bis drei Patienten am Tag, wobei sie von Kollegen aus anderen Krankenhausabteilungen unterstützt wurden.

Langsam beginnt man zu begreifen, wie hingebungsvoll hier um das Leben der Überlebenden der Katastrophe gerungen wird.

Laurens Zustand war heute durchweg »felsenfest stabil«. Wenn ich es mir recht überlege, ist das kein schlechter Name für eine Rock 'n' Roll-Band: *Rock Stable*.

Grüße an euch alle.

Herzlichst,
Greg & Lauren

Absender: Greg
Empfänger: alle
Datum: Donnerstag, 4. Oktober 2001, 23:57
Betreff: Lauren am 4. Oktober

Mit Ausnahme eines geringfügig niedrigeren Blutdrucks hält sich Lauren befriedigend. In der letzten Woche ist ihr Gesicht wieder ein wenig aufgedunsen, nachdem die Schwellung bereits zurückgegangen war. Die erneute Schwellung ist auf eine Infektion zurückzuführen, ebenso wie auf eine Infusion mit Kochsalzlösung unter die Schädelhaut, weil man diese als Transplantationsmaterial nutzen will. In kosmetischer Hinsicht ist das eine gute Wahl, weil die Haarwurzeln nicht beeinträchtigt werden und das nachwachsende Haar alle Narben verdeckt.

Heute brachte die Physiotherapeutin Lauren im Rahmen ihres Trainingsprogramms in eine sitzende Position, und die aufrechte Haltung des Kopfes ließ die Schwellung wieder abklingen. Insgesamt scheint Laurens Gesicht relativ gut zu heilen. »Ihr Gesicht sieht hervorragend aus, richtig rosig«, stellte neulich eine Schwester befriedigt fest. Vielleicht habe ich das in einer früheren E-Mail bereits erwähnt: Ein Gesicht kann mitunter am schlimmsten verbrannt aussehen, heilt aber häufig besser als andere Hautpartien, und Laurens Gesicht sah überraschend gut aus, als ich sie am 11. September im St. Vincent's Hospital aufsuchte.

Das soll heißen, dass ich ihre Züge wenigstens wiedererkennen konnte, während der Rest ihres Körpers verhüllt war wie der einer Mumie. Ein Pfleger erklärte, er glaube fest daran, dass bei Berührungen positive Energien übertragen würden. Er gab mir sterile Handschuhe, mit denen ich ganz sanft über ihre Stirn strich, während ich mit ihr sprach.

Eine Reihe von euch hat mich rechtzeitig per E-Mail auf den NPR-Bericht über das Burn Center hingewiesen, sodass ich ihn hören konnte. Er dauerte acht Minuten und war sehr gut. Danach wollten einige von euch wissen, ob es sich bei der erwähnten Patientin um Lauren gehandelt hat. So ist es: Die Schwere der Verbrennungen (82,5 Prozent der Hautoberfläche) sowie Ort und Stelle der Transplantationen lassen daran keinerlei Zweifel.

Angehörige dürfen zwar nicht mit in den Wasserbeckenraum – und werden bei Behandlungen stets gebeten, sich aus der Nähe vom Bett zu entfernen –, aber die Reporterin schilderte eindeutig Laurens Aufenthalt dort, wie auch andere Formen ihrer Therapie. Obwohl sich Lauren noch immer in einem Schlafkoma befindet, bekommt sie doch einiges mit, und die Pfleger erklären ihr jedes Mal, was sie tun und aus welchem Grund. »Ich werde jetzt Ihr Ohr berühren, Lauren, um Ihre Temperatur zu messen«, sagen sie etwa oder: »Jetzt werde ich ganz kurz Ihren Arm anheben, Liebes.« So erkannte ich via NPR genau, dass sie mit Lauren sprachen, während sie ihre Wunden versorgten.

Wenigstens hält sich Lauren ungemein tapfer, und wenn ihre jüngste Operation Erfolg hat, wenn die Transplantate angenommen werden und wachsen, erscheint so etwas wie Licht am Ende des Tunnels. Das heißt natürlich nicht, dass sie bereits über den Berg wäre, aber sie ist auf dem richtigen Weg, und das steigert ihre Überlebenschancen beträchtlich.

Doch so weit ist es noch nicht. Im Augenblick zeigt sie sich nur ungemein stark. Lauren ist eben ein unglaublich zäher Brocken, wie ich heute zu ihrer Schwester und ihrem Pfleger sagte.

Der NPR-Bericht erwähnte nebenbei einen Börsenmakler, der nach wenigen Tagen bereits das Krankenhaus verlassen konnte, in das er am 11. September mit Verbrennungen von 34 Prozent eingeliefert wurde. (Sein Fall wurde in *Good Morning America* ebenso geschildert wie in etlichen Zeitungen. Heute kam er ins Burn Center zurück. Ich sprach kurz mit ihm und gratulierte ihm zu seiner Entlassung. Das freue ihn auch, erwiderte er, aber er hätte nichts dagegen gehabt, noch ein wenig zu bleiben, weil die Pflege im Burn Center so ausgezeichnet sei. Seine Arme sind noch immer in Netzverbände gehüllt, die Verbrennungen im Gesicht und auf den Händen sind nicht zu übersehen. Er war hier, um sich Druckbandagen anpassen zu lassen, die er noch einige Zeit tragen muss, um Narbenbildung auf ein Minimum zu beschränken.

Wir sprachen kurz über Lauren, und er wünschte mir für sie alles Gute. Ich bat ihn, seine Cousine zu grüßen, mit der ich mich im Warteraum ausgiebig und gern unterhalten hatte. Sie ist eine Muslima aus Pakistan, die ihren Abscheu über den barbarischen Anschlag zum Ausdruck gebracht und betont hatte, er stünde in krassem Widerspruch zu den Lehren ihrer Religion. Dennoch wären Anwesenheit und Einfluss von Extremisten in ihrer Heimat ebenso unübersehbar wie die afghanischen Flüchtlinge, die sich eine Liberalisierung ihrer Gesellschaft wünschen, sich aber bei ihrem Widerstand gegen fundamentalistische Anschauungen tagtäglich ernsthaften Bedrohungen ausgesetzt sahen und sehen.

Noch eine gute Nachricht: Die Frau, deren Haut zu neunzig Prozent verbrannt wurde, hat die Ärzte überrascht und ist seit ihrer riskanten Operation vom Dienstag stabil. Morgen soll sie erneut operiert werden. Ich glaube, ich habe bereits erwähnt, dass sie Jennieann heißt, und ich möchte euch bitten, für sie zu beten.

Heute kam mein Freund Dan ins Krankenhaus und brachte zwei CDs mit: Enya und Sinatra plus Jobim. Laurens Plattensammlung scheint ganz nach dem Geschmack der Pflegekräfte zu sein, denn sie spielen sie tags wie nachts ab. Die Musik umfasst Klassisches, Country, Blues, Pop und Jazz, aber verblüffenderweise keinen Rock 'n' Roll, es sei denn, man zählt Stevie Ray und Sting zu Rockern.

Dan hatte auch einen Band mit ausgewählten Gedichten von e. e. cummings dabei, in dem er auf meinen Wunsch hin die Seiten mit seinen Lieblingsgedichten durch Eselsohren markiert hatte. Unter Bach-Klängen las ich sie Lauren vor und konnte sehen, wie ihre Lider leicht flatterten. Sie ist bei uns, wenn auch nicht ganz.

Herzlichst,
Greg & Lauren

Absender: Greg
Empfänger: alle
Datum: Sonnabend, 6. Oktober 2001, 1:23
Betreff: Lauren am 5. Oktober

Ich bin einfach zu müde zum Schreiben. Ich werde es nachholen.

Tut mir Leid,
Greg

Absender: Greg
Empfänger: alle
Datum: Sonnabend, 6. Oktober 2001, 7:12
Betreff: Lauren am 5. Oktober

Ihrer Tagschwester zufolge hält sich Lauren »felsenfest stabil«. Sie hat einige Male kurz die Augen geöffnet, als ich ihr vorlas, offenbar eine Reaktion auf den Klang meiner Stimme. Ganz sicher bin ich mir, dass sie so reagierte, als ich ihr erzählte, wie ich mit Tyler Abklatschen spielte. Darüber hinaus schlug sie kurz die Lider auf, als ihre Eltern sie besuchten.

Lauren hatte Tyler das Händeklatschen beigebracht, als er etwa sechs Monate alt war, und er tat es nur zögernd, als würde er sich fragen, ob er es auch richtig machte. Aber irgendetwas muss doch hängen geblieben sein, denn als ich heute meine Hand hob und »*High-five*« rief, ahmte er mich nach. Dann gluckste er vor Lachen, als wäre er ungemein stolz auf seine Tat, und klatschte wieder mit seiner kleinen Hand gegen meine große. Schließlich hob ich beide Hände, sagte »*Double high-five*«, und er tat es mir nach. Wahrscheinlich war es meine erste Unterhaltung mit ihm, bei der er meine Worte genau zu verstehen schien.

Dieser Fortschritt in Sachen Sozialverhalten wird sich als sehr nützlich erweisen, da er schon jetzt allgemein beliebt ist: Er wurde zu etlichen Geburtstagspartys eingeladen und feiert am 27. Oktober seinen eigenen!

Da Laurens letzte Operation erst zwei Tage zurückliegt, waren für den Freitag keine bedeutenden therapeutischen Maßnahmen geplant. Das größte Ereignis bestand in zwei neuen Schienen, die ihre Arme in einem steileren Winkel anheben.

Auf eine Weise, die ich mir als gesunder Mann nie recht bewusst gemacht habe, hängt die allgemeine Beweglichkeit eines Menschen keineswegs nur von den Muskeln ab, sondern auch von der Haut. Im Laufe eines Lebens passt sich die Haut den Erfordernissen häufig und regelmäßig vorgenommener Bewegungen an.

Bei brandverletzten Patienten hat die Haut ernsthafte Schäden erlitten. In der Anfangsphase ihrer Behandlung verbringen sie lange Zeit auf dem Rücken und bewegen sich aufgrund einer medikamentösen Ruhestellung kaum. Und doch beginnt gerade in dieser Zeit der größte Teil der versehrten Hautpartien zu heilen. Wenn diese Tatsache unbeachtet bleibt, würde es dem Patienten irgendwann buchstäblich zu eng in seiner eigenen Haut.

Glücklicherweise ist das ein allgemein bekannter Aspekt in der Brandmedizin, und es wird alles unternommen, um diese unangenehmen Nebenwirkungen zu vermeiden. Bewegungs- und Physiotherapeuten halten Lauren nicht nur mit ausgeklügelten Übungen »in Bewegung«, sondern sorgen auch für die notwendigen Schienen, um »funktionale Positionen« der verschiedenen Körperbereiche zu gewährleisten. Die Physiotherapeuten nehmen ihre Arbeit schon sehr bald nach der Einlieferung der Patienten im Burn Center auf, selbst in sehr ernsten Fällen.

Seit ihrem ersten Tag im Burn Center halten besondere Schienen für den Tag und andere für die Nacht Laurens Arme, Knöchel und Hände in der Position, die für die spätere Bewegungsfreiheit unerlässlich ist. Auf die Notwendigkeit des morgendlichen und abendlichen Schienenwechsels wird mit großen Buchstaben auf einer Tafel an der Wand ihres Raums hingewiesen.

Darüber hinaus fördern Physiotherapeuten wenigstens einmal täglich die Beweglichkeit ihrer Glieder durch bestimmte Übungen wie Aufsitzen, Armstrecken und Anheben der Beine – alles natürlich in dem Maß, in dem der Patient es in seiner augenblicklichen Situation erträgt.

Vor wenigen Tagen habe ich mich mit den beiden Therapeuten unterhalten. Die Bewegungstherapeutin ist die Leiterin dieser Behandlungsform im Burn Center, und der Physiotherapeut ein recht wortkarger Mann. »Es war sehr schön, mit Ihnen reden zu können«, sagte ich zum Abschied zu ihm, »auch wenn Sie kaum etwas gesagt haben.« Aber er sei ein guter Zuhörer, erklärte er schmunzelnd.

Die Bewegungstherapeutin betonte, wie sehr sie Laurens Willensstärke und Kraft beeindrucke. Sie hätte bereits mehrmals ihren Widerstand bei bestimmten Bewegungen verspürt. Das wäre nicht überraschend, da diese Übungen sehr schmerzhaft seien, aber sie erkenne daran Laurens physische Energie, die bei ihrer weiteren Gesundung nur von Vorteil sein könne.

Die Frau erzählte mir, dass sie in jüngeren Jahren als Folge einer Erkrankung unter körperlichen Beeinträchtigungen gelitten hätte, diese aber durch eine geeignete Therapie und Rehabilitationsmaßnahmen überwinden konnte. Mit Sicherheit hatte dieser Erfolg ihre spätere Berufswahl bestimmt. Sie empfände große Zuneigung zu den bei den Anschlägen auf das World Trade Center verletzten Patienten und wolle ihnen mit allen Mitteln helfen. Sie könne gut nachvollziehen, dass gerade diese Patienten mitunter den Mut verlören, und es sei ihre Aufgabe, ihnen auf dem Weg zurück in die Normalität zu helfen.

Ich versicherte ihr, es sei mir eine große Beruhigung, Lauren in so guten Händen zu wissen.

Nach einer Weile mussten sich die Therapeuten um andere Patienten kümmern, aber beide kamen danach zu mir in den Warteraum, um ihr Gespräch mit mir zu beenden!

Es ist diese Hingabe – auch bei den anderen Pflegekräften, die sich geradezu rührend um ihre Patienten kümmern und sogar das Gespräch mit den Angehörigen suchen, um eine noch bessere Beziehung zu den Patienten herzustellen –, die mich entspannen lässt, wenn ich spätabends nach Hause komme, an Lauren in ihrem Krankenhausbett denke und weiß, wie gut sie umsorgt wird.

Beste Grüße und Dank für eure Gebete!!
Greg & Lauren

Absender: Greg
Empfänger: alle
Datum: Sonntag, 7. Oktober 2001, 2:12
Betreff: Lauren am 6. Oktober

(Ich entschuldige mich schon im Voraus für die Länge dieser Epistel.)

Laurens Zustand ist nach wie vor stabil, und dafür sind wir alle dankbar. Mit knapp unter 100 war ihre Herzfrequenz zum ersten Mal ein wenig niedriger als in den vergangenen fünfundzwanzig Tagen. Ihr Blutdruck lag knapp über 100, ähnlich günstig stand es mit ihrem Blutsauerstoff. Alles in allem so, wie es sein musste.

Als ich am Morgen mit ihrer Schwester telefonierte, war Lauren »ansprechbarer«. Sie öffnete die Augen und bewegte sich geringfügig. Am Nachmittag wurde sie im Wasserbecken behandelt, eine Prozedur, die rund zwei Stunden in Anspruch nahm und für die die Dosis ihrer Sedativa erhöht wurde. Als ich abends gegen neun im Burn Center auftauchte, öffnete sie die Augen nicht, aber ich sah, wie sie sich hinter den Lidern bewegten.

Ich setzte mich auf den Drehstuhl und betrachtete Lauren. Plötzlich wurde mir bewusst, dass sie seit fast vier Wochen nicht mehr gesprochen hatte, seit den ersten Stunden im St. Vincent's Hospital. Das ist ein beträchtlicher Zeitraum, und obwohl ich sie jeden Tag besuche, genau wie ihre Eltern (und ihre Schwester an den Wochenenden), ist sie seit fast einem Monat nicht wirklich bei uns.

Ihr Körper schon, aber nicht ihre Stimme. Ihre Verletzungen haben sie auf eine weite Reise geschickt. Seither versuchen wir, sie zurückzubekommen, genau wie sie um ihre Rückkehr ringt. Ich kann diesen Augenblick kaum erwarten.

Ich bemühe mich sehr, ihr in dieser Phase zu helfen, weiß aber noch immer nicht, mit welchem Ausgang und was sie davon im Gedächtnis behalten wird. Vielleicht kann sie sich eines Tages an gewisse Tatsachen und Eindrücke erinnern, aber mit Sicherheit nicht an alles. Und das ist gut.

Aber wenn ich sehe, wie sie die Lippen oder die Lider bewegt, weiß ich, dass sie etwas fühlt. Sie ist so empfindsam, wie sie immer war. Und ich warte ungeduldig darauf, was sie mir zu erzählen hat, was sie mir berichten kann.

Laurens Pfleger heute Abend ist ein Mann Mitte dreißig mit einer interessanten Vergangenheit. Er studierte Theologie, wurde dann aber doch kein Pfarrer, sondern erst Modeschöpfer, dann EMT und schließlich Pfleger in der Intensiv-Krankenbetreuung.

Die Geschehnisse seit dem 11. September bezeichnete er als surreal. Vor allem für ihn, denn er war der Pfleger des Jungen, der zu krank war, um von der Intensivstation verlegt werden zu können. Er sorgte weiter für seinen Patienten und konnte nur zusehen, wie um ihn herum die Pläne für den Notfall in die Wirklichkeit umgesetzt wurden und »hier die Hölle losbrach«, wie er es nannte.

Ohne Verbitterung, sondern ganz objektiv, stellte er fest, dass die Tage nach dem 11. September jeden Mitarbeiter im Burn Center ebenso verändert hätten wie die Leben der Patienten und ihrer Familien. Doch wenn er müde und erschöpft sei, könne er nach Hause gehen und schlafen, während sein Patient rund um die Uhr weiterkämpfen müsse. Dennoch besteht kein Zweifel daran, dass das gesamte Personal unter sehr viel härteren Bedingungen arbeiten muss, als es im städtischen Lehrkrankenhaus der Fall wäre. (Eine von Laurens Schwestern aus dem Mittelwesten erzählte mir, dass man sie zur Bewerbung um einen Posten innerhalb des FEMA-Notfallkontingents mit dem Hinweis überredet hätte, sie würde ja doch nie angefordert. Und bis zum 11. September war das eine durchaus begründete Vermutung.)

Die nächsten Worte des Krankenpflegers machten deutlich, warum ich ihn am Tag zuvor für etwas arrogant gehalten hatte.

Als ich an diesem Abend Laurens Raum betrat, war er mit einem Arzt gerade damit beschäftigt, ihr Beatmungsgerät so einzustellen, dass mehr Kohlenstoffdioxid aus ihren Lungen entwich. Er bemühte sich darum, Laurens Zustand zu verbessern, während ich ihm zeigen wollte, wie Laurens CD-Player funktioniert, und ihn fragte, welche Musik er gern hört. Während ich für eine angenehme Atmosphäre im Raum sorgen wollte, arbeitete er aktiv an einer günstigeren Atmosphäre in Laurens Lungen! Und ich hatte nicht die geringste Ahnung.

Ich machte eine Bemerkung darüber, wie gut Laurens Gesicht zu heilen schien, und erzählte ihm vom Morgen des 11. September, von dem Anruf, der mir mitteilte, sie würde in ein Krankenhaus gebracht, von den paar Sätzen, die wir im St. Vincent's miteinander gesprochen hatten. Immer wieder hatte ich mich gefragt, warum sie sich nicht sofort nach Verlassen der Lobby auf dem Boden wälzte, um ihre brennende Kleidung zu löschen, aber inzwischen ahnte ich den Grund: Sie musste erst noch die Flammen durchqueren, die aus den oberen Stockwerken des Nordturms herabschossen. Und das hieß, dass sie vielleicht sogar noch mutiger war, als ich angenommen hatte. Die Einzelheiten werden wir vielleicht nie erfahren, aber es ist eine ziemlich wahrscheinliche Vermutung.

»Gott hat offenbar noch einiges mit ihr vor«, sagte ich nachdenklich, betonte aber sofort, damit wolle ich keineswegs anmaßend klingen. Er fände meine Worte nicht anmaßend, entgegnete er und fügte hinzu, er teile meine Ansicht. Ich wiederholte meine Überzeugung, dass aus Bösem nichts Gutes entstehen könne, aber bösen Taten gute folgen könnten.

Dann erzählte ich ihm von den beiden Rosenkränzen, dem Bildchen von Padre Pio auf dem Fensterbrett in Laurens Zimmer, von dem geweihten Wasser aus dem Kabbalah Center und dem heiligen Wasser aus Lourdes. Da er katholische Theologie studiert hätte, müsse er sich doch im Gegensatz zu mir mit derlei auskennen. Wir hätten alle denselben Gott, erklärte er und versprach, sich am Abend darum zu kümmern.

Ich war so spät im Krankenhaus, weil ich Riesenberge von Post abarbeitete (darunter auch solche von vor dem 11. September) und mit Frans enormer Unterstützung ein wenig Ordnung in das Apartment brachte. Fran machte darüber hinaus unseren schmiedeeisernen Couchtisch mit der Glasplatte auf eine sehr ästhetische Weise »babysicher«. Selbst in ihrem Schlafkoma muss Lauren eine Art positiven Karmas gespürt haben.

Ich nahm auch Dolly Partons neue CD »The Grass Is Blue« mit ins Burn Center, auf der sie zunächst Billy Joels »Travelin' Prayer« singt. Ich breche zwar nahezu jedes Mal in Tränen aus, wenn ich die CD höre, aber der Song drückt meine Gefühle im Hinblick auf Lauren sehr genau aus. Hier Dolly Partons Version:

Hey Lord, take a look all around tonight
And find out where my baby's gonna be.
Hey, Lord, would you look out for her tonight
For she is far away from me.
Hey Lord, would you look out for her tonight
Make sure that she's gonna be all right
And things are gonna be all right with me.

Hey Lord, would you look out for her tonight
And make sure all her dreams are sweet.
Say now that you got her on the road
Would you make it softer for her feet.
Hey Lord, would you look out for her tonight
Make sure that she's gonna be all right
Until she's home and here with me.

Hey Lord, would you look out for her tonight
For she is sleepin' under the sky.
Hey Lord, make sure the ground she's sleepin' on
Is always warm and dry.
Ooh, don't give her too much pain,
And keep her away from planes,
'Cause my baby hates to fly.

Hey Lord, would you look out for her tonight
For it gets rough along the way.
And if it all sounds strange just
because I don't know how to pray.
Ooh, won'tcha give her peace of mind,
And if you ever find the time
Tell her I miss her every day.

Hey Lord, take a look all around tonight
And find out where she's gonna be.
Hey Lord, would you look out for her tonight
For she is far away from me.
Hey Lord, would you look out for her tonight

Make sure that she's gonna be all right
Until she's home and here with me.
Here with me.

Fast jedes Wort kommt mir vor, wie für mich geschrieben.

Apropos Popsongs: Vermutlich ist den meisten von euch bekannt, dass ich den Rolling Bones angehöre, aber nur wenige werden wissen, dass die Bones heute in der Rock and Roll Hall of Fame in Cleveland aufgetreten sind. Ja, in *der* Hall of Fame. Seit dem 11. September habe ich immer wieder mit mir gehadert, ob ich daran teilnehmen soll oder nicht. Am Freitagabend dachte ich noch einmal darüber nach, entschied mich dann aber mit Unterstützung von Laurens Schwester zu einer Art Gottesurteil: Wenn Lauren nicht erwachte, um mir zu sagen, ich solle doch nach Cleveland fahren, dann hatte ich an ihrer Seite zu bleiben. Ich blieb in New York.

Zum Schluss ein paar Anmerkungen und Erklärungen.

Ground Zero: Die Feuerwache an der Ecke Liberty und Greenwich Street, aus der unsere Schutzhelme stammten, hat sich in einen Gedenkschrein verwandelt wie so viele andere in der Stadt. Die Fassade ist bedeckt mit Bildern mit den lächelnden Gesichtern der Feuerwehrmänner, die ihr Leben verloren haben, und auf dem Bürgersteig davor sind Blumensträuße niedergelegt. Wir befanden uns ganz in der Nähe der Feuerwache, aber ich betrachtete sie erst, als wir die »Straße« zu den Ruinen des Südturms überquert hatten. Vermutlich aus den Gründen, aus denen man auf einem Friedhof auch nicht ziellos herumwandert, sondern sich auf die Zeremonie beschränkt, für die man gekommen ist. Es ist mir unbekannt, wie viele Feuerwehrleute dieser Feuerwache bei Rettungsarbeiten ums Leben gekommen sind.

Überlebenschancen für Opfer schwerer Brandverletzungen: Wie schon erwähnt, bezeichnete ein NPR-Bericht die Aussichten auf Heilung von Patienten, die so schwer verletzt wurden wie Lauren, als sehr niedrig. Ich sagte mir, dass Laurens Chancen mit jedem vergangenen Tag besser würden. Dazu schrieb mir ein befreundeter Arzt per E-Mail: »Deine Einschätzung ist absolut richtig, denn die statistischen Überlebenschancen werden zum Zeitpunkt der Einlieferung berechnet. Lauren hat die Wiederbelebungsphase bereits hinter sich gelassen, in der die Sterberate nachweislich am größten ist. Vermutlich – und das können dir die Mediziner im Burn Center bestätigen – trägt das Einatmen von Rauch in hohem Maß zur Sterblichkeit bei, besonders bei Patienten mit lebensgefährlichen Verbrennungen.« Laurens Lungen wurden glücklicherweise nicht allzu sehr geschädigt, und sie nimmt ausreichend Sauerstoff zu sich. Ein positiver Faktor auf ihrem Weg zur Gesundung.

Erst im Verlauf ihrer nächsten Operation wird bei Lauren ein Luftröhrenschnitt vorgenommen. Die Zeit seit dem Eingriff am letzten Mittwoch verbrachte sie hauptsächlich in Bauchlage, und das hat den Bereich anschwellen lassen, in den der Schlauch eingeführt werden soll. Daher ist es günstiger, noch zu warten.

Wir grüßen euch alle und danken für eure Anteilnahme und eure Gebete.

Greg & Lauren

Absender: Greg
Empfänger: alle
Datum: Montag, 8. Oktober 2001, 1:14
Betreff: Lauren am 7. Oktober

Heute am späten Nachmittag wurde Lauren im Wasserbecken behandelt, und ihre Verfassung gibt zu keinen Sorgen Anlass. Das ist beruhigend, denn ihr stehen zwei größere Eingriffe bevor. Morgen werden die Transplantationen vom letzten Mittwoch überprüft, und für Dienstag ist ihre nächste Operation mit Luftröhrenschnitt vorgesehen. Das macht die Luftzufuhr durch den Mund überflüssig, was es ihr wahrscheinlich erleichtern wird, Worte zu formulieren, wenn sie wach wird.

Obwohl sie noch immer im künstlichen Koma liegt, zucken ihre Augen hinter den Lidern, sobald ich Tylers Namen erwähne. Ich habe ihr gesagt, wie sehr ich sie liebe und dass sie sehr schön ist.

Auch den anderen Patienten geht es den Umständen entsprechend gut, und die Angehörigen verabschiedeten sich voneinander mit den Worten: Bis morgen.

Auch heute kam ich wieder recht spät ins Krankenhaus, sodass ich nicht viel Zeit mit Lauren verbringen konnte. Ich werde es morgen nachholen. Heute war ihre Familie den ganzen Tag hier und hat ihr Gesellschaft geleistet. Mein spätes Kommen hatte seinen Grund in meinem Besuch im Family Assistance Center am Pier 94, in Höhe der 54th Street.

Um Zugang zum Empfangs- und Infotisch zu erhalten, muss man sich bei vier verschiedenen, etwa zwanzig Meter voneinander postierten Polizisten ausweisen. Dann steht man vor einem riesigen, mit Listen von Hilfsorganisationen, nützlichen Telefonnummern und Orientierungsplänen bedeckten Tisch. Mitarbeiter der New Yorker Polizei fragen, aus welchem Grund man gekommen ist. Angehörige von Opfern erhalten selbsthaftende Etiketten mit der Aufschrift »Family« in großen schwarzen Buchstaben. Mit ihnen vermeidet man langes Schlangestehen und kann direkt zu einem zuständigen Beamten gehen.

Und schon gab es die ersten Probleme. Ich erklärte dem Mann, dass meine Frau wegen ihrer schweren Brandverletzungen im Burn Center behandelt wurde. Er ließ mich ausreden, gab mir ein Haftschildchen und schickte mich auf meinen Weg. Erst die Mitarbeiter von Cantor stellten fest, dass ich kein »Family«-Etikett hatte. Ich kehrte an den Tisch zurück und bat den Mann um eins. Er sah mich an, reagierte jedoch nicht. Die Frau neben ihm streckte mir sofort eins entgegen. Etwa eine Stunde später begriff ich, dass er mir kein »Family«-Etikett gegeben hatte, weil er annahm, sie stünden nur jenen zu, deren Angehörige gestorben waren. Ich bin davon überzeugt, dass es sich um ein unabsichtliches Versehen handelte. Da es nur wenige schwer verletzte Überlebende gibt, scheinen die Behörden für diese Fälle keine besonderen Regelungen getroffen zu haben.

Das Beratungszentrum befindet sich in einem lang gestreckten Lagerraum. Rechts vom Eingang gibt es einen großen Bereich mit üppigem Buffet, Kühlschränken mit Mineralwasser und Limonade, gewaltigen Kaffeemaschinen und Wasserautomaten und einer Reihe weiß gedeckter Tische. Männer und Frauen in Rotkreuzwesten tragen benutzte Teller und Becher fort oder füllen das Buffet auf. Gleich hinter dem Verpflegungsbereich bieten Übersetzer in Verschlägen ihre Dienste an.

Die vielen durch Vorhänge abgetrennten Stände und Kabinen erinnern an eine High-Tech-Messe, aber anstelle von Firmennamen tragen sie Aufschriften wie »Crime Victims Board«, »FDNY«, »Social Security«, »Workers' Compensation«. Nur ein einziges Schild am rechten Gang vorn verweist auf Unternehmen: »Cantor Fitzgerald / eSpeed / TradeSpark.«

Ich beschloss, dort den Anfang zu machen, und bekam von den Helfern Listen in die Hand gedrückt, auf denen Organisationen und Behörden in der Reihenfolge aufgeführt sind, in der Cantor betroffenen Familien einen Besuch empfiehlt: Legal*, Crime Victims Board (CVB), Safe Horizons, CAN*, Met Life*, Social Security, FBI, Department of Labor, Workers' Compensation Board, Tzu Chi Foundation, HRA, American Red Cross, Salvation Army. Bei FEMA und IRS kann man sich telefonisch registrieren lassen.

Mit Sternchen sind Unternehmen gekennzeichnet, die ausschließlich Beihilfen im Todesfall gewähren. Legal steht oben auf der Liste, weil man dort die Sterbeurkunde erhält, die man bei allen folgenden vorlegen muss. Auf meiner Liste fehlte Legal ebenso wie die Lebensversicherungsgesellschaften.

Mein erster Weg führte mich zur Vertretung der New Yorker Feuerwehr, weil ich die Namen der Krankenwagenbesatzung erfahren möchte, die Lauren ins St. Vincent's Hospital gebracht haben. Darüber hatten sie keinerlei Unterlagen. Als ich ihnen erzählte, dass meine Frau im Cornell Burn Center behandelt wird, erklärten sie mir, das sei die beste Klinik für Brandmedizin auf der Welt. Sie begriffen die Ernsthaftigkeit von Laurens Verletzungen auf Anhieb, und einer stand auf, sprach ein paar Minuten mit mir, bot mir einen Kaugummi an und wünschte mir alles Gute für Lauren.

Ich entschloss mich, mit der Anmeldung meiner Ansprüche beim Crime Victims Board zu beginnen, und traf dort auf einen CVB-Vertreter, der recht zugänglich zu sein schien. Während ich vor seinem Schreibtisch saß, entdeckte ich auf seinem Bildschirm den Namen eines ehemaligen Mitarbeiters von Euro Brokers, der zu Cantor gegangen und am 11. September in den Räumen der Firma gestorben war. Ich erinnerte mich daran, dass er auf seinem PC als Bildschirmschoner eine Collage von Fotos seiner kleinen Tochter programmiert hatte, die inzwischen vier oder fünf Jahre alt sein musste. Gegen derartige Überraschungen sind wir wohl noch lange Zeit nicht gefeit. Ein Mitarbeiter meiner Branche betonte, wir müssten noch viele Monate damit rechnen, auf Namen von Opfern zu stoßen, von denen wir nicht einmal im Traum gedacht hätten, sie könnten betroffen sein.

Ich füllte in Laurens Namen einen Antrag auf Unterstützung aus (CVB ergänzt die Leistungen von Versicherungen und Workers' Compensation), erfuhr dann aber, dass ich ohne schriftliche Vollmacht für sie nicht unterschreiben durfte. Ich erklärte, dass sie künstlich beatmet würde, nicht sprechen könne und vermutlich noch längere Zeit im Schlafkoma zubringen müsse. Sobald sie erwache, entgegnete er, könne sie mir unter Zeugen eine mündliche Vollmacht erteilen. Ich bat ihn, mir schriftlich zu bestätigen, dass ich trotz der Umstände für sie nicht unterschreiben dürfe. Er fragte nach, und ich wurde abschlägig beschieden.

Danach ging ich zum Infotisch von Safe Horizons, der sich direkt neben dem des CVB befand. Ich griff nach einer Broschüre und fragte einen Mann hinter dem Schreibtisch, ob ich mit ihm über Safe-Horizons-Zahlungen reden könne. Er blickte nach links, sah, dass seine beiden Kollegen beschäftigt waren, und nickte schließlich. Nachdem er einige Minuten mit mir gesprochen hatte, stand auch er auf, um sich zu erkundigen, ob ich in Laurens Namen unterschreiben dürfe. Nach wenigen Minuten kehrte er zurück und erklärte, das sei nicht möglich.

Der nächste Anlaufpunkt war Workers' Compensation. Auf die Frage, bei welcher Firma Lauren gearbeitet hätte, sagte ich Cantor Fitzgerald. Die Frau verdrehte die Augen, wie so viele bei der Erwähnung dieses Namens, und ich glaubte schon, sie würde die Hände heben und betonen, wie Leid es ihr täte. Doch sie lächelte und sagte: »Ich habe bereits viele Anträge für Cantor-Beschäftigte entgegengenommen, und Ihre Frau ist die Einzige, die die Katastrophe überlebt hat.« Sie erklärte mir, dass für den Antrag meine Unterschrift, mein Name in Druckbuchstaben und der Vermerk »Ehemann« dahinter absolut ausreiche.

Als ich wissen wollte, warum es bei Safe Horizons und dem CVB so kompliziert sei, meinte sie, für andere Organisationen bedauerlicherweise keine Auskunft geben zu können. Aber da diese nun einmal eine Vollmacht verlangten, sollte ich mir vielleicht ein solches Dokument von Legal beschaffen.

Ich ging wieder zum Cantor-Stand, und eine Mitarbeiterin war bereit, mich zu Legal zu begleiten und die Situation zu erklären. Der Legal-Stand war geschlossen, aber sie wandte sich dennoch an einen Anwalt. Der befasste sich jedoch nur mit Sterbeurkunden, also kam er für mich nicht infrage.

Die Cantor-Helferin schien überrascht, dass ich bei Safe-Horizons so wenig Unterstützung gefunden hatte. Sie kehrte mit mir zurück, und wir trafen am Safe-Horizons-Empfang auf eine Frau, die sich wesentlich zugänglicher zeigte als mein männlicher Gesprächspartner. Sehr schnell stellte sich heraus, dass der Mann eigentlich vom CVB war und nur von seiner Organisation gesprochen hatte, als er mir seine abschlägige Antwort erteilte.

Die Vertreterin von Safe Horizons führte uns sofort zu einem Stand ihrer Organisation, wo uns eine junge, fachkundige Mitarbeiterin empfing, die drei Blocks von unserem Apartment entfernt im West Village wohnt. Sie konnte kaum glauben, wie der CVB-Mann mich behandelt hatte.

Aufgebracht ging sie zu ihm und stellte ihn zur Rede. Dann kam sie zurück und sagte, der CVB-Generalbevollmächtigte würde mich gern sprechen. Er schüttelte mir die Hand, rief die CVB-Rechtsabteilung in Albany an und sorgte dafür, dass Ehepartner von lebensgefährlich verletzten Opfern in deren Namen unterzeichnen konnten. Innerhalb von vier Minuten ging der Stellvertreter des Generalbevollmächtigten mit mir zum Notar, rief in Albany an, ließ sich eine Antragsnummer nennen und füllte mein Formular aus.

Auf diese Weise habe ich eine staatliche Behörde dazu gebracht, ihre Bestimmungen zu ändern. Möglicherweise war ich der erste Ehepartner eines überlebenden Opfers, der Ansprüche stellte, und man hatte bisher einfach nicht gewusst, wie man mit einem wie mir umgehen sollte. Der Fall ist ein Beweis für bürokratische Unvernunft, genau wie für bürokratische Einsicht.

Mein Dank gilt den beiden Mitarbeiterinnen von Cantor und Safe Horizons sowie dem CVB-Bevollmächtigten und seinem Stellvertreter.

Am zum Legal-Stand führenden Gang sind die Wände des Family Assistance Centers auf einer Länge von fünfzig Metern von oben bis unten mit Fotos von Vermissten bedeckt. Unter ihnen entdeckte ich die Bilder zweier Männer, die ich zwar vom Sehen, aber nicht dem Namen nach kannte. Sie lebten nicht mehr.

Morgen werde ich mich von etwa zwei Uhr nachmittags an im Krankenhaus aufhalten. Zuvor nehme ich am Trauergottesdienst von Euro Brokers teil, bei dem der sechzig Kollegen gedacht wird, die wir verloren haben.

Ich danke Gott dafür, dass mir ein Schimmer von Hoffnung geblieben ist.

Herzlichst,
Greg & Lauren

Absender: Greg
Empfänger: alle
Datum: Dienstag, 9. Oktober 2001, 00:04
Betreff: Lauren am 8. Oktober

Morgen sind vier Wochen seit dem Anschlag auf das World Trade Center vergangen, und Lauren hält sich weiterhin stabil, bekommt aber ein paar Medikamente, um ihre Infektion zu bekämpfen. Ich habe lange an ihrem Bett gesessen und ihr über das Haar gestrichen, das gesund nachzuwachsen scheint.

Es gibt ein paar gute Nachrichten im Hinblick auf die bereits erfolgten Transplantationen. Zur Erinnerung: Zunächst wird Haut von der Hautbank verpflanzt, dann Laurens eigene Haut, und sie ist erst dann »über den Berg«, wenn alles verbrannte Gewebe durch Eigenhaut ersetzt ist.

Als Lauren heute im Wasserbecken war, begutachtete der Arzt die Eigenhauttransplantationen auf dem Rücken, den Beinen und den Armen, die man vor drei Wochen vorgenommen hatte. (Gestern unterlag ich einem Irrtum, dies war ihr erster Besuch im Becken im Abstand von zwei Tagen.) Bis auf ein paar kleine Stellen ist ihr Rücken gut geheilt, und man hofft, dass diese sich von selbst schließen. Auch ihre Beine und der linke Arm machen einen guten

Eindruck. Das ist eine ausgezeichnete Neuigkeit, denn diese Verpflanzungen sind dauerhaft.

Die Leichenhautübertragungen sehen nicht ganz so günstig aus, aber da es sich um eine vorübergehende Maßnahme handelt, müssen sie zu einem späteren Zeitpunkt ohnehin neu transplantiert werden. Glücklicherweise sind die Körperpartien, denen Haut für Transplantate entnommen wurden, wieder geheilt, sodass sie erneut genutzt werden können.

Morgen früh ist Laurens nächste Operation geplant. Dabei wird der Luftröhrenschnitt vorgenommen, damit sie nicht mehr durch den Mund beatmet werden muss. Die Leichenhauttransplantate auf ihren Füßen werden durch auf das Anderthalbfache seiner Größe »ausgewalztes« körpereigenes Gewebe ersetzt, die auf ihren Händen durch Eigenhaut in Originalstruktur. Darüber hinaus wird erstmals Haut auf ihre Finger verpflanzt.

Während der Chirurg Haut auf Laurens Finger transplantiert, wird er gleichzeitig mit Metallstiften ihre Fingerknöchel fixieren, um die Funktionalität der Finger zu bewahren.

Es ist ein Beweis für die Art und Weise, in der wir zu Pseudoexperten für Brandverletzte geworden sind, dass wir all die Informationen über Transplantationen, lebenswichtige Funktionen und Infektionen aufnehmen und zur allgemeinen Einschätzung gelangen, dass alles gut verläuft. Dennoch steht Lauren in den kommenden Wochen vor großen Herausforderungen. Noch immer betrachte ich ihren Heilungsprozess als eine Reise, auf der sie alle Punkte auf der Karte hinter sich bringen muss, um in Sicherheit zu gelangen. Bis dahin ist es noch ein weiter Weg.

Gleich frühmorgens ging ich wieder ins Family Assistance Center, erledigte den Papierkram bei Safe Horizons und meldete mich beim FBI an, das Opferfamilien mit Zuschüssen zu Wohnungsmieten und Kosten für Beförderungsmittel unterstützt. Auf den zweiten Blick ähnelt das Gebäude weniger einem Lagerhaus als einer riesigen Nissenhütte, an deren Decke sich Rohre mit einem Durchmesser von einem Meter entlangziehen. Die Wand mit den Fotos der Vermissten ist nicht fünfzig, sondern achtzig Meter lang, und davor liegen unzählige Teddybären, die Schulkinder aus dem ganzen Land geschickt haben.

Wie an vielen anderen Orten in dieser schweren Zeit fiel mir auch hier auf den Schreibtischen eine neue Art von Gratisangeboten auf: Kartons mit Zellstofftüchern, Körbe mit Papiertaschentüchern, Hustentropfen. Das beweist, dass es eine Branche gibt, die sehr genau weiß, was benötigt wird, wenn Hunderte trauernder Familien zusammenkommen.

Vom Pier 94 brachte mich ein Sheriff-Wagen zum Grand Central, wo ich an der Trauerfeier von Euro Brokers im *Grand Hyatt Hotel* teilnahm.

Mehrere hundert Angehörige, Kollegen und Freunde waren gekommen, um den sechzig Mitarbeitern von Euro Brokers, die am 11. September ihr Leben verloren hatten, die letzte Ehre zu erweisen.

Die Trauerfeier war zutiefst bewegend und begann damit, dass Abteilungsleiter vortraten und die Namen der Opfer aus ihrem Arbeitsbereich verlasen. In einigen Fällen nannten kürzlich beförderte Abteilungsleiter die Namen ihrer Vorgänger. Das war persönlicher und machte den Verlust jedes einzelnen Kollegen sehr viel bewusster.

Anschließend hielt die Witwe eines Abteilungsleiters eine ergreifende Rede. Sie hatte ihren Mann in der Firma kennen gelernt und arbeitete nun wieder für Euro Brokers. Sie sprach davon, wie verzweifelt und hilflos sie sich nach dem 11. September gefühlt, dann aber in der Erinnerung an ihren Mann und in seinem Glauben Kraft gefunden hätte. Aus dieser Stärke beziehe sie ihre Energie, sich ein neues Leben aufzubauen. Sie drückte es natürlich sehr viel bewegender und überzeugender aus.

Zwei Pfarrer und ein Rabbi ergriffen das Wort und baten die Überlebenden, sich nicht von Gott abzuwenden. Der Glaube könne uns vielmehr helfen, die Zukunft zu bewältigen, da der unmittelbare Schmerz mit der Zeit nachlasse, auch wenn die Erinnerung an die geliebten Toten auf immer in uns lebendig bleibe.

Der Rabbi beendete seine Ansprache, indem er die Schrecken des 11. September mit seinen Erfahrungen als Überlebender des Holocaust verglich, als Millionen Unschuldige ihr Leben verloren. Warum Gott Menschen zu sich rufe, sei eine sinnlose Frage, weil nicht Gott derartige Gräueltaten verübe, sondern Menschen. Stattdessen sollten wir uns Vorhaben und Zielen widmen, die dem Gedenken an die Opfer am besten entsprechen. Er hätte sich in der Erinnerung an seinen geliebten Großvater dazu entschlossen, auch Rabbi zu werden. Er forderte uns alle auf, nach positiven, sinnvollen Aufgaben zu suchen.

Schließlich äußerte sich unser Vorstandschef Gil Scharf in bewegenden Worten über die fachlichen und menschlichen Qualitäten der Mitarbeiter, die wir verloren hatten, und die Notwendigkeit, die Firma in ihrem Gedenken wieder aufzubauen. Er verlas ein Schreiben unserer Londoner Niederlassung, in dem wir aufgefordert wurden, in die Zukunft zu blicken und »nicht aufzugeben«. Scharf dankte Mitarbeitern, Geschäftspartnern und Kunden, die nach dem 11. September rund um die Uhr bemüht waren, die Firma so schnell wie möglich wieder zu eröffnen. Er kündigte die Schaffung eines Euro Brokers Fund an, zu dem alljährliche Benefizveranstaltungen beitragen sollten. Vor allem aber sprach er von dem unschätzbaren Verlust, den das Unternehmen erlitten hatte. Letztendlich seien es die Menschen, die eine Firma ausmachten. Wiederholt bezeichnete er die toten Mitarbeiter als Familienmitglieder und bat uns, sie stets in Erinnerung zu behalten und nie zu vergessen, wie viel sie uns Überlebenden gegeben hätten.

An die Trauerfeier schloss sich ein Empfang an, auf dem noch persönlichere Erinnerungen ausgetauscht wurden. Betroffen musste ich festellen, dass etliche Kollegen nicht mehr lebten, denen ich häufig in der Kantine oder auf dem

Flur begegnet war und mit denen man gescherzt und gelacht hatte, ohne ihre Namen zu kennen. Angehörige fragten verzweifelt nach den letzten Minuten ihrer Lieben. Kollegen erzählten, wie es ihnen gelungen war, in letzter Minute aus dem Gebäude zu entkommen.

Einige von ihnen haben sich verhalten wie wahre Helden. Ein Mann trug eine Frau auf dem Rücken bis ins Erdgeschoss hinunter. Ein Freund von mir berichtete Einzelheiten darüber, wie er einen Mann aus dem bereits in sich zusammengestürzten 81. Stockwerk gerettet hatte. Mein Freund hörte plötzlich Hilferufe, sah eine Hand aus dem Schutt auftauchen, stieß die Überreste einer Zwischenwand beiseite, kletterte über fast zehn Meter hohen Schutt und befreite den unter einem Schreibtisch eingeklemmten Mann. Später erzählte er meinem Freund, er hätte geglaubt, er käme über den Schutt buchstäblich auf ihn zugeflogen.

Der Gerettete berichtete auch, dass er beobachtet hatte, wie das zweite Flugzeug auf das Gebäude zukam, und dabei sogar die Männer sehen konnte, die die Maschine steuerten. Einen Sekundenbruchteil vor dem Aufprall hätte die Maschine die linke Tragfläche gesenkt. Sie traf sein Stockwerk, brach ab und raste als tonnenschweres Stahlgeschoss mit einer Geschwindigkeit von fünf- bis sechshundert Stundenkilometern durch Büroräume und Flure.

Man darf nicht vergessen, dass der Anschlag einem ganz gewöhnlichen Bürogebäude galt, dass die Männer, die ihn planten und ausübten, Zehntausende töten wollten. Das ist wohl die unverhüllteste Form des Bösen in der Welt, denn sie hat keinerlei Respekt vor dem Leben anderer, auch nicht vor dem eigenen. Und wenn ich mir das in Erinnerung rufe, dann denke ich daran, wie meine Frau die Lobby ihres Arbeitsplatzes betrat, einen Pfeifton hörte und ihr Leben für immer verändert wurde.

Gott sei Dank bleibt ihr noch immer eine Chance.

Herzlichst,
Greg & Lauren

Absender: Greg
Empfänger: alle
Datum: Mittwoch, 10. Oktober 2001, 01:15
Betreff: Lauren am 9. Oktober

Von 7.30 bis 13.30 Uhr war Lauren im OP, wo ihr Eigenhaut auf beide Füße und die rechte Hand sowie Leichenhaut auf die linke Hand übertragen wurde. Wir erfuhren, dass sich ihre rechte Hand in einem besseren Zustand befindet als ihre linke. Die Finger ihrer rechten Hand brauchen nur für etwa eine Woche geschient zu werden, bis die Transplantate »angenommen« sind, während die Knöchel ihrer linken durch Stahlstifte in einer Position gehalten werden, die ihre Funktionsfähigkeit sichert. Darüber hinaus wurde der Luftröhrenschnitt vorgenommen, damit sie nicht mehr durch den Mund beatmet werden muss.

Sie bleibt weiter anfällig für Infektionen und schlägt sich zurzeit mit einem resistenten Pneumonievirus herum. (Je länger sie mit Antibiotika behandelt wird, desto größer wird das Risiko einer Infektion durch widerstandsfähige Viren oder Bakterien.) Am Dienstagvormittag zeigte sie sich stabil, aber das Bakterium liegt auf der Lauer. Es reagiert auf keines der bisher eingesetzten Antibiotika und wird unter Umständen mit einem antibiotischen Mittel behandelt werden müssen, das seit etwa zehn Jahren kaum noch eingesetzt wurde. Doch dieses ältere Antibiotikum birgt die Gefahr toxischer Nebenwirkungen, daher wird die Infektion für weitere vierundzwanzig Stunden genau beobachtet, um zu sehen, ob Laurens Organismus allein damit fertig wird. Aber wenn sie weiter so kurzatmig bleibt oder sich ihr Zustand verschlechtert, werden die Ärzte Gegenmaßnahmen ergreifen müssen.

Als Folge der Operation hatte sie ein paar Probleme mit ihrem Blutdruck, der Körpertemperatur sowie der Infusionsaufnahme und musste zusätzliche stabilisierende Medikamente erhalten. Die Nacht verlief nicht so glatt wie die vergangenen, aber schließlich war es nicht ihre erste unruhige Nacht. Seit dem 11. September hinterlasse ich allabendlich im Schwesternzimmer die Telefonnummer, über die ich ins Krankenhaus zurückgerufen werden kann. Das habe ich nun schon so häufig gemacht, dass es mir buchstäblich in Fleisch und Blut übergegangen ist.

Stets bin ich bei Lauren und spreche mit ihr, bis sie in den Operationssaal gebracht wird. Dazu sind vier bis fünf Pflegekräfte nötig. Eine kümmert sich um das Beatmungsgerät, eine andere um den Tropfständer und zwei bewegen das Bett. Sie werden von einem OP-Arzt begleitet. Ich sehe ihnen immer vom Flur aus nach, bis sie um die Ecke biegen und ich einen letzten Blick auf Laurens Gesicht werfen kann. Über das, was dann geschieht, denke ich nicht gern nach: Wie Lauren vom Bett auf den Operationstisch gehoben wird, um sich einer sehr schweren und riskanten Operation zu unterziehen.

Die Angst und die Anspannung legen sich erst wieder, wenn der Chirurg aus dem Fahrstuhl steigt, um uns zu erzählen, wie es verlaufen ist. Und wir hören von medizinischen Prozeduren und Maßnahmen, die uns vor den Ereignissen des 11. September wahre Schauer über den Rücken gejagt hätten, die nun jedoch einen Katalog notwendiger Schritte zu Laurens Genesung darstellen.

Wenn Lauren gleich frühmorgens operiert wird, bin ich für gewöhnlich der erste Angehörige im Burn Center. Sobald sie in den OP gebracht wird, verbringe ich im Allgemeinen etliche Stunden allein im Warteraum. Doch an diesem Morgen entdeckte ich, dass die Frau eines anderen Patienten – eines weiteren Mitarbeiters von Cantor Fitzgerald – bereits da war und auf einem Sessel schlief. Ich schaltete leise einen Fernseher ein und schrieb das Folgende in ein BlackBerry-Journal, das mir ein Freund geschenkt hatte:

»In vierzig Minuten sind exakt achtundzwanzig Tage seit dem Anschlag vergangen. Wieder ist es ein klarer Tag, und die meisten von uns sind genauso aufgewacht wie am 11. September. Ich duschte, lief die Treppe hinunter, setzte mich in mein Auto und fuhr zum Krankenhaus und rechnete ebenso wenig damit, dass Grauen und Verheerung vom Himmel regnen wie vor achtundzwanzig Tagen.«

Bevor ich weiterschreiben konnte, wachte die Frau des anderen Patienten auf, kam zu mir und erzählte, dass eine der brandverletzten Patientinnen um halb sechs gestorben sei.

Die Verwandten und Freunde dieser Patientin hatten eine unerschütterlich positive Haltung gewahrt, besonders eine Frau, eine Künstlerin und Dozentin. Aber als sich am Montagabend der Zustand ihrer langjährigen Freundin verschlechterte, traten ihr Tränen in die Augen, und sie machte den Eindruck, als würden ihre Gefühle sie überwältigen. Zu solchen Momenten kommt es immer wieder unter den Angehörigen und Freunden, wenn die Voraussagen der Ärzte von Zuversicht zu Besorgnis schwanken, wenn Kummer und Leid offenbar so unabwendbar sind wie Ebbe und Flut.

Am Montagabend hatten gute Geister den wartenden Angehörigen ein Abendessen serviert: Truthahnbraten, Reis, Mais, Kartoffelsalat und einen riesigen Carrotcake. Ich saß neben der Freundin der Patientin, die seit dem 11. September nahezu jeden Abend im Burn Center verbrachte. Für gewöhnlich ein sprudelnder Quell positiver Energie, bereitete sie sich nun offenbar auf das Unvermeidliche vor. Sie hatte das sichere Gefühl, dass ihre Freundin nicht mehr kämpfen wollte und sie als ihre beste Freundin stark genug sein müsse, »diese Entscheidung« zu respektieren. Als Schauspielerin hätte sie Disziplin gelernt und sei »absolut konzentriert«, betonte sie. Doch die Anstrengung schien sie zu überfordern. Gegen halb sechs am Dienstagmorgen blieb ihr nichts anderes übrig, als die Entscheidung zu respektieren.

Die Frau des Cantor-Angestellten hatte mir das alles erzählt, denn sie hatte das Burn Center am Montagabend erst spät verlassen, war aber später angerufen und gebeten worden, ins Krankenhaus zurückzukommen. Sie hatte die Nacht auf dem Sessel im Warteraum geschlafen. Sie war um halb sechs im Krankenhaus gewesen, und bis halb neun hatte sich die Situation ihres Mannes nicht gebessert. Während unserer Unterhaltung kam eine Schwester herein, um sie über den Zustand ihres Mannes zu informieren. Es wollte mir scheinen, als würden sich die Schicksale eins nach dem anderen entscheiden.

Das Gespräch erschütterte mich ebenso wie sie. Wir liefen auf dem Flur auf und ab, und ich fragte sie, ob sie nicht jemanden anrufen wolle. Auf diese Aufgabe konzentrierte sie sich, rief Verwandte und Freunde an und bat sie, ins Burn Center zu kommen. Dann setzten wir uns wieder in den Warteraum, und ich blieb bei ihr, bis die Angehörigen nacheinander eintrafen. Als ich gegen vier Uhr nachmittags das Krankenhaus verließ, versprachen wir einander wie immer, uns morgen wieder zu sehen.

So vertraue ich weiterhin auf Laurens Kraft, auf ihren Überlebenswillen, nehme die Wogen des Schicksals, wie sie kommen, und hoffe inständig, dass sie den erbarmungslosen Ozean unbeschadet überquert und einen sicheren Hafen erreicht.

Herzlichst,
Greg & Lauren

PS. Die Wände im Burn Center sind mit selbst gemalten Bildern von kleinen Kindern buchstäblich tapeziert, mit langen Briefen von älteren Schülern auf liniertem Papier und mit bemüht sorgfältiger Schrift sowie großen Posters und Spruchbändern von Schülern und Erwachsenen.

Schon früh schickte eine jüdische Gemeinde eine sieben Meter lange »Schriftrolle«, auf die Kinder ihre guten Wünsche und Kommentare geschrieben hatten: »Ich hoffe, dass ihr bald gesund werdet«, »Danke, dass ihr Amerika gerettet habt«, »Mir tut sehr Leid, was euch zugestoßen ist«, »Hoffentlich geht es euch bald besser.« Seit kurzem hängt ein neues, vier Meter langes Transparent aus einem Krankenhaus in Richmond, Indiana, an der Wand des Warteraums. Die mit blauem Stift und in zweihundert unterschiedlichen Schriftzügen geschriebenen Worte der Erwachsenen unterscheiden sich kaum von denen der Kinder: »Gott behüte euch«, »Ihr werdet geliebt«, »Wir sind mit unseren Gedanken und Gebeten bei euch.«

Im letzten Monat gab es noch eine andere Art von »Veröffentlichungen« im Burn Center: die Bilder der Vermissten. Darunter war auch das Foto eines Pförtners von Euro Brokers, den ich im Leben nur sah, wenn ich die Halle durchquerte, nun aber durch sein Lächeln auf den Fotos im Krankenhaus intensiver kennen lernte: Eins hing im Erdgeschoss neben dem Fahrstuhl, eins am schwarzen Brett im Burn Center und ein weiteres hoch an der Wand hinter dem Empfang. Am Montag verschwanden die letzten Fotos. Es mag ein Zufall sein, dass seine Fotos an dem Tag verschwanden, an dem die Trauerfeier von Euro Brokers stattfand, bei der ihm die letzte Ehre erwiesen wurde.

Absender: Greg
Empfänger: alle
Datum: Donnerstag, 11. Oktober 2001, 09:24
Betreff: Lauren am 10. Oktober

Eine Nebenbemerkung zu Beginn: Heute Abend um zehn spielt meine Band, die Rolling Bones, im *Red Lion* an der Bleecker Street. Fans der Rolling Stones und leicht anrüchiger Spelunken sind herzlich willkommen.

Ich habe bereits erwähnt, dass die nächsten Tage kritisch für Lauren sein können. Mehr dazu gegen Ende dieses Rundbriefes, den ich am Donnerstagmorgen beende, weil ich gestern Abend schlicht zu müde war. Verzeiht, wenn sich das Folgende ein wenig wirr und zusammenhanglos liest. Ich glaubte, ihr wollt es lieber gleich erfahren, als für ewig darauf zu warten, bis ich mich wieder mehr im Griff habe.

Gestern Abend gegen halb elf war ich noch einmal bei Lauren, kurz vor dem Beginn ihrer nächtlichen Wundpflege. Ihre Körperfunktionen waren stabil wie auch während des größten Teils des Tages. (Irgendwann hatte sie einige Probleme mit dem Blutdruck und ihrer Herzfrequenz, aber das gab sich von selbst wieder.) Ihr Zustand war zufrieden stellend, aber als Folge der Infektion, die noch immer in ihr steckt, atmet sie nur keuchend. (Über die Entzündung und ihre Behandlung äußere ich mich später ausführlicher. Nachts gegen drei wurde Tyler wach, und so rief ich schnell im Krankenhaus an. Lauren hat die Wundpflege besser überstanden als am Mittwochvormittag, weder ihr Blutdruck noch der Puls sackten ab, und das war eine höchst erfreuliche Nachricht.)

Als ich gestern Nachmittag gegen fünf in Laurens Zimmer trat, konnte ich kein Wort über die Lippen bringen, ohne dass mir die Stimme versagte. Ich musste zu den Gedichten von e. e. cummings greifen und ihr daraus vorlesen, bevor ich ohne Tränen sprechen konnte. Vieles in den Gedichten erinnert mich an Laurens Situation, so auch die Zeile: »ich danke dir, Gott, für die meisten Stunden dieses erstaunlichen Tages.«

Ich sollte euch vielleicht von der Prinzessin erzählen. Früher bat mich Lauren oft, ihr etwas Schönes zu erzählen, und ich dachte mir komische und oft kitschige Geschichten über die blonde Prinzessin in der Perry Street aus. Im letzten Jahr hatte mich meine Phantasie aber irgendwie im Stich gelassen.

Aber nachdem ich mit dem cummings fertig war, begann ich ihr von einer Prinzessin zu erzählen, die in einer großen Stadt am Wasser lebte (nicht in einem Königreich am Meer; jede Ähnlichkeit mit Poe wäre ebenso unangemessen wie abwegig), die sich Tag für Tag zu einer Burg mit zwei Türmen begab, wo sie gute Taten verrichtete und von allen geliebt wurde. Als sie eines Tages die Burg betrat, stürzten sich zwei Drachen auf das Gebäude, und die Prinzessin wurde durch den feurigen Hauch der Ungeheuer schwer verletzt. Schon bald stellte sich heraus, dass die Prinzessin in einen tiefen Schlaf gefallen war wie Schneewittchen oder Dornröschen, aus dem sie nicht nur von ihrem Prinzen, sondern auch von ihren Heilern zurückgebracht werden musste; von der Liebe der ganzen Welt sowie innigen Gebeten, die ihren Ausdruck in Gestalt ihres Mannes fanden (wie eine Märchenprinzessin verheiratet und einen Sohn haben kann, muss ich mir noch ausdenken), der neben ihrem Lager stand, seine Hand auf sie legte und seine Zuneigung und Zärtlichkeit auf sie übertrug, bis durch die Adern der Prinzessin kein Blut mehr floss, sondern nur noch reine Liebe.

Und diese Liebe war es schließlich, die sie aus ihrem tiefen Schlaf erweckte und zu ihrem Prinzen und ihrem kleinen Sohn zurückbrachte.

Nie in meinem Leben hatte ich mir etwas sehnlicher gewünscht.

Als ich in den Warteraum ging, saß die Frau des Cantor-Angestellten neben einem Kaplan und streichelte einen großen, purpurroten Teddybär. (Ich erzählte ihr, was ich am Dienstag über ihren Mann geschrieben hatte, und sie erlaubte mir, heute seinen Namen zu nennen, was ich weiter unten tun werde.) Er kämpft noch immer um sein Leben. Sie hat dem Teddy bereits einen Namen gegeben, und wir scherzten darüber, wie unsinnig, aber gleichzeitig tröstlich so etwas sein kann.

Als ich Lauren erwähnte, versagte mir wieder die Stimme. Sie legte den Teddy beiseite, stand auf, umarmte mich und betonte, jetzt wäre sie für mich da, wie ich gestern für sie. Wir alle sind füreinander da und versuchen, uns in unserer Verzweiflung zu trösten.

Gegen halb zehn, nachdem die Schicht der Schwestern gewechselt hatte, gingen ein paar Freunde – Mary und Chris, Marian und Bill und Kitty – mit mir ins Beach Café essen. Wir sprachen über Lauren, dann über den Kampf gegen den Terror und stellten schließlich allgemeine Übereinstimmung fest: Lauren würde es schon bald besser gehen, der Kampf muss geführt werden, und es gibt auf diesem Planeten keinen Ort, an dem man sich vor der geballten Streitmacht der Vereinigten Staaten von Amerika verstecken kann.

Wir werden diesen Kampf gewinnen. Ich wünsche nur, das wird ihr irgendwie gut tun. Denn ein erfolgreicher Militäreinsatz an sich ist noch keine wirkliche Hilfe für Lauren, es sei denn, sie empfindet Genugtuung darüber, dass unsere Regierung im Einvernehmen mit anderen Staaten in allen Winkeln der Erde die Menschen aufspürt, die ihr das angetan haben. Und vielleicht sieht sie das bald auch so.

Doch was für eine irreale Situation: Seit vier Wochen habe ich nicht mehr wirklich mit Lauren gesprochen, nur auf sie eingeredet.

Wir befinden uns in unserer eigenen kleinen Welt, aber die große Welt kommt zu uns. (Inzwischen haben sich, wie ich von Anfang an vermutet hatte, etliche große Medien an das Burn Center gewandt, um Storys über die Patienten und ihre Behandlung zu publizieren.) Seit dem Anschlag – und zum Teil, weil sie sich weder selbst äußern können, noch andere beauftragt haben, für sie zu sprechen – wird über die lebensgefährlich verletzten Patienten berichtet, als handelte es sich um statistische Werte: So und so ist ihr Zustand, so und so ihre Aussichten, aber nichts über ihr Leben. Sie sind die letzte Gruppe, die anonym bleibt, und zugegebenermaßen eine verschwindend kleine. Seit dem Morgen des 11. September bin ich jedoch der Überzeugung, dass Lauren und jene, die Ähnliches erlitten haben, sozusagen die Verkörperung der Katastrophe sind, diejenigen, die für den Rest ihres Lebens die physischen Narben des Schreckens mit sich herumtragen. Ich möchte, dass diese Menschen nicht nur statistisch betrachtet werden, sondern dass ihr unfreiwilliges Opfer gewürdigt wird, da es nur geringfügig kleiner ist als das jener, die nicht mehr unter uns sind. Die lebensgefährlich verletzten Patienten haben das Leben verloren, wie sie es kannten. Der einzige

Unterschied besteht darin, dass es noch immer Hoffnung für sie gibt, wie geringfügig auch immer, und es sich zu kämpfen lohnt, solange diese Hoffnung existiert.

Lauren hat Tyler für sechs Monate bis zu einem Jahr verloren, so wie er sie, und wir können nicht wissen, ob sie jemals wieder die Frau sein wird, die ihm Lieder vorgesungen, ihn gefüttert und zum Pool getragen, ihm die Windeln gewechselt, ihn gebadet und Laufen gelehrt hat.

Ihr ganzes Leben drehte sich um dieses Kind, und jetzt muss sie auf ein paar sehr bedeutende Momente in seiner Entwicklung verzichten. Ich kann mich nur damit trösten, dass es andere wichtige Momente geben wird, wenn Tyler älter ist, wenn er begreifen kann, was seiner Mutter zugestoßen ist. Und ich hoffe, hoffe verzweifelt, dass sie dann wieder bei uns ist, um ihm ihre Liebe zu zeigen und mit ihm zu lachen.

Es gibt jetzt nur noch wenige Patienten in kritischem Zustand: Jennieann, Elaine, René, Harry und Lauren. Ihre Familien und Freunde halten zusammen und gewähren einander Zuspruch und Unterstützung. Jeder der Patienten kämpft für sich allein, aber ich hoffe inständig, dass sie schließlich alle irgendwann genesen.

Mit der Länge ihres Überlebenskampfes nehmen ihre Chancen nicht unbedingt zu. Leute, die in physisch guter Verfassung in das Burn Center eingeliefert wurden, weil sie sich stets vernünftig ernährt und Sport getrieben haben, sind zu Menschen geworden, die einen Monat lang auf dem Rücken verbringen mussten. Ihre Körperkräfte sind längst aufgezehrt, und was ihnen bleibt, ist ihr Wille. Ihre Chancen verbessern sich nur dann signifikant, wenn ihnen ausreichend eigene Haut transplantiert werden kann.

Dennoch ringen sie um jede Minute, jede Sekunde.

Und genau das hat Lauren in der vergangenen Nacht getan. Es ist eine echte Krise, aber andererseits heilen ihre Transplantate erstaunlich gut. Das resistente Virus, das sie auf der Intensivstation befallen hat, auf der die Gebote der Sterilität peinlich genau befolgt werden, wurde während des Wochenendes im Labor getestet und scheint auf eines der beiden Antibiotika zu reagieren, die sie inzwischen erhält.

Das alles ist natürlich ein Balanceakt. Ihr Arzt muss über die optimale Kombination aus Medikamenten und chirurgischen Eingriffen entscheiden, um sie Schritt für Schritt weiterzubringen. Im Moment verlässt er sich dabei meiner Ansicht nach ebenso auf sein Gefühl wie auf wissenschaftliche Erkenntnisse, weil die Wissenschaft nun einmal kein Allheilmittel ist. Er muss seine Entscheidungen aufgrund der medizinischen Sachlage treffen, dabei aber auch die subjektive Individualität in Betracht ziehen, durch die sich Lauren von anderen Patienten unterscheidet. Von früh auf hörte ich, dass man Mediziner wie ihn als einen »klassischen Kliniker« bezeichnet (vielleicht hatte ich zu viel mit Ärzten zu tun), der sich von rein sachbezogenen, diagnostischen Computerprogrammen dadurch unterscheidet, dass er aufgrund zusätzlicher Kenntnisse vom individuellen Zustand des Patienten eine genau auf ihn zugeschnittene Therapie entwickelt.

Nachdem ich Lauren die Geschichte von der Prinzessin erzählt hatte, sang ich ihr etwas vor, spielte ein paar CDs und tat alles, um ihr zu beweisen, dass ich bei ihr war und dass Tyler sie liebt.

Ich liebe sie sehr, und ich liebe euch alle. Bitte schreibt mir auch weiterhin, und weil es mir hilft und mir leicht macht, für sie da zu sein, weil ich weiß, dass wir nicht allein sind. Meine kleine Erzählung von der Prinzessin könnte durchaus eine wahre Geschichte sein, denn als ich sie erzählte, legte ich meine Hand über ihre Hände und war im tiefsten Inneren fest davon überzeugt, dass ich damit die vereinte Liebe von Tausenden auf ihre Wunden legte.

Wenn ihr für sie betet, bittet auch für die anderen um Heilung. Morgen melde ich mich wieder!

Herzlichst,
Greg & Lauren

Absender: Greg
Empfänger: alle
Datum: Donnerstag, 11. Oktober 2001, 21:30
Betreff: Lauren am, 11. Oktober

Dieser Tag wird als einer der hoffnungsvolleren in die Annalen eingehen. Mit einer Ausnahme: Tyler hat sich eine Erkältung eingefangen.

Aber er kann mit anderem aufwarten: der Fähigkeit, auf Kommando alle fünf Finger in die Luft zu strecken, und auf die Frage »Wie groß ist Tyler?«, die Hände zu heben. Schließlich hat er sich doch zum Krabbeln entschlossen, weil das schneller geht als seine schwankenden Laufversuche. Mit größter Konzentration sucht er sich ganz bestimmte Cheerios aus, um sie zu verputzen. Vor allem aber lacht er gern und oft.

Als ich ins Burn Center kam, erfuhr ich, dass es Lauren heute besser geht als gestern. Die Ärzte haben vor, die Dosierung der Neurotransmitter und anderer Infusionen zu vermindern, und das ist ein positives Zeichen. Noch kann man nicht sagen, ob die beiden neuen Antibiotika die Infektion wirklich bekämpfen, aber es tut wohl zu wissen, dass sie ohne medikamentöse Unterstützung auskommen kann.

Als ich heute Abend mit ihr sprach, öffnete sie kurz die Augen und schien etwas sagen zu wollen. Sie bewegte nur lautlos die Lippen und sah mich nicht an, aber sie versuchte zweifellos, auf meine Stimme zu reagieren.

Das ist eindeutig positiv, kann aber für einen Angehörigen auch ziemlich beunruhigend sein, weil der in Verbände gehüllte und größtenteils bewegungsunfähige Patient möglicherweise auf diese Art Unwohlsein ausdrücken will. Ich begann zu befürchten, dass Lauren mich ansehen und mir mit absolut klarer Stimme sagen könnte, wie sie sich fühlte. Und genau davor hatte ich Angst.

Ich holte eine Schwester, und sie beugte sich über Lauren und fragte sie wiederholt, ob sie Schmerzen hätte.

»Öffnen Sie Ihre Augen, wenn Sie Schmerzen haben«, sagte sie zu ihr. Lauren hielt ihre Augen geschlossen.

Wegen ihrer Medikamente empfinde Lauren höchstwahrscheinlich keine Schmerzen, erklärte die Schwester, eine weitere FEMA-Pflegekraft aus Tampa, Florida. Aber sie könne mich eindeutig hören und versuche zu reagieren, fügte sie hinzu. »Es geht ihr den Umständen entsprechend gut«, sagte die Schwester. »Wahrscheinlich freut es sie, Ihre Stimme zu hören.«

Als die Schwester das Zimmer verlassen hatte, sprach ich weiter auf Lauren ein und sagte ihr, dass Tyler sie liebt, dass ich sie liebe, wie auch alle ihre Freunde, und dass Tausende für sie beteten und alle ihre alten Freunde nur darauf warteten, sie besuchen und umarmen zu können.

Sie würde von vielen, unendlich vielen Menschen geliebt, versicherte ich ihr, aber am meisten von mir. Dann bat ich sie, sich auszuruhen und ein wenig zu schlafen.

Im Warteraum verabschiedete ich mich von den anderen Familien mit »Bis morgen«, wie wir es immer tun und dabei wissen, dass die beiden Worte sehr viel mehr beinhalten.

Neue Karten und Glückwünsche hängen an den Wänden, im Schwesternzimmer werden Brathähnchen serviert, im Warteraum türmen sich Berge von Rice Krispies und Schokoriegeln, im Umkleideraum wartet eine Unzahl steriler Kittel, Mundschutzmasken, Handschuhe und Hauben. Ein weiterer Tag geht zu Ende, der dreißigste nach dem 11. September.

Daher lasst uns wieder für Lauren, René, Elaine, Jennieann und Harry beten. Ihre Familien wollen sie morgen wiedersehen.

Herzlichst,
Greg & Lauren

Absender: Greg
Empfänger: alle
Datum: 13. Oktober 2001, 00:35
Betreff: Lauren am 12. Oktober

Heute hatte Lauren einen guten Tag, und das ist ein wörtliches Zitat ihrer Schwester. Blutdruck und Herzfrequenz sind positiv, sie war im Wasserbecken, und ihre allgemeine Verfassung ist zufrieden stellend. Ihre Transplantate geben zu Hoffnungen Anlass. Ihr Gesicht sieht aus, als würde es gut heilen. Die Ärzte reduzieren Medikamente und Infusionen. Der Balanceakt geht weiter.

Heute Morgen war sie ein wenig mehr bei Bewusstsein und öffnete, wie man mir erzählte, auf Ansprache die Augen, obwohl sie es in meiner Gegenwart nicht wiederholte. Aber sie versuchte, die geschienten Arme etwas zu bewegen. Ich las ihr die üblichen Gedichte vor, während im Hintergrund eine CD von Enya lief (ein Geschenk von … Dan?). Die Melodie klang sanft und beruhigend.

Einer der anderen kritischen Patientinnen geht es tatsächlich besser. Nach einer riskanten Operation in der vergangenen Woche hat sich der Zustand ihrer Lungen in den letzten Tagen deutlich zum Positiven verändert. Die Erleichterung unter den Familien in einem solchen Moment ist kaum zu beschreiben, obwohl wir uns dann immer schnell daran erinnern, dass die Situation jederzeit wieder »aus den Nähten platzen kann«, wie Tom Wolfe in *The Right Stuff* so treffend schreibt. Selbst die Schritte eines Babys sind gigantisch – solange es sich dazu entschließt.

Apropos Babyschritte. Tyler hat es mit dem Krabbeln zu wahrer Meisterschaft gebracht und flitzt auf allen vieren lachend über den Boden, wenn man ihm zuwinkt. Manchmal ist es leicht zu vergessen, dass er ein gerade einmal zwanzig Pfund schwerer Knirps ist. Sein Geplapper verliert das Willkürliche, wird zielstrebiger, bewusster.

Heute war ich erstmals nach dem 11. September bei Euro Brokers. Natürlich nicht im Büro, denn das gibt es nicht mehr. Stattdessen lenkte ich meine Schritte zum One New York Plaza, wo die Firma vorübergehend Unterschlupf gefunden hat. Ich empfand den Besuch bestürzender als den von Ground Zero.

Ground Zero war der Schauplatz einer Katastrophe, die Zerstörung so total und unvorstellbar, und ich hatte vieles davon im Fernsehen gesehen, dass ich eigentlich mehr ein Betrachter denn ein Trauernder war. Meine Stimmung war ernst, aber ich wurde nicht von Gefühlen überwältigt. Ich empfand Beklemmung, aber keine Angst. Heute war es anders.

Ich verließ die U-Bahn-Station Bowling Green durch den südlichen Ausgang und geriet mitten in den Schauplatz einer Bombendrohung: Überall standen Einsatzfahrzeuge von Feuerwehr und Polizei mit eingeschaltetem Blaulicht, gelbes Band sperrte die Straßen links von mir ab. Ich erblickte große Gruppen von Büroangestellten und nahm an, dass man sie evakuiert hatte, und der Battery Park glich einem Heerlager der National Guard: Soldaten und Humvees in Tarnfarben, Militärzelte hinter Barrikaden. Ich lief ein paar Blocks um das abgesperrte Gebiet herum.

Dann kam der Zeitpunkt, das Büro zu betreten. Ich bekam ein Namensschildchen, das mich als Prudential-Angestellten auswies (wir sind Gäste von Prudential). Ich fuhr in unsere Etage hinauf und stutzte über den ungewohnten Anblick: unsere Mitarbeiter an einem fremden Arbeitsplatz, unsere Security-Leute an einem Empfangstisch, unsere Makler, Berater und IT-Leute in langen Reihen hintereinander an Computerterminals. Bei einem Blick durch die Fenster wirkten die Fähren im Hafen von New York unglaublich nahe, etwa zehn Blocks näher und achtundsechzig Etagen tiefer als von unserem früheren Firmensitz, und man sollte kaum glauben, dass dieses Detail etwas ausmachte, aber es erinnerte mich daran, was für ein luftiger Horst das World Trade Center gewesen war und was wir verloren hatten.

Es gab nichts von den Dingen, die in einem Büro ein Gefühl von Wohnlichkeit aufkommen lassen, mit persönlichem Schnickschnack (wie absurd oder geschmacklos auch immer), offiziellen Bekanntmachungen, eindeutig abgegrenzten Arbeitsbereichen und komplettem Personalbestand. Wir waren in den leer stehenden Räumen eines anderen Unternehmens zu Gast, und auch wenn wir hier unserer Arbeit nachgehen konnten, fehlte jedes Gefühl von Zugehörigkeit, von Gemeinschaftlichkeit.

Viele Kollegen kamen auf mich zu, um mir die Hand zu schütteln und sich mit aufrichtigem Mitgefühl nach Laurens Befinden zu erkundigen. Dennoch beschlich mich ein unbehagliches Gefühl, dessen Grund ich nicht benennen konnte. Schließlich sprach es ein anderer aus: Wir hatten Kollegen verloren. Sie sollten eigentlich an ihren Arbeitsplätzen sitzen, hatten aber ihr Leben verloren. Die Firma war umgezogen, aber sechzig von uns konnten nicht mit umziehen. Das machte das Weiterarbeiten so schwer, konnte nicht vergessen, verdrängt werden.

Es freute mich, Kollegen wieder zu treffen, aber nach etlichen Gesprächen wurde mir klar, wie belastend meine Anwesenheit wirkte. Jede Unterhaltung war ernst, bedrückt. Leute, die Lauren von Cantor her kannten und mit denen ich kaum ein Wort gewechselt hatte, seit sie zu Euro Brokers gewechselt waren, setzten sich schockiert zu mir, um über sie zu sprechen, beteuerten ihr Mitgefühl und baten mich, ihr ihre besten Wünsche auszurichten.

Bei meinen Gesprächen mit den anderen beschlich mich jedes Mal das eigenartige Gefühl, die Ereignisse zu verharmlosen, wenn ich das Thema wechselte. Mit Ausnahme des Firmentreffens und der späteren Gedenkfeier hatte ich bis auf unseren Boss niemanden aus dem Büro getroffen. Doch dabei hatte es sich um Trauerfeiern gehandelt, und ohne Gedenkzeremonien und Gebete waren die Katastrophe und der Verlust noch schmerzlicher. Heute ging es darum, wieder ganz alltägliche Kontakte aufzubauen und die Tragödie mittels gewohnter Rituale irgendwie zu akzeptieren.

Am Ende dieser E-Mail gibt es eine soziologische Betrachtung.

Doch nun zu architektonischen Überlegungen.

Es gab ästhetische Bestrebungen, die aus Respekt vor Ground Zero nie erwähnt werden. Was angesichts der schwer verletzten Überlebenden und Tausenden von Opfern nur verständlich ist. Unzählige Menschen sind gestorben, die Psyche einer Nation wurde für immer verändert, unglaubliche, beispiellose Zerstörungen sind zu beklagen – aber darüber hinaus ist auch eine neu entdeckte und höchst erfreuliche Bemühung verloren gegangen, ein kleiner Sieg des Geschmacks über die spröde Sterilität des World Trade Centers.

Das Welthandelszentrum war dabei, gründlich herausgeputzt zu werden. Die Port Authority hatte es gerade an ein Immobilienunternehmen verkauft, das erhebliche Verbesserungen vornehmen wollte, aber nur wenige wissen, wie weit fortgeschritten die Arbeiten bereits waren. Es kommt mir fast unsinnig vor, jetzt davon zu sprechen. Aber die Überlebenden haben mit dem WTC ihren Arbeitsplatz verloren, und dessen Attraktivität begann mit der Umgebung.

Der Radweg parallel zur West Street war am 11. September fast fertig, mit kopfsteingepflasterten Abflussrinnen zu beiden Seiten und einer niedrigen Begrenzungsmauer. Zwischen dem Hudson und dem World Financial Center wurden neue Rasenflächen angelegt, aber wie intensiv sie zum Sonnenbaden genutzt worden wären, wird für immer ein Rätsel bleiben.

Die West Street hatte eine neuen Asphaltdecke erhalten, die Schaltphasen der Ampelanlagen wurden harmonisiert, damit der Verkehr zügiger fließen konnte, und das Linksabbiegen von der Vesey Street war endlich wieder erlaubt.

Die Einkaufspassagen im World Trade Center waren umfassend renoviert worden, und die engen, niedrigen Maulwurfsröhren aus den siebziger Jahren sowie der Food

Court (ich erinnere mich an orange-braune Bodenfliesen und niedrig hängende Deckenuhren, die *Market Bar* und einen Imbiss, der schaumstoffähnliche Burritos verkaufte) der Jahrtausendwende entsprechend höher und heller gestaltet. Die Bankniederlassungen, Airline-Filialen und Kurierdienste waren nach 5 World Trade umgezogen, und vom Standort großer Filialbüros mit eintönigen Teppichbelägen und langen Schlangen vor Schaltern mauserte sich der Raum zwischen den beiden Türmen mit Geschäften wie Banana Republic, Cole Haan, Ann Taylor Loft und Thomas Pink zu einer fast eleganten Shopping-Arkade.

Restaurants und Cafés hatten am Rand der WTC Plaza eröffnet, die sich von einer trostlosen Betonwüste mit T-Shirt-Verkaufsständen in einen Ort verwandelte, an dem Sommerkonzerte stattfanden, Touristen die unvermeidlichen Fotos schossen und sich die Menschen an gedeckten Tischen niederließen, um die Welt Revue passieren zu lassen.

Aber anstatt ihre Errungenschaften mit abschließenden Glanzpunkten krönen zu können, sind die Erneuerer gezwungen, ganz von vorn anzufangen.

Unser Apartment im West Village liegt neben einem hochpreisigen Neubau. Neben uns streben zwei siebzehnstöckige Zwillingstürme empor. Sie befinden sich im Rohbau, zwei Geschosse müssen noch hochgezogen werden, und so bestimmen Bauarbeiter und Kranfahrer das Bild. Nach dem Anschlag auf das World Trade Center trat ich auf die Terrasse und sah die Bauarbeiter, die auf der Straße zusammengelaufen waren und fassungslos auf die Rauchwolken blickten, die aus dem klaffenden Loch in Höhe der Cantor-Fitzgerald-Etagen drangen.

Einer der Jungs, die sich ständig in unserer Straße aufhalten, ist eine Art Chef der Kranführer, er überwacht den Betrieb von zwei Kränen mit zwanzig Stock großen Auslegern. Ich lernte ihn vor einigen Monaten kennen, als die Benzinpumpe meines Autos streikte und er mir half, den Wagen auf die Ladefläche eines Abschleppfahrzeugs zu steuern. Heute fragte ich ihn, ob viele seiner Leute an den Bergungs- und Aufräumungsarbeiten beteiligt seien.

Seine Gewerkschaft habe sofort nach dem Anschlag einige Leute an den Ort der Katastrophe geschickt, erzählte er mir, und jetzt arbeiteten Kranführer noch immer in Zwölf-Stunden-Schichten. Er sei beim Bau des World Trade Centers vor zwanzig Jahren dabei gewesen, fuhr er fort, und wisse, wie tief die Fundamente in den Schieferfelsen hinabreichten. Er wusste auch von der Stützwand, die während der Ausschachtungsarbeiten hochgezogen worden war, und dass die Arbeiter befürchteten, durch den Zement könnte das Wasser des Hudson eindringen und die unterirdischen Geschosse füllen. Daraus könnte sich eine noch ernstere Situation ergeben, nicht nur für die Aufräumungsarbeiten, sondern auch durch die Gewalt des mit der Flut hereinströmenden Hudsonwassers.

Battery Park City scheint sicher, sie ruht auf Stützpfählen, die in denselben Schieferfelsen getrieben wurden, der den Bau des World Trade Centers überhaupt erst ermöglichte. Durch Unterspülungen, auf die im Moment nichts hinweist, kann es mit der Zeit zu großen Problemen kommen. Man braucht kein Experte zu sein, um sie sich auszumalen.

Als Folge der Räumarbeiten kann die das World Trade Center umgebende Zementwand ins Wanken geraten und möglicherweise sogar einstürzen, wenn sie nicht ordentlich abgestützt ist. Der Druck, dem sie ausgesetzt wird, ist unvorstellbar. Demzufolge müssen die Arbeiter beim Vordringen in die Kellergeschosse die Wand neu versteifen und dabei die gleichen Methoden anwenden wie beim Bau des WTC. Erst wenn die Mauer ausreichend abgesichert ist, können sie die Baugrube räumen.

Die Kräne, die den Schuttbergen zu Leibe rücken, sind riesig, und der, den ich bereits beschrieben habe, der rote mit zweimal zehn vertikalen, gusseisernen Füßen, kann 1200 Tonnen Gewicht anheben. Er wird jedoch weniger wegen dieser Hubkraft eingesetzt, sondern wegen seiner Greifkapazitäten, und so nutzt man den hundert Meter hohen Ausleger, um eine Schuttfläche von der Größe eines Footballfeldes abzuräumen.

Die Räumgeräte, die auf den Schuttbergen wie Spielzeug aussehen, sind Greifbagger mit zwei Arten von Schaufeln: Eine lädt einfach Schutt ein, und die andere besitzt zwei Reihen von »Zähnen«, die selbst Stahl durchtrennen können. Die extrem langen Schuttfahrzeuge, die ich geschildert habe, bringen ihre Ladung zu Lastkähnen, die vor Battery Park City bereitliegen. Hier heben andere Kräne den Schutt in zehn mal zwanzig Meter große Container, die per Boot zur Müllhalde Fresh Kills auf Staten Island gebracht werden, wo er wieder sorgfältig ausgebreitet wird, damit ihn Ermittler der Bundesbehörden untersuchen können.

Die Tochter des Kranführerchefs ist mit einer Frau befreundet, die auch mit katastrophalen Verletzungen in einem Krankenhaus liegt: Sie wurde von Teilen des Fahrwerks eines Verkehrsflugzeuges getroffen. Zunächst befürchteten die Mediziner, ihre Beine nicht retten zu können, aber ein Arzt stellte eine positivere Prognose, und darauf verlässt sie sich.

Als ich dem Mann von Lauren erzählte, sagte er: »Oh, Sie sind das ...« Er kannte Laurens Schicksal.

Das ist New York im Oktober 2001: Angehörige und Freunde haben grauenhafte Verluste und Verletzungen erlitten, Nachbarn werden von Entsetzen und Schrecken heimgesucht, die Tragödie erstreckt sich von Ground Zero bis in die fernsten Vororte und schweißt die Menschen zusammen. Eine Gemeinde hat Feuerwehrmänner und Polizisten verloren, eine andere Investmentbanker und Geschäftsleute, eine weitere hat Abrissarbeiter zum Ort der Katastrophe geschickt, um den Fluss im Zaum zu halten und Millionen Tonnen von Schutt abzuräumen, unter dem sich noch immer weiß glühende Metallstreben befinden.

Aber gut, genug davon. Lauren hält sich tapfer.

Herzlichst,
Greg & Lauren

Absender: Greg
Empfänger: alle
Datum: Sonntag, 14. Oktober 2001, 01:05
Betreff: Lauren am 13. Oktober

»Es geht ihr richtig toll.« Das hören wir erfreut von Laurens Schwester, weil »toll« ein Wort ist, das für gewöhnlich selten im Burn Center benutzt wird. Mit Sicherheit fiel es erstmals im Zusammenhang mit Lauren.

Es bedeutet, dass ihr Zustand nicht nur stabil ist, sondern sich wirklich verbessert. Vor drei Tagen hat Lauren zwei starke Antibiotika erhalten, um das resistente Virus in ihrem Organismus zu bekämpfen, und es kam zu einer kleinen Krise. Heute ist die Schwellung ihres Gesichts zurückgegangen und sie sieht sich selbst wieder ähnlicher. Ihre Blutdruck- und Pulswerte sind zufrieden stellend, man hat die Medikamente reduziert, und sie schien dem Bewusstsein näher zu sein als zu irgendeinem Zeitpunkt nach dem 11. September.

Als am Vormittag die Familie bei ihr war, hat Lauren die Augen geöffnet und schien ein wenig mehr von ihrer Umgebung wahrzunehmen. Kurz bevor ich ins Krankenhaus fuhr, kehrten sie ins Apartment zurück und wirkten so aufgekratzt und munter, wie ich sie seit dem letzten April nicht mehr gesehen hatte. Es war, als hätte ihnen jemand – Lauren! – eine schwere Last von den Schultern genommen. Sie war einer akut bedrohlichen Phase entronnen, und im Moment konnte man ihren Zustand mit Fug und Recht als »toll« bezeichnen.

Es widerspricht den Gepflogenheiten des Burn Centers, die Dinge schönzureden. Ärzte und Schwestern machen den Angehörigen nicht vor, ein Patient könne es schaffen, wenn alle Anzeichen dagegen sprechen. Als eine Schwester mir zum ersten Mal sagte, sie hätten im Hinblick auf Lauren ein gutes Gefühl, gewann ich den Eindruck, dass sie damit eine objektive und fachlich begründete Feststellung traf.

Das heißt nicht, dass Ärzte und Pflegekräfte miteinander nicht über die Patienten sprechen würden. Eine der Schwestern vertraute mir an, dass Laurens Arzt von Anfang an von ihren Heilungschancen überzeugt war, doch das hätte er mir nie gesagt. Denn wenn ein Arzt so etwas zu Schwestern und Pflegern äußert, bedeutet es lediglich, dass eine gewisse Zahl von Patienten derart schwere Verbrennungen überlebt und anhand bestimmter Kriterien zu erkennen ist, wenn ein Patient in diese Kategorie zu gehören scheint.

In diesem Zusammenhang muss Laurens »toller« Zustand gesehen werden. Natürlich bedeutet es nicht, dass sie das Krankenhaus in der nächsten Woche verlassen könnte. Es heißt lediglich, dass sie eine Krise überwunden hat.

Noch kann man nicht mit Sicherheit sagen, ob die neuen Antibiotika dem resistenten Virus den Garaus gemacht haben, aber immerhin kann man feststellen, es gehe ihr *toll*.

So etwas auf einer Intensivstation sagen zu können, muss auch den Pflegekräften Auftrieb geben. Die Patienten liegen ihnen am Herzen, und voller Überzeugung positive Prognosen treffen zu können, versetzt sie bestimmt in erleichterte Genugtuung.

Oder wie Simon und Garfunkel einmal sangen: in Hochstimmung – *Elation*.

Es ist ein unbeschreibliches Gefühl, wenn ein Gesicht beginnt, sich wieder ähnlich zu sehen. Das Erdulden der Krankheit verändert das Äußere eines Menschen grundsätzlich. Ein Teil von Lauren ist so krank, dass sie mitunter ganz fremd aussieht, aber sie kämpft und scheint das Ringen zu gewinnen. Es ist ein Kampf, der gleichzeitig real und metaphorisch ist.

Die Fahrt in den sicheren Hafen ist eine lange, und es können jederzeit neue Risiken auftauchen, aber wenn eine gefahrlose Strecke vor euch liegt, genießt sie.

Heute Vormittag unternahm ich eine Spritztour, die ihre Bedeutung allein dadurch erhielt, dass sie nicht ganz so unbeschwert war wie beim letzten Mal. Ich fuhr nach Brooklyn zu Costco, wo Lauren und ich am Sonntag, dem

9. September, eingekauft hatten. An diesem Tag sollte Lauren ihre eigene Costco-Kundenkarte erhalten, und das letzte lächelnde Foto von ihr ist der grobkörnige Schwarzweiß-Schnappschuss auf ihrer Costco Gold Card.

Am 9. September fuhren wir am World Trade Center vorbei, durch den Brooklyn Battery Tunnel, flitzten über den Brooklyn Queens Expressway und erreichten Costco in weniger als zehn Minuten. Tyler saß hinter uns in seinem Babysitz. Wir kauften Unmengen von Pampers und den größten Kanister Bertolli-Olivenöl, den ich je gesehen hatte. (Notfalls kann ich jetzt Pasta mit Olivenöl und Knoblauch für dreihundert Gäste zubereiten.) Heute fuhren meine Freundin Wendi und ich wieder zu Costco, um Windeln zu kaufen, und wir mussten quer durch Manhattan zur Williamsburg Bridge, dann über Nebenstraßen zum BQE. Insgesamt dauerte die Fahrt eine halbe Stunde.

Endlich angekommen, hielten wir Ausschau nach Angeboten in supergroßen Verpackungen. Das Einkaufen mit Wendi machte Spaß (mehr als mit Lauren, offen gestanden, wenn ich daran denke, wie oft sie murrte und sich beschwerte), aber es war eine ganz neue Erfahrung. Es gab niemanden, der mir half, zwischen verschiedenen Produkten auszuwählen, mich daran erinnerte, was ich eigentlich kaufen wollte, oder selbst Dinge erstand, die ich später im Arzneischränkchen oder dem Wäscheschrank wieder fand. Ohne rührselig erscheinen zu wollen, wurde mir jede Sekunde sehr bewusst, dass Lauren nicht da war, und das erinnerte mich schmerzlich an die ganz alltäglichen Gemeinsamkeiten, die wir auf noch unabsehbare Zeit verloren haben.

Tyler liebt Cheerios und hat es gern, wenn eine Hand voll davon auf der Ablage seines Hochstühlchens liegt. Er streckt die Hand aus, wählt langsam und bedacht eins aus und stopft es sich in den Mund. Wenn er merkt, dass man ihm dabei zusieht, strahlt er breit, aber wenn er sich unbeobachtet glaubt, greift er fast versunken nach den bunten Dingern und verputzt sie mit gleich bleibender Konzentration. Heute habe ich ihm genügend Cheerios gekauft, damit er bis zum College so weitermachen kann.

Natürlich berichtete ich heute Lauren davon, denn ich erzähle ihr immer von Tyler. Ich konnte sehen, dass sich ihre Augen hinter den Lidern bewegten. Ich sah auch, dass sie versuchte, Worte zu formulieren, aber kein Ton kam über ihre Lippen. Ihre Stimmbänder können nicht vibrieren, weil der Endotrachealtubus die Luftzufuhr in ihren Kehlkopf behinderte. Aber ihr Mund öffnete sich, und einmal bewegte sie leicht den Unterkiefer, als wollte sie sprechen.

Ich trat an die andere Seite ihres Bettes, zwängte mich an den Infusionsständern vorbei, beugte mich über sie, strich ihr über die Haare und konnte sehen, dass sie wusste, was ich tat. Ich beugte mich tiefer über sie, nannte die Namen einiger ihrer Freunde und konnte wiederholt Reaktionen bemerken. Sie versuchte nicht, ihre Arme zu bewegen, und wirkte auch sonst nicht unruhig oder erregt. Ich glaube, sie bemühte sich nach besten Kräften um Kommunikation und spürte irgendwie, dass der Beatmungsschlauch sie nun nicht mehr behinderte.

Dann erhielt sie eine Narkose, damit der Schlauch fixiert werden konnte, über den sie mit flüssiger Nahrung versorgt wurde. Daher verließ ich das Zimmer, und als ich zurückkam, lag sie in tiefem Schlaf. Ich zog mir den Drehstuhl heran, setzte mich neben sie und beobachtete sie. Im Hintergrund spielte die »Stardust«-CD von Willie Nelson. Die CD lag in den letzten Zügen, und ich hörte den letzten Titel, der auf der ursprünglichen LP nicht zu finden ist, vielleicht weil der Bass dem Country-Geschmack in den siebziger Jahren nicht entsprach. Aber bei der Produktion der CD waren zwei Titel der ursprünglichen Studioaufnahme hinzugefügt worden. Und so lauschte ich nun Willie Nelsons Version des Johnny-Nash-Songs »I Can See Clearly Now«.

Popsong-Texte werden so geschrieben, dass sie möglichst vielen etwas sagen, aber unter bestimmten Lebensumständen können die Worte eine ganz neue Bedeutung erhalten. Als ich Lauren beobachtete, drangen die folgenden Zeilen an mein Ohr:

I think I can make it now, the pain is gone
All of the bad feelings have disappeared
Here is the rainbow I've been prayin' for
It's gonna be a bright, bright
Sunshine day.

Look all around, there's nothin' but blue skies
Look straight ahead, nothin' but blue skies.

Es gibt für jeden Aspekt unseres Lebens Entsprechungen in der Welt um uns. Manchmal können wir unsere wahre Stimmung an dem erkennen, was uns scheinbar zufällig auffällt.

Die Stimmung der anderen Familien im Warteraum war unterschiedlich.

Einer Patientin steht am Montag eine langwierige und riskante Operation bevor. Trotz ihrer Sorgen zeigen die Angehörigen weiterhin Zuversicht in einen guten Ausgang, erkundigen sich nach Lauren und Tyler und bitten mich, ihm von ihnen einen Kuss zu geben.

Einem anderen Patienten wurde der Beatmungsschlauch aus dem Mund entfernt, aber nicht zugunsten eines Luftröhrenschnitts. Vielmehr will man ihm die Chance geben, aus eigener Kraft zu atmen, anstatt ihn automatisch einem invasiven Eingriff zu unterziehen. Und zurzeit atmet er selbstständig – und nutzte die erste Gelegenheit, seiner Frau (fast unhörbar) zuzuflüstern, wie sehr er sie liebt.

Heute Abend habe ich mich ganz formell einem Mann vorgestellt, mit dem ich seit dem 11. September immer wieder im Warteraum zusammentreffe. Sein Sohn hat im Nordturm gearbeitet und befand sich in der Halle, als der Feuerball aus dem Fahrstuhlschacht drang. Der Mann und ich hatten häufig miteinander gesprochen, ohne dass mir die besondere Beziehung bewusst gewesen wäre, die seinen

Sohn mit Lauren verband. Er erzählte mir von seinem Sohn und fügte dann, alle Patienten betreffend, hinzu:

»Sie wollen alle leben. Der Lebenswille ist unglaublich stark.«

Amen.

Zweiunddreißig Tage seit dem 11. September.

Herzlichst,
Greg & Lauren

Absender: Greg
Empfänger: alle
Datum: Montag, 15. Oktober 2001, 00:37
Betreff: Lauren am 14. Oktober

Und da dachte ich, heute gäbe es nichts zu berichten.

Als ich heute Abend ins Krankenhaus kam (die Yankees lagen zu diesem Zeitpunkt 7 zu 2 vorn), hatte Lauren beide Augen offen, und nicht nur ein bisschen, sondern ziemlich weit. Die Schwellung ihres Gesichtes war fast ganz zurückgegangen, und sie sah sich ähnlicher als zu irgendeinem Zeitpunkt nach dem 11. September. Ich beugte mich über sie, blickte ihr tief in die Augen und sagte: »Ich bin es, mein Schatz – Greg. Und ich liebe dich.«

Sie bewegte ganz leicht die Augen, und dann, fast unmerklich, hoben sich ihre Mundwinkel: Sie versuchte zu lächeln! Wieder sagte ich ihr, wie sehr ich sie liebte, dass Tyler sie liebt, wie gut es sei, sie zu sehen, und brach prompt in Tränen aus – die ersten Freudentränen nach einer wahren Ewigkeit.

Natürlich entschuldigte ich mich sofort für meine Tränen und versicherte ihr, ich sei einfach zu glücklich.

Seit mehr als einem Monat galt mein erstes Interesse beim Betreten ihres Zimmers ihrem Blutdruck, ihrer Herzfrequenz, dem Sauerstoffgehalt ihres Blutes und den anderen Hinweisen auf ihre Körperfunktionen. Bildschirme über und neben ihrem Bett gaben Auskunft darüber. In Ermangelung anderer Indikatoren waren sie quasi Checklisten, die mir sagten, wie es ihr ging.

Ich lernte die Daten auf den Bildschirmen lesen, forschte nach positiven Sauerstoffkurven, machte mich mit Pulsfrequenzen vertraut und ließ mir erklären, dass weniger der systolische (wenn sich das Herz zusammenzieht) oder der diastolische Blutdruck (wenn es wieder erschlafft) entscheidend sind, sondern der Mittelwert der arteriellen Leistung (der Blutmenge, die pro Minute das Herz durchströmt, was von Weite und Elastizität der Blutgefäße und der inneren Viskosität des Blutes abhängt). Der Mittelwert (oder Blutdruckamplitude) ist die Differenz zwischen systolischem und diastolischem Druck, und wie ich hörte, darf sie nicht unter sechzig absinken.

Ich überprüfte auch ihren Blutsauerstoff und informierte mich kurz bei der Schwester. Dann »wusste« ich, wie es Lauren ging, und es war an der Zeit, eine CD aufzulegen oder zu einem Buch zu greifen, um ihr etwas vorzulesen.

Doch in den letzten beiden Tagen habe ich keinen Blick auf die Bildschirme geworfen. Die Zahlen und Daten sind natürlich immer noch da, aber mein Interesse an ihnen hat nachgelassen. Mein Hauptaugenmerk gilt ihrem Gesicht, ihren Augen und ihren perfekten Zähnen, die nun wieder sichtbar sind, da der Beatmungsschlauch aus ihrem Mund verschwunden ist. Vor allem aber der Art und Weise, in der sie – wie heute Abend – ganz leicht das Gesicht verzieht, um anzudeuten, wie sie sich fühlt.

Natürlich sind das alles erste, zaghafte Ansätze. Sie wollte offenbar etwas sagen, bekam aber keinen Ton heraus, und sie sah mich nicht wirklich an, obwohl ihre Augen offen standen. Als ich mich tiefer über sie beugte, um ihren Blick einzufangen, reagierte sie nicht. Stattdessen schien sie an die Decke zu starren, blickte an mir vorbei irgendwo ins Leere und hat vielleicht gar nicht mitbekommen, was sich direkt vor ihr tat.

Aber als ich meinen und Tylers Namen nannte, erschien etwas auf ihren Zügen, das im vergangenen Monat nicht zu entdecken war. Sie zwinkerte, legte den Kopf leicht zur Seite, in ihren Wangen zuckte es, und ihre Lippen bewegten sich. Dann lächelte sie, als ob sie in der Ferne ein leises Geräusch gehört hätte oder vom Klingeln eines Telefons aus einem Traum erwacht wäre. Einige Male erreichte dieses Lächeln sogar ihre Wangen, und ihre Augen zogen sich geringfügig zusammen.

Und dann gab es da Hinweise auf den anderen, mühsamen Aspekt der Reise, den Teil, bei dem die Heldin nicht nur auf hohen Absätzen vor Gefahren fliehen muss, sondern durch einen verstauchten Knöchel dabei behindert wird. Zweimal waren in ihren Augenwinkeln Tränen zu sehen. Einmal, als die Schwester ihr sehr eindringlich versicherte, wie viel Glück sie gehabt hatte, und das zweite Mal, als ich die vielen Menschen aufzählte, die für sie beteten. Diese Tränen waren kleine Hinweise auf die emotionalen Erschütterungen, zu denen es kommen muss, wenn sie ihr Bewusstsein wiedererlangt und begreift, was ihr und ihr nahe stehenden Menschen zugestoßen war.

Man muss sich vor Augen führen, dass sie nicht aus eigener Kraft zu klarem Bewusstsein gelangt. Sie wird durch Medikamente auf einer bestimmten Bewusstseinsebene gehalten, die sowohl ihre Wahrnehmung von der Umgebung wie auch ihre Schmerzen in Schach halten. Es ist eine große Freude, sie betrachten zu können, gewissermaßen durch das Fenster eines fahrenden Zuges, aber sie befindet sich noch immer auf einem ganz anderen Gleis, und bis zum Wiedersehen unter Glückstränen vergeht noch einige Zeit.

Man wird sie nicht abrupt zu sich kommen lassen, denn das wäre wenig angenehm. Andererseits hält man sie auch nicht länger als unbedingt nötig in ihrem Dämmerzustand, weil man ihre Kraft und ihren Willen braucht, damit sie wieder ganz gesund wird. Je mehr Zeit sie auf dem Rücken liegend zubringt, desto mehr mentale Stärke braucht sie, um den körperlichen Niedergang auszugleichen. Daher wird man langsam beginnen, sie wieder in die Welt zurückzuholen. In langsamen, genau bemessenen Schritten. Denn mit der Erlangung eines klaren Bewusstseins geht die Fähigkeit zum Fragen ebenso einher wie das Begreifen der Auskünfte über den Zustand der Welt.

Doch selbst in diesem Stadium, auf dieser ersten Stufe oberhalb absoluter Bewusstlosigkeit, ist es, als wäre sie aus den Tiefen des Meeres aufgetaucht, hätte leicht den Kopf geschüttelt und zum ersten Mal nach langer Zeit wieder Luft geholt.

Übrigens gibt es darüber hinaus viel zu berichten. Tyler hat seine ersten, noch recht wackligen Schritte getan. Er hielt sich am Couchtisch fest, erspähte seinen »Mega Saucer« (einen federnden Sitz inmitten einer runden Kunststofffläche, auf der das Kind mit Klötzchen und Ähnlichem spielen kann), ließ den Tisch los und schaffte es mit zwei Schritten und ohne hinzufallen zum Sitz. Im Grunde waren es nicht wirklich seine ersten Schritte, aber er arbeitet daran.

Er hat keine Scheu vor dem Laufenlernen, so viel ist sicher. Auf gewisse Weise verhielt er sich heute genau wie seine Mom. Sie machte ihre ersten Schritte zurück aus einem Traum und er seine ersten beiden Schritte aus eigener Kraft. Er wusste nicht genug, um Angst zu empfinden, und er war sich auch nicht bewusst, was er da tat, aber ich starrte verblüfft auf seinen kleinen Rücken, sprang auf und holte die Videokamera. Dann nahm ich für die Nachwelt auf, wie er dreimal den Couchtisch umrundete, indem er sich jeweils auf Couch, Sessel oder Tischplatte stützte. Lauren brachte den ersten großen Schritt auf dem Weg zurück in die Welt hinter sich, er begann die Welt zu erkunden.

Und das mit Bravour, denn er machte sich entschlossen auf den Weg zu einer Nachbarfamilie. Anstatt sich über den Flur zu ihrer Tür tragen zu lassen, klammerte er sich an meine Hand, und er lief die rund zwanzig Meter auf seinen eigenen kleinen Beinen. (Die Familie hat zwei Jungen und damit auch eine stattliche Kollektion an Spielzeugen. Sobald Tyler sich in ihrem Apartment befindet, stürzt er sich sofort darauf – zum ungeheuren Vergnügen des jüngeren Sohnes, der dadurch zu so etwas wie ein alter, erfahrener Hase in Sachen Spielsachen wird.)

Für mich war es offenbar ein Tag der Tränen. Sie kamen mir am Abend, als ich mit Lauren sprach und ihr sagte, wie wundervoll es sei, sie zu sehen. Gegen Mittag stieß ich zufällig auf das Ende des Filmes *The Crying Game*. Und am Morgen las ich einen Brief, der mir auch sofort die Tränen in die Augen trieb – aus Dankbarkeit.

Eine aus der Runde derjenigen, die diese E-Mails erhalten, hat mit einem Angehörigen unserer Streitkräfte über Lauren gesprochen, und der Captain schrieb ihr (nicht mir) einen Brief, in dem es heißt:

»Ich bin mir sicher, dass es kein großer Trost für Lauren sein kann, aber sagen Sie ihr, dass hochklassige Kommandotrupps unterwegs sind, um all jene der Gerechtigkeit zuzuführen, die unser Recht auf Freiheit verletzen. Sie werden zehnfach für das Unrecht bezahlen, das sie Lauren angetan haben. Wir werden sie aufspüren und aus der menschlichen Gesellschaft eliminieren. Dabei werden wir weder rasten noch ruhen. Diese Menschen und ihre Unterstützer werden bis zu ihrem letzten Tag keine Ruhe finden.

Das tun wir für Lauren. ›Wir tun diese Dinge, damit andere leben können.‹«

Dem kann ich nichts weiter hinzufügen als meinen Dank.

Herzlichst,
Greg & Lauren

Absender: Greg
Empfänger: alle
Datum: Dienstag, 16. Oktober 2001, 01:33
Betreff: Lauren am 15. Oktober

Gestern schrieb ich, dass ich Lauren unter Tränen sagte, es sei wundervoll, sie zu sehen. Dass *sie* mich sehen konnte, wäre korrekter gewesen.

Heute konnte daran kein Zweifel bestehen. Als ich zu ihr kam, standen ihre Augen offen, und sie blinzelte. »Du siehst großartig aus, Honey«, sagte ich. »Komm, schenk mir ein Lächeln.«

Und sie lächelte. Nicht nur einmal, sondern zweimal. Wie gestern war es nur die Andeutung eines Lächelns, aber immerhin! Ich kann euch meine Freude kaum beschreiben. Es ist wirklich so, als wäre ein vor einem Monat ausgeknipster Schalter wieder eingeschaltet worden. Wir kommunizieren wieder miteinander.

Mir ist sehr wohl bewusst, dass sie sich in diesem halb wachen Zustand befindet, weil die Ärzte es so wollen, dennoch bleibt es eine tief bewegende Sache. Aber ich werde meine Hoffnungen nicht allzu hoch schrauben. Lauren ist noch nicht einmal halbwegs über den Berg, ihre Wunden sind noch nicht vollständig geschlossen, es muss mit neuen Infektionen gerechnet werden, und sie wird noch etliche Operationen über sich ergehen lassen müssen. Und dann, wenn ihre Verletzungen geheilt sind, muss sie ohne die Medikamente auskommen, mit deren Hilfe sie es so weit gebracht hat. Sie ist nur wacher und ansprechbarer, weil einige ihrer Medikamente bereits zurückgenommen wurden.

Ihr Befinden entspricht den ärztlichen Erfahrungen.

Die Antibiotika scheinen das resistente Virus zu bekämpfen. In den letzten fünf Tagen ist ihre Gesichtsschwellung ständig zurückgegangen (obwohl es gestern zu einem kleinen Rückfall kam). Offenbar gab es in ihrem Organismus metabolische Veränderungen: Ihre Wunden heilen gut und schneller. Bis auf drei kleine, etwa acht Zentimeter große Stellen ist der obere Bereich ihres Rückens fast vollständig geheilt. Die Eigenhautverpflanzungen auf ihrer linken Hand sehen gut aus, genau wie die Hautbanktransplantate auf ihrer linken.

Allerdings gibt es die buchstäbliche Kehrseite der Medaille. Noch muss der untere Bereich ihres Rückens, der Po, transplantiert werden. Eigentlich war das für Donnerstag oder Freitag vorgesehen, aber man hat den Eingriff auf morgen verschoben. (Wieder wird sie die Erste im OP sein.)

Nach der Operation muss sie rund fünf Tage auf dem Bauch liegen, damit die Transplantate anwachsen können. Wenn ich in der letzten Woche von zehn kritischen Tagen schrieb, dann wegen dieser Operation.

Ich erwähnte Laurens Arzt gegenüber, dass Lauren einen Tag nach dem letzten Sieg der Yankees in einer Playoff-Runde ein Baby bekam. Er hätte zwar keine Tests durchgeführt, wäre sich aber fast sicher, dass damit dieses Mal nicht zu rechnen sei, erwiderte er. Ich erläuterte meine Bemerkung mit meiner Überzeugung, dass Lauren offenbar dazu neigt, bei einem entscheidenden Spiel der Yankees eine in medizinischer Hinsicht gute Nacht zu haben. Aber sein Sinn für Humor gefiel mir.

Später sprach ich mit dem Arzt, der fünf Tage nach dem 11. September im Hinblick auf Lauren sagte, sie halte sich tapfer, dass sich ihr Zustand aber erst einmal verschlechtern würde, bevor es ihr besser ging, aber alles unternommen würde, um sie durchzubringen, weil man nicht wollte, dass sich »diese Mistkerle noch eines weiteren Todesopfers rühmen können«.

Heute Abend kam er auf mich zu und wollte wissen, wie es mir ginge. (Nach Laurens Befinden brauchte er sich nicht zu erkundigen, das kannte er genau.) Erneut betonte er, dass sie sich unter den gegebenen Umständen erstaunlich gut hielt.

Ich erinnerte ihn an seine Bemerkungen wenige Tage

nach dem Anschlag und versicherte ihm, dass er mir damit eine Last von den Schultern genommen hätte, denn seither gäbe es für mich nicht den geringsten Grund zu der Annahme, dass ihre Ärzte nicht ebenso entschlossen waren, ihr Leben zu retten, wie ich.

Die Ärzte und Pflegekräfte nähmen die Verletzten des Anschlags auf das World Trade Center sehr persönlich, erklärte er: Die Opfer waren Freunde, Nachbarn, Kollegen, und sie alle gäben sich jede erdenkliche Mühe.

Nach der WTC-Tragödie war Freizeit für das medizinische Personal ein Fremdwort. Wochenlang kannten sie nichts anderes als die Pflege der Opfer. Und die Pläne für den Katastrophenfall sind noch immer in Kraft. Lauren wurde von FEMA-Schwestern aus Florida, Utah und – in den letzten Tagen – Seattle versorgt. Nichts bleibt ungetan, um die Pflege dieser Patienten zu gewährleisten.

Heute Abend fiel es mir leichter, das Krankenhaus zu verlassen, als in der Vergangenheit. In den ersten Tagen nach dem 11. September wollte ich Laurens Bett kaum verlassen. Da sie kein Zeitgefühl hatte, hielt ich es für besser, wenn sie glaubte, ich wäre ständig bei ihr. Doch dann erkannte ich, dass ich sie mit dieser Taktik vielleicht beunruhigte, und begann mich von ihr zu verabschieden. Aber ich hatte das Gefühl, dass sie in dem Maße, in dem ihr Bewusstsein zunahm, weniger gewillt war, auf mich zu verzichten.

Stattdessen fällt es mir leichter, mich von ihr zu verabschieden, weil ich weiß, wie gut der Schlaf für sie ist.

So verließ ich das Krankenhaus und traf mich mit meinem Freund Bill im *Beach Café*, meinem Stammlokal an der Ecke Second Avenue und 70th Street, um auf dem Bildschirm zu erleben, wie die Yankees die Jungs von der East Bay schlugen. Es war eine angenehme Art, den Tag zu beschließen und optimistisch in die Zukunft zu blicken.

Herzlichst,
Greg & Lauren

Absender: Greg
Empfänger: alle
Datum: 17. Oktober 2001, 00:58
Betreff: Lauren am 16. Oktober

Lauren hat die Operation heute gut überstanden. Auf ihren Po wurde auf das Dreifache ihrer Größe »ausgewalzte« Eigenhaut transplantiert und mit um fünfzig Prozent vergrößertem Hautbankmaterial bedeckt. Pünktlich um halb acht wurde sie in den OP gebracht und kam um halb eins zurück.

»Wir sind wieder da«, erklärte ihr Arzt mit einer gewissen Überschwänglichkeit und fügte hinzu, dass alles verlaufen war wie geplant. Statt Leichenhaut auf die Wunden zu transplantieren, die in zwei bis drei Monaten ersetzt werden müsste, hatte er sich dazu entschieden, gleich Laurens eigene Haut zu verpflanzen.

Nun kommt es darauf an, ob die Transplantationsflächen gesund genug sind, die Eigenhaut anzunehmen. Wenn nicht, hätte er die Eigenhaut »verschwendet«. Allerdings waren erste Versuche mit Fremdhaut auf Laurens Po fehlgeschlagen, und der Arzt versprach sich von diesem Versuch mit ihrer eigenen Haut mehr.

Die gute Nachricht für Lauren besteht darin, dass die Maßnahme im Erfolgsfall eine dauerhafte ist, die schlechte darin, dass sie fünf Tage lang auf dem Bauch liegen muss, um die Chance des Anwachsens zu erhöhen. Und das ist etwas, was ich nur betäubt und mit Schmerzmitteln versorgt über mich ergehen lassen würde, aber ich befürchte, dass es selbst unter diesen mildernden Umständen für Lauren nicht leicht zu ertragen ist.

Dennoch versichert ihre Schwester, dass sie ruhig schläft und sich erholt. Ihre Herzfrequenz ist niedriger und ihr Blutdruck fast normal. Wenn sie Anzeichen von Erregung zeigt, dann scheint das weniger an ihrer Position zu liegen als daran, dass sie wissen möchte, ob jemand bei ihr ist. Sobald man ihr versichert, dass sie nicht allein ist, entspannt sie sich. Die Pfleger haben das Licht ausgeschaltet, damit sie besser schlafen kann, und eine beruhigende CD aufgelegt, die ihr hilft zu entspannen.

Und weil sie ein so tapferes und zähes Mädchen ist, tut sie alles, damit es ihr bald wieder besser geht.

Es geht nur mit ganz kleinen Schritten voran, aber irgendwann werden wir zurückblicken und erkennen, dass mehr als die Hälfte der Strecke hinter uns liegt.

Die Bauchlage hat den Vorteil, dass ich ihr sanft über den Rücken streichen kann. Das hat ihr früher immer sehr gefallen (wem nicht?), aber erstmals seit dem 11. September konnte ich sie damit erfreuen und machte ausgiebig Gebrauch davon, während ich durch die offen stehende Tür beiläufig Wortfetzen von der Unterhaltung der Pflegekräfte im gegenüberliegenden Schwesternzimmer mitbekam.

Bei jedem Schichtwechsel nehmen die Pfleger eine Art »Bestandsaufnahme« vor. Während ihrer Visiten erörtern die Ärzte das Befinden der Patienten und bestimmen über Beibehaltung oder Veränderung der Behandlung. Für die Durchführung der Therapie sind die Schwestern verantwortlich, die gleichzeitig den Zustand »ihres« Patienten peinlich genau überwachen. Vor Beendigung ihrer Schicht vergewissern sie sich noch einmal über das Befinden ihres Schützlings, überprüfen die Fließgeschwindigkeit der Infusionen und sorgen dafür, dass ausreichend Medikamente parat und die Infusionsschläuche sauber sind. Ferner informieren sie die nachfolgenden Schwestern genauestens darüber, worauf bei der Pflege des Patienten besonders zu achten ist.

Dabei wird viel und ausführlich geredet, damit gewährleistet ist, »dass jeder die gleiche Sprache spricht, wenn es um die Pflege der Patienten geht«, wie eine Schwester heute betonte.

Als ich heute das Krankenhaus verließ, wirkte Lauren ganz ruhig und entspannt, und das gab mir Hoffnung für die nächsten Tage. Da steht es wieder, dieses seit dem 11. September so kostbare Wort Hoffnung.

Wie ich erst am Dienstag erfuhr, ist ein Patient des Burn Centers am frühen Sonntagmorgen gestorben. Die Nachricht erschütterte mich tief. Ich hatte die Frau des Mannes zwar in den letzten beiden Tagen nicht im Warteraum gesehen, aber mir nichts dabei gedacht, weil ich relativ spät im Krankenhaus erschien und glaubte, ich hätte sie verpasst. Der Kampf ums Überleben ist hart, und nicht immer wird er gewonnen. Das hat sich am Sonntag erneut erwiesen.

Aber auf jede traurige Nachricht kommt eine ermutigende. Heute hörte ich, dass sich die Pfarrerin des Burn Centers zur Zeit des Anschlages im World Trade Center aufhielt. Davon hat sie den Angehörigen nichts erzählt, obwohl sie nahezu täglich hier war, um uns Beistand und Trost zu gewähren sowie uns mit Essbarem zu versorgen (von ihr kamen die Rice Krispies, die Kekse und die Chips).

Sie hielt sich zu einem Lehrgang im 16. Stockwerk des Südturms auf, als das Flugzeug in den ersten Turm raste. Sie hörte einen ohrenbetäubenden Knall, der das ganze Gebäude erschütterte, trat an ein Fenster und sah Trümmerteile auf die WTC-Plaza stürzen. Instinktiv wollte sie das Gebäude verlassen, aber der Dozent riet, zunächst auf Anweisungen zu warten.

Über die Lautsprecheranlage wurde mitgeteilt, dass es im Nordturm einen Unfall gegeben habe, der Südturm jedoch sicher sei. Das überzeugte die Pfarrerin nicht. Ihre Position als Hausgeistliche des Burn Centers wird zum Teil von der New Yorker Feuerwehr finanziert, und von ihrem Kontakt mit Feuerwehrleuten wusste sie, dass in einem solchen Fall Flucht das Gebot der Stunde ist. Zusammen mit ein paar anderen machte sie sich auf den Weg zum Fahrstuhl.

Als sie unten ankamen, war die Halle mit Menschen überfüllt, die wegen der Lautsprecherdurchsage das Gebäude nicht verließen. »Wir müssen hier raus! So schnell wie möglich«, schrie sie immer wieder und rannte ins Freie, während vom Nordturm brennende Trümmer auf sie niedergingen.

Die Theologin verließ den Turm Zwei in südlicher Richtung und befand sich damit genau unter der Flugbahn der zweiten Maschine, als diese in den Südturm schlug. Die Explosion war so laut, dass sie annahm, auf der Stelle sterben zu müssen. Das glaube ich ihr aufs Wort, weil noch niemand von uns die Triebwerksgeräusche eines Düsenjets gehört hat, der mit 800 km/h dicht über einen hinwegfliegt. (Die Vibrationen sind so heftig, dass sie alle inneren Organe buchstäblich durchschütteln. Ich war einmal bei einer Luftfahrtschau, bei der Kampfflieger in rund siebzig Meter Höhe über unsere Köpfe hinwegrasten. Die Lautstärke ist nahezu unerträglich, die Vibrationen überwältigend.)

Es gab einen weiteren großen Knall sowie eine Reihe von Explosionen, und die Pfarrerin rannte zur Feuerwache in der Nähe des Beekman Downtown Hospital. Vor und in dem Krankenhaus herrschte das blanke Chaos. Scharen von Verletzten suchten Hilfe, viele von ihnen verstört und laut schreiend. Sie traf auf einen bekannten Geistlichen, der ihr sagte, sie solle sich so schnell wie möglich ins Burn Center begeben.

Aber nach dem Kollaps des Südturms verkehrte die Subway nicht mehr. Sie lief in nördlicher Richtung und traf an der City Hall auf einen dienstfreien Polizisten, der sie mit seinem Auto zur Upper West Side brachte, von wo aus sie mit einem Bus zum Krankenhaus fuhr. Erst im Bus kam sie einen Moment zur Ruhe, machte sich klar, was geschehen war, und begann krampfhaft zu schluchzen. Aber sie schaffte es ins Krankenhaus und konnte bereits gegen elf an diesem furchtbaren Morgen Patienten und Angehörigen Zuspruch und Hilfe anbieten. Wie viele andere im Burn Center betrachtet sie ihre Arbeit als Lebensaufgabe. Sie war am Ort des Schreckens, kam aber mit dem Leben davon. Das muss einen Grund haben, sagte sie sich. Und wer wollte ihr da widersprechen?

In vielerlei Hinsicht empfinde ich ähnlich wie sie.

Während ich diese Zeilen auf den Weg schicke, hoffe ich, dass Lauren tief und ruhig schläft. Nur noch viereinhalb Tage, Liebling.

Herzlichst,
Greg & Lauren

PS. Am Mittwoch soll in der *New York Times* ein Bericht über Lauren erscheinen. Ich denke, die Reporterin hat gute und gründliche Arbeit geleistet und das zusammengefasst, was Lauren am Leben hält: Liebe und Mumm.

Absender: Greg
Empfänger: alle
Datum: Mittwoch, 17. Oktober 2001, 10:07
Betreff: Artikel über Lauren
in der *New York Times*

EIN FEUERBALL, EIN TODESWUNSCH – DANN EIN HARTES RINGEN UMS ÜBERLEBEN

VON LESLIE EATON

Dies ist die Geschichte einer Frau, die zum Leben entschlossen ist. Noch weiß niemand, ob es ihr gelingt.

Sie heißt Lauren Manning und hat den Nordturm des World Trade Centers in dem Moment betreten, als sich das erste Flugzeug in das Gebäude bohrte. Sekunden später hüllte sie ein Feuerball ein.

»Ich hörte ein pfeifendes Geräusch, und gleich darauf stand ich in Flammen«, erzählte sie ihrem Mann Greg, der sie im St. Vincent's Hospital in Manhattan aufspürte. »Ich betete darum, sterben zu dürfen. Aber dann beschloss ich, für Tyler und dich am Leben zu bleiben.« Tyler ist der elf Monate alte Sohn des Ehepaares.

Die grauenhafte Katastrophe scheint die Menschen in zwei Kategorien eingeteilt zu haben: Die Tausende, die mit ihrem Leben (und ihren Albträumen) davongekommen sind, und die Tausende, denen dies nicht gelang. Aber es gibt noch eine kleine dritte Gruppe, die Schwerstverletzten, für die der Rückweg von Ground Zero ein sehr langer sein wird, wenn sie ihn überhaupt bewältigen können.

Zu dieser Gruppe gehört Mrs. Manning, die vom St. Vincent's auf die Station für Brandmedizin des New York-Presbyterian Hospital verlegt wurde. Sie war unter 17 Opfern der Anschläge, deren Haut zwischen 14 bis 90 Prozent verbrannt war, wobei sie zu den kritischsten Fällen gehörte. Fünf dieser Patienten sind gestorben. Drei konnten aus dem Krankenhaus entlassen werden. Andere befinden sich nicht mehr in Lebensgefahr. Und sieben, darunter auch Mrs. Manning, befinden sich noch in einem Schlafkoma, während Ärzte ihre Verletzungen behandeln.

Ihre Ärzte sind nicht bereit, sich zur Art der Therapie zu äußern, die sie und die anderen Patienten erhalten. Aber das Krankenhaus hat bestätigt, dass die Überlebenschance in etwa der der Prozentzahl ihrer nicht verbrannten Haut entspricht. Auch das Alter spielt eine Rolle. Mrs. Manning ist vierzig und ungewöhnlich fit.

Infektionen sind eine ständige Gefahr, und Patienten, die überleben, müssen zahlreiche Hauttransplantationen über sich ergehen lassen und bleiben für Monate, sogar Jahre, in ärztlicher Behandlung.

Da Mrs. Manning immer ein Mensch war, für den Privates privat ist, zögern viele ihrer Bekannten, über sie zu reden. »Ich nehme an, sie weiß weit mehr über mich als ich über sie«, erklärt ein alter Freund, aber dann beschreibt Harvey E. Rand sie doch als eine Frau mit ausgesprochen sonnigem Wesen, »für deren Gesundung vielleicht noch mehr Menschen als bisher beten möchten«.

Ihr Mann Gregory P. Manning wünschte, seine Frau könnte sich selbst äußern. Er betont ihre Stärke und ihre Tapferkeit angesichts der ungeheuren Verletzungen. »Sie hat es verdient, so schnell wie möglich wieder gesund zu werden«, erklärte er.

Lauren Manning ist ein Symbol der Hoffnung für Cantor Fitzgerald geworden, das Investmentunternehmen, für das sie arbeitet. 700 Angestellte der Firma haben die World-Trade-Center-Katastrophe nicht überlebt. Weitere wurden ernsthaft verletzt. Eine Mitarbeiterin, die zusammen mit Mrs. Manning im Burn Center behandelt wurde, ist am Wochenende gestorben.

»Siebenhundert Familien würden alles dafür geben, wenn ihre Lieben dort wären, wo sich Lauren befindet«, sagte Howard W. Lutnick, der Präsident von Cantor Fitzgerald, der beim Zusammenbruch der Zwillingstürme einen Bruder verloren hat. »Sie muss es schaffen, weil sie von unglaublicher Zuneigung getragen wird«, fügte er hinzu. »Siebenhundert Familien hoffen für Lauren.«

Er wünscht sich, dass Mrs. Manning ihre Aufgaben als Leiterin der Abteilung für Weltumsatzdaten so bald wie möglich wieder aufnimmt. »Sie ist für uns unverzichtbar«, betonte Mr. Lutnick. »Sie hat alles perfekt im Griff, ist erfolgsorientiert, innovativ, entscheidungsfreudig – und zudem sehr hübsch«, fügte er hinzu.

Schon auf dem College wusste Mrs. Manning, dass sie einmal in die Wirtschaft gehen würde, erklärte Deirdre N. O'Connell, die mit ihr an der Fordham University studiert und einige Jahre in Hoboken, New Jersey, ein Zimmer geteilt hatte. »Lauren war schon immer sehr zielstrebig, das entsprach einfach ihrem

Charakter«, sagte Ms. O'Connell. »Sie wusste stets sehr genau, was sie wollte.«

Darüber hinaus wurde sie von allen als gute Freundin geschätzt. Sie war die Erste, der Ms. O'Connell ihre Verlobung mitteilte. Im Sommer besorgte sie Mr. Rands Sohn ein Praktikum, als Jobs an der Wall Street schwer zu finden waren.

Und sie half Gary Lambert, einem Kollegen im 105. Stockwerk, in Liebesdingen. »Ich konnte mich jederzeit an sie wenden, und sie gab mir etliche Ratschläge aus weiblicher Sicht, die ich als männlicher Single von einer verheirateten Frau gut gebrauchen konnte.«

Das Ehepaar Manning hat erst vor anderthalb Jahren geheiratet. 1996 haben sich die beiden am Arbeitsplatz kennen gelernt und wurden ein Jahr später ein Paar. Im August 1999, einen Tag vor einer Operation, bei der Mr. Manning ein Gehirntumor entfernt wurde, verlobten sie sich. »In den folgenden zwei Monaten hat sie mich rührend gepflegt«, erzählte er.

Jetzt ist die Reihe an ihm, nach besten Kräften für sie zu sorgen.

Seiner Ansicht nach hat sie eine Ahnung davon, wie schwer ihre Verletzungen sind und wie langwierig und hart die Genesung sein wird. Als er sie Stunden nach der Katastrophe im St. Vincent's aufsuchte, erklärte sie ihm, sie müsse unbedingt in eine Klinik für Brandmedizin verlegt werden. »Trotz ihres absolut hilflosen Zustands versuchte sie sofort, die Dinge in die Hand zu nehmen«, betonte er. »Das hat mich ungeheuer beeindruckt. Es gibt nichts, was ich nicht für sie tun würde.«

Es gelang Lauren Manning schon kurz nach den Anschlägen, ihrem Mann etwas von dem zu erzählen, was ihr zugestoßen war. Sie hatte sich am 11. September ein wenig verspätet, denn für gewöhnlich sitzt sie um halb neun bereits an ihrem Schreibtisch.

Normalerweise fährt sie mit einem Taxi zum WTC-Eingang an der West Street. Mr. Manning ist sich nicht sicher, ob sie sich schon im Gebäude befand, in dem sie beide arbeiteten, aber er glaubt, dass sie in dem Moment die Lobby betrat, als der Feuerball explodierte. Ein beherzter Passant brachte sie zu einem Notarztwagen.

Mr. Manning war noch zu Hause bei ihrem kleinen Sohn, als das Flugzeug in den Nordturm prallte. Ein Besatzungsmitglied des Krankenwagens teilte ihm telefonisch mit, dass seine Frau schwere Brandverletzungen erlitten hatte, aber das Gespräch wurde unterbrochen, bevor er fragen konnte, wohin sie gebracht wurde. Um zehn Uhr erhielt er einen Anruf aus dem Krankenhaus.

Seither verbringt er seine Nachmittage und Abende im Burn Center. Die erste Nacht schlief er in eine Decke gehüllt auf dem Boden des Warteraums. In sterilem Kittel, mit Mundschutz und Handschuhen liest er seiner Frau Gedichte vor oder legt CDs auf – die Auswahl reicht von Bach bis Dwight Yoakam. Und er schickt Verwandten und Freunden lange E-Mails, in denen er seine Sorgen und Hoffnungen mitteilt, Botschaften, die er mit »Herzlichst, Greg & Lauren« unterzeichnet.

Er hat an der Trauerfeier für die Kollegen seiner Frau teilgenommen sowie an der für die 60 Opfer der Firma Euro Brokers, deren Vizepräsident er ist. Zusammen mit einem Freund hat er Ground Zero aufgesucht, um ein Kaddisch für die Opfer zu sprechen. Am Freitag ging er zum ersten Mal wieder ins Büro, das sich in einem Ausweichquartier an der Südspitze von Manhattan befindet.

Und er ist bemüht, seine Hoffnungen nicht zu hoch zu spannen, doch nach einer harten, anstrengenden Woche hat Mrs. Manning ihre Augen geöffnet. Sie erhält noch immer Beruhigungsmittel, aber am Montag lächelte sie ihn an. »Ich bete darum, dass Lauren wieder glücklich sein kann«, sagte er. »Noch weiß ich nicht, ob sie wieder ganz gesund wird, aber ich hoffe es – sie hat es mehr als verdient.«

(Copyright © 2001 *The New York Times*. Abdruck mit Genehmigung.)

Absender: Greg
Empfänger: alle
Datum: Donnerstag, 18. Oktober 2001, 01:05
Betreff: Lauren am 17. Oktober

Lauren liegt weiterhin auf dem Bauch und mit dem Gesicht in den Kissen, damit die Transplantate auf ihrem Rücken eine Chance zum Anwachsen haben. Mit einiger Sicherheit kann man vermuten, dass ihr das ziemlich lästig ist. Als ich heute gegen Mittag zu ihr kam, wirkte sie entspannt, bewegte aber gelegentlich den Kopf hin und her. Hauptsächlich, wenn ich mich über sie beugte, um mit ihr zu sprechen. Obwohl weder Blutdruck noch Herzfrequenz auf Stressfaktoren hinwiesen, hat ihr die Schwester am Abend zusätzliche Schmerzmittel gegeben, um ihr die Situation zu erleichtern.

Es ist ein wenig misslich, dass sie ausgerechnet jetzt auf dem Bauch liegen muss, wo es ihr so gut ging und sie mehr Anteil an ihrer Umgebung nahm, aber schließlich war es gerade die Besserung ihres Zustands, die die Ärzte zur Operation veranlasste. Sie befindet sich noch immer im Anfangsstadium ihrer Therapie, und ihr Rücken muss dringend behandelt werden. In dreieinhalb Tagen wollen die Ärzte die Transplantate überprüfen, und wenn sie gut aussehen, hat sie eine wichtige Hürde genommen.

Sie hat keine Ahnung, wie viele Menschen ihre Geschichte lesen, die heute in der *New York Times* erschienen ist.

Ich wusste zwar vorab von der Veröffentlichung, aber nicht, dass der Bericht auf der Titelseite erscheinen würde. Oder vielmehr rechnete ich nicht damit, meine Einschätzung von der Bedeutung von Laurens Schicksal bestätigt zu finden, bis ich die Story auf der ersten Seite sah.

Schon am 12. September, einen Tag nach der Tragödie, war mir die Wichtigkeit bewusst. Seither habe ich über die Gründe geschrieben: Weil Lauren trotz ihrer schweren Verbrennungen überlebte, weil sie das unbeschreibliche Glück hatte, in dem Moment auf die Straße zu laufen (und nicht von den Trümmern getroffen zu werden, die aus Hunderten Meter Höhe herabstürzten), als ein Krankenwagen in der Nähe war. Weil sie sich trotz ihrer Verletzungen, ihrer Angst und ihrer Schmerzen zum Weiterleben entschloss und dann darauf vertraute, dass ich alles veranlassen würde, um ihr eine faire Chance zu geben.

Laurens Geschichte ist eine von Tausenden, und ich war überzeugt, dass sie nicht nur durch meine E-Mails bekannt werden sollte.

Und es überraschte mich weniger, dass eine Journalistin Laurens Geschichte berichtenswert fand, als vielmehr die Tatsache, dass die Story auf der Titelseite erschien. Lauren hatte etwas getan, das ihr Schicksal bemerkenswert machte. Etwas, was die Reporterin hervorhob und was selbst die hart gesottenen Redakteure der *Times* beeindruckte.

Lauren war fest zum Weiterleben entschlossen. Von Anfang an erzählte ich allen, was sie mir anvertraut hatte: dass sie zunächst sterben wollte, dann aber ihre Meinung geändert hatte. Selbst im Schlafkoma kämpfte sie weiter gegen die grausame Realität schwerster Brandverletzungen an. Irgendwie ist sie das, wovon Drehbuchschreiber in Hollywood träumen: Eine Frau, die selbst in der Hölle zum Leben entschlossen ist.

Das ist der Kernpunkt der Geschichte und wird es bleiben, selbst in zehn Jahren noch. Alles, was jetzt auch geschieht, wird durch Lauren bestimmt.

Es war ein sehr intimer Augenblick, als sie mir sagte, sie hätte um den Tod gebetet, sich dann jedoch für das Leben entschieden. Ich fand, es waren die großartigsten Worte, die jemals jemand über die Lippen gebracht hatte.

Vielleicht messe ich einer simplen Erklärung zu viel Bedeutung bei. Aber ich denke, ihre Erwähnung in einem Zeitungsbericht ist wichtig für Lauren und auch für Tyler. Wenn jemand für seine Haltung Respekt verdient, dann sollte man sie ihm auch nicht verweigern.

Ich finde, dass Leslie Eatons Artikel hervorragend gelungen ist. Sie hatte von Anfang ein tiefes Verständnis für das, worum es bei Lauren geht, und indem sie die Wahrheit schrieb, verschaffte sie Laurens Geschichte den ihr gebührenden Platz.

Während Lauren nichts von all dem Aufsehen weiß, das die Veröffentlichung heute in der *Times* erregte, meldeten sich bei mir zahllose Leser. Menschen, die unsere abendlichen E-Mails erhalten, aber auch solche, zu denen ich jahrelang keinen Kontakt mehr hatte.

Und das ist die Ironie an dieser schrecklichen Situation: Anfangs glaubt man, das wäre das Ende, doch schon bald stellt man fest, dass das Leben einen auffängt, und nicht nur die Gegenwart, sondern auch die Vergangenheit. In vielerlei Hinsicht haben Lauren und ich die Chance, unser Leben zurückzugewinnen, und nicht nur die ganz alltäglichen Aspekte, sondern eine echte Freude am Leben sowie – hoffentlich – auch erneuerte Freundschaften und eine noch tiefere Liebe.

Natürlich möchte ich, dass auch Lauren das so empfindet, und daher muss sie es einfach schaffen. Dennoch werde ich auch in der Zukunft nie unterschätzen, unter welchen Gefährdungen sie kämpft, und nichts für selbstverständlich halten. Die Ungewissheit ist am schwersten, aber warum sich darüber sorgen, wenn man die Alternativen bedenkt?

Trinkt in Gedanken mit mir ein Glas auf Laurens Gesundheit und ein langes Leben. Sie hat mir sehr viel mehr gegeben, als ich ihr jemals zurückgeben könnte.

Herzlichst,
Greg & Lauren

Absender: Greg
Empfänger: alle
Datum: Freitag, 19. Oktober 2001, 11:39
Betreff: Lauren am 18. Oktober

(Einige dieser Sätze wurden noch gegen halb vier in der Nacht zum Freitag geschrieben, andere am Freitagvormittag. »Sehr früh« bezieht sich auf halb vier nachts.)

Ich habe sehr früh im Krankenhaus angerufen, und Laurens Temperatur war nach einem leichten Fieber Stunden zuvor wieder normal und ihr Zustand stabil.

Es war eine ziemlich lange Nacht für mich. Wir hatten einen Auftritt und spielten nach unseren vorgesehenen zwei Stunden eine halbe Stunde lang Stücke der Doors, während es für mich vermutlich besser gewesen wäre, durch die Tür zu verschwinden. Ihr könnt also gewiss sein, dass ich hin und wieder durchaus um ein wenig Ablenkung und Spaß bemüht bin. Allerdings dachte ich vielleicht zwanzig Minuten an die Musik, um mich dann zu fragen, wie es Lauren ging. Die ganze Situation ist doch absolut irreal. Ich stehe auf der Bühne, und sie liegt in ihrem Bett im Burn Center.

Heute erfuhr ich erstmals Genaueres darüber, wie riskant und problematisch die ersten zweiundsiebzig Stunden nach dem 11. September für Lauren aussahen. Natürlich war ich zu diesem Zeitpunkt nahezu außer mir vor Verzweiflung, aber wie hilflos ich mich wirklich fühlte, weiß ich erst wieder, wenn ich intensiv in meinem Gedächtnis grabe. Laurens Leben war damals akut durch Komplikationen bedroht. Heute erzählte mir ihr Tagespfleger, der sie ständig überwachte, etwas darüber.

Jetzt wirkt er entspannt, aufgeräumt und trägt einen weißen Kittel über Hemd und Krawatte. Nichts an ihm erinnert mehr an den Mann in grauer OP-Kleidung und steriler Haube, dessen Augen mich fast fanatisch anfunkelten. Damals hatte seine Stimme einen stählernen Unterton, als er mir die Behandlungsmethoden erläuterte, mit denen sie

Laurens Leben retten wollten. Damals hielt ich ihn für einen Menschen, der von seiner Aufgabe nahezu besessen war, und war dankbar, dass Lauren einen Pfleger hatte, der sich mit absoluter Hingabe um sie kümmerte.

Nun, er ist nicht besessen, sondern vielmehr sehr ruhig und sanft. Sein Fanatismus Mitte September galt weniger seinem Beruf, sondern war vielmehr ein Ausdruck seiner Entschlossenheit, Lauren zu retten. Seine Anspannung glich der eines Baseball-Pitchers, der sich ununterbrochen konzentriert, um nicht den kleinsten Fehler zu begehen. Die körperliche und mentale Anstrengung, die von ihm ausging, befremdete mich seinerzeit, und heute erfuhr ich, dass es tatsächlich auf Messers Schneide stand. Aber er hatte Erfolg (wie auch die Nachtpfleger, die ebenso hart arbeiteten wie er).

Die Veränderung in seinem Aussehen und Verhalten ist der beste Hinweis darauf, wie verletzt Lauren bei ihrer Einlieferung ins Burn Center war und wie hart sie ringen musste, um ihr jetziges Stadium siebenunddreißig Tage später zu erreichen. »Sie kämpft unglaublich um ihr Leben«, stellte der Exfanatiker fest, der nun die Geduld in Person zu sein scheint. »Einfach verblüffend.«

Am Dienstag ist mein Vater nach New York gekommen und war seither täglich im Krankenhaus. Es tut gut, ihn hier zu haben. Gestern leistete er uns Gesellschaft, als unsere Wohltäter – die Sängerin, die Immobilienmaklerin und die Journalistin – wie üblich dreimal in der Woche um Punkt sechs Uhr erschienen, um uns mit Leckerbissen zu verwöhnen. An die Zeiten in Florida gewöhnt, war er bereits um Viertel vor sechs aufgebrochen, weil er nicht länger mit dem Abendessen warten wollte, aber ich erreichte ihn über sein Mobiltelefon im Bus an der Endhaltestelle 72nd Ecke York Street und bat ihn zurückzukommen.

Das Essen bestand aus Rindfleisch Lo Mein mit Gemüse, Reis, Ravioli und Rigatoni, der Nachtisch in Bundt Cake und Karaoke. Und es könnte durchaus das beste Karaoke der Weltgeschichte gewesen sein.

Christine, die Sängerin und Songschreiberin, ist wirklich toll. Sie hat etliche CDs veröffentlicht und besitzt ein eigenes kleines Label. Sie legte im Schwesternzimmer die Karaoke-CDs auf und begann zu singen. Note für Note sang sie absolut perfekt Whitney Houston sowie andere nach, wobei sie das Volumen ihrer Stimme wegen der Raumverhältnisse sogar dämpfen musste. Ihre Zuhörer – die Familien der Patienten und die Pflegekräfte des Burn Centers – saßen an drei Tischen nur wenige Meter von ihr entfernt. Christine sang lächelnd und mit geschlossenen Augen.

Immer mehr Menschen füllten den Raum. Die Tür stand offen, und vom Flur her strömten weitere Zuhörer herein. Christine sang von Menschen, die sich nicht unterkriegen ließen. Wir beklatschten die Wahl ihrer Lieder frenetisch, und sie beendete ihre erste Serie mit einer Version von »I Will Survive«, der ich mit einem spontanen Tänzchen zusätzlichen Pep verleihen wollte. Ich holte mir jedoch hauptsächlich Körbe, da meine eher unbeholfene Schrittfolge bei den Mädchen keine Begeisterung auslöste.

Als ich nach der ersten Serie den Raum verließ, traf ich auf dem Flur einen der Personalchefs, der schmunzelnd vom BCDC sprach – dem Burn Center Dancing Club. Später wurde Christine zu einer zweiten Serie überredet, als uns von anderen Spendern ein weiteres Dinner serviert wurde! Ich werde den Titel ihrer CD in Erfahrung bringen müssen, damit ihr alle sie kaufen könnt.

Von da an war es nur ein kleiner Schritt zum Besuch eines Auftritts der Rolling Bones im *Le Bar Bat*. Christine und mehrere ihrer Helfer kamen ebenso wie ein Patient, der zwei Wochen zuvor aus dem Burn Center entlassen worden war. Er trug therapeutische Handschuhe und eine Mütze, sah aber ansonsten ganz großartig aus. Er wirkte unbeschwert, zu jedem Spaß aufgelegt, und es war mir eine große Freude, ihn dabeizuhaben. Ich widmete ihm sowie den Pflegekräften und Patienten im Burn Center eine ganze Serie.

Schließlich spielten wir drei Songs von den Stones, die ich vergessen hatte, aber es gelang mir, Note für Note mitzuhalten und nahezu fehlerlos in den neuen Tag hinüberzugleiten.

Zwanzig Blocks entfernt tat Lauren das Gleiche.

Herzlichst,
Greg & Lauren

Absender: Greg
Empfänger: alle
Datum: Sonnabend, 20. Oktober 2001, 01:38
Betreff: Lauren am 19. Oktober

Laurens jüngste Transplantate sehen gut aus.

Als Folge eines nächtlichen Auftritts und eines erholsamen Nachmittagsschläfchens erfuhr ich das nicht direkt von Laurens Arzt. Ich erschien nicht vor sechs im Krankenhaus und versäumte daher sein Gespräch mit ihren Eltern. Aber die Schwester setzte mich ins Bild, ebenso wie die Angehörigen im Warteraum, die Ohrenzeugen der Unterhaltung waren.

So etwas passiert immer wieder. Wir wollen nicht lauschen, doch dann und wann hören wir doch, was die Ärzte den Familien mitteilen. In den meisten Fällen sind es gute Nachrichten. Die schlechten werden leise überbracht, in einem geschlossenen Raum und mit fester, aber sanfter Stimme. Für gute Nachrichten macht man sich nicht die Mühe, Menschen beiseite zu nehmen.

Vor ein paar Wochen erfuhr ich ein paar negative Neuigkeiten über den Zustand von Laurens Transplantaten in dem großen Wartezimmer und nicht hinter verschlossener Tür in einem Nebenraum. Aber zu dem Zeitpunkt, um elf Uhr vormittags, waren wir allein. Ich weiß noch, dass ich das Gefühl hatte, es wäre plötzlich zwanzig Grad kälter, und ich musste meinen Sakko anziehen, obwohl sich die Temperatur nicht geändert hatte.

Aber es geht auch anders. Ein Arzt, der den Angehörigen einer Patientin im Verlauf von Wochen nicht viel Gutes berichten konnte, kam irgendwann in den Warteraum geschlendert, schnappte sich ein Krispy Kreme (eine Bäckerei spendiert uns mehrmals in der Woche frische Donuts), setzte sich und sagte: »Ihre Lungen arbeiten *sehr viel* besser.« Im Vergleich zu einer anderen Gelegenheit, als er in der Tür des kleinen Wartezimmers erschien und bat, den Raum zu einem Familiengespräch nutzen zu dürfen, weil ein Patient gestorben war, wirkte er an diesem Abend ausgesprochen heiter und locker.

Heute war Laurens Arzt bester Stimmung, hörte ich, und er betonte, er sei »sehr zufrieden«. Soweit ich verstanden habe, macht die schützende Leichenhauttransplantation einen guten Eindruck, und das ist ein deutlicher Hinweis darauf, dass die verpflanzte Eigenhaut anwächst und damit große Bereiche von Laurens Rückenwunden geschlossen werden konnten.

Ich brauche wohl nicht zu betonen, dass Lauren damit noch längst nicht über den Berg ist. Es wird noch drei Wochen dauern, bis die Haut völlig geheilt ist, und bis dahin bleibt sie extrem infektionsgefährdet. Heute früh fieberte sie heftig, und ihr wurde ein neues Antibiotikum gegeben. Das bedeutet, dass sie jetzt der Gefahr sozusagen voraus ist und ihr entkommen könnte, wenn die Rückentransplantate ähnlich gut heilen wie manche anderen. Genaueres werden wir erst in einigen Wochen wissen, aber wir haben jetzt achtunddreißig Meilen einer dreiundachtzig Meilen langen Reise über feindliches Gelände bewältigt. Das heißt, dass achtunddreißig Tage einer Zeitspanne von dreiundachtzig Tagen hinter uns liegen, in denen Laurens Zustand vermutlich kritisch bleibt. Der Feind kann jederzeit zuschlagen, selbst dann noch, wenn das rettende Ufer in Sicht ist. Aber falls die Rückentransplantate tatsächlich angenommen werden, könnte sie das Schlimmste überstanden haben.

Ich ging in Laurens Zimmer. Es war dunkel. Bereits in

den letzten Tagen hatte ihre Tagpflegerin immer die Vorhänge um ihr Bett zugezogen und das Licht ausgeschaltet, damit Lauren schlafen konnte. Normalerweise hießen geschlossene Vorhänge, dass irgendwelche Behandlungen durchgeführt wurden und Besucher keinen Zutritt hatten, aber in diesem Fall bedeuteten sie Ruhe und Frieden. Die Schwester erzählte mir, was geschehen war.

Bisher hatten die Ärzte drei Tage nach jeder Operation einen prüfenden Blick auf die Transplantate geworfen und nach fünf Tagen die Verbände entfernt. Heute war der dritte Tag nach der OP und damit der Zeitpunkt für den kurzen Blick. Das Ergebnis verhieß Erfolg.

Nun will man wie geplant in zwei Tagen die Verbände abnehmen und Lauren in Rückenlage auf eine Spezialliege betten, die einem Wasserbett ähnelt und so flexibel ist, dass sie keinerlei Druck auf den Körper ausübt. Auf diesem Bett soll Lauren mindestens sieben Tage verbringen. Da zunächst keine weitere Operation vorgesehen ist, bleiben Lauren ein paar Tage der Ruhe.

Wie gesagt, war der untere Rücken die größte Hautpartie, die behandelt werden musste. Die anderen Bereiche – der obere Rücken und die Beine –, die bereits vor Wochen transplantiert wurden, sind größtenteils geheilt. Heute betrachtete ich eine dieser Stellen genauer und stellte fest, dass sie sehr viel besser aussah, als ich angenommen hatte. Natürlich verfüge ich über keinerlei fachliche Erfahrungen, sondern beziehe mich auf die Unterschiede zwischen dem Aussehen kurz nach der Transplantation und jetzt. Heute jedenfalls machte der Heilungsprozess an ihren Beinen auf mich einen ausgesprochen guten Eindruck. (Aber natürlich ist das meine Meinung, für Lauren stellt sich das vielleicht anders dar.)

In der nächsten Woche kann sie sich erholen, danach werden kleine, noch offen stehende Hautpartien geschlossen. Dabei sprach Laurens Schwester von einem »kosmetischen« Eingriff.

Nun, die Anwendung dieses Wortes hat mich doch ein

wenig verblüfft. Mir wurde erklärt, dass Laurens Behandlung etliche Stadien durchlaufen würde: die Überlebensphase, die der Wiederherstellung und dann erst die kosmetische. Im Grunde befindet sich Lauren noch immer im Überlebensstadium, auch wenn erste Schritte zur Wiederherstellung eingeleitet sind (die unter anderem jahrelange Physiotherapie beinhaltet). Bis zur rein kosmetischen Phase ist es noch eine ganze Weile hin.

Doch die Schwester wollte mit der Formulierung die relative Harmlosigkeit der Eingriffe betonen. Sie werden kleine Hautstellen schließen, an denen Transplantate nicht angenommen wurden, aber keine großen Körperbereiche.

Wenn alles gut verläuft, könnte Lauren vielleicht in etwa drei Wochen damit beginnen, ihre Tage im »Sessel« zu verbringen. Das heißt, auf einer Art Luftmatratze, deren oberes Drittel hochgestellt werden kann, um dem Patienten die Chance einer sitzenden Position zu geben.

Wenn ich Lauren »sitzen« sehe, dann weiß ich, dass die Dinge eine bedeutende Wende zum Besseren genommen haben.

Apropos Mobilität. Heute war Tyler erstmals auf einem Kindergeburtstag. Als wir aus dem Fahrstuhl traten, parkte eine lange Reihe Buggies neben der Wohnungstür. Drinnen war die Party in vollem Gange. Insgesamt zehn etwa einjährige Knirpse krabbelten auf dem Boden des Wohnzimmers herum, saßen, knieten oder standen sogar aufrecht, indem sie sich an einem Möbelstück oder der Hand eines Kindermädchens festhielten. Einige jauchzten, andere plärrten, manche waren ganz für sich mit Spielzeugen beschäftigt, manche zankten mit anderen kleinen Gästen um irgendwelche Dinge. Einige trugen bunte Papierhüte, andere wollten sie nicht einmal eine Sekunde lang auf dem Kopf behalten.

Das Partybuffet bestand aus Minikuchen, Pizza und Doritos. Im Grunde war das meiste eher für die Erwachsenen bestimmt.

Irgendwann »sammelten« wir die Kinder für ein Foto ein, und ein oder zwei Sekunden saßen sie friedlich nebeneinander auf dem Boden. Dann begannen ein paar Babys zu schreien, andere krochen auf ihre Kindermädchen zu, und die Hoffnung, Amerikas Zukunft auf ein Foto bannen zu können, zerstob in alle Winde.

Ich lernte die Eltern von Tylers Freunden kennen, und er wurde eingeladen, zu einem der Kleinen am Sonntag zum Spielen zu kommen. Die Mutter hatte sich mehrmals bei mir nach Laurens Ergehen erkundigt und für heute sogar ein Geschenk für Tyler besorgt, was mir eine beträchtliche Sorge abnahm. Es wird uns von so vielen Seiten Unterstützung und Hilfe zuteil.

Das Einzige, was auf der Party fehlte, war Tylers Mom. Aber sie hat gute Chancen, bei der nächsten dabei zu sein.

Ein weiterer Tag geht in die Annalen ein. Ich schließe mit den Worten, die alle Angehörigen der Patienten im Burn Center zueinander sagen: Bis morgen.

Herzlichst,
Greg & Lauren

Absender: Greg
Empfänger: alle
Datum: Sonntag, 21. Oktober 2001, 03:25
Betreff: Lauren am 20. Oktober

Heute fand das Gespräch mit Laurens Arzt statt, das ich gestern verpasst hatte, aber mein Bericht war korrekt: Die Transplantate auf ihrem unteren Rücken, derentwegen sie die letzten vier Tage auf dem Bauch verbracht hatte, sehen »so gut aus, wie zu erwarten war«. Wie die Verpflanzungen von Eigenhaut angenommen werden, ist noch ungewiss, da sie unter dem Hautbankgewebe liegen. Dennoch sind das ganz hervorragende Neuigkeiten, weil das Hautbankgewebe auf ihren Armen und Beinen zunächst abgestoßen worden war.

Jetzt stellt sich die Frage, wann Lauren »die Kurve nimmt«. Doch das entscheidet sich erst in rund zwei Wochen, wenn die jüngsten Transplantate die Wunden wirklich schließen und heilen. Noch müssen wir den Atem anhalten, aber zum ersten Mal gibt es einen Zeitpunkt, an dem wir vielleicht durchatmen können.

Gestern erwähnte ich das Luftbett, das für Lauren herbeigeschafft wurde. Heute entdeckte ich es auf dem Flur, wo es für den Fall bereitstand, dass sie die Bauchlage nicht mehr aushält. Aber morgen hat sie die fünf Tage nach der OP überstanden. Zur Belohnung wird sie »gewendet« und auf die Spezialliege gebettet.

Die sieht eigentlich aus wie ein normales Bett, bei dem die untere Hälfte mit Luft aufgeblasen werden kann, was den Patienten quasi schweben lässt und dafür sorgt, dass Wunden an Beinen und Rücken ohne Behinderung durch den Körperdruck heilen können.

Der aufblasbare Bereich ist ein beigefarbenes, rund 120 Zentimeter langes und sechzig Zentimeter breites Rechteck innerhalb der normalen, braunen Krankenhaus-Matratze. Die Unterseite des Rechtecks besteht aus mit einem sandähnlichen Material gefüllten Kunststoffmembranen. Selbst wenn die Luftzufuhr ausgeschaltet ist, fühlt sich das Rechteck extrem weich und angenehm an.

Mittels eines Mechanismus wird Luft in die Membranen geblasen, und das Gemisch aus Luft und Sand bildet ein Polster, das jeden Druck vermeidet.

Auf diesem Spezialbett wird Lauren entspannen können, und auch mich entspannt der Gedanke, dass sie nach fünf qualvollen Tagen endlich wieder bequemer liegt. Aber allzu behaglich wird es kaum werden, denn ihr Arzt hat sie für Mittwoch prophylaktisch auf die OP-Liste gesetzt. Er möchte sich die Chance wahren, ein paar kleinere Wunden auf ihrem Rücken und den Beinen zu schließen. Aber vorrangig ist der Heilungsprozess der jüngsten Transplantationen.

Unterdessen wird »irgendwo im Mittleren Osten der Kampf für Lauren« fortgesetzt. Ich stehe inzwischen in Kontakt mit dem Captain, der Laurens Freundin Grüße an sie übermittelt und geschildert hat, wie seine Einheit versucht, die Täter und Hintermänner des Anschlages aufzuspüren. Sie haben weiterhin großes Interesse an Laurens Befinden und beklagen sich, wenn ich sie nicht regelmäßig auf dem Laufenden halte.

Natürlich wird der Kampf gegen den Terror im Namen aller geführt, die am 11. September getötet oder verletzt wurden. Die Zahl der Todesopfer ist erschütternd, und auch fünf Wochen nach dem Anschlag finden überall in New York Gedenkfeiern statt. Diese Trauer ruft mir die Verzweiflung ins Bewusstsein, die mich überwältigt hätte, wenn Lauren mir am 11. September genommen worden wäre. Daran versuche ich zu denken, während sich die Gespräche über ihr Befinden zum Positiven wenden und ich mich darauf vorbereite, meine Angst zu verlieren und endgültig hoffnungsfroh in die Zukunft zu blicken.

Herzlichst,
Greg & Lauren

Absender: Greg
Empfänger: alle
Datum: Montag, 22. Oktober 2001, 01:31
Betreff: Lauren am 21. Oktober

Lauren liegt wieder auf dem Rücken auf diesem Spezialbett, und sie sieht sehr viel besser aus. Die Schwellungen sind nahezu verschwunden und ihre feinen Gesichtzüge wieder erkennbar.

Mit geschlossenen Augen sieht sie aus, als würde sie nur

schlafen, und wenn ich sie betrachte, vergesse ich fast, wo sie sich befindet.

Aber natürlich ist das eine Illusion. Sie befindet sich im Burn Center, und in den kommenden Wochen wird sie das schmerzlich begreifen. Als sie im Schlafkoma lag, kämpfte sie auf einer atavistischen, physischen Ebene, der mentale Kampf wird noch härter. Die ersten Anzeichen davon bemerkte ich heute Abend.

Lauren war wacher als jemals seit dem 11. September. Ich kam spät, blieb dann aber sehr lange. Ich schaltete den Fernseher ein, um das Yankee-Spiel zu sehen – natürlich ohne Ton –, und setzte mich neben sie. Kaum hatte ich Platz genommen, begann sie die Augen zu öffnen.

Zunächst nur einen Spalt, aber dann ein wenig mehr. Ich beugte mich über sie, sprach mit ihr, nannte meinen Namen. Sie schlug die Lider noch weiter auf, und ihr Blick bewegte sich in meine Richtung. Wahrscheinlich konnte sie mich nicht bewusst ansehen, aber sie verstand zweifellos etwas von dem, was ich sagte. Die Schwester meinte, sie reagiere einfach auf meine Stimme, aber ihr Gesichtsausdruck sagte mir, dass das nicht alles war.

Als ich von Tyler sprach und ihr sagte, wie sehr ich sie liebe, lächelte sie. Aber sie schien auch ansatzweise zu begreifen, wo sie sich befand. Ihr Lächeln schwand, sie drückte die Augen zu und verzog die Lippen, wie jemand, der am liebsten weinen würde.

Ich strich ihr über die Haare und versicherte ihr, wie tapfer sie war und dass es ihr schon bald besser gehen würde. Dafür würde ich schon sorgen, erklärte ich, genau wie die Ärzte und Schwestern, die alles dafür taten, damit sie wieder gesund wurde. Und dann erzählte ich ihr von ihren Besuchern, von ihren Eltern und Geschwistern, von Howard Lutnick, ihrem Chef. Doch dann befürchtete ich, das könnte zu abstrakt sein, und beschränkte mich wieder darauf, ihr zu versichern, alles würde gut. Sie solle sich nur ausruhen, denn Tyler wolle seine Mom bald wieder zu Hause haben.

Ich glaube, sie hat mich verstanden. Ich strich ihr über den Kopf, und sie schien sich zu entspannen. Aber es wird noch sehr schwer für sie werden, und das nicht irgendwann in der Zukunft, sondern schon bald.

Als ich mich von ihr verabschiedete, reagierte sie sichtlich erschreckt. Schnell erklärte ich, dass sie nicht allein bleiben würde, und bat den Nachtpfleger, an ihr Bett zu treten, sich vorzustellen und meine Worte zu bestätigen. Der Abschied fiel mir nicht leicht, aber irgendwie war es auch einfacher, weil ich versprechen konnte, Tyler von ihr einen dicken Kuss zu geben, und wusste, dass sie mich verstand.

Ich kenne ihre Stärke, ihre Kämpfernatur, aber sie ist auch ein Mensch, der nach schwersten Verletzungen und wochenlangem, künstlichem Schlaf in die Welt zurückkehrt. Keiner von uns kann auch nur ahnen, was ihr das abverlangt.

Neben diesen Sorgen und Befürchtungen gibt es auch Gutes zu berichten. Ihre Funktionsdaten sind positiv, und heute haben sie das Beatmungsgerät neu eingestellt, um zu überprüfen, wie gut sie selbstständig atmen kann. Das Ergebnis kann sich sehen lassen. Auch ohne Unterstützung durch das Gerät wurde ihr Blut optimal mit Sauerstoff versorgt.

Laurens heutiger Nachtpfleger erzählte eine interessante Geschichte. Im Juni hatte er auf der Grundlage seiner Erfahrungen als Krankenpfleger eine Invaliditätsversicherung gegründet.

Am 11. September erfuhr er in seiner neuen Firma, dass ein Flugzeug in das World Trade Center geschlagen war, und beschloss, das Büro gegen Mittag zu verlassen. Aber als die zweite Maschine in den Südturm prallte, begab er sich unverzüglich ins Krankenhaus. Wenig später wurde er »Aufnahmepfleger« von Jennieann, der lebensgefährlich verletzten Patientin, die ich bereits mehrfach erwähnt habe.

Zu dieser Aufgabe gehört die Erledigung des notwendigen Papierkrams bei der Aufnahme eines Patienten ebenso wie die Bereitstellung einer Nummer, die den Zugriff auf seine medizinischen Daten im Online-System des Krankenhauses erleichtert. Im Allgemeinen besteht das Aufnahmeteam aus mehreren Pflegekräften und Ärzten. Sie kontrollieren die Lebensfunktionen eines neuen Patienten, entscheiden über die Infusionen, die er erhält, und schließen ihn an die lebenserhaltenden Geräte an. Ein solches Team versorgte auch Lauren, als sie am 11. September ins Burn Center verlegt wurde.

Laurens jüngste Transplantationen verlaufen nun doch nicht ganz so günstig, wie ich am dritten Tag nach der Operation gehofft hatte. Aber das Spezialbett kann sich nur günstig auf die weitere Heilung auswirken. Ich rechne mit einer eindeutigeren Prognose, wenn ich am Morgen mit ihrem Chirurgen gesprochen habe. Es besteht durchaus die Chance, dass er zu einer günstigeren Einschätzung gelangt ist als das Pflegepersonal. Ähnlich war es bei den Hauttransplantationen auf ihren Beinen und dem Rücken, und die sind schließlich wundervoll verheilt.

Zurück ins West Village. Tyler und sein Dad hatten einen wirklich tollen Tag. Tyler unternahm ein paar ernsthafte Lauflernversuche mithilfe eines Schiebekarrens, dessen Griff Kinder das Gleichgewicht halten lässt, wenn sie Laufen lernen. Derart unterstützt, marschierte er an die zwanzig Meter quer durch die Eingangshalle unseres Apartmenthauses und zurück – zweimal.

Am späten Vormittag folgten Tyler und sein Dad (ich) der Einladung zum Spielen, die wir während der Geburtstagsparty erhalten hatten. Die Wohnung liegt drei Blocks entfernt und wir waren pünktlich.

Wir trafen drei Babys und ihre Eltern an. Die Knirpse taten das, was für dieses Alter typisch ist. Sie nahmen sich kaum zur Kenntnis, warfen mit Spielzeug herum und krabbelten in die fernsten Ecken des Wohnzimmers. Das befand sich im Erdgeschoss eines Townhauses und erstreckte sich über mindestens achtzehn Meter.

Die Ehepaare erwiesen sich als sehr sympathisch. Die Liste ihrer beruflichen Tätigkeiten umfasste einen Chemikalienhändler ebenso wie einen PR-Fachmann, einen Weinkenner und einen Redakteur. Unsere Gastgeber servierten Räucherlachs und Bagels, und wir verbrachten zwei angenehme Stunden. Ich hätte mir gewünscht, Lauren wäre dabei gewesen, und hoffe, dass es nicht mehr lange dauert, bis wir wieder gemeinsam etwas unternehmen.

Herzlichst,
Greg & Lauren

Absender: Greg
Empfänger: alle
Datum: Dienstag, 23. Oktober 2001, 09:47
Betreff: Lauren am 22. Oktober

(Vieles von dem Folgenden wurde noch in der Nacht zum Dienstag geschrieben.)

Lauren ist weiterhin stabil und setzt die am 26. Oktober vergangenen Jahres begonnene Gewohnheit fort, den Abend eines wichtigen Playoff-Spiels der Yankees im Krankenhaus zu verbringen. So musste die Mannschaft zwar auf ihre Anfeuerung verzichten, aber sie hat trotzdem gewonnen.

Während meines heutigen Besuchs hat sie hauptsächlich geschlafen. Wenn sie einmal kurz die Augen öffnete, nutzte ich die Gelegenheit, ihr zu sagen, dass ich bei ihr bin und sie liebe, dass viele Menschen sie lieben, vor allem Tyler.

Sie schien kurz zu begreifen, wo sie war und warum ich einen OP-Kittel trug. Als ich erkannte, dass sie wegen des Mundschutzes meine Lippen nicht sehen konnte, sagte ich ihr, dass ich lächelte. Erneut versicherte ich ihr, wie tapfer sie sei, dass sie großartig aussähe und die Schwestern hervorragend für sie sorgten, denn das schien sie zu beruhigen. Aber es gab etwas, das noch ein wenig besser wirkte.

Ich nahm ein Foto von der Wand und hielt es vor ihr Gesicht. Die Aufnahme zeigte Tyler, wie er in einem Restaurant auf einem Hochstühlchen sitzt, mit seiner Flasche in Griffweite. Ich fragte sie, ob sie Tyler erkannte, und sie lächelte. Sie lächelte wieder, als ich ihr wenig später auch noch ein Foto von Caleigh zeigte, unserem Hund. Es sah ganz so aus, als hätten die Bilder und meine Worte sie beruhigt, denn sie schloss die Augen wieder.

Doch nicht nur Lauren scheint es zu motivieren, wenn die Yankees ein entscheidendes Spiel bestreiten. Am 26. Oktober letzten Jahres gewannen die Yankees die World Series, und am nächsten Morgen um 6.25 Uhr wurde Tyler geboren. Heute Vormittag um 8.15 Uhr, nachdem die Yankees am Abend zuvor ihren vierten Sieg in Folge eingestrichen hatten, machte Tyler seine ersten beiden selbstständigen Schritte – von seinem Kindermädchen auf mich zu.

Sofort wurden Kameras gezückt, um weitere Erfolge in Tylers Bemühungen um den aufrechten Gang für die Nachwelt zu dokumentieren.

In den Tagen nach dem 11. September fanden im Warteraum des Burn Centers unter der Leitung des Krankenhauspsychologen Beratungsgespräche statt, um Familien und Freunde der Patienten zu unterstützen und ihnen ihre Situation zu erleichtern. Mitunter herrschte ziemliches Gedränge, da an diesen Diskussionsrunden manchmal mehr als dreißig Leute teilnahmen. Nachdem einige Angehörige den Wunsch geäußert hatten, mit einem genesenen Brandverletzten zusammenzutreffen, erschien eines Tages ein Elektriker im Burn Center, dessen Körperoberfläche im Juni zu mehr als 65 Prozent verbrannt worden war. Er hatte gerade an einer Steigleitung gearbeitet, die zweiunddreißig Stockwerke eines neuen Bürogebäudes mit Elektrizität versorgen sollte, als jemand den Strom einschaltete. Dem Mann wurden kaum Überlebenschancen eingeräumt, aber er hat es geschafft.

Die Schilderung seiner Behandlung und seiner Genesung soll sehr eindrucksvoll und ermutigend gewesen sein. (Ich versäumte seinen kleinen Vortrag, weil ich plötzlich Angst um Lauren bekam und zu ihr lief.) Seine schwangere Frau verbrachte jeden Tag an seinem Bett. Vor einem guten Monat konnte er das Krankenhaus verlassen, und vor drei Wochen wurde ihr kleiner Sohn geboren.

Heute habe ich mit ihm und seiner Frau ein langes Gespräch geführt. Er betonte, wie wichtig die Anwesenheit und Unterstützung seiner Familie war, welche Kraft ihm der Gedanke an das Kind gegeben hatte, wie sehr ihn seine Erlebnisse verändert hatten und dass er anderen Menschen mit einem ähnlichen Schicksal gern helfen würde. Ihn knapp sechs Monate nach dem Unfall gesund, lächelnd und geradezu ansteckend optimistisch erleben zu können, war ungemein ermutigend.

Aber noch als ich mit ihm über die Freude über seine Gesundung sprach und von ihm erfuhr, wie ich Lauren am besten helfen könnte, kämpfte eine andere Patientin mit dem Tod.

Nachdem es Jeannieann in der Nacht schlechter gegangen war, wurde am Montagmorgen ihre Familie angerufen und gebeten, ins Krankenhaus zu kommen. Sie erschienen sofort, beteten für sie und bemühten sich, die Hoffnung nicht aufzugeben.

In der Nacht zum Dienstag, gegen Mitternacht, ist sie gestorben.

In den letzten einundvierzig Tagen sind mir ihre Eltern, ihre Tante und ihr Onkel, aber vor allem ihre Schwester sehr nahe gekommen. Ich habe ihre Hoffnungen und Befürchtungen ebenso geteilt wie sie meine. Ich konnte ihre Freunde kennen lernen, sie unsere Verwandten. Ständig haben wir einander über das Befinden unserer Lieben informiert. Sie sind eine wunderbare Familie, die eng zusammenhält, und nun sind sie von Trauer überwältigt.

Seit dem 11. September wird im Burn Center ein erbitterter Kampf geführt. Aber, wie die Ärzte selbst sagen, ist nur eine begrenzte Anzahl von Pfeilen im Köcher. Die Ärzte wehren jeden Rückschlag ab, bis sie sich keinen Rat mehr wissen, und ringen weiter, bis der Kampf endgültig verloren ist. Nie zuvor in meinem Leben befand ich mich in einer Situation, in der Sterben und Tod so real, Hoffnungen so eng begrenzt sind, mit böswilliger Absicht so viele Tragödien ausgelöst wurden.

Wir beten, wir lauschen den Erläuterungen der Ärzte, legen sie so positiv wie möglich aus und hoffen bei aller Bedrohlichkeit der Situation auf das Beste. Zu keinem Zeitpunkt gab es irgendwelche Garantien oder Gewissheiten, und es gibt sie auch jetzt noch nicht. Voraussagen sind nicht möglich, man lebt von Augenblick zu Augenblick. In der vergangenen Nacht hat eine wundersame Errettung ihr Ende gefunden, leider ohne wundersamen Ausgang.

Jemand aus Jennieanns Familie stellte am Abend die Frage, mit der auch ich mich in den Tagen unmittelbar nach den Angriffen herumgeschlagen habe: Warum diese Qualen erleiden, um den Kampf dann doch zu verlieren? Warum dieses Martyrium erdulden, um schließlich doch ein weiteres Todesopfer der teuflischen Anschläge vom 11. September zu werden? Für die Angehörigen der Patienten im Warteraum ist es noch immer Time Zero, der Moment der Katastrophe, und erneut hat sich erwiesen, dass dieser Moment sein Grauen noch nicht verloren hat.

Seit dem 15. September sind fünf Patienten des Burn Centers gestorben. Ich trauere um jeden von ihnen und bete mit ihren Familien für Lauren. Jedes Gebet, jeder einzelne Augenblick zählt.

Herzlichst,
Greg & Lauren

Absender: Greg
Empfänger: alle
Datum: Mittwoch, 24. Oktober 2001, 02:01
Betreff: Lauren am 23. Oktober

Lauren hatte dem Bericht der Schwester bei Schichtwechsel zufolge einen »sehr guten Tag«. Sie war stabil, und es gab keine Probleme mit ihren Infusionen, ihren Medikamenten und der künstlichen Ernährung.

Letzte Nacht hat sie fünf Stunden lang geschlafen.

Diese Feststellung ist insofern bemerkenswert, als sie zunächst einmal »wacher« werden musste, um wirklich schlafen zu können. (Sie erhält zwar noch immer Medikamente, aber die Dosierung wurde verringert, sodass sie die Augen öffnen und um sich blicken kann.) Und für Lauren heißt das, dass sie zum ersten Mal seit mehr als einem Monat wirklich erholsam schlafen kann.

Als ich sie gestern Abend verließ, schien sie ganz friedlich zu schlafen, und ihre Pflegerin sagte mir, dass sie das Licht dimmen würde. Das tat ich auch, als ich heute sah, wie ihre Lider zufielen. Jetzt schließt sie die Augen ganz sanft, kneift sie nicht zu. Sie wirkt entspannt, nicht narkotisiert und bewusstlos.

Es ist überraschend, wie sich mein Verhalten verändert hat. Noch vor wenigen Tagen stand ich neben ihrem Bett, las ihr Gedichte oder Geschichten vor und sprach unablässig auf sie ein, um sie wissen zu lassen, dass ich bei ihr war. Nun setze ich mich neben ihr Bett und warte schweigend darauf, dass sie die Augen aufschlägt. Dann stehe ich auf, rede mit ihr und streiche ihr über den Kopf. Jetzt ist es sehr viel leichter, sie wissen zu lassen, dass ich da bin.

Eine echte Kommunikation mit ihr erfordert jedoch sehr viel größere Anstrengungen, weil sie nicht länger teilnahmslos und passiv ist. Sie empfindet etwas und fängt an, das mit winzigen Gesten auch deutlich zu machen. Wie ich richtig vermutet hatte, muss sich Lauren vor allem sicher fühlen können. Ihre Tagschwester erklärte mir, dass allzu intensives Reden sie aufregen und ängstigen könnte und dass man sie mit der gleichen Sensibilität behandeln sollte wie ein kleines Kind: mit einfachen Worten, einer beruhigenden Stimme und sanften Berührungen.

Bildlich gesprochen ist sie aus tiefer Bewusstlosigkeit erwacht, um festzustellen, dass sie gerade eine Marathonstrecke hinter sich gebracht hat und entsprechend erschöpft ist. Da ist es nur natürlich, dass sie den entgangenen Schlaf nachholen will. Jetzt empfinde ich es als große Beruhigung, wenn sie ihre Augen schließt.

Im Schwesternzimmer wurde heute wieder das übliche Dinnerbuffet aufgetischt: gewaltige Schüsseln mit Pasta, tiefe Bleche mit Auflauf, drei verschiedene Suppen, drei Container mit chinesischem Gemüse, zwei riesige Becher mit KFC-Pommes, Nussbrot und Brownies. Noch zwei Wochen zuvor strömten ebenso viele Angehörige wie Pflegekräfte in den Raum und ans Buffet, aber seit dem 10. Oktober sind drei Patienten gestorben, und die Schar der Angehörigen wird kleiner.

Ich sprach mit einem der dienstältesten Pfleger im Burn Center, einem Mann, dem ich immer wieder begegnet bin, aber nie näher kennen gelernt habe. Er ist nahezu ständig anwesend, kümmert sich um Laurens Transport in den OP, hat aber noch nie direkt ihre Pflege übernommen.

Vielmehr hat er Leitungs- und Ausbildungsfunktionen übernommen; er weist junge und neue Pflegekräfte in ihre Arbeit ein, sorgt dafür, dass der Krankenhausalltag reibungslos verläuft, und lässt nebenbei Pfleger und Patienten an seinen Kenntnissen und Erfahrungen aus fünfzehn Dienstjahren teilhaben.

Bei unserer Unterhaltung wurde erneut deutlich, wie aufopferungsvoll das Pflegepersonal bemüht war und ist, die Opfer des 11. September zu retten. Nicht etwa, weil andere Patienten ihrer Zuwendung weniger bedurften, sondern vielmehr in der Erkenntnis, dass es sich bei den fünfzehn lebensgefährlich Verletzten um Opfer eines bösartigen Anschlags handelte. Zahllose Amerikaner verspürten nach der Katastrophe das Bedürfnis, »etwas zu tun«, viele haben tatkräftige Hilfe geleistet, andere waren bemüht, die Not mit finanziellen Zuwendungen zu lindern. Aber das Personal des Burn Centers hat sich bei der Behandlung und Pflege der Schwerstverletzten unschätzbare Verdienste erworben. Einige der Opfer sind gestorben, aber erst, nachdem Ärzte und Pfleger alles Menschenmögliche versucht hatten, sie zu retten.

Als sich der Stress der ersten Tage auf die Pflegekräfte auszuwirken begann, wurden sie von einem Leitenden Arzt des Centers mit den Worten ermutigt, sie könnten stolz darauf sein, auf eine sehr direkte Art zur Heilung der Stadt nach einer furchtbaren Tragödie beizutragen. Und die Intensität ihrer Arbeit – fünfzehn Patienten in akut kritischem Zustand, die rund um die Uhr kontrolliert und versorgt werden mussten – veranlasste einen Mitarbeiter des Centers zu der Bemerkung: »Wenn man den Ort der Katastrophe als Ground Zero bezeichnet, dann ist hier Sub Zero.«

Alter, körperliche Ressourcen und Willenskraft der Opfer sind entscheidende Faktoren. Patienten, denen es daran mangelt, halten möglicherweise nicht lange genug durch, um sich selbst eine Chance zu geben. Lauren musste aufholen, aber sobald sie in Fahrt gekommen war, schaffte sie es dank ihrer Jugend und Vitalität, den Gefahren zu entgehen, die sie belauerten wie Wölfe ein verletztes Reh. Ein einziges Straucheln, und die Wölfe wären über sie hergefallen. Die Natur ist gnadenlos. Das hat sich am 11. September erwiesen und erneut in der vergangenen Nacht.

Aber Lauren ist jung und kräftig. Wahrscheinlich ist das der Grund, warum sie jetzt friedlich schläft, größtenteils selbstständig atmen kann und für immer mehr Menschen überall auf der Welt zu einem Symbol der Hoffnung wird.

Im Wartezimmer sind wir zu einer kleinen, überschaubaren Gruppe geworden, nachdem Jennieanns Familie für sie nicht mehr tun kann, als die Trauerfeier vorzubereiten.

Aber sie wollen weiterhin für Lauren beten. Es sind wunderbare Menschen.

Herzlichst,
Greg & Lauren

Absender: Greg
Empfänger: alle
Datum: Donnerstag, 25. Oktober 2001, 10:52
Betreff: Lauren am 24. Oktober

Lauren war in den letzten vierundzwanzig Stunden stabil. Im Burn Center herrscht eine eigentümlich ruhige Atmosphäre. Es ist, als würde man wie der Rest der Welt zur Normalität zurückkehren. Die bei aller Sorgfalt hektische Geschäftigkeit hat nachgelassen, die Faszination eines Kampfes auf Leben und Tod ist abgeklungen, und ich habe plötzlich erkannt, dass die letzten vierundvierzig Tage nur die ersten Schritte eines Marathonlaufes waren.

Diese Beobachtung stammt nicht von mir, sie wurde vor etlichen Wochen von einer Freundin geäußert, die ihren Mann während einer schweren Krankheit pflegte. Das könne ich verstehen, erklärte ich damals, aber vermutlich kann ich es erst heute so richtig begreifen. Die Erkenntnis überkam mich, als ich mich der Glasschiebetür zu Laurens Zimmer näherte.

Zunächst konnte ich mir nicht erklären, warum alles so anders wirkte, dann machte ich mir bewusst, dass die Bilder und Grüße von den Wänden genommen waren, die Kinder überall aus den Vereinigten Staaten geschickt hatten, und dass alles sauber, penibel ordentlich und irgendwie nackt aussah – wie ein Krankenhaus eben. Die Atmosphäre war immer ernst gewesen, aber die Hunderte bunter Bilder und Karten hatten uns das Gefühl vermittelt, dass unzählige Menschen in ihren Gedanken bei uns waren, und das hatte alles irgendwie leichter gemacht. (Die Grüße hat man entfernt, weil sie eine Brandgefahr darstellten. Sie wurden an den Wänden des Hauptkorridors außerhalb des Burn Centers neu angebracht. Ein Pfleger fotografierte die Bilder und Karten an ihrem neuen Platz. »Bevor sie ganz verschwinden«, bemerkte er dabei.) Jetzt ist das Gefühl einer ungewissen Zukunft sehr viel stärker.

Verglichen mit »normalen Zeiten« ist im Burn Center noch immer viel zu tun. Soweit ich weiß, werden zurzeit noch sechs schwer verletzte Opfer der Anschläge vom 11. September behandelt, und natürlich haben inzwischen neue Patienten Aufnahme gefunden. Aber es bleibt eine Tatsache, dass in den letzten Wochen drei Patienten gestorben sind und andere von der Intensivstation verlegt werden konnten. Die »Aufregung« ist abgeklungen, und wir sind noch immer hier und haben noch eine sehr lange Strecke zu bewältigen.

Die Atmosphäre im Warteraum ist wesentlich bedrückter, nachdem Jennieanns Familie nicht mehr unter uns weilt. Wir hatten alle gehofft, uns noch lange Zeit täglich im Krankenhaus zu begegnen sowie auch darauf, dass die Patienten sich kennen lernen würden, um Rehabilitation und Nachsorge gemeinsam zu bewältigen. Wie oft haben wir darüber gesprochen, dass sie einander unterstützen und in heiklen Momenten helfen könnten. Das war eine sehr optimistische Sicht der Dinge, und ich gewinne den Eindruck, dass ich verblüffend naiv war.

Mit Ausnahme des nächtlichen Schlafs (den ich möglicherweise vernachlässigt habe) gibt es keine Ruhezone, keinen Freiraum, in dem wir uns erholen dürfen, um uns neuen Herausforderungen stellen zu können. Fast will mir scheinen, dass etwas in mir ganz zufrieden oder zumindest erleichtert war, dass die Tage in einem gewissen Rhythmus verliefen, in einer fast vorhersehbaren Folge von Erwartungen und Enttäuschungen. Diese Kalkulierbarkeit hat sich als Illusion erwiesen.

Bis vor einem Monat sagte ich mir ständig: Denke nur an

die nächsten zwölf Stunden und hege keine zu hoch gespannten Hoffnungen für die Zukunft. Irgendwann in den letzten Wochen habe ich begonnen, diese Zeitspanne auszudehnen, und ich glaube, das war verwegen. Ein Tag nach dem anderen, auf mehr können wir nicht hoffen.

Das wurde gestern Abend deutlich, als ich mich von einer der anderen Familien verabschiedete. In unserer größeren Zahl hatte so etwas wie eine Sicherheit gelegen, zumindest ein Trost. Doch die gibt es nun nicht mehr.

Vielleicht ist es zum Teil darauf zurückzuführen, dass ich mich gestern Abend dabei ertappte, die folgenden Zeilen zu tippen: »Zum ersten Mal seit dem 11. September weiß ich nicht, was ich schreiben soll.« Ich war nicht imstande, etwas Neues über den gestrigen Tag zu sagen. Es war, als hätte ein hektischer Wettstreit ein Ende gefunden und ich beim Umschauen festgestellt, dass ich ein ganz anderes Spiel spielte als gedacht.

Es schien, als gäbe es weniger Chancen für neue Beobachtungen, als ließe sich das, was nun kommt, nicht so leicht schildern, weil es dabei mehr um Laurens Ringen um das Begreifen des Geschehenen gehen wird als um abstrakte Vermutungen darüber, was gut für sie ist.

Ihr Zustand ist stabil. Sie atmet aus eigener Kraft, ihre Körperfunktionsdaten sind zufrieden stellend, und jeder Tag, der problemlos verläuft, bringt sie der Heilung näher. Gestern Abend kam die Atemtherapeutin vor Ende ihrer Schicht kurz vorbei, betrachtete Lauren und sagte mir, wie sehr sich ihr Zustand verbessert habe und dass sie – die Therapeutin – alles dafür tun würde, damit sie wieder auf die Beine komme. Lauren wird für immer mehr Menschen zur Hoffnung, aber das macht die Last dieser Hoffnungen immer größer, und ich möchte verhindern, dass sie für Lauren zu schwer wird.

Sie hat die vielen Operationen und ihre Begleitumstände so hervorragend gemeistert, dass ich angesichts ihrer Tapferkeit und Stärke ganz aus den Augen verlor, wie hilflos und verletzlich sie sein wird, wenn sie wieder zu sich kommt und bei klarem Bewusstsein den Mut zum Weitermachen finden muss. Ich habe sie häufig als Kämpfernatur bezeichnet, als stark und widerstandsfähig, aber auch wenn das alles zutrifft, wird es ihr wenig helfen, wenn sie die Augen aufschlägt und sich umsieht.

In einem Film würden jetzt auf der schwarzen Leinwand die Worte »Sechs Monate später« auftauchen. Aber wir befinden uns in keinem Film, und die nächsten sechs Monate werden genauso verlaufen wie die vergangenen vierundvierzig Tage.

Sie braucht von mir vor allem Zuwendung und das Gefühl von Sicherheit. Und dazu bedarf es mehr, als ständig an ihrem Bett zu sitzen. Ihre Bedürfnisse sind sehr elementar. Sie ist verletzt und hilflos. Gestern Abend sah sie mich an, reagierte mit Nicken, aber sie versuchte auch, mir etwas mitzuteilen. Aber da sie nicht sprechen konnte, verstand ich nicht, was sie sagen wollte. Ich fühlte mich hilfloser als jemals seit dem 11. September, aber auch sehr, sehr ermutigt.

Und das wird es für uns immer wieder geben: schwierige Momente, die gleichzeitig sehr ermutigend sind. Lauren strengt sich an. Sie ist großartig. Sie wird sich nicht unterkriegen lassen. Das versichere ich euch, denn ich habe Vertrauen in sie.

Und manchmal besteht die einzig erwähnenswerte Neuigkeit in der Feststellung, dass ein neuer Tag angebrochen ist.

Herzlichst,
Greg & Lauren

Absender: Greg
Empfänger: alle
Datum: Freitag, 26. Oktober 2001, 09:40
Betreff: Lauren am 25. Oktober

Hinter Lauren liegt ein weiterer guter Tag, und zwar einer mit ein paar angenehmen Neuigkeiten. Die Hautverpflanzungen der letzten Woche sind zu 75 Prozent positiv verlaufen. Und das ist insofern erfreulich, als es sich um Eigenhauttransplantate handelt, die anderenfalls »verschwendet« worden wären. Die Körperpartien, die als Spenderbereiche genutzt werden, heilen zwar problemlos, aber bei jeder Hautentnahme wird das Gewebe »schmächtiger«. Das diesmal verwandte Material war extrem dünn. Erst heute konnte mit Sicherheit gesagt werden, wie erfolgreich der Eingriff war.

Normalerweise kann ein Transplantat nach fünf Tagen beurteilt werden. Wenn die Spenderhaut aber sehr dünn ist, kann sie auch nach fünf Tagen fast transparent aussehen, und es muss unter Umständen zwei bis drei Wochen bis zur endgültigen Bewertung gewartet werden. Aber ein fünfundsiebzigprozentiger Erfolg verheißt Fortschritt. Die nicht verheilten Stellen befinden sich an Laurens Schenkel, und so muss sie nach einer erneuten Tranplantation nicht wieder tagelang auf dem Bauch liegen.

Lauren atmet problemlos (nachts wird sie zwar noch beatmet, um ruhig schlafen zu können, aber während des Tages versorgt sie ihre Lungen hauptsächlich selbstständig mit Luft), ihr Zustand ist stabil, ihr Blutdruck normal. Und ihre Transplantate sind auf dem Weg der endgültigen Heilung.

Über ihre gestrige Stimmung kann ich nicht viel sagen. Ich war mit Vorbereitungen für Tylers gesellschaftliche Verpflichtungen so beschäftigt, dass ich erst spät im Krankenhaus sein konnte. Aber wie ich hörte, hat sie während des Tages oft gelächelt. Weil sie die Bilder von Tyler an der Wand sehen konnte, sagte ihr Pfleger. Als ich ihr Zimmer betrat, war sie eingeschlafen. Und so setzte ich mich neben ihr Bett und beobachtete sie, wie man ein schlafendes Kind betrachtet: Fest überzeugt, dass allein schon ihr Schlaf ein Wunder ist, und voller Hoffnung, dass sie beim Erwachen glücklich ist.

Tyler hat morgen Geburtstag, wie ihr alle wisst. Um ihn gebührend zu feiern, steigen gleich zwei Partys. Am Sonnabend, dem eigentlichen Geburtstag, feiert die Familie. Die heutige Party ist für Tyler und elf oder zwölf seiner engsten Freunde bestimmt. Ich hoffe, das setzt unser Apartment keinen unzumutbaren Belastungen aus, aber vermutlich vergebens. Da die Kinder in Begleitung ihrer Kinderschwestern und jener Eltern erscheinen, die sich freinehmen können, kommt leicht die dreifache Gästezahl zusammen. Die Speisenfolge ist einfach gehalten: Käse und Crackers, Pizzas, Doritos und Salsa sowie zwei Geburtstagstorten, eine für Tyler und die andere für seine Freundin Davida, die ebenfalls das stolze Alter von einem Jahr erreicht. Heliumgefüllte Ballons werden an die Decke gehen – ganz zu schweigen von einigen Eltern. Auf dem TV-Schirm sind die »Babys« zu sehen: Einstein, Shakespeare, Bach, Doolittle und Mozart. Den größten Spaß verspreche ich mir aber von der improvisierten Floor Show.

Im Vorprogramm geht es darum, Luftschlangen und »Happy 1st Birthday«-Fähnchen anzubringen, die Fressalien appetitlich aufzubauen und sich seinen Weg zwischen den Stapeln hübsch verpackter Kartons zu bahnen, die uns in den letzten Tagen von verschiedenen Kurierdiensten ins Haus geschwemmt wurden. Mindestens zwei Pakete scheinen identisch zu sein. Vorsichtiges Ertasten des Inhalts ergab keine nennenswerten Unterschiede. Das wurde von dem Spender des zweiten Kartons entdeckt, der die Tatsache höchst amüsant fand. Es scheint sich um ein optimales Geschenk zu handeln, wenn es von mindestens zwei Leuten ausgesucht wurde (wir wissen nicht, was die morgige Party bringt). Wir werden uns auch darum bemühen, ineinander greifende Schaumstoffquadrate mit Buchstaben und den Zahlen 1 bis 10 zu einer Alphabetmatte zusammenzufügen, der beliebtesten Spielunterlage in Tylers Kreisen.

Unsere Bestrebungen ähnelten denen, die gestern Abend im Krankenhaus stattfanden. Wie schon erwähnt, wurden die Grußkarten und Bilder aus Feuerschutzgründen abgenommen und außerhalb des Burn Centers neu aufgehängt. Doch das betraf nur einen kleinen Teil des Gesamtbestandes. Als ich gestern ins Krankenhaus kam, waren vier Angestellte emsig damit beschäftigt, auch den Rest auf dem langen Korridor anzubringen, der als verglaste Galerie oberhalb eines achtgeschossigen Atriums lag und von der man nach rechts abbiegen muss, um das Burn Center zu erreichen. Es war eine Aufgabe, die den vier Frauen großes Vergnügen zu bereiten schien.

Die größten Transparente hatten sie bereits an der Galeriewand unterhalb des Geländers befestigt. Um sie herum und an dem Atriumfenster darüber arrangierten sie die Grußkarten und Bilder so sorgfältig und überlegt, als wären sie Schülerinnen, die vor dem Prom die Räume ihrer High School festlich dekorierten.

Andere sind ähnlich beharrlich. Der Captain schreibt, dass unsere Soldaten in Afghanistan weiter für Lauren und viele andere kämpfen. Aus der Sicht der Angehörigen der Toten und Verletzten ist der Kampf gerecht, obwohl Krieg an sich das Schlimmste ist, was man sich vorstellen kann.

Zu diesem Krieg ist es gekommen, weil es auf der Welt Menschen gibt, die ihr Leben der Vernichtung jener gewidmet haben, die sich diesen Worten verpflichtet fühlen:

»Folgende Wahrheiten erachten wir als selbstverständlich: dass alle Menschen gleich geschaffen sind; dass sie von ihrem Schöpfer mit gewissen, unveräußerlichen Rechten ausgestattet sind; dass dazu Leben, Freiheit und das Streben nach Glück gehören; dass zur Sicherung dieser Rechte Regierungen unter den Menschen eingerichtet werden, die ihre rechtmäßige Macht aus der Zustimmung der Regierten herleiten; dass, wenn irgendeine Regierungsform sich für diese Zwecke als schädlich erweist, es das Recht des Volkes ist, sie zu ändern oder abzuschaffen und eine neue Regierung einzusetzen und sie auf solchen Grundsätzen aufzubauen und ihre Gewalten in der Form zu organisieren, wie es zur Gewährleistung ihrer Sicherheit und ihres Glücks geboten zu sein scheint.«

Ich entschuldige mich für diese Lektion in Staatsbürgerkunde. Ich weiß, dass es kein Gebet ist, aber dazu sage ich: Amen.

Herzlichst,
Greg & Lauren

Absender: Greg
Empfänger: alle
Datum: Sonnabend, 27. Oktober 2001, 01:21
Betreff: Lauren am 26. Oktober

Lauren befindet sich weiterhin auf gutem Kurs. Morgen, am Sonnabend, soll ein erster Versuch unternommen werden, sie in den »Sessel« zu setzen. Es bedeutet, dass sie dafür wach und kräftig genug ist – selbst wenn nur für wenige Minuten. Ein echter Fortschritt.

Heute konnte ich tatsächlich mit ihr »reden«. Obwohl sie tausend Dinge wissen wollte, schien sie weniger erregt als zuvor, aber ich muss gestehen, dass es mir sehr schwer fällt, ihr von den Lippen abzulesen, was sie sagen will. Eine Frau, die mit ihrem Mann vor einigen Wochen ähnliche Erfahrungen gemacht hat, riet mir, die Initiative zu ergreifen und Lauren zu fragen, was sie genau wissen will – beispielsweise über das Krankenhaus, ihren Zustand, Tyler, mich, die Familie – und dann Punkt für Punkt abzuhaken.

Zunächst stellten wir fest, dass ihr zu warm war, und der Pfleger entfernte ein paar Kissen.

Dann fragte sie, in welchem Krankenhaus sie sich befand. Im Weill Cornell Burn Center des NY-Presbyterian Hospital, erwiderte ich. So wie sie es am 11. September gewünscht hatte. Ich fügte hinzu, dass sie vom besten Arzt der Welt behandelt wurde, was vielleicht eine kleine Übertreibung war – aber was soll's.

Dann wollte sie wissen, wie es ihr ging, und ich versicherte ihr, dass wir bald wieder miteinander joggen und mit Tyler lange Spaziergänge am Strand unternehmen würden, dass es nicht mehr lange dauern konnte, bis alles wieder so wäre wie früher.

Sie brauche sich keine Sorgen zu machen, erklärte ich, die Ärzte wären sehr zufrieden mit ihr. Ich strich ihr über den Kopf, versuchte sie zu beruhigen, was mir offenbar besser gelang als in den vergangenen Tagen. Sie schloss die Augen, und wie bereits gesagt, ist es jetzt ungemein beruhigend, wenn sie entspannt und die Erholung findet, die sie braucht.

Ich erzählte ihr auch von Tyler und der ersten seiner beiden Geburtstagspartys. Obwohl sie traurig wirkte, nicht dabei gewesen zu sein, schien sie sich über meinen Bericht doch zu freuen. Noch erfreuter wird sie sein, wenn sie sich endlich das Video ansehen kann.

Die Party heute war in jeder Hinsicht ein voller Erfolg. Einige der Mütter halfen bei den Vorbereitungen. Eine kümmerte sich um die Einladungen, eine andere – die Mutter des Mädchens, das gleichfalls Geburtstag feiert – besorgte Torten, Pizzas und die Doritos. Laurens Schwester bestellte die Alphabetmatte, die am Vormittag geliefert wurde. Es lief wie am Schnürchen. Mein Beitrag war lediglich die Entscheidung, für Tyler eine Party zu geben, alles Weitere übernahmen andere. Mir blieb nur übrig, die Festivitäten für Lauren zu filmen, und mir gelang ein echt tolles Videoband.

An einem Punkt schwenke ich mit der Kamera über die Menge und fange sieben Babys ein, die dicht nebeneinander hocken, umgeben von sitzenden Nannies und Müttern, während stehende Eltern den äußeren Rahmen bilden. Zu unseren Gästen gehörten drei Väter und fast alle Mütter. Die Kinder schienen seit der letzten Woche etwas gelernt zu haben. Diesmal kamen sie besser miteinander aus, es gab weniger Zank und »Spielzeugneid«.

Irgendwann wurde mir klar, dass wir die Party eigentlich auch für Lauren gaben, aber nur wenige Gäste wussten, wie sie aussah. Schnell druckte ich zwei Fotos von uns beiden aus, die während unserer Hochzeit aufgenommen worden waren, und klebte sie an die Wand. Dann bat ich ums Wort, versprach jedoch, mich kurz zu fassen. Es täte Lauren sehr Leid, nicht an Tylers erster Geburtstagsparty teilnehmen zu können, erklärte ich, aber bei der nächsten wäre sie sicher dabei ... Plötzlich wurde mir die Kehle eng, und ich brachte kein Wort mehr heraus. Das war nicht unbedingt passend für einen unbeschwerten Kindergeburtstag.

Ich stammelte ein paar abschließende Worte und trat auf die Terrasse. Es war ein sonniger Tag, aber ein steifer Westwind trieb die Wellen des Flusses auf mich zu und kündete eine Kaltfront an. Ich lehnte mich an die graue Backsteinwand zwischen der Terrassentür und dem Wohnzimmerfenster und holte ein paarmal tief Luft. Nach einigen Minuten ging ich wieder hinein und brachte die meisten Gäste dazu, ein paar Grüße für Lauren in die Kamera zu sagen und zu betonen, dass sie es gar nicht erwarten könnten, sie zu sehen.

Es war ein sehr angenehmer Tag, und ich stellte fest, dass die Gäste das Zusammensein genossen. Davidas Mutter war dankbar für die Gelegenheit, ihrer Tochter eine Geburtstagsparty mit möglichst vielen ihrer kleinen Freunde bieten zu können, da ihr Apartment für so etwas ein wenig klein war, und alle schienen sich glänzend zu amüsieren. Übrig blieben zwei Scheiben Pizza (von insgesamt zweiunddreißig), ein Stück Torte (zwei froren wir für Lauren ein und eins gaben wir dem Portier, der die ganzen Buggies bewachte) und eine halbe Flasche Limonade. Jetzt weiß ich, dass unsere Gäste Sprite-Fans sind.

Die Mütter gefielen mir auf Anhieb, ich kam gut mit den Vätern aus und dachte an das, was wir seit Laurens Schwangerschaft immer wieder gehört hatten: dass wir durch unsere Kinder neue Freunde kennen lernen. Als sich heute dreißig Gäste aus drei Generationen in unserem Apartment zusammenfanden, wurde mir klar, dass Lauren und ich dabei auf dem besten Weg sind. Alle dieser potenziellen neuen Freunde sind mir ungemein sympathisch, es sind ausnahmslos interessante Leute, die unglaublich süße Kinder haben.

Und so ziehe ich meinen Hut vor dem Nanny-Network vom Bleecker-Street-Spielplatz, weil es eine so tolle Truppe zusammengeführt hat. Vor allem natürlich vor Joyce. Danke, Joyce!

Als ich im Wohnzimmer stand und mir das Gewimmel auf dem Fußboden betrachtete, war es wie ein neuer Anfang für Lauren und mich. Es gilt so vieles nachzuholen. Heute Abend las ich im *Wall Street Journal*, wie intensiv sich Cantor Fitzgerald um den Wiederaufbau der Firma bemüht. Nach dem grausam abrupten »Aus« am 11. September ist die Welt voller neuer Anfänge. Ich weiß nicht, woher dieser Optimismus kommt. Ich vermag nicht zu sagen, ob es der Glaube an die Stärke unseres Landes, unserer Gesellschaft und unserer Wirtschaft ist oder einfach eine Bewältigungsstrategie, mit dem Schrecklichen fertig zu werden, das uns zugefügt wurde: Ganz so, als hätten wir einen furchtbaren Schlag einstecken müssen, aber unbedingt und so schnell wie möglich wieder auf die Beine kommen wollen, weil wir überzeugt sind, noch immer gewinnen zu können.

Ich stelle fest, dass der Schimmer der Hoffnung mit jedem Tag heller wird, und kann sehen, wie drei Fußspuren in die Zukunft führen. Drei, nicht nur zwei. Und so richte ich all meine Hoffnungen auf diejenige von uns, die im Burn Center liegt – aber nicht mehr lange, denn morgen wird sie sich erstmals aufsetzen.

Bevor wir rennen können, müssen wir laufen lernen.

Zwei aus meiner Familie sind dabei, das zu tun, und ich werde sie begleiten. Die Straße ist zwar von Schlaglöchern übersät, aber ich bin in New York aufgewachsen und sicher, dass wir es schaffen.

Eines Tages werden wir gemeinsam rennen können. Selbstverständlich ist Caleigh mit von der Partie und wird übermütig im Kreis um uns herumlaufen.

Herzlichst,
Greg & Lauren

Absender: Greg
Empfänger: alle
Datum: Sonntag, 28. Oktober 2001, 01:03
Betreff: Lauren am 27. Oktober (Kurzfassung)

Wieder einmal bin ich so müde, dass ich nur eins will: ins Bett. Offenbar haben mich Tylers Partys total erschöpft.

Da viele von euch gleich morgens etwas von Lauren hören/lesen möchten, will ich euch wenigstens mitteilen, dass sie weiterhin stabil ist. Es war wieder ein guter Tag.

Ich werde euch am Vormittag umfassend Bericht erstatten (wenn Tyler mir Zeit dazu lässt …).

Beste Grüße,
Greg

Absender: Greg
Empfänger: alle
Datum: Sonntag, 28. Oktober 2001, 11:39
Betreff: Lauren am 27. Oktober
(Ausführliche Fassung)

Am Sonnabendmorgen verbrachte Lauren zwei Stunden im »Sessel«; es war ihre erste aufrechte Position seit dem 11. September. (Keiner von uns war bei diesem großen Moment dabei. Mit Ausnahme von Operationstagen sind Laurens Familie oder ich selten vor zehn im Krankenhaus. Abgesehen davon hielt uns heute etwas fern, über das ich noch berichten werde.) Aber sie hätte sich offensichtlich wohl gefühlt, sich umgeschaut und sehr wohl bemerkt, dass sie saß und nicht lag, wie ihre Schwester erzählte.

Diese Anteilnahme ist sehr erfreulich, aber langfristig hat der »Sessel« sehr viel handfestere Vorteile: Die sitzende Position ist günstiger für Laurens Gesundungsprozess, sie lässt Schwellungen abklingen, bringt ihren Kreislauf und den gesamten Organismus in ein natürlicheres Gleichgewicht.

Darüber hinaus darf ein wichtiger psychologischer Aspekt nicht übersehen werden. Ihr ist nicht bewusst, wie krank sie war, denn sie kann sich nur an die letzten Tage erinnern. Sie hat keine Ahnung, welche Fortschritte sie in sechseinhalb Wochen gemacht hat. Aber sie weiß, dass sie bettlägerig ist. Jedes Mal, wenn sie in den vergangenen Tagen die Augen aufschlug, befand sie sich auf dem Rücken – mit Ausnahme der fünf Tage in Bauchlage. Die Veränderung ihrer Perspektive muss ihr auf eine sehr einfache, aber beeindruckende Weise begreiflich gemacht haben, dass es ihr besser geht. Und diese Erkenntnis konnte sie zwei Stunden lang genießen.

Als wir zu ihr kamen, lag sie wieder im Bett. Da man sie kurz zuvor aus dem Baderaum zurückgebracht hatte, war sie ein wenig benommen. (Vor Besuchen im Wasserbecken erhält sie Medikamente gegen Schmerzen und Stress.)

Aber sie öffnete die Augen und lächelte uns an. Besonders strahlend, als ich ihr erzählte, dass wir Tylers Geburtstag mit einer Party nebst Torte feiern und ihm einen dicken Kuss von ihr geben würden.

Lauren wollte etwas sagen, aber der Beatmungsschlauch hinderte sie daran. Wir versuchten von ihren Lippen zu lesen, mit wenig Erfolg. Sie hob den Kopf und schien sich aufrichten zu wollen. Sie bewegte die Arme und schaffte es, ihre Stützschienen zu verschieben. Die Einschränkung ihrer Bewegungsfreiheit schien sie aufzubringen, und in der Vergangenheit hätte mich ihre Erregung sehr beunruhigt. Aber inzwischen wusste ich, dass bei ihrem Übergang vom Schlafkoma zu vollem Bewusstsein mit Verwirrung und Aufbegehren zu rechnen ist. Entscheidend ist, ihr immer wieder zu versichern, dass es sich um eine vorübergehende Phase handelt.

Vielleicht haben sich in ein paar Wochen ihre Lungen so weit erholt, dass die Trachealkanüle entfernt werden kann oder sie zumindest auf eine Art beatmet wird, die ihr das Sprechen ermöglicht. Dann kann sie uns endlich sagen, was sie fühlt und denkt.

In vielerlei Hinsicht sind die Probleme jetzt größer als während des kritischen Stadiums ihrer Behandlung. In den vergangenen siebenundvierzig Tagen waren Sorgen und Verzweiflung oft kaum zu ertragen, aber für uns Angehörige gab es immer Orte, an die wir uns zurückziehen konnten – den Warteraum, die »normale« Welt –, um Abstand zu gewinnen, Kraft zu tanken. Lauren muss sich mit allem auseinander setzen, mit dem wir uns auch auseinander setzen mussten, aber sehr viel intensiver. Sie wird sich ihrer Verletzungen bewusst werden, der Verletzungen der Welt, dabei aber keine andere Zuflucht haben als ihre eigene Widerstandsfähigkeit sowie die Liebe und Unterstützung ihrer Familie und ihrer Freunde.

Uns allen ist bewusst, was Liebe und Unterstützung vermögen. Ich bin fest überzeugt, dass sie Lauren geholfen haben. Aber manchmal ist selbst das nicht genug. Bei einer anderen Patientin war es so, wie ihr wisst, und uns bleibt nichts, als uns damit abzufinden.

Genau wie Lauren meine Hoffnungen für die Zukunft verkörpert, so personifizierte Jennieann Maffeo sie für ihre Familie, und die war stets an ihrer Seite. Und das in Mannschaftsstärke, wie ein Soldat vielleicht sagen würde. Jeden Tag waren mindestens fünf Angehörige im Burn Center: ihre Eltern, ihre Tante und ihr Onkel, ihre Schwester. Sie erschienen um zwei Uhr nachmittags, und dann wurden zunächst die üblichen Fragen gestellt: Wie geht es Lauren? Wie geht es Jennieann? (Natürlich erkundigten wir uns auch nach dem Befinden der anderen Patienten.) Immer waren darüber hinaus weitere Verwandte da sowie ganze Rudel von Freunden. Ich unterhielt mich oft und ausführlich mit ihnen. Als ich Ground Zero besuchte, sprach ich ein Gebet für Jennieann, und ihre Familie betete (und betet weiterhin) für Lauren. Ich erlebte aus der Nähe mit, wie Jennieann mehr als fünf Wochen lang um ihr Überleben kämpfte; ihr Zimmer war rund acht Meter von Laurens entfernt. Aber ich lernte sie nie kennen, ein Foto im Jahresbericht von Paine Webber zeigte mir, wie sie aussah.

Ihre Angehörigen schienen nie die Hoffnung zu verlieren, besonders ihre Schwester bewies unerschütterliche Zuversicht. Selbst wenn die Hoffnung einmal ins Wanken geriet, wurde sie schnell wieder aufgebaut, und sie gaben sogar bei düsteren Prognosen nie auf. Aber Jennieann hatte weniger Glück als Lauren. Am Montag wurde sie von ihren schweren Verletzungen schließlich doch besiegt, und sie verlor den einundvierzig Tage dauernden Kampf um ihr Leben.

Am Sonnabendvormittag nahmen wir am Trauergottesdienst teil.

Wir brachen schon früh auf und fuhren an einem der klarsten Tage des Jahres den Belt Parkway entlang. Es herrschte kaum Verkehr. Die Luft wehte frisch, ein leichter Wind kräuselte das Wasser, und die Aussicht auf New York Harbor und Rockaway Bay war einfach phantastisch.

Am Bay Parkway Exit fuhren wir ab und bogen nach kurzer Fahrt nach Norden rechts in die 85th Street ein.

Trauergäste standen auf den Stufen von St. Mary's Mother of Jesus Church, einem modernen Bau inmitten gepflegter, zweigeschossiger Reihenhäuser. Andere hatten sich im Vorraum hinter der Glastür bereits um ein großes Holzkreuz versammelt und warteten auf das Ende der Frühmesse, bevor sie den Innenraum der Kirche betraten. Laurens Eltern und ihre Schwester begaben sich in den Vorraum, während ich draußen auf der Treppe stehen blieb und zusah, wie die erste von mehreren schwarzen Limousinen mit Jennieanns Angehörigen heranrollte. Als ihr Onkel und ihre Tante ausstiegen, ging ich auf sie zu und drückte ihnen mein Beileid aus.

Nach der Frühmesse füllten weit mehr als hundert Trauergäste den Kirchenraum, und Jennieanns Sarg wurde hereingetragen. Jennieanns Eltern und ihre Schwester wirkten wie gebrochen vor Trauer. Jennies Schicksal endete hier, in dieser Kirche, es gab keine Hoffnung mehr.

Nachdem der Priester ein Gebet gesprochen hatte, nahm die Familie ihre Plätze in der ersten Reihe ein. Der Priester stieg die Stufen zum Altar hinauf, während die durch die bunten Glasfenster einströmende Sonne den Raum förmlich in Licht tauchte. Der Gottesdienst begann mit Gebeten, dann sang der Chor, und mir fiel auf, dass die klare Stimme der Solistin einen leichten russischen Akzent zu haben schien.

Tränen stiegen mir in die Augen. Ich machte mir bewusst, dass ich zum ersten Mal an einer privaten Trauerfeier für ein Opfer des 11. September teilnahm. Ich hatte zwar auch zu anderen gehen wollen, das aber irgendwie nie geschafft. Aus zeitlichen Gründen, wie ich zum jeweiligen Zeitpunkt glaubte, aber inzwischen weiß ich, dass es eine Bewältigungsreaktion war. Für mich vertritt Jennieann alle, die am 11. September ihr Leben verloren haben und von denen man viele nie finden wird.

An diesem Sonnabendmorgen konnte ich den Gedanken

nicht abschütteln, wie nahe Lauren diesem Schicksal gewesen war. (Übrigens auch ich. Ich sollte an einer Konferenz im *Windows on the World* teilnehmen, die ursprünglich für den 11. September – Beginn acht Uhr – geplant war, dann aber auf den 12. verschoben wurde.) Als das erste Flugzeug in den Nordturm raste, waren Lauren und Jennieann vermutlich weniger als zwanzig Meter voneinander entfernt.

Der Priester kam die Altarstufen wieder herunter und begann mit seiner Predigt. Er erklärte, Jennie könne sich der Gnade Gottes gewiss sein, verschwieg aber die Terroranschläge nicht, die sie das Leben gekostet hatten.

Das Leben währe weit länger als Gewalt und Grausamkeit, sagte er, und auf uns käme es an, ein gutes und erfülltes Leben zu führen. Er deutete auf Jesus am Kreuz und erklärte, dass man mitunter der Gewalt nicht entgehen könne, und in diesen Fällen gäbe es keine andere Antwort als den festen Glauben an die Liebe Gottes.

Wiederholt wandte er sich an die Andersgläubigen unter den Zuhörern und sagte, dass wir unabhängig von unseren unterschiedlichen Glaubensüberzeugungen Wut und Hass als das Böse erkennen müssen. Jennieann sei das Opfer von bösen Mächten geworden, die keine Achtung vor dem Leben hätten. Das Böse respektiere keine Religion, und es gebe keinen Glauben, der das mutwillige und grausame Töten von unschuldigen Menschen billige oder gar rechtfertige.

»Sie haben beim Hereinkommen das große Kreuz gesehen«, fuhr er fort. »Das ohne den Gekreuzigten. Es soll daran erinnern, dass das Leben nicht mit dem Tod endet.«

Jennieann brauche unsere Gebete nicht mehr, erklärte er, denn sie hätte ihren Frieden gefunden und wäre bei Gott. Vielmehr sollten wir darum beten, dass unsere Welt friedlicher wird. Es käme auf jeden Einzelnen von uns an, betonte er, dem Hass abzuschwören und stattdessen Liebe zu leben und unsere Hoffnung auf die Zukunft zu richten.

Dann trat Jennieanns Schwester vor und sprach davon, wie sehr Jennie als Tochter, Schwester, Tante, Nichte, Kollegin und Freundin geliebt worden sei. Sie hätte mit ihrem liebenswürdigen, fröhlichen Wesen viel Freude und Optimismus verbreitet. »Ihre letzten einundvierzig Tage waren ein Wunder«, erklärte sie, und dann versagte ihr die Stimme. Nachdem sie sich ein wenig gefasst hatte, fügte sie hinzu, dass die Familie die Zeit gehabt hätte, sich von ihr zu verabschieden. Aus persönlicher Erfahrung war ich mir sicher, dass Jennieann ihre Anwesenheit gespürt und Trost daraus bezogen hatte.

Nach dem Gottesdienst sprach ich mit Jennies Eltern und ihrer Schwester, die mich umarmten und mir versicherten, dass Lauren es schaffen würde. »Lauren wird bestimmt wieder gesund«, sagte Jennieanns Schwester. »Jennie ist die Letzte, die sterben musste. Ihnen wird das hier erspart bleiben.«

Unter den Trauergästen befanden sich auch die Krankenhaus-Geistliche und Jennieanns Arzt. Er wirkte tief bewegt. Oft hatte ich miterlebt, wie er Angehörigen traurige Nachrichten überbringen musste, erstmals fünf Tage nach dem 11. September, als er Eltern den Tod ihrer Tochter mitteilte. Ich wusste, wie oft er mit der Familie Maffeo über Jennieanns Therapie gesprochen hatte. Sechs Wochen lang und vierundzwanzig Stunden am Tag hatte er sich bemüht, trotz aller negativen Prognosen Jennieanns Leben zu retten, und unermüdlich gegen den drohenden Tod angekämpft. Ich glaube, nur ein Arzt kann wirklich ermessen, was das heißt. Ihm und seinen Kollegen ist das Wunder der einundvierzig Tage vor allem zu verdanken, und doch mussten sie schließlich hilflos zusehen, wie ihr Ringen erfolglos blieb.

Welch hohen Standard die Medizin auch erreicht haben mag: Menschen werden Ärzte, weil sie mit ihren wissenschaftlichen Erkenntnissen vor allem heilen wollen. Auch wenn Mediziner sich in ihrem Beruf um einen gewissen emotionalen Abstand bemühen müssen, kann kein Zweifel an der Leidenschaft bestehen, mit der die Ärzte des Burn Centers um das Leben der Patienten rangen, die am

11. September so grausam und voller Absicht verletzt worden waren.

Am Sonnabendmorgen war dem Arzt sein persönliches Engagement für Jennie deutlich am Gesicht abzulesen. Er unterhielt sich lange mit jedem ihrer Angehörigen. Danach fühlte ich mich veranlasst, ihm zu sagen, dass mir bewusst war, was er für sie getan hatte, und wie dankbar ihre Familie ihm war. Wir hatten noch nie miteinander gesprochen, aber natürlich kannte er mich.

»Ich wünschte, ich hätte mehr Erfolg gehabt«, wehrte er ab, und ich äußerte meine Überzeugung, er und seine Kollegen hätten alles Menschenmögliche getan, und als Angehöriger einer Patientin des Burn Centers wäre ich sehr beeindruckt. Vielleicht höre er es nicht gern, dennoch müsse es einmal ausgesprochen werden.

Nach dem Trauergottesdienst begaben wir uns ins Krankenhaus, und ich hörte, dass Lauren zwei Stunden im »Sessel« verbracht hatte. Dann ging es nach Hause, um Tylers zweite Geburtstagsparty mit weiteren Geschenken und noch einer Torte zu feiern. Schließlich packten wir Tyler ins Auto, fuhren nach SoHo, parkten den Wagen und schoben seinen Buggie über kopfsteingepflasterte Straßen und schmale, unebene Bürgersteige zur Susan Teller Gallery an der Ecke Broadway und Prince Street. Wir gingen zur Vernissage einer Ausstellung, auf der Kunstwerke aus der Familie meiner Freundin Kitty gezeigt wurden (von Kitty selbst, ihrer Schwester, ihrer Mutter sowie deren Eltern). Kitty ist eine hervorragende Kostümbildnerin, ihre Schwester Gwyneth eine ausgezeichnete Malerin. (Ich glaube, sie sind über die schwesterliche Rivalität längst hinaus, sodass ich das ungestraft sagen kann.)

Als wir die Galerie betraten, waren Kitty und Gwyneth bereits da, wie auch Gwyneths Mann und Tochter, meine Freunde Bill und Marian, deren Tochter und mein enger Freund Scot, Kittys Mann, der länger als ein Jahr in Japan gelebt hat. Es war eine freudige Überraschung, ihn wieder zu sehen. Wir tranken Wein und bewunderten die Kunstwerke. Tyler griff nach meiner Hand, um auf seinen eigenen Beinen herumzuwandern und sich die Bilder anzusehen.

Unter anderem waren drei Kostüme zu sehen, die Kitty für *Gross Indecency* geschaffen hatte, ein Stück, das lange Zeit mit großem Erfolg lief und danach auf etlichen Bühnen im Ausland aufgeführt wurde. Ihre Entwürfe wären umwerfend provokant, hieß es in der Kritik der *New York Times*, und würden dem zweiten Akt ebenso viel Dramatik verleihen wie der Text (und der war ganz ausgezeichnet). Ein Gemälde von Kittys Mutter zeigte ihre Töchter, wie sie als junge Mädchen im Fernsehen die Mondlandung verfolgten. Kitty lümmelte auf einem Lehnsessel, Gwyneth hockte auf der Kante eines Esszimmerstuhls und die Mondsichel blickte zum Fenster herein. Ein Moment aus dem Jahr 1969.

Und hier Momente des 27. Oktober: das Zusammenspiel von drei Generationen, der erste Geburtstag unseres Sohnes, Laurens erfreuliche Fortschritte im »Sessel«, die Freude von Eltern an den Leistungen ihrer Kinder und der furchtbare Verlust einer Familie, der Träume und Hoffnungen genommen wurden.

Ein voll gepackter Tag.

Herzlichst,
Greg & Lauren

Absender: Greg
Empfänger: alle
Datum: Montag, 29. Oktober 2001, 00:57
Betreff: Lauren am 28. Oktober

Als ich heute Abend in Laurens Zimmer kam, war sie wacher und aktiver als jemals seit dem 11. September. Sie schien mich sofort zu erkennen, und ich stellte überrascht fest, dass sie die Arme bewegte und Worte formulierte.

Noch immer sind wir auf das Lippenlesen angewiesen, aber die Schwester meinte, sie hätte »Ich liebe dich, Greg« gesagt.

Unwillkürlich traten mir Tränen in die Augen, und ich versicherte ihr zum wohl tausendsten Mal seit dem 11. September, dass auch ich sie liebe.

Doch wie ich schon sagte, kommt mit einem wacheren Bewusstsein auch das Begreifen ihrer Situation, und so wirkte sie ziemlich erregt. Sie schien keine Schmerzen zu haben und ebenso wenig Lust, im Bett zu bleiben. Immer wieder versuchte sie, sich aufzusetzen und ihre Beine zu bewegen. Nach ein paar erfolglosen Bemühungen, sie zu beruhigen, fragte ich die Schwester, ob meine Anwesenheit für Lauren im Moment überhaupt positiv sei. Nicht unbedingt, entgegnete sie unverblümt.

Sie wollte, dass Lauren einschlief, aber daran war nicht zu denken, solange ich mich in der Nähe aufhielt. Da ich den gleichen Eindruck hatte, fuhr ich mit meinem Vater nach Hause, um mit Tyler zu spielen.

Heute stand in der *New York Times* ein Artikel über die bürokratischen Hürden, die Angehörige von Opfern zu bewältigen haben, bevor sie etwas von den Spendengeldern erhalten, die nach der WTC-Katastrophe bei karitativen Organisationen eingegangen sind. Der Artikel entsprach den Tatsachen.

In der Woche nach dem 11. September wurde ich von einem Vertreter des Roten Kreuzes aufgesucht. Ich gab ihm alle verlangten Informationen und erwähnte darüber hinaus weitere Familien, die meines Wissens auf finanzielle Unterstützung angewiesen waren. Mir wurde ein Scheck in Aussicht gestellt, um für einen gewissen Zeitraum unsere Lebenskosten bestreiten zu können.

Er ist bis heute nicht eingetroffen, aber das soll beileibe keine Kritik an den Mitarbeitern sein. Jeder von ihnen hat sich außerordentlich bemüht, meinen Antrag korrekt und so schnell wie möglich weiterzuleiten. Jeder hatte stets ein offenes Ohr und machte mehr als deutlich, dass er es als seine vorrangige Aufgabe betrachtete, den Notleidenden zu helfen. Ich kann ihren uneigennützigen Einsatz nur bewundern. Aber es will mir scheinen, dass es die Organisation selbst ist, die unter diesem Stress schlapp macht.

Nicht nur die Summen der Spendengelder erreichten nie gekannte Höhen, sondern auch die Zahl der auf Hilfe angewiesenen Menschen. Als Folge davon schienen sich die Kriterien für die Inanspruchnahme finanzieller Unterstützung von einem Tag zum anderen zu ändern, bis man einfach nicht mehr sagen konnte, was eigentlich noch nötig war, um seinen Antrag voranzubringen. Rat- wie hilflos gab man wieder und wieder die gleichen Informationen und wurde darüber irgendwie zum Philosophen.

Was für mich in der Überzeugung resultierte, dass ich weniger auf einen Scheck warte als auf Godot. Ich gebe zu, Becketts Stück nie gesehen zu haben, komme mir aber dennoch vor wie in einem absurden Drama, in dem ich auf jemanden warte, der nie kommt, während ich immer neue Formulare ausfülle.

Ich hoffe, die Dinge werden sich klären. Es sollte doch möglich sein, eine zentrale Datenbank zu schaffen sowie einen Anlaufpunkt, der den Menschen dabei hilft, die für finanzielle Unterstützung zuständige Organisation zu finden. Der *Times* zufolge plant der General Attorney des Staates New York entsprechende Einrichtungen. Das ist längst überfällig.

Die Tragödie wird noch lange nachklingen. Es ist daher notwendig, dass die Familien in den kommenden Jahren neben der Trauer um ihre Angehörigen nicht auch noch verbittert zur Kenntnis nehmen müssen, wie unzulänglich die ihnen von Menschen in aller Welt gewährte Hilfe »verwaltet« wurde.

Der *Times* zufolge haben ein paar kompetente Leute die Notwendigkeit erkannt, diesen Prozess zu beschleunigen. Die Regierung braucht dringend jemanden, der den gordischen Knoten durchtrennt, der die Verteilung von Spendengeldern bisher behindert hat. Es wird zunehmend deutlicher, dass die Unterstützung der Opferfamilien eine gewaltige Aufgabe ist, die Menschen benötigt, die eingefahrene Praktiken abschütteln können, um der Situation auf innovative Weise gerecht werden zu können.

Herzlichst,
Greg & Lauren

Absender: Greg
Empfänger: alle
Datum: Dienstag, 30. Oktober 2001, 00:01
Betreff: Lauren am 29. Oktober

Lauren hat heute geschlafen. Sie sah großartig aus, aber ich habe nicht mit ihr gesprochen, weil es ihr erster wirklicher Schlaf seit sechsunddreißig Stunden war.

Es gibt weitere gute Nachrichten. Nun steht zweifelsfrei fest, dass die Transplantate auf ihrem Rücken zu 75 Prozent angenommen wurden. Am Freitag soll sie erneut operiert werden. Die Ärzte wollen kleine, noch offene Hautpartien auf dem Rücken schließen und ein paar Eingriffe an ihren Händen vornehmen.

Im Moment bekommt sie keine Antibiotika, und das ist bemerkenswert, wenn man sich daran erinnert, wie sie noch zwei Wochen zuvor gegen Infektionen ankämpfte.

Sie befindet sich weiter auf einem guten Weg, und ich bin dankbar für einen Tag, an dem es nicht viel zu berichten gibt.

Herzlichst,
Greg & Lauren

Absender: Greg
Empfänger: alle
Datum: Mittwoch, 31. Oktober 2001, 03:16
Betreff: Lauren am 30. Oktober

Als ich Laurens Zimmer betrat, hatte sie die Augen geschlossen, aber von ihren Eltern wusste ich, dass sie während des Tages wach und ansprechbar war. Die Schwester rief leise ihren Namen, und sie schlug die Lider auf. »Hi, Honey«, sagte ich wie so oft in den vergangenen sieben Wochen, »ich bin's, Greg.«

Diesmal sah sie mich direkt an und lächelte.

Sie war noch immer sehr krank und hilflos, aber hellwach und munter. Sie kann noch immer nicht sprechen, versteht aber alles und antwortet, so gut es ihr möglich ist.

Ich erklärte ihr, dass ich sie liebe, und erinnerte sie dann daran, wie oft sie mich immer gebeten hatte, ihr mit den Händen zu *zeigen*, wie sehr ich sie liebe. Ich könne meine Arme gar nicht weit genug ausbreiten, versicherte ich ihr jetzt.

Da die Schwester sagte, ich brauche den Mundschutz nicht mehr zu tragen, nahm ich ihn ab, und sie konnte endlich wieder sehen, wenn ich lächelte.

Ich fragte Lauren, ob sie sich das Video von Tylers Geburtstag anschauen wolle, und sie nickte eifrig. Ich schaltete unseren digitalen Camcorder ein und beobachtete, wie sie lächelte, als sie Tyler auf dem Boden krabbeln oder an der Hand eines Erwachsenen laufen sah. Sie betrachtete die Szenen vom Kindergeburtstag in unserem Apartment, darunter auch die, bei der fünf Knirpse um unseren Couchtisch herumstehen und sich an der Glasplatte festhalten.

Sie schien weit besserer Stimmung zu sein, als ich insgeheim befürchtet hatte. Als ich sie »Princess of Perry Street« nannte, lächelte sie. Aber Tränen traten ihr in die Augen, als ich sagte, ich könnte vor Glück heulen. Also lächelte ich stattdessen und sie lächelte auch. Sie war bei klarem Bewusstsein, hellwach und versuchte, ganz stark zu sein.

Und sie wollte meine Hand halten. Irgendwann streckte sie mir beide Arme entgegen und nickte heftig, als ich fragte, ob ich sie umarmen solle. Ich beugte mich so weit wie möglich vor, legte ihr meinen rechten Arm um ihre Schultern und hielt sie ganz fest, während sie die Augen schloss.

Aber sie ist noch immer sehr krank und hat einen langen Weg vor sich. Sie ahnt, wie es ihr geht. Bei der Wasserbecken-Therapie betrachtete sie ihre Hand und wollte wissen, was damit geschieht – auf welche Weise sie behandelt wird. Mit zunehmendem Bewusstsein wird das Liegen immer unbequemer und lästiger. Weil ihr Rücken schmerzt, wird man sie umbetten und ihr behutsam Wasser einflößen, weil ihre Lippen trocken sind. Der Schlauch, mit dem sie künstlich ernährt wird, ist ihr lästig, aber sie muss nach wie vor die proteinreiche Nahrung erhalten, damit sie sich auch weiterhin so gut erholt.

Schwestern und Pfleger haben übereinstimmend erklärt, dass es wache Patienten hypernervös macht, an ein Intensivbett gefesselt zu sein. Schläuche und Kabel können ziemlich beängstigend wirken. Ich las Lauren das alles am Gesicht ab, erkannte aber sofort, dass mein Vertrauen in sie berechtigt war. Sobald ich sah, dass sie unruhig wurde, versicherte ich ihr, dass sie sich keine Sorgen zu machen brauche, dass wir bald wieder unser altes Leben führen und alles gut werden würde, wenn sie erst einmal wieder auf den Beinen sei.

Jetzt, da sie sich mitteilen kann, ist eine ganz neue Situation entstanden. Fast sieben Wochen lang lag sie teilnahmslos in ihrem Bett. Ich konnte mit ihr sprechen, wusste aber nicht, ob sie mich hörte. Als sie anfing, die Augen aufzuschlagen, versuchte sie zwar zu lächeln, aber so etwas wie eine echte Kommunikation war unmöglich. Sie regte sich über ihre Unzulänglichkeit auf, oder es dauerte lange, bis sie irgendeine Reaktion zeigte. Das liegt hinter uns. Die Frau auf dem Bett ist wieder meine Frau, Tylers Mutter, jemand, der Freude und leider auch Schmerz empfinden kann.

Das macht den Unterschied aus: Ihr Körper lag vor mir auf dem Bett, aber ihre Seele, ihr Geist waren weit fort. Jetzt ist sie wieder *ganz* da.

Einen Beweis für ihre erwachte Kommunikationsfähigkeit erhielten wir gegen halb sieben, als ihr Pfleger eine Bemerkung über das große Sportereignis am Abend in New York machte: Michael Jordan kehrte in den Madison Square Garden zurück, und die Yankees spielten um die Meisterschaft. »Ja«, antwortete ich, »und raten Sie mal, wer eine Eintrittskarte hat. Ich!« Der Pfleger fragte, ob ich hingehen würde. Das käme darauf an, erwiderte ich und deutete auf Lauren. Woraufhin sie mit den Lippen so deutlich das Wort »Geh« formulierte, dass selbst ich es lesen konnte, und gleichzeitig auffordernd mit dem rechten Arm wedelte. Ich verabschiedete mich mit einem Kuss von ihr und ging …

Ich quälte mich durch den Berufsverkehr zu Mitch, kam gerade rechtzeitig, als sie alle ins Auto stiegen, und wir fuhren zum Yankee Stadium. Die Karten hatte Mitchs Anwalt spendiert, ein Mann, den ich im Verlauf des Abends näher kennen lernte. Da sich der Fahrer auf Nebenstraßen geschickt durch die Bronx fädelte, erreichten wir das Stadion ziemlich schnell, doch dann wurde unsere Geduld auf eine harte Probe gestellt.

Vor den Zugängen ballten sich die Menschen. Wir liefen zu unserem Tor und gerieten an die langsamste Schlange, in der ich jemals gestanden habe. Von Viertel vor acht bis neun Uhr kamen wir gerade einmal sieben oder acht Meter voran. Der Sportsfreund hinter uns fragte, ob er rauchen dürfe; schließlich seien wir einander nahe wie Familienmitglieder. Wir sahen, wie sich President Bushs Hubschrauber näherte und zur Landung ansetzte. Per Mobiltelefon bekamen wir mit, dass er traditionsgemäß den ersten Schlag ausführte. Die ersten zwei Innings gingen über die Bühne, und wir standen noch immer draußen.

Irgendwann begann jemand »Wir wollen da rein! Lasst uns endlich rein« zu schreien, und fast gleichzeitig schossen zwei Kampfjets in rund hundertachtzig Meter Höhe über unsere Köpfe hinweg. Unwillkürlich musste ich an die WTC-Katastrophe denken. Vielleicht klingt es übertrieben, aber sie flogen wirklich sehr tief. Ich glaube, auch den anderen in der Schlange war etwas beklommen zumute.

Schließlich schafften wir es zum Tor, mussten eine Sicherheitsschranke durchqueren und uns vorübergehend unserer Mobiltelefone, Piepser, Geldbörsen und Schlüssel entledigen. Wir marschierten zu unseren Plätzen auf der Haupttribüne, schräg hinter der Home Plate, als der Pitcher zum Wurf ausholte, den Jorge Posada abwehrte und zum ersten der zwei Home Runs der Yankees in diesem Spiel ansetzte.

Mitch und ich standen auf, um die obligatorischen Hot Dogs zu besorgen. Wir kauften vier, dazu noch heiße Würstchen für jeden von uns und zwei Flaschen Wasser. Das Mädchen hinter dem Stand war eine wahre Könnerin, die jeden Hot Dog sorgfältig einzeln in Alufolie hüllte und das Ganze dann auf Papptellern arrangierte, während die hinter uns Wartenden von einem Fuß auf den anderen traten. Später war es Zeit für Soft Ice, noch später für Gebäck, Schokomandeln und Kakao.

Ich erstand ein Basecap mit dem Aufdruck Yankees World Series 2001 und ein graues Thermalshirt, weil ich fror. Später lieh ich mir auch noch ein Paar Handschuhe von Harvey. Wir sprachen über die Gründe, die Leute zu den Yankee-Spielen treiben: Snacks und Fan-Klamotten.

Vielleicht aber auch der Baseball. Wir sahen Posadas Home Run. Wir wurden Augenzeugen eines Inning mit zwei Fehlern, die den Yankees fünf Outs, aber keine Punkte brachten. Wir bekamen mit, wie Roger Clemens im siebten Inning den Schläger aus machte. Wir sahen, dass Mariano Rivera die letzten beiden Innings bestimmte. Und die Yankees siegten.

Also sind heute drei entscheidende Dinge geschehen: Die Yankees gewannen endlich ein Spiel in der Meisterschaftsserie. Tyler unternahm seine ersten vier selbstständigen Schritte hintereinander, und Lauren ist wieder voll bei Bewusstsein.

Herzlichst,
Greg & Lauren

Absender: Greg
Empfänger: alle
Datum: Mittwoch, 31. Oktober 2001, 08:39
Betreff: Lauren am 30. Oktober

Ein paar nötige Klarstellungen.

Tylers erste vier Schritte ereigneten sich irgendwie zufällig. Zwei kleine Freundinnen – eine ein Jahr, die andere acht Monate alt – waren zum Spielen gekommen, und bald begannen die drei, sich raffgierig zu zanken. Ein Spielzeug vor allem, eine Art Plastiklastwagen, erregte so heftige Begehrlichkeit, dass er des lieben Friedens wegen aus dem Verkehr gezogen werden musste. Irgendwann ließ Tyler Joyces Hand los und machte tatsächlich vier Schritte, bevor er wieder »zu Boden ging«.

Wir wollten ihn zu einer Wiederholung vor der Videokamera verlocken, aber er verweigerte sich und musterte uns so abfällig, als wären derartige Auftritte unter seiner Würde.

Und ich schrieb, ich hätte Lauren geküsst. Ich habe sie zuvor oft auf ihre Stirn oder die Hand geküsst, und das durch den Filter des Mundschutzes. Aber diesmal beugte ich mich über sie und drückte ihr einen leichten Kuss auf die Lippen. Diese winzige, zärtliche Geste war möglicherweise der größte Meilenstein.

Herzlichst,
Greg & Lauren

Absender: Greg
Empfänger: alle
Datum: Donnerstag, 1. November 2001, 01:57
Betreff: Lauren am 31. Oktober

Lauren vollbringt Leistungen, wenn die Yankees gewinnen, aber auch an Tagen, an denen sie Niederlagen einstecken müssen. Doch doppelt positive Tage sind natürlich schöner. Mittwoch war ein solcher Tag, obwohl ich das gegen Viertel nach sieben noch nicht wusste, als sie mich aufforderte, mir das Spiel anzusehen. Eine tolle Begegnung übrigens, in der die Yankees einen Rückstand aufholten, als kaum jemand ihnen noch eine Chance gab. In gewisser Weise lässt sich das schon mit dem vergleichen, was Lauren erreicht hat.

Natürlich kann man nicht ernsthaft von einer schicksalhaften Beziehung sprechen, und weder Lauren noch die Yankees sind wirklich über den Berg. Sie tun einfach, was sie tun müssen, um weiterzukommen.

Lauren ist wesentlich munterer, als ich befürchtet hatte, aber das hat einen einfachen Grund. Sie ist glücklich, am Leben zu sein. Ich hatte mit Verbitterung gerechnet, mit Aufbegehren gegen ihr Schicksal, und derartige Gefühle werden bestimmt irgendwann kommen, aber zunächst herrscht die Freude vor. Und schon das beweist mir, wie ernst sie es meinte, als sie mir kurz nach den Anschlägen sagte, dass sie für Tyler und mich leben wolle.

Etwa zwei Wochen nach dem 11. September habe ich mich an einem Gedicht versucht, um meinen Gefühlen Ausdruck zu verleihen – der Verzweiflung über Laurens Leiden, einem gewissen Schuldgefühl darüber, dass die letzten paar Tage vor der Katastrophe nicht die harmonischsten gewesen waren, meiner Unsicherheit über die Zukunft. Keine Angst, ich werde es hier nicht in ganzer Länge wiedergeben, aber die letzten Zeilen treffen meine Empfindungen ganz gut:

Schwach, aber unüberhörbar pulst
das Leben in dir. Nichts
bindet zwei Menschen machtvoller
als rückhaltlose Liebe.

Und jetzt habe ich einen Sohn zu Hause, der unentwegt lächelt und krähend über den Boden krabbelt, sobald etwas seine Aufmerksamkeit erregt, und eine Frau im NY-Weill Cornell Burn Center, die mich anstrahlt und große Augen macht, wenn ich ihr von Tyler und Caleigh erzähle.

Heute gab es vieles, was ich Lauren erzählen konnte, um sie glücklich zu machen. Selbstverständlich berichtete ich von Tyler und meiner Absicht, ihn zum Babyturnen und in einer Musikgruppe anzumelden. Beides hielt sie für gute Ideen. Ich erzählte von seinem Spielnachmittag, vom Streit um das Spielzeug und dass Joyce gesagt hatte: »Er hat sich benommen wie ein echter Junge.«

Ich sprach auch von unserem Hund Caleigh und davon, dass er im Augenblick bei Freunden ist, die in unserer Nähe wohnen, den November dann bei anderen Freunden (die einen riesigen Garten und zwei eigene Hunde haben) verbringen würde, um anschließend wieder in die Nachbarschaft zurückzukehren. Die augenblicklichen Hundesitter hätten ihr Herz an Caleigh verloren, berichtete ich, und absolut nichts dagegen, ihn auf Dauer zu behalten. Also könnten wir ihn nach ihrer Heimkehr jederzeit bei ihnen »parken«, sollte Lauren sich von ihm zunächst überfordert fühlen.

Ich zeigte ihr ein Foto von Tyler und Caleigh, das diese Freunde aufgenommen hatten, und sie bat mich, es der Galeria an der Wand hinzuzufügen.

Es lässt sich kaum schildern, wie sich das Burn Center in nur wenigen Tagen verändert hat. Jetzt gibt es keinerlei Ungewissheit mehr über Laurens Reaktion nach dem Erwachen aus dem Koma. Unsere kühnsten Hoffnungen haben sich erfüllt.

Allerdings gibt es einige Unbehaglichkeiten. Jetzt, bei

vollem Bewusstsein, spürt Lauren natürlich, dass es sie überall juckt. Dabei ist das ein ungemein gutes Zeichen: Es bedeutet schließlich, dass die Haut heilt. Bedauerlicherweise lindert dieses Wissen den Juckreiz nicht im geringsten.

Heute Abend plagte er sie so heftig, dass sie mich bat, ihr den Schenkel zu kratzen. Aber das darf ich natürlich nicht. Als sie versuchte, sich mit ihren Armschienen zu kratzen, holte die Schwester Benadryl und eine spezielle Salbe, um ihr ein wenig Erleichterung zu verschaffen. Als die Schwestern die Salbe auftrugen, fragte Lauren, ob ich mir nicht die Baseballübertragung ansehen wolle. Okay, sagte ich, ich gehe zu den Freunden, die Caleigh hüten, um ein paar Stunden mit unserem Hund zu verbringen. Sie verzog die Lippen zu einem breiten Lächeln. Da blieb mir nichts anderes übrig, als unsere Freunde anzurufen und mich bei ihnen einzuladen. Wir aßen chinesisch, verfolgten das Spiel, und ich sah zu, wie ihr kleiner Sohn mit ebenso viel Energie wie Ausdauer vom Boden auf die Couch und zurück sprang. Caleigh folgte seinem Beispiel einige Zeit, rollte sich dann aber zu meinen Füßen zusammen und döste erschöpft ein.

Caleigh hatte mich auf Anhieb wiedererkannt und sprang wie verrückt an mir hoch. Das Zusammensein mit dem Hund machte Spaß. Er lieferte mir genügend Gründe, Lauren zum Lächeln zu bringen.

Lauren bemüht sich sehr, mich nicht zu »belasten«. Ich wünschte, ich könnte mehr für sie tun. Aber ich bin und bleibe ein schlechter Lippenleser. Als sie heute Abend wiederholt die Lippen bewegte, ging ich über den Flur, um die Schwester zu holen, und erst als sie neben Laurens Bett stand, begriff ich, dass ihre Lippenbewegungen »Ich liebe dich« bedeuteten.

Ich setzte mich wieder und sagte ihr, dass auch ich sie sehr liebe, dass ich immer für sie da sein würde und dass sie mir einen großartigen Sohn geschenkt habe. Ich erzählte ihr, dass sie im Burn Center sei, einer ausgezeichneten Klinik für Brandmedizin, und von den besten Ärzten der Welt behandelt wird. (Das hatte ich ihr zwar vor wenigen Tagen schon gesagt, aber da war sie noch nicht in der Lage, es wirklich in sich aufzunehmen.) Auf ihre Frage nannte ich ihr den Namen ihres Arztes und erinnerte sie an meine Operation. Vor zwei Jahren hatte man bei mir ein Neurom im Gehörgang diagnostiziert, einen gutartigen Tumor, der dabei war, sich in die Hirnhöhle auszudehnen. Bei den zur Wahl stehenden Therapien entschied ich mich gegen Bestrahlungen und für mikrochirurgische Entfernung. Lauren begleitete mich zu jedem Arztbesuch, und ich erinnere mich noch gut an die zuversichtliche Ruhe, die uns überkam, als wir den Neurochirurgen und den Otologen kennen lernten, die den Eingriff durchführen würden. Ich hatte sofort das Gefühl, dass dies die Ärzte waren, die mir helfen konnten. Genauso sei es mir mit ihrem Arzt ergangen, versicherte ich Lauren jetzt, und das schien eine große Beruhigung für sie zu sein.

Dann erklärte ich auch, dass ich den Abend großes Vertrauen zu ihrer Nachtschwester hatte und alle Pflegekräfte des Burn Centers hingebungsvoll und schwer arbeiteten. Ich erwähnte, wie viele Menschen ihr schnelle Gesundung wünschten und für sie beteten und dass die Schwestern mit rotem Marker »We Love You Lauren« auf die Wandtafel in ihrem Zimmer geschrieben hatten. Lächelnd blickte sie auf die Worte, und ich sagte noch einmal: »Das ist nicht von uns. Das waren die Schwestern.«

Offenbar wird erwogen, Tyler einen Besuch bei seiner Mom zu gestatten. Damit hatte ich eigentlich erst in der Zukunft gerechnet. Aber vielleicht hat die Zukunft bereits begonnen. Seit den Anschlägen sind sieben Wochen und ein Tag vergangen. Natürlich wäre es wundervoll, wenn Lauren Tyler sehen könnte. Morgen werde ich mich nach den Details erkundigen. (Lauren würde für dieses Wiedersehen in einen anderen Raum gebracht werden, in einen, in dem nicht so viele Geräte herumstehen.)

Sieben Wochen! Gestern war Lauren erstmals wieder

ganz sie selbst. Auch jetzt könnte sie Schwierigkeiten damit haben, sich an Alltägliches zu erinnern, aber die Zeit zwischen dem 11. September und dem 30. Oktober ist eine große Leere. Lauren hat absolut keine Erinnerung an fast zwei Monate, an die für sie bedrohlichste Zeit ihres Lebens. Ich versuche mir vorzustellen, was für ein Gefühl das ist, aber es gelingt mir nicht. Es gelingt niemandem, der es nicht selbst erfahren hat.

Heute ist mir, als könnte ich Bäume ausreißen. Lauren ist wieder ganz bei mir, die Yankees sind mit zwei Siegen der Meisterschaft näher, ich konnte ein paar Stunden mit Caleigh verbringen, und ich habe natürlich ausgiebig mit Tyler gespielt und gekuschelt. Aber ich werde immer wieder schnell von der Realität eingeholt. Überall auf dem neuen Weg, der vor Lauren und mir, New York und allen Amerikanern liegt, lauern Härten und Gefahren.

Vor der Fahrt zum Yankee Stadium und auf dem Höhepunkt meiner Freude über Laurens wundervollen ersten Tag bei vollem Bewusstsein hörte ich gestern Abend, dass die Patientin in ihrem Nebenzimmer gestorben ist. Ihrer Schwester, einer zuversichtlichen und positiv eingestellten Frau, war ich im Warteraum oft begegnet, und wir hatten die üblichen Begrüßungen und Informationen über das Befinden unserer Lieben ausgetauscht, wenn sie abends ins Krankenhaus kam.

Ich war ihr zwar nie so nahe gekommen wie den anderen »unserer Gruppe«, aber wir hatten einander stets freundlich zugelächelt.

Der Tod ihrer Schwester kam überraschend. Es ging ihr verhältnismäßig gut, aber dann erlitt sie einen schweren Rückfall, und das Ende war leider nicht aufzuhalten.

Ich sah ganz zufällig, wie die Pfarrerin in ihrem Büro ein Gespräch führte. Später erzählte sie mir, dass die Patientin gestorben war und die Familie sehr darunter litt.

Bedrückt dachte ich darüber nach, wie traurig das nicht nur für die Familie, sondern auch für die Mitarbeiter des Burn Centers war, die Ärzte, Pfleger und anderen Hilfskräfte. Jennieanns Familie hatte gehofft und gebetet, dass Jennie die Letzte sein würde. Sie war es nicht.

Ich habe mir die Patienten oft als Trupp vorgestellt, der Meilen um Meilen über unbekanntes Gelände entkommen will, verfolgt von einem grausamen und tödlichen Feind, der ihnen nachstellt und einen nach dem anderen ergreift. Deshalb schien es so wichtig zu sein, den Blick nach vorn zu richten und möglichst schnell voranzukommen. Es gibt Zeiten und Orte, die man so schnell wie möglich hinter sich lassen möchte. Aber selbst beim Vorwärtsdrängen können Menschen zurückbleiben oder fallen. Es ist immer ein Schlag, wenn der Kader ein Mitglied verliert.

Und so schrumpft die Schar im Warteraum zusammen. Wir werden eine kleine, überschaubare Gruppe.

Es ist wundervoll, dass Laurens Rückkehr in das Hier und Jetzt so überzeugend verläuft, dass ihre Kraft von Tag zu Tag zunimmt. Aber wir dürfen nichts, absolut nichts, für selbstverständlich halten. Und ich schließe mit ein paar weiteren Zeilen aus dem Gedicht, das ich am 30. September an einem Tisch im *Beach Café* geschrieben habe:

Kaum spürbar kehren deine Kräfte zurück
unmerklich
Wie Bäche, die ins Meer rinnen
und es doch anschwellen lassen.

Herzlichst,
Greg & Lauren

PS. Als ich heute Abend das Spiel der Yankees im Fernsehen verfolgte, hielten Mitch und ich den Kontakt zwischen meinem Apartment und seinem Hotelzimmer in Philadelphia per BlackBerrys aufrecht. Als der Sieg der Yankees noch auf sich warten ließ, bemerkte er irgendwann, wir hätten mit unseren BlackBerrys ein größeres Treffergluck. Er hatte absolut Recht.

Absender: Greg
Empfänger: alle
Datum: Freitag, 2. November 2001, 03:18
Betreff: Lauren am 1. November (Sport-Extrablatt)

Wegen der späten Stunde nur kurz die Mitteilung, dass es Lauren am Donnerstag gut ging. Am Freitag um zehn Uhr vormittags wird sie erneut operiert.

Es gibt eine Menge zu berichten, aber das muss bis morgen warten.

Jetzt, und es tut mir Leid für die Mets-Fans (Ihr wisst, dass ihr gemeint seid, Dan und Mike), nur so viel: Go Yankees!!!!

Herzlichst,
Greg & Lauren

Absender: Greg
Empfänger: alle
Datum: Freitag, 2. November 2001, 09:05
Betreff: Lauren am 1. November (Magazinbeilage)

Heute war ich lange bei Lauren, sprach mit ihr, versagte aber erneut häufig beim Lippenlesen und verstand daher nicht viel von dem, was sie mir sagen wollte. Sie lächelte häufig und hatte Geduld mit mir und meiner Begriffsstutzigkeit, obwohl es sie zu enttäuschen schien.

Dem wenigen zufolge, das ich verstehen konnte, hat sie sich vor allem nach ihrer und meiner Familie erkundigt, nach Tyler, Caleigh sowie ihrer und meiner Firma. Aber ich habe ihr nur Gutes berichtet, nichts Negatives oder Bedrückendes. Als ich ihr erzählte, wie viele Freunde sich bei mir gemeldet haben, um sich nach ihrem Befinden zu erkundigen, lächelte sie, wurde dann aber etwas traurig und fing an zu weinen. Ich hätte ihr nur schildern wollen, wie viele Menschen sie liebten und sich um sie sorgten, betonte ich, aber wenn ich aufhören sollte, brauche sie es mir nur zu sagen. Aber das tat sie nicht.

Sobald ich feststelle, dass etwas sie deprimiert, versuche ich zwar das Thema zu wechseln, aber es gibt nun einmal gewisse Tatsachen, die sie erschüttern werden. Und es ist weit besser für sie, wenn sie diese Dinge von mir und ihrer Familie erfährt als von anderen.

Ich habe mich bei ihrem Arzt danach erkundigt, wie ich mich in dieser Hinsicht verhalten soll. »Wenn sie Fragen stellt, beantworten Sie sie«, erwiderte er, »aber drängen Sie ihr nichts auf, zumindest jetzt noch nicht.«

Heute hat Lauren ihren Arzt, der sie seit mehr als sieben Wochen behandelt, erstmals wirklich kennen gelernt. Ich habe oft mit ihm gesprochen, viele Formulare unterschrieben, aber heute standen wir neben Laurens Bett, und sie nahm an unserer Unterhaltung teil.

Er informierte sie über die morgige Operation, wo die für die Transplantate benötigte Haut entnommen würde und dass nach der OP ihr linker Arm für die Dauer von fünf Tagen ruhig gestellt werden müsse, damit die Hautverpflanzung an der Schulter ordentlich heilen könne.

Darüber hinaus erklärte er Lauren, warum seit zwei Tagen Fiberglasschienen ihre Knöchel umgaben: Sie war seit sieben Wochen nicht mehr gelaufen, und ohne Unterstützung könnten sich ihre Zehen möglicherweise verformen wie die einer Balletttänzerin. Die Schienen stellten ihre Knöchel in ihrer funktionellen Position ruhig.

Unter Umständen wäre nach der morgigen OP noch eine weitere nötig, aber danach – und bei günstigem Heilungsverlauf – bestünde das vorrangige Ziel darin, sie wieder auf die Beine und zum Laufen zu bringen. Ich fand es bemerkenswert, wie wir mit ihr über diese Dinge redeten und sie offenbar alles verstand. Der Arzt fügte hinzu, dass sie bereits große Fortschritte gemacht und alle bisherigen Operationen sehr gut überstanden habe.

Es ist eine große Freude, nicht mehr über sie zu sprechen, sondern tatsächlich mit ihr. Und es war herrlich, sie nicken zu sehen. Es kam mir so vor, als sähe sie allem, was auf sie zukommt, sehr gefasst entgegen. Sicher liegt das zum Teil an den Medikamenten, die sie gegen ihre Schmerzen erhält, aber zum anderen ist es auf ihre Stärke zurückzuführen, dieselbe Stärke, die sie nun, da sie aus ihrem Koma erwacht ist, zum Lächeln und Strahlen bringt.

Danach bat ich den Arzt kurz auf den Flur hinaus, aber nicht, um Lauren irgendetwas zu verheimlichen. Ich wollte lediglich ein paar ausführlichere medizinische Informationen, um ihre Aussichten genauer einschätzen zu können.

Von insgesamt 82,5 Prozent verbrannter Hautoberfläche (in Laurens Aufnahmebericht waren sogar 85 Prozent angegeben) müssen nur noch acht bis neun Prozent behandelt werden. Ja, nur noch acht bis neun Prozent. Am liebsten würde ich diese Zahlen hundertmal ganz langsam vor mich hin sagen. Ob nun Glück, Schicksal, Bestimmung, ihre Gesundheit, genetische Veranlagung oder Gebete dafür verantwortlich sind – auf den ersten Blick scheint es ein geradezu fabelhaftes Ergebnis zu sein.

Dennoch ist es damit längst nicht getan. Ihre Verbrennungen sind unter Kontrolle, aber das heißt nicht, dass sie schon ganz gesund wäre. Sie wird erst wieder zu Kräften kommen und geraume Zeit viele physische Einschränkungen hinnehmen müssen. Die endgültige Heilung ihrer Transplantationen nimmt mindestens noch ein Jahr in Anspruch. Lauren befindet sich in einem sehr frühen Stadium ihrer Gesundung. Ihr gesamter Organismus war extremen Belastungen ausgesetzt. Obwohl bei Bewusstsein und kommunikativ, ist sie noch nicht über den Berg.

Aber seit ihrer Einlieferung ins Burn Center ist sie stetig und unermüdlich bergauf gelaufen. Sie hat zahllose Operationen über sich ergehen lassen und sie gut überstanden. Sie hat Glück gehabt. Sie erwachte quasi über Nacht aus dem Koma. Die meisten Menschen kommen langsamer und mit größeren Problemen zu sich, sagte mir ihr Arzt.

Andererseits blieb ihr ein sehr riskanter Eingriff erspart, den andere Brandverletzte über sich ergehen lassen mussten.

Allen Patienten, die ihren Verletzungen erlegen waren, war die Bauchhöhle geöffnet worden, um verletzungsbedingten Druck auf den Rumpf oder Torso zu mindern. Dieses Phänomen wird »periphere Schwellung« genannt. Da die Haut als äußere Begrenzung des Körpers fungiert, wirken sich Schwellungen notwendigerweise nach innen aus und behindern den normalen Strom der Körperflüssigkeiten. Bei schweren Verbrennungen des Abdomens können sich große Mengen Flüssigkeit im Torso ansammeln und innere Organe oder die Atmung gefährden. Bauchöffnungen werden an Patienten vorgenommen, die anders nicht wieder zu beleben sind. Dass Lauren diese besondere OP nicht benötigte, war ein Faktor zu ihren Gunsten.

Die vor zwei Tagen gestorbene Patientin hatte Laurens Glück nicht, aber ihre Angehörigen blieben hoffnungsvoll. Ein anderer Patient, dem es relativ gut ging, erlitt überraschend einen tödlichen Kollaps, für den die Ärzte nur eine Erklärung haben: dass die ursprünglichen Verletzungen doch ernster waren und den Organismus stärker belasteten als zunächst angenommen.

Deshalb hüten sich die Mediziner, langfristige Prognosen für schwerstverletzte Patienten abzugeben, erklärte mir Laurens Arzt. Die Angehörigen könnten vorzeitig Hoffnung schöpfen – wie die Ärzte auch –, aber dann führt irgendein unbekannter oder unvorhersehbarer Faktor plötzlich zum Tod des Patienten. Oder auch nur die Tatsache, dass alle diese Menschen in der Tat lebensgefährlich krank sind und mit nur unzulänglichen Mitteln gegen einen umfassenden Angriff auf ihre Körpersysteme reagiert wird.

Aus diesem Grund bemühe ich mich, meine Hoffnungen für Lauren nicht zu hoch zu spannen. Im Moment gibt es Anlass zu vorsichtigem Optimismus, aber zu mehr ist es noch zu früh. Die Möglichkeit einer Infektion ist ebenso wenig gebannt wie die Gefahr eines körperlichen Zusammenbruchs infolge der schweren Verbrennungen. Deshalb bitte ich Lauren ständig, sich keine Sorgen zu machen, sondern zu entspannen und alles andere den Ärzten und Schwestern zu überlassen.

Ihre Energie entgeht mir ebenso wenig wie jeder noch so kleine Fortschritt. Ich suche in Zufälligkeiten, im Aberglauben, sogar bei den Yankees nach Rückversicherungen für meine Hoffnungen, aber bis auf ihr Lächeln gibt es da nur wenig, obwohl das eine bemerkenswerte Quelle der Inspiration ist.

Ich muss schon sagen, dass die Yankees erstaunliche Erfolge haben, wenn Lauren im Krankenhaus ist. Selbstverständlich weiß ich, dass es da keine Verbindung gibt, aber ebenso weiß ich, dass mir die Yankees durch ihre Spiele der letzten Tage (einschließlich des kleinen Wunders vom Dienstag und der historischen Siege an den vergangenen beiden Tagen) Gelegenheit gaben, mich rückhaltlos zu freuen und diese Begeisterung mit meiner Seligkeit über Laurens Wohlergehen zu verknüpfen. Und da bin ich nicht allein. »Angesichts des Tempos, mit dem die Yankees von Sieg zu Sieg eilen, rechnen die meisten von uns damit, dass Lauren spätestens am Sonntag wieder bei ihrer Familie ist.«

Natürlich hätte ich mich ohnehin über das gute Abschneiden der Yankees gefreut, weil ich seit Jahrzehnten einer ihrer treuesten Fans bin, aber so fühlte ich mich überschwänglich und triumphierend wie seinerzeit auf der High School.

Apropos High School. Wie schon gesagt, ist die Vergangenheit angetreten, die durch die Zerstörung unseres gegenwärtigen Lebens entstandene Lücke zu füllen, unsere ganze Vergangenheit, fast vom Zeitpunkt der Geburt an. Oder zumindest seit der High School, dem Geburtsort unseres mitunter ziemlich exzentrischen Flüggewerdens. Das verlief in Wellen: Erst meldeten sich aus allen Ecken des Landes Kommilitonen aus Collegetagen, dann Mitschüler von der High School.

Seit kurzem höre ich immer häufiger von Freunden aus High-School-Tagen. Damals waren wir fünfzehn, sechzehn oder siebzehn, und meinem Empfinden nach sind viele genauso jung geblieben. Aber jetzt schreiben sie mir als reife Mittvierziger. Ihre herzlichen Briefe berichten von Kindern, Berufslaufbahnen, tiefen Empfindungen und Bindungen, die nie ganz abgerissen sind.

»Hörst du noch immer Led Zeppelin?«, wollte beispielsweise ein Freund wissen, der inzwischen Richter ist. Wenn er sich allzu umfassend an unsere High-School-Zeit erinnert, könnte er sich zu rechtlichen Schritten gegen mittlerweile gesetzte Bürger genötigt sehen, auch wenn die meisten unserer Missetaten vermutlich längst verjährt sind.

Ich habe davon geschrieben, wie die Ereignisse unsere Welt verändert, all die kleinen Mauern niedergerissen haben, die wir zwischen uns wachsen ließen. Wir sprechen selbst schmerzliche Dinge unbedenklich aus. Die Wälle, die wir zum Schutz unserer Gefühle errichtet haben, gibt es nicht mehr, und wir sind plötzlich sehr viel aufrichtiger, was die Liebe zu unseren Mitmenschen und unserem Land anbelangt.

Dass wir uns als Nation so überzeugend zusammengefunden haben, liegt darin begründet, dass für Millionen von uns die Freundschaften, die Zuneigung und Liebe, die unter unzähligen banalen Sorgen begraben waren, plötzlich der Luft ausgesetzt wurden und zu wachsen begannen. Das fand zwischen Familienangehörigen statt, zwischen Freunden, zwischen Gemeinden, Städten und Staaten, und schließlich überall im Land.

Am Dienstag war ich zum Lunch im *Philip Marie,* dem Restaurant, in dem Lauren und ich uns verlobt haben, in dem ich ihr zum ersten Mal meine Liebe gestand und in dem wir zahllose Familien-Brunches an einem Tisch im Freien einnahmen. Häufig blieben Passanten stehen, um unser Baby, unseren Hund oder beide zu bewundern (das Verhältnis Baby/Hund lag in etwa bei fifty-fifty). Als ich gehen wollte, wandte sich das Pärchen am Nebentisch an den Kellner und bat darum, fotografiert zu werden.

Ich fragte, ob sie zu Besuch seien. Ja, erhielt ich zur Antwort, sie kämen aus Minneapolis. Rote-Kreuz-Pfleger aus Minneapolis hätten uns in letzter Zeit sehr geholfen, erklärte ich. Sie kannten eine solche Schwester, aber ich hielt es für unwahrscheinlich, dass ich sie kennen gelernt hatte. Vermutlich sind etwa tausend von ihnen hier, entgegnete ich und fügte hinzu: »Willkommen in New York, genießen Sie Ihren Aufenthalt und – vielen Dank.«

(Übrigens haben wir die versprochene Unterstützung durch das Rote Kreuz inzwischen erhalten.)

Erstaunlich, diese Leute aus Minnesota. Sie wählen Jesse Ventura, sie leisten freiwillige Arbeit für das Rote Kreuz, sie besuchen auf Aufforderung unseres Bürgermeisters unsere Stadt. Ein Hoch auf das Land der tausend Seen.

Und da wir gerade dabei sind: Auch eins für Lauren.

Herzlichst,
Greg & Lauren

Absender: Greg
Empfänger: alle
Datum: Sonnabend, 3. November 2001, 01:14
Betreff: Lauren am 2. November

Heute fuhr ich schon früh ins Krankenhaus, um Lauren vor ihrer Operation noch kurz zu sehen. Fünf Physiotherapeuten waren dabei, ihre Fiberglasschienen zu entfernen. Mittels einer Säge mit kreisförmigem Blatt schnitten sie die »Röhren« in haargenau gleiche Hälften. Sobald Lauren erklärte, es würde ihr zu heiß, hielten sie kurz inne.

Es wollte mir scheinen, dass das ein ziemlich großer Personalaufwand für eine simple Aufgabe war, aber sie gingen äußerst penibel zu Werke. Der Grund wurde eine Stunde später ersichtlich, als einer der Physiotherapeuten mit den Halbröhren zurückkam. Sie waren mit Klettverschlüssen versehen und ihre Schnittkanten mit Schaumstoff gepolstert worden. Nun können die Schienen problemlos angelegt werden (um Laurens Knöchel ruhig zu stellen), lassen sich aber genauso leicht entfernen, wenn die Transplantationen darunter überprüft werden müssen.

Eigentlich war Laurens Operation für zehn vorgesehen, aber sie wurde erst um 12.40 Uhr in den OP gebracht. (Mit Pünktlichkeit kann nur bei dem jeweils ersten Eingriff des Tages gerechnet werden, der um halb acht beginnt.) Sie hat alles gut überstanden, doch davon später.

Bevor sie aus dem Zimmer gefahren wurde, unterhielt ich mich lange mit ihr, auch über die Yankees. Als ich wissen wollte, ob sie etwas von der Begegnung mitbekommen hätte, erfuhr ich überrascht, dass sie sich das ganze Spiel angesehen hatte. (Ich war zu einem Auftritt mit der Band, bei dem wir sieben vor vier Zuhörern spielten. Weil wir in unserer Begeisterung über ein paar Cream-Stücke kein Ende finden konnten, entging mir die Chance, das Wunder live im Fernsehen mitzuerleben.) »Tolles Spiel, was?«, grinste ich, und ihre Antwort bestand in einem breiten Lächeln und weit aufgerissenen Augen.

Als Folge ihrer beschränkten Kommunikationsmöglichkeiten sind ihre Augen ungemein ausdrucksvoll geworden. Wenn sie etwas erfreulich oder lustig findet, macht sie die Augen ganz weit auf und strahlt. Mir ist auch klar geworden, wie wichtig Gesten sein können.

Als sie mich gestern Abend etwas fragen wollte, hob sie die linke Hand und bewegte die rechte rhythmisch auf und ab, bis ich begriff, dass sie so tat, als würde sie Bass spielen. Ich berichtete ihr von dem Auftritt, durch den ich eines der großartigsten Meisterschaftsspiele aller Zeiten verpasst hatte. Es verblüffte mich, wie sie sich verständlich machen konnte. Es verblüfft mich noch immer.

(Natürlich ist es weit schwieriger, ganz sachliche Dinge zu vermitteln, und das kann zu Frustrationen führen. Es gibt Buchstabiertafeln, mit deren Hilfe Patienten sich verständlich machen können. Auf einer Seite verfügen sie über das Alphabet, auf der anderen Seite über Begriffe – heiß, kalt, Schwester, Arzt, Schmerz, Schlafen und so weiter –, um die Botschaft schneller rüberzubringen. Lauren hat die Buchstabiertafel einige Male benutzt, aber da im Moment die Beweglichkeit ihrer Finger eingeschränkt ist, verliefen weitere Versuche wenig erfolgreich.)

Heute Morgen lief Laurens Arzt, der die Operation vornehmen sollte, über den Flur und blieb in der Tür stehen. Ich machte Lauren auf ihn aufmerksam, und sie blickte zu ihm hinüber. Er wollte wissen, ob sie das Spiel gesehen hätte, und wieder nickte sie begeistert. Schlaf hätte ihr besser getan, entgegnete er prompt. (Ich glaube, er hat nur gescherzt, aber vielleicht war es auch eine leise Kritik an der Nachtschwester.)

Nachdem der Arzt gegangen war, versuchte ich, ihr jede Angst vor der Operation zu nehmen. Sie hätte nun schon so viele Eingriffe durchgemacht und alle hervorragend überstanden. Ihr Heilungsprozess verlaufe erfolgreich, weil ihr Blut über ausreichend Sauerstoff verfüge und sie genügend Proteine zu sich nähme. Ich achtete darauf, dass sie mit einem Kopfnicken andeutete, dass sie alles verstand. Es ging mir darum, ihr begreiflich zu machen, dass die heutige Operation nichts Besonderes war, sondern etwas, was sie bereits mehrfach und überzeugend bewältigt hatte.

Ich kann mir kaum vorstellen, was es für sie bedeutet, sich schon wieder einer Operation unterziehen zu müssen, aber sie schien ganz zuversichtlich zu sein, obwohl man ihr keinerlei Beruhigungsmittel gegeben hatte.

Als der Arzt gegen vier Uhr nachmittags in den Warteraum kam, sagte er: »Wir hatten so viel Spaß miteinander, dass wir gar nicht aufhören wollten.«

Er hätte Transplantationen an ihrer linken Körperseite und ihrer linken Hand vorgenommen sowie ein paar kleine Wunden an ihrem Bein und am Po geschlossen, erklärte er dann ernsthafter. Das dauerte zwar ein bisschen länger, aber wenn nach fünf Tagen die Transplantate gut aussehen, sind lediglich ein bis 1,5 Prozent ihrer Hautoberfläche noch nicht geschlossen.

Das verschlug mir geradezu den Atem.

Leider hört es sich wundervoller an, als es ist. Die dann noch offenen Wunden betreffen ihre Hände, deren Heilung sehr kompliziert und langwierig sein wird. Allerdings für den weiteren Verlauf ihrer Behandlung insofern wichtig, als diese nicht im Burn Center, sondern zu Hause erfolgen kann. Es bedeutet, dass sich in zwei oder drei Wochen ihre Widerstandsfähigkeit gegen Infektionen entscheidend verbessert haben wird. Und nach einem weiteren Monat sollte auch ihre Herztätigkeit in ruhigeren Bahnen verlaufen.

Das hört sich nach einem langen Zeitraum an, aber seit dem 11. September sind schon mehr Wochen vergangen. Wir haben mehr als die Hälfte des Weges hinter uns.

Wenn alles positiv verläuft, können wir in den kommenden Wochen mit erfreulichen Ereignissen rechnen: der Entfernung der Trachealkanüle, damit Lauren wieder richtig sprechen kann, der Heilung der aktuellen Transplantationsflächen, damit Lauren erste Gehversuche unternehmen kann, und dem ersten, kurzen Besuch von Tyler in etwa zwei Wochen.

Die meiste Geduld verlangen die kommenden fünf Tage, weil sie über den weiteren Verlauf der Dinge entscheiden. Werden die Transplantate nicht angenommen, müssen die Feiern verschoben werden. Während dieser fünf Tage schränken Schienen die Bewegungsfreiheit ihres linken Armes sowie auch ihrer linken Hüfte ein. Sie wird schmerzstillende Medikamente und Sedativa bekommen, um sie ruhig und gelassen zu halten.

Es ist kaum zu glauben, dass sie noch vor wenigen Wochen fünf Tage lang während des Komas in Bauchlage verbrachte. Das war eine weit unangenehmere Position, hatte aber keine emotionalen Auswirkungen. Jetzt muss ihrer Stimmung ebenso viel Aufmerksamkeit gewidmet werden wie ihren Wunden.

In den letzten Tagen habe ich geschildert, wie überraschend unbeschwert sie wirkt. Noch ist sie längst nicht über den Berg. Aber sie hat eine so positive Einstellung und ist so kooperativ, dass es Ärzte und Pflegekräfte für sie einnimmt.

Ich glaube, ihr Arzt dachte auch an Lauren, als er neulich betonte, wie sehr sich auch das Krankenhauspersonal über Patienten freue, die Fortschritte machten. In seiner Stimme schwang Bedauern mit, als er von der Frau sprach, die nach anfänglicher Besserung plötzlich einen Kollaps erlitten, aber auch Genugtuung über eine Patientin, die es so weit geschafft hatte. Vielleicht scherzte er nur, als er nach der Rückkehr aus dem OP davon sprach, sie hätten viel Spaß miteinander gehabt, aber möglicherweise drückte er so seine Begeisterung darüber aus, eine Patientin fast nahezu wiederhergestellt zu haben.

Die Pflegekräfte betonen immer wieder, wie stark Lauren ist und wie toll. Wie ein Hochleistungssportler verfügt sie über mentale wie physische Stärke.

Es sei sehr ungewöhnlich, dass ein Patient so übergangslos aus dem Koma erwacht wie Lauren, erklärte ihre Tagschwester gestern. In einem Moment zeigte sie kaum mehr als ein erstes, zitterndes Lächeln, im nächsten war sie in der Lage, komplexe Mitteilungen zu verstehen und sofort mit einem Kopfnicken, einem Lächeln, einem Stirnrunzeln zu reagieren.

Sie scheint für viele Menschen eine Inspiration zu sein. Heute kam eine Physiotherapeutin in den Warteraum, setzte sich neben mich und sagte: »Auch wenn Sie es vermutlich längst wissen, muss ich Ihnen einfach sagen, dass Sie eine wunderbare Frau haben.« Am Wochenende würde sie am New York Marathon teilnehmen, fuhr sie fort, und ihren Lauf Lauren widmen. Offensichtlich hat Lauren diese Frau ebenso beeindruckt wie viele andere auch, mich eingeschlossen.

Doch alle Anerkennung, alle Bewunderung ändern nichts an der Tatsache, dass Lauren weiterhin um ihre Genesung ringt und noch lange Zeit mit bisher unbekannten Einschränkungen zurechtkommen muss. Als sie heute aus dem OP zurückgebracht wurde, wirkte sie ziemlich erschöpft. Ich war überglücklich, dass sie erneut alles gut überstanden hatte, mir war aber auch bewusst, wie langsam Minuten und Sekunden unter seelischem und körperlichem Stress vergehen können.

Es freut mich, so viel Gutes berichten zu können, ich vergesse jedoch keineswegs, dass es kein »Sechs Monate später« gibt wie im Film. Diese Zeitspanne müssen wir durchmessen, Schritt für Schritt.

Herzlichst,
Greg & Lauren

Absender: Greg
Empfänger: alle
Datum: Sonntag, 4. November 2001, 03:09
Betreff: Lauren am 3. November

Schon einen Tag nach ihrer Operation war Lauren wieder hellwach, entschlossen, Frau der Lage. Eigentlich hatte ich damit gerechnet, dass sie als Folge ihres Cocktails aus Schmerzmitteln und Sedativa benommen und träge wäre, aber davon keine Spur. Stattdessen nahm sie regen Anteil an ihrer Umgebung und hievte ihren Oberkörper, so gut es ging, aus ihrer horizontalen Position.

In den nächsten vier Tagen bleibt ihre Hüfte ebenso geschient wie ihr linker Arm. Die Hautpartien, denen Spendergewebe entnommen wurde, sollen mit Hilfe einer besonderen Salbe besser heilen – und sie versucht sich als Kupplerin.

Dabei geht es um zwei Empfänger dieser E-Mails. (Das wurde mir übrigens ohne pantomimische Gesten klar. Als sie die ersten beiden Buchstaben auf ihrer Tafel zusammenstellte, fiel mir dazu als Erstes ein Männername ein, daher vermutete ich, dass es sich um einen Kuppelversuch handelt. Sie erklärte, eine günstige Gelegenheit für eine unverfängliche Begegnung schaffen zu wollen.)

Lauren zeigt weiterhin großes Interesse an den Yankees und war vom Ausgang des heutigen Spiels tief enttäuscht. (Spart euch euer hämisches Grinsen, ihr Mets/Red Sox/ Diamondbacks-Fans.)

Wenn es noch eines Beweises bedurfte, dass Laurens Schicksal nicht mit dem der Yankees verknüpft ist, dann war es die Tatsache, dass es ihr heute blendend ging, während die Yankees nahezu einen Weltrekord in fruchtlosen Verteidigungsversuchen aufstellten. Laurens Arzt hatte bemängelt, dass sie am Donnerstag zu lange wach war. Sie schlief auch am Freitag erst sehr spät ein. Indem sie das Sonnabendspiel bereits vor dem zweiten Inning in den Sand setzten, gaben die Yankees Lauren die Chance, sich schon recht früh ihrer wohlverdienten Ruhe hinzugeben.

Also besteht möglicherweise doch eine Verbindung. Vielleicht sind die Yankees in der Tat eine Droge, die Laurens Gesundheit auf unterschiedliche Weise förderlich ist. Am Donnerstagabend lenkten die Yankees Lauren durch ein Traumspiel von der bevorstehenden Operation ab, nach dem Eingriff spielten sie hingegen so lausig, dass sie drei Stunden früher als üblich in einen erholsamen Schlaf fiel.

Als wir uns heute mit der Alphabettafel beschäftigten, um uns mit Lauren zu verständigen, fügte sie die Buchstaben Y-A-N zusammen, und wir tippten fälschlicherweise auf »*why an*«, bis plötzlich jemand auf die Yankees kam und sie die Augen verdrehte und nickte. Sie wollte wissen, ob und wann sie spielten.

Vermutlich hätte ich auch das Wort »Yankees« auf die Liste ihrer dringendsten Bedürfnisse setzen sollen, aber andere Begriffe schienen uns wichtiger: Absaugen (damit ihre Atemwege gereinigt werden), Jucken (damit man die Stellen mit Benadryl behandelt), Schmerzen (das Wort befindet sich auf der Alphabettafel, aber es erwies sich als nützlich, es auf der Liste dringender Wünsche zu haben) und Schlafen (damit sie den Pflegern nicht erst lange erklären muss, dass sie schlafen möchte).

Angesichts ihrer Energie, ihrer Begeisterung und ihrer Entschlossenheit kann man leicht vergessen, dass sie vor erst drei Tagen aus dem Koma erwacht ist.

Das entspricht ihrer zupackenden Natur. Die macht sich nahezu sofort nach dem Erwachen bemerkbar, ob nun aus nächtlichem Schlaf oder aus siebenwöchiger Bewusstlosigkeit. Ich hatte angenommen, die Medikamente würden sie so weit beruhigen, dass sie ihre unangenehme, immobile Position leichter erträgt. Aber weit davon entfernt, sich ruhig und passiv zu verhalten, konzentrierte sie sich darauf, die Zukunft anderer zu planen. Und sie denkt sich Aufträge aus, mit denen sie uns in Trab halten kann. Ich sollte ihr beispielsweise Blumen besorgen, die farblich zu den Luftballons passten, die ihre Schwester mitgebracht hatte. (Ich musste sie leider darauf hinweisen, dass Blumen im Burn Center nicht gestattet sind.)

Sie bekommt ihr Leben wieder in den Griff, und das schnell. Auch ihre Stimme macht sich wieder bemerkbar: als heiseres, mühsames Flüstern zunächst, aber lange kann es nicht mehr dauern, bis sie sich wieder unüberhörbar zu Wort meldet. Alles weist darauf hin, dass sie genauso willensstark sein wird wie früher – mit einem größeren Faible für Baseball vielleicht.

In den ersten sieben Wochen nach dem 11. September habe ich für sie gesprochen. Ich versuchte zu erraten, was sie dachte, und erzählte ihr von ersten medizinischen Erfolgen, als sie um das Überleben kämpfte. Ich habe geschrieben, dass für die Angehörigen der Brandverletzten die Zeit stillzustehen scheint, dass wir qualvoll lange nicht wissen können, ob unsere Lieben wirklich überleben. Die Antwort ist noch immer ungewiss, aber langsam regt sich in mir die Hoffnung, dass wir die Leinen losgemacht haben und uns langsam, ganz langsam von der akuten Lebensbedrohung entfernen.

Erneut muss ich betonen, dass gewisse Gefahren bleiben. Erst in drei Wochen lässt sich mit Sicherheit sagen, ob Lauren über den Berg ist. Aber wenn ich sehe, wie sie die Menschen verkuppeln will, wenn ich ihre Begeisterung über die Yankees erlebe, wenn sie mich anlächelt und mir sagt, dass sie mich liebt, fühle ich mein Vertrauen in sie und ihre Energie bestätigt.

Ein weiteres Zeichen dafür, dass sie wieder ganz bei uns ist: Sie hat sich über das Poster an der Wand ihres Zimmers beschwert.

Es ist der Druck einer blaugrauen Seenlandschaft an einem regnerischen Tag. Ich habe den Eindruck, dass jeder, der jemals zum Pinsel griff, eine Landschaft wie diese gemalt hat. In der Nähe unseres Wochenendhauses in Pine Plains im Dutchess County gibt es den Stissing Lake, der so ähnlich aussieht. Diese Landschaft könnte gut den Titel »Stissing Lake im Februar« tragen. Auch mir hatte das Poster nie sonderlich gefallen, aber wer unternimmt schon Schritte zur Verbesserung der dekorativen Gestaltung von Krankenzimmern?

Lauren zum Beispiel. Sie ließ keinen Zweifel daran, den trostlosen Anblick nicht länger an ihrer Wand zu dulden.

Nun hat uns ein Maler vor zwei Wochen zwei signierte Bilder mit dem ausdrücklichen Wunsch geschickt, damit Laurens Krankenzimmer zu verschönern, sobald sie wieder wach sei. Eins ist ein ziemlich bekanntes Aquarell, das einen Leuchtturm auf Nantucket zeigt. Morgen lasse ich die Nantucket-Ansicht rahmen, und schon bald wird sie an der Wand gegenüber der Fußseite ihres Bettes hängen. Das alte Poster wirkt wie eine Insel der Unpersönlichkeit inmitten Laurens Galerie sehr persönlicher Fotos und Genesungswünsche. Als Ausdruck der Zuneigung des Künstlers zu Lauren ist die Nantucket-Ansicht da sehr viel passender.

Allerdings möchte ich nicht den Eindruck erwecken, dass sie in jedem Moment willensstark und entschlossen ist. Sie weiß, wie krank sie ist. Sie leidet Schmerzen und braucht Hilfe. Sie vergießt Tränen über ihre Beschwerden und Tränen der Freude über die vielen guten Wünsche und Gesten des Beistands und der Solidarität. Eine davon ist besonders bemerkenswert.

Von der Physiotherapeutin, die morgen für Lauren am Marathon teilnehmen wird, habe ich euch schon berichtet. Es gibt weitere Läufer mit einer ähnlich bewegenden Absicht.

Nach dem Artikel über Lauren in der *New York Times* meldete sich eine Frau bei mir, deren Bruder im Alter von neun Jahren schwere Brandverletzungen erlitt. Das war vor fünfundzwanzig Jahren und sie musste als Siebenjährige alles mit ansehen. Sie berichtete von der Entschlossenheit, mit der ihr Bruder sein Schicksal bewältigt und ein eigenständiges Leben aufgebaut hatte. Und heute schrieb sie mir, dass ihr Bruder und sie als Fackelträger der Olympischen Winterspiele im nächsten Jahr in Salt Lake City ausgewählt wurden und sie sich entschlossen hätten, für Lauren zu laufen, um auf diese Weise ihr Mitgefühl zu bekunden. Sie erwähnte das Motto der Spiele – *The flame within* – und bat um meine Zustimmung. Wir würden ihre Absicht als große Ehre betrachten, schrieb ich zurück, und Lauren wäre mit Sicherheit sehr berührt.

Und was soll ich euch sagen? Sie war es.

Herzlichst,
Greg & Lauren

Absender: Greg
Empfänger: alle
Datum: 5. November 2001, 00:53
Betreff: Lauren am 4. November (Mini-Ausgabe)

Lauren geht es weiterhin gut, und am zweiten Abend hintereinander haben wir im TV zugesehen, wie die Yankees verloren.

Ich war lange bei ihr, und sie scheint sich den Umständen entsprechend wohl zu fühlen.

Später mehr …

Bis dann,
Greg

Absender: Greg
Empfänger: alle
Datum: Montag, 5. November 2001, 10:35
Betreff: Lauren am 4. November

Die Yankees haben verloren, aber das war eigentlich kaum mehr als eine kleine Enttäuschung gegen Ende des Abends. Lauren verfolgte das Spiel wie gebannt, und es war eine tolle Ablenkung für sie. (Die Patientin im Nebenzimmer hat sich gleichfalls als großer Fan entpuppt.) In den angrenzenden Räumen, in denen zwei Frauen ihre schweren Verletzungen auskurieren, war mit voller Lautstärke Fox Sports eingestellt.

Während des Spiels hatte Lauren immer wieder Probleme mit dem Juckreiz. Das ist normal, wenn Haut heilt, und Lauren juckt es buchstäblich überall. Selbstverständlich dürfen wir nicht kratzen, sondern nur mit den Fingerspitzen ganz leicht und behutsam auf die Stellen klopfen, und nach ihrer Operation liegen einige dieser Bereiche unter dicken Verbänden. Mich würde das verrückt machen, aber sie kommt alles in allem gut damit klar.

Lauren schlief, als ich gegen vier Uhr im Burn Center erschien. Ich setzte mich für etwa eine halbe Stunde an ihr Bett, verließ das Zimmer dann aber, damit sie ungestört weiterschlafen konnte. Als ich wiederkam, wedelte sie aufgeregt mit der rechten Hand. Sie war aufgewacht, weil sie schwitzte, hatte aber die Schwester nicht rufen können.

Wir wischten ihr den Schweiß von der Stirn, und die Pflegerin saugte Schleim aus den Atemwegen. Dann fragte sie, wer Pitcher der Yankees war, und gab sich mit meiner Antwort – Clemens – zufrieden. Wie zuvor schon schlossen wir kleine »Geschäfte« ab: Ich versprach, ihr ihre Lage zu erleichtern, und sie versprach, danach fünf Minuten zu schlafen. Ihre Unruhe ist eher auf Sorgen und Angst zurückzuführen als auf wirkliche Beschwerden.

Ich glaube, wir vergessen leicht, dass Lauren über ihren Zustand nicht so gut Bescheid weiß wie wir. Aber sie braucht diese Informationen, sie nehmen die Furcht vor dem Unbekannten. Sie befindet sich in einer Phase, in der sie sehr ängstlich ist und Furcht vor bestimmten Prozeduren empfindet. Wenn sie nach kurzem Schlaf erwacht (die Schmerztabletten und das Benadryl haben sedative Wirkung, darüber hinaus bekommt sie Valium), kann sie sehr erregt sein, sich allein gelassen fühlen und besorgt über ihre Verletzungen nachgrübeln.

Deshalb muss man ihr immer wieder versichern, dass es ihr schon sehr viel besser geht, dass sie wesentlich schwerere Eingriffe gut bewältigt und große Fortschritte gemacht hat. Natürlich kann sie sich daran nicht erinnern, aber wenn man ihr verständlich genug macht, dass sie viel ernstere Situationen überstanden hat, hilft ihr das, auch die augenblickliche Situation zu meistern. Sie nickt entschlossen, holt tief Luft und bemüht sich, ihre Ängste und ihr Unbehagen in den Griff zu bekommen.

Dicke Verbände stellen ihre ganze linke Körperseite ruhig, und eine Bandage um ihren Torso sorgt dafür, dass die Bereiche besser heilen, denen Spenderhaut entnommen wurde. Die Vorstellung, womit sie nun nach dem Erwachen immer klarkommen muss, ist bedrückend, und als ich am Sonntagabend das Krankenhaus verließ, fühlte ich mich sehr niedergeschlagen. So schwer die Zeit seit dem 11. September auch für uns war, das jetzige Stadium stellt uns vor ganz neue Herausforderungen. Solange Lauren im Koma lag, erklärten die Schwestern, für den Moment gehe es ihr gut, und wir konnten entspannen. Wir sahen ihre Fortschritte und fassten Mut. Aber nun, da sie den zweiten Teil der Reise gemeinsam mit uns unternimmt, ist es schwerer, die Zuversicht zu behalten: Sie hat enorm viel zu bewältigen und zu verarbeiten. Vor allem müssen wir ihr vermitteln, wie viel sie uns bedeutet (und das fällt uns nicht schwer, denn sie ist ein wunderbarer Mensch), damit unsere Anwesenheit ihr hilft. Sie ist schon frustriert genug, nicht zuletzt über die Unfähigkeit, sich ausdrücken zu können, was an ihrem gelegentlichen Augenverdrehen deutlich wird, wenn wir partout nicht begreifen, was sie uns sagen will.

Irgendwie war heute ein eigenartiger Tag. Ich spüre die Nachwirkungen der letzten acht Wochen. In den letzten zwei Monaten verlief mein Leben nicht gerade normal. Aber das ist nicht überraschend, grausame Tragödien verändern alles, und wir wurden brutal aus unserer behaglichen Routine gerissen. Bisher bin ich irgendwie klargekommen, denke aber, dass E-Mails um drei Uhr morgens der Vergangenheit angehören.

Lauren braucht mich, aber nun zu anderen Zeiten. So wünschte sie beispielsweise, dass ich am Montag zu ihr komme, bevor ihre Verbände abgenommen werden. Ich war stets rechtzeitig vor einer Operation bei ihr, um ihr Mut zuzusprechen, obwohl sie davon wenig mehr mitbekam als den Klang meiner Stimme. Jetzt ist diese Unterstützung wichtiger als je zuvor, und ich muss mich ihren neuen Bedürfnissen anpassen, damit ich ihr wirklich helfen kann. Die vergangenen acht Wochen waren kaum mehr als eine Vorbereitung darauf, meinen Teil an der Bewältigung der Lasten zu übernehmen, die jetzt auf uns zukommen.

Das siebte Spiel der Baseball-Meisterschaft fand am Abend nach dem New York City Marathon statt. Der Marathon ist eine lokalpatriotische Angelegenheit für die Bewohner aller fünf Stadtteile und wird weltweit im Fernsehen übertragen, aber ich war nur selten an der Strecke, vor allem, weil wir in Greenwich Village wohnen und der Lauf an der Verrazano Narrows Bridge beginnt und zum Central Park führt. Die Vorstellung, mich durch Menschenmassen quälen zu müssen, übte keinen hohen Reiz auf mich aus. Aber diesmal gingen zwei Läuferinnen für das Burn Center an den Start: die Physiotherapeutin aus Solidarität mit Lauren und die Sängerin/Songschreiberin Christine für die gesamte Klinik.

Vor vier Tagen hatten Christine und ich eine kleine Truppe aus Klinikmitarbeitern, Angehörigen und entlassenen Patienten zusammengetrommelt, die es sich nicht entgehen lassen wollten, wie sie die Ziellinie überquerte. Den Start des Marathons sah ich mir im Fernsehen an, während ich ein paar häusliche Arbeiten erledigte, und sprang dann in die Subway, um zur 72nd Street zu fahren.

Central Park West war für den Verkehr gesperrt, Menschen strömten in nördlicher wie südlicher Richtung und ballten sich am Parkzugang an der 72nd Street. Wohnwagen, in denen Teilnehmer ihre Familien wiedertreffen sollten, bildeten eine lange Schlange. Mütter schoben Kinderwagen, Radfahrer ihre Drahtesel, zwischen ihnen erschöpfte Läufer, die den Marathon bereits hinter sich hatten.

Als ich mich dem Parkeingang näherte, bemerkte ich, dass die Polizei Absperrungen aufbaute, um die Leute zurückzuhalten. Der Park war aus Sicherheitsgründen geschlossen. Der Zutritt war nur mit einem besonderen Ausweis möglich. Ich fragte einen Mann in der Uniform des Parks Department, wie ich zur East Side gelangen konnte. »96th Street«, knurrte er und wies mit der rechten Hand nach Norden. Ich suchte mir einen netter aussehenden Cop und erklärte, unbedingt zur Zieltribüne zu müssen, und er schickte mich zum Eingang an der 69th Street. Aber dort waren die Sicherheitskontrollen sogar noch strenger.

Ich wandte mich an einen freundlichen Cop in hellblauer Windjacke, aber auch er sagte, er könne ohne Ausweise nichts für mich tun. Von der Sperrung des Parks hätte ich nichts gewusst, erklärte ich ihm, und er entgegnete, das ginge nicht nur mir so. Da ich wenig Lust hatte, hinauf zur

96th oder hinunter zur 59th Street zu laufen, fragte ich, ob es vielleicht noch eine andere Durchquerungsmöglichkeit gäbe. »Probieren Sie es über die 66th Street«, antwortete er. Ich marschierte drei Blocks nach Süden und erblickte die von meterhohen Begrenzungsmauern gesäumte Transversale. Normalerweise eine Domäne von schnell fahrenden Autos, Bussen und Taxis, bot sie heute das Bild einer Fußgängerzone.

Es war ganz ruhig. Fußgänger hielten sich an die Verkehrsregeln: In östlicher Richtung rechts, in westlicher links. Die Unterführungsschächte sind höher und länger als die Fußgängertunnel im Park selbst, ihre Wölbungen prächtiger, ihr Inneres dunkler.

Die Kronen herrlicher, alter Bäume treffen sich hoch über der Straße und bilden so etwas wie natürliche gotische Bögen. Das Laub leuchtete in den Farben des Herbstes: goldbraun, rot, gelb. Wegen der warmen Witterung in den vergangenen beiden Monaten haben die Bäume noch ihre Blätter, obwohl es bereits November ist. Die Temperaturen sind noch immer sommerlich, an manchen Tagen haben wir mehr als 25 Grad. Die Yankees, die üblicherweise den Oktober beherrschen, haben ihre Krone vier Tage nach Halloween abgegeben. Es ist, als hielte der Herbst Laurens wegen den Atem an, als kämen die Jahreszeiten in New York nicht voran, weil die gesamte Stadt seit der Tragödie im Zustand der Starre verharrt.

Aber die Starre löst sich, wenn auch langsam. Gestern sprach ich davon, dass wir die Leinen losgemacht haben. Vielleicht sind wir erst wenige Meter vom Ufer entfernt, aber wir fahren eindeutig aufs Meer hinaus.

Und seit ich Time Zero hinter mir gelassen habe, weiß ich, dass die Überfahrt unangenehm werden kann. Die Welt ist nicht stehen geblieben, befasst sich nun mit Bioterrorismus und Krieg. Außerhalb des Wartezimmers, der Familie oder meiner Auftritte verfüge ich über keinen überzeugenden Ausweis, der mich an den Sicherheitskontrollen vorbeibringt.

Die Menschen haben es verarbeitet. Sie sind damit beschäftigt, die Erinnerung zu bewahren, die Heldentaten, oder sind darum bemüht, ihr Leben als physisch unversehrt Gebliebene neu zu arrangieren. Nur sehr wenige müssen seit dem 11. September unablässig um ihr Leben kämpfen.

An der Ecke First Avenue und 67th Street überquerte ich die Marathonstrecke. Sie war leer, übersät mit Schaumstoffbechern und Papier. Die meisten Läufer hatten sie längst passiert. Stattdessen rückten die Straßenkehrer an. Es war ein Gefühl, als ob man allein zurückgeblieben war, während sich die Mehrheit anderswo vergnügt. Dennoch gab es vereinzelte Hochrufe, wenn doch noch Läufer auftauchten, Grüppchen von Anhängern feuerten sie an. Die Nachzügler kämpften sichtlich mit ihrer Erschöpfung, trugen aber noch immer ihre Startnummern und ein Lächeln auf dem Gesicht.

Das klingt nach uns. Im Moment sind wir Nachzügler, aber wir müssen in Erinnerung behalten, dass wir nicht vergessen sind.

Also danke ich euch allen für eure unwandelbare Unterstützung. Sie bedeutet Lauren sehr viel.

Herzlichst,
Greg & Lauren

Absender: Greg
Empfänger: alle
Datum: Dienstag, 6. November 2001, 01:46
Betreff: Lauren am 5. November

Ich besitze jetzt eine Card der Blockbuster-Filiale an der Upper East Side, weil sich Lauren auf ihrem Fernseher auch Filme ansehen möchte, um sich ein bisschen abzulenken. Sie langweilt sich sehr, sie hat ein wenig Anregung dringend nötig, und es gibt wenig, was sie in dieser Hinsicht aktiv unternehmen kann.

Im Moment sind ihre Hände bandagiert und geschient, sodass sie beispielsweise kein Buch halten und lesen kann. Daher ist sie auf CDs und Fernsehen angewiesen, aber Filme regen auf vielfältigere Weise an als die Musik, also muss ich ein paar anständige Streifen für sie auftreiben.

Und damit meine ich nicht *Braveheart*, sondern wirklich gute Komödien. Davon gibt es nicht viel. Also marschierte ich zu der Blockbuster-Filiale in der Nähe des Burn Centers, um *Mein Vetter Winnie* und/oder *Frühling für Hitler* zu besorgen. Beide waren ausgeliehen, daher nahm ich stattdessen *Ein Fisch namens Wanda, Dumm und dümmer, The American President* und *Der verrückte Professor* mit Eddie Murphy mit.

Wir legten *Wanda* ein, und Lauren verschlief den größten Teil des Filmes, aber wenn sie kurz wach wurde, hatte sie zumindest etwas, was sie von ihrer eigenen Situation ablenkte. (Am Sonntagabend baten wir die Schwester, in der Bibliothek nach geeigneten Videos zu suchen, und Lauren entschied sich für *Ein seltsames Paar*, aber das Band in der Kassette entpuppte sich als *Power Rangers*.)

Es war der dritte Tag nach Laurens letzter Operation, und aufgrund einer ersten Bewertung im Becken-Raum sehen ihre Transplantate gut aus. Die Verpflanzungen auf ihrer linken Seite scheinen vom Körper angenommen worden zu sein. Die endgültige Bewertung erfolgt erst fünf Tage nach der OP oder noch später, aber erfreuliche Nachrichten sind schließlich immer gut.

Im Becken-Raum werden Brandverletzten die Verbände abgenommen und ihre Wunden mithilfe eines sanften Wasserstrahls gereinigt. Sie bekommen Medikamente gegen die Schmerzen und zur Entspannung, und dann setzen Pflegekräfte sie in eine rund 35 Zentimeter in den Boden eingelassene und 80 Zentimeter hohe Metallwanne. Sie erhalten eine Haarwäsche, werden geduscht und auch ansonsten ein bisschen »körpergepflegt« und verwöhnt.

Da die Verbände abgenommen werden, ist das für die Ärzte eine ausgezeichnete Gelegenheit, den Zustand der Wunden und Transplantate zu begutachten. Die Verletzungen der Patienten werden versorgt und neu verbunden. Danach kehren sie in ihre Zimmer zurück – im günstigsten Fall, um sich eine brillante Komödie anzusehen.

Heute gegen Mittag lernte Lauren den Pfleger kennen, der in den Tagen nach dem 11. September aufopferungsvoll für sie gesorgt hat und dem ich mich zutiefst verpflichtet fühle (wie auch den beiden Nachtschwestern, die sie in diesen ersten Tagen gepflegt haben). Erinnert ihr euch, dass er auf mich den Eindruck eines fast Besessenen machte? Inzwischen scheint er die Ruhe selbst zu sein.

Er hatte im Schwesternzimmer zu tun, sah und grüßte mich. »Ich könnte mir vorstellen, dass Lauren Ihnen gern guten Tag sagen würde«, bemerkte ich zu ihm und zu Lauren: »Das ist der Mann, der dich in den ersten Tagen hier gepflegt hat.« Er zog sich einen grünen Kittel an, kam in Laurens Zimmer und sagte: »Hi, Lauren, vermutlich erinnern Sie sich nicht an mich.« Sie verzog das Gesicht. »Eigentlich nicht«, brachte sie lautlos über die Lippen.

Obwohl er fünf Tage lang nahezu ununterbrochen in ihrer Nähe war, erinnerte sie sich vermutlich nur schemenhaft an ihn, weil sie im Schlafkoma lag. Allerdings ist vorstellbar, dass ihr seine Stimme im Gedächtnis geblieben ist, denn er sprach ständig mit ihr und erklärte, was er gerade tat. Wenn sie meine Stimme hören konnte, dann auch seine.

Ich hatte betont, wie gut er für sie in den ersten Tagen gesorgt hatte, und sie bewegte die Lippen zu einem »Vielen Dank«. Sie habe beeindruckend viel Kraft und Stärke bewiesen, erklärte er, und sei mit ihrem Überlebenswillen der Stolz der gesamten Station. Lächelnd dankte sie ihm noch einmal. Er wünschte ihr weiterhin gute Besserung und verließ den Raum.

»Du hast gehört, was er sagte«, hakte ich nach. »Du machst Fortschritte, große Fortschritte. Du hast schon sehr viel Schlimmeres hervorragend überstanden. Im Vergleich dazu sind deine augenblicklichen Beschwerden doch ein Klacks. Du solltest wirklich zuversichtlicher sein.«

Die Begegnung fand vor Laurens Besuch im Becken statt, und danach schien sie Schmerzen zu haben. Das macht mich irgendwie hilflos, weil ich die Gründe kenne. Man entzieht ihr langsam die betäubenden Medikamente, die sie fast sieben Wochen lang bekommen hat. Sie soll wach und agil sein, nicht benommen und träge, weil die Ärzte wollen, dass sie ihre physischen Kräfte wiedergewinnt. Sie wollen, dass sie sich bewegt. Sie wollen, dass sie wieder auf die Beine kommt. Das ist der einzig richtige Weg zur Gesundung. Ein Rückgriff auf Narkotika würde diesen nur verlängern.

Auch ich möchte, dass sie physisch beweglicher wird. Ich wünschte, ich könnte sie auf die Arme nehmen und aus dem Burn Center tragen. Über den alltäglichen Prozeduren der Therapie vergesse ich mitunter, wie furchtbar das alles ist, aber dann erinnere ich mich daran, warum sie hier ist und was sie hierher gebracht hat, und werde von Ängsten gepackt, die mich wohl nie wieder ganz verlassen werden.

Ich will meine Frau nicht verlieren.

Gott sei Dank macht sie so gute Fortschritte.

Heute hat man die Schienen von ihrer rechten Hand entfernt. Über Mittel- und Ringfinger wurden zum Schutz Schaumstoffringe geschoben, aber erstmals seit dem 11. September kann sie ihre rechte Hand bewegen. Die Transplantate sehen hervorragend aus. Sie mache geradezu phänomenale Fortschritte, erklären die Pflegekräfte, größere jedenfalls, als angesichts ihrer Verletzungen zu erwarten gewesen wären. Immer wieder betonen sie, wie ungewöhnlich es ist, dass jemand so übergangslos aus dem Schlafkoma erwacht und wieder ganz präsent ist. Und ich weiß, dass ihre rechte Hand durchaus wieder einsatzfähig ist. Als ich mich vorbeugte, um endlich zu verstehen, was sie mir sagen wollte, versetzte sie mir damit einen festen Klaps.

Ausgezeichnet.

Ich bekomme viele E-Mails von Menschen, die für Lauren beten, sowie Karten mit Genesungswünschen, Schreiben, die meistens mit diesen Worten »Sie kennen mich nicht, aber ...« beginnen. Sie erhält eigens zusammengestellte Tonbänder mit Songs aus ihren Studientagen von ihren Freunden, gebrannte CDs mit Liedern, von denen Freunde annahmen, sie würden ihr gefallen. Heute bekam sie von ihrer Summer-School-Kommilitonin ein Plüschtier geschickt, einen Teddy mit Michigan-T-Shirt, und eine sehr mitfühlend geschriebene Karte. Wieder erzähle ich ihr von der großen Zuneigung zahlloser Menschen zu ihr, und dass in Kirchen und Synagogen in aller Welt für sie gebetet wird.

Ich sitze hier am Computer und hoffe, dass sie friedlich schläft oder sich einen Film ansieht. Bitte, lass sie zur Ruhe kommen, damit sie nicht so viel über ihre Situation nachdenkt. Gib ihr genügend Glauben an sich selbst. Lass sie wieder ganz gesund werden.

Herzlichst,
Greg & Lauren

Absender: Greg
Empfänger: alle
Datum: Mittwoch, 7. November 2001, 01:21
Betreff: Lauren am 6. November (Vorabmeldung)

Lauren geht es weiterhin gut. Man hat ihr einen »Trachea-Kragen« angelegt, der sie eigenständig Luft holen lässt, es aber der Schwester auch ermöglicht, sie notfalls wieder zu beatmen.

Sie konnte für den größten Teil des Tages ohne Hilfe atmen! Gegen Abend bat sie um zusätzliche Beatmung, damit sie nachts problemlos schlafen konnte.

Natürlich werde ich darüber noch ausführlicher berichten, wollte euch aber schnell wissen lassen, dass Lauren keinerlei Probleme hat.

Bis dann,
Greg

Absender: Greg
Empfänger: alle
Datum: Mittwoch, 7. November 2001, 10:38
Betreff: Lauren am 6. November

Am Dienstag hat Lauren eine große Hürde genommen, allerdings wurden wir auch daran erinnert, wie schwer die Strecke ist, die noch vor ihr liegt.

Der Trachea-Kragen ist eine halbmondförmige Vorrichtung aus Plastik, die über ihrem Beatmungsschlauch unter ihrem Kinn befestigt wird. Durch ein Ventil in der Wand strömt Sauerstoff in die Vorrichtung. Der Trachea-Kragen ersetzt den Ventilator, und sie atmete erstmals seit dem 11. September aus eigener Kraft.

Als ich um halb sechs Uhr nachmittags zu ihr kam, hatte sie seit mindestens zehn Uhr vormittags selbstständig geatmet. Weil sie das doch ziemlich erschöpfte, bat sie gegen acht Uhr darum, wieder an das Beatmungsgerät angeschlossen zu werden. Dennoch bleibt es ein beachtlicher Fortschritt.

Wir erfuhren jedoch auch, dass es ihr am Montag vorübergehend gar nicht gut ging: Eines der ihr verordneten Antischmerzmittel kann Halluzinationen verursachen und das war der Grund für ihre Erregung nach dem Besuch im Becken-Raum. Ihre Tagschwester erkannte die Zusammenhänge und wird dafür sorgen, dass so etwas nicht wieder geschieht.

Es muss schrecklich sein, so etwas durchzumachen und

sich nicht mitteilen zu können, es einfach erdulden und befürchten zu müssen, dass es immer wieder passieren kann.

Deswegen hatte sie große Angst vor morgen (Mittwoch), dem fünften Tag nach der Operation, wenn im Becken-Raum die Verbände entfernt werden. Aber sie wird das bedenkliche Medikament nicht wieder erhalten, und vor Schichtende kam Laurens Tagschwester zu ihr, streichelte ihr rechte Hand und versicherte, dass morgen nichts Unangenehmes geschehen würde.

Jeder Tag gibt mehr Anlass zu Hoffnungen, obwohl ihre Situation im Moment von Schmerzen und Beschwerden bestimmt ist. Das Bett ist unbequem, das Bettzeug schwer und klumpig, sie möchte, dass ihr Kopf höher oder tiefer gebettet wird, ihre Haut juckt, der Deckenventilator bläst zu heftig oder sie hat Schmerzen, gegen die sie sich stärkere oder wirksamere Medikamente wünscht. Das alles ist sehr schwierig und belastend, und es gibt Momente, in denen ich glaube, es nicht mehr ertragen zu können. Aber sie gehen schnell vorbei und sind obendrein nur das Ergebnis meiner Hilflosigkeit.

Lauren hat sich zum Leben entschlossen, und wir werden ihr nach besten Kräften dabei helfen. Wir haben schließlich gewusst, was auf uns zukommt. Es war zu erwarten, alle Patienten durchlaufen diese Phase, und die Schmerzen, die Verunsicherung, die Ängste und die Unfähigkeit, sich anderen mitzuteilen, werden noch lange Zeit anhalten. Ich habe Laurens Tapferkeit oft gerühmt und von meiner Rolle als Unterstützer geschrieben, aber das war in gewisser Weise »Motivationslyrik« – Verse emotionaler Hinwendung an ein höheres Ziel. Die Realität an der Front, in den Schützengräben, nimmt sich sehr viel grimmiger aus.

Laurens Kampf, das Ringen aller Patienten im Burn Center, die Opfer der Anschläge vom 11. September wurden, ist sehr viel nüchterner und intensiver. Sie werden sich ihrer Verletzungen zunehmend bewusster. Diese Patienten befinden sich noch immer auf dem Schlachtfeld, und es wird für sie keine überraschende Rückkehr in die Normalität geben. Die Frage ist nur, ob es für sie überhaupt so etwas wie Normalität geben wird und in welcher Form. Noch wissen wir weder, welche Kompromisse wir eingehen müssen, noch welche wir ablehnen und welche wir akzeptieren können. Wir wissen nur, dass wir unserem Schicksal nicht ausweichen können.

Uns bleibt nur die Hoffnung, die künftigen Herausforderungen bewältigen zu können, und darin unterscheiden wir uns vermutlich kaum von Soldaten. Wir wissen, dass uns Angriffe und Überfälle bevorstehen, dass wir ums Überleben kämpfen müssen, dass niemand uns Schutz gewährt. Und es geht nicht um die große Entscheidungsschlacht, sondern um Gefecht nach Gefecht, und es gibt keine Schonung für die Verletzten, bis wir das Schlachtfeld endlich verlassen können.

Ich versuche, von den Schwestern zu erfahren, was zu erwarten und für den Behandlungsverlauf typisch ist. Wie ich reagieren muss, wenn Lauren erregt oder entmutigt ist, und wie ich ihr helfen kann. Auf welche Weise, ist nicht immer eindeutig. Beispielsweise wollte sie, dass ich die Schiene ihrer rechten Hand entferne, und wurde gereizt, als ich die Schwester fragte, ob ich das tun darf. Nach erteilter Erlaubnis tat ich es, und sie fühlte sich besser. Dann bat sie mich ähnlich inständig, die Ace-Bandage an ihrem linken Arm zu entfernen. Ich lehnte es ab, aber damit gab sie sich nicht zufrieden, sodass ich die Schwester holen musste, die Lauren mit den gleichen Worten erklärte, das sei unmöglich. Und von der Schwester akzeptierte sie es.

Wir müssen ein Problem nach dem anderen packen. Ganz geduldig, Tag um Tag, Woche um Woche, Monat um Monat. Irgendwann werden die Belastungen und Herausforderungen nachlassen und wir eine Erleichterung verspüren, die niemand nachempfinden kann, der diese Hölle nicht durchlebt hat.

Ich hoffe, Lauren ist diese Gnade vergönnt, und das in nicht allzu ferner Zukunft. Ich hoffe, dass sie sich über die Rückkehr in ein ganz alltägliches Leben freuen kann, trotz der belastenden Erinnerungen. Wir haben alle die Küsse vor Augen, mit denen Mädchen und Frauen nach dem Zweiten Weltkrieg heimkehrende Marinesoldaten begrüßten. Und ich glaube ganz fest, dass auch uns ein solcher Kuss beschieden sein wird.

Bis dahin kann und muss ich versuchen, sie zu beruhigen. Am Dienstag nahm ich sie in die Arme und erklärte, dass alles gut werden, dass wir unser altes Leben bald wieder aufnehmen würden. Ich sah ihr tief in die Augen und beteuerte, dass ich die Wahrheit spräche. Die Wahrheit und nichts als die Wahrheit ... Manchmal muss man seine Hoffnungen nur überzeugt genug äußern, um sie auch Wirklichkeit werden zu lassen.

Aber bevor ihr zu deprimiert werdet, schnell ein paar positive Ereignisse.

Die Mutter eines kleinen Freundes von Tyler hat auf seinem turbulenten Geburtstag rund fünfzig Fotos von ihm gemacht und in ein Album geklebt, das wir Lauren gestern ins Krankenhaus mitnahmen. Sie sah sich die Bilder lange und voller Freude an. Sie weiß mit Sicherheit, für was und wen sie lebt.

Auch Tyler glänzte mit erstaunlichen Leistungen, und mit der Schilderung nehme ich den Mittwochmorgen vorweg, aber es ist die Sache wert. Mit seiner kleinen weißen Schubkarre marschierte er zum Fahrstuhl und zurück.

Der Flur unseres Apartmenthauses ist fast vierzig Meter lang und führt um zwei Ecken. Sich an den Griffen der Karre im Gleichgewicht haltend, lief Tyler die rund zehn Meter von unserer Wohnungstür zum Lift. Dann kam er zurück, bog um die Ecke und überwand weitere zehn Meter bis zur Feuertreppe. Zunächst landete er häufig an der Wand, aber Joyce und ich brachten ihm bei, die Karre so zu steuern, dass er sich genau in der Mitte des Flurs hielt. Diese Langstrecke legte er mehrmals zurück und jauchzte vor Freude, wenn er wieder eine Etappe bewältigt hatte.

Natürlich bietet sich das fast als Symbol für Laurens Zukunft an. Irgendwann wird sie Tempo und Kurs ihres Vorankommens im Griff haben und die Bewältigung jeder Hürde mit einem befriedigten Lachen kommentieren.

Bis später …

Herzlichst,
Greg & Lauren

Absender: Greg
Empfänger: alle
Datum: Donnerstag, 8. November 2001, 09:51
Betreff: Lauren am 7. November

Es war der fünfte Tag nach Laurens Operation, und die Bewertung ihrer Transplantationen könnte kaum besser sein: Auf der linken Seite sind sie zu 95 Prozent angenommen, und auch das linke Bein und der linke Arm sehen gut aus. Bei den Letzteren muss mit einem endgültigen Urteil noch ein paar Tage gewartet werden, da die Transplantate sehr dünn sind. Aber in der Vergangenheit hat sich bei ähnlich »zartem« Gewebe eine Woche später herausgestellt, dass die Verpflanzung erfolgreich war. Da es sich um Eigenhauttransplantationen handelt, sind sie dauerhaft.

Die Bewertung wurde im Becken-Raum vorgenommen, und da man auf das offenbar halluzinogene Medikament verzichtet hatte, verlief ihr Besuch dort unproblematischer als am Montag. Als ich sie am Nachmittag besuchte, war sie gerade zurückgebracht worden und schlief friedlich wie ein Engel.

Am Vormittag hatte sie ein paar Stunden lang mit dem Trachea-Kragen geatmet, war aber nach ihrem Besuch im Becken-Raum wieder an das Beatmungsgerät angeschlossen worden, um ihre Kräfte zu schonen. Das Luftholen mit dem Kragen ist recht anstrengend und daher eine gute Möglichkeit, ihre Lungen zu stärken, aber nach einiger Zeit muss sie sich einfach ausruhen.

In drei oder vier Tagen will man die Beatmungskanüle auf einen Umfang reduzieren, der Lauren gestattet, Luft an ihren Stimmbändern vorbeizuführen, damit sie sprechen kann (was einen bedeutenden Grund für ihre Frustrationen beseitigen würde). Heute versuchte einer ihrer Ärzte sogar, einen Ballon in ihrem Luftröhrenschlauch aufzublasen, damit sie kurz sprechen konnte, aber der Versuch schlug fehl. Der Schlauch erwies sich als zu groß für den Ballon, die Luft ließ sich nicht umleiten.

Gegen sechs wurde Lauren wach, und die Schwester holte mich aus dem Warteraum. Lauren empfing mich mit einem strahlenden Lächeln, begann aber bald zu klagen, es sei ihr zu heiß. Als ihr die Schwester erklärte, sie habe Fieber, fragte Lauren nach dem Grund und wollte mit einem Arzt sprechen.

Zweimal am Tag machen die Ärzte eine Runde durch die Station, überzeugen sich vom Befinden der einzelnen Patienten, besprechen Laborergebnisse und nehmen gegebenenfalls Veränderungen der Therapie vor. Die zuständige Schwester berichtet über alle Vorkommnisse der letzten Stunden und den allgemeinen Gemütszustand des Patienten/der Patientin.

Die Hierarchie erstreckt sich von Ärzten im Praktikum über Assistenten bis zu Oberärzten. (Operationen werden ausnahmslos von Oberärzten durchgeführt.) Wie schon erwähnt, ist Laurens Arzt der stellvertretende medizinische Direktor des Burn Centers und einer von drei fest angestellten Medizinern.

An den Stationsvisiten nimmt einer der drei Oberärzte, ein Assistent, ein Arzt im Praktikum, der Stationsarzt vom Dienst und heute (wie häufig) auch ein Medizinstudent teil. Der Stationsarzt vom Dienst trägt den Fall vor, über den dann ausgiebig diskutiert wird. Da diese Aufgabe von den Medizinern abwechselnd übernommen wird, ist dafür gesorgt, dass jeder Mediziner über jeden einzelnen Patienten genau informiert und in Entscheidungen über seine Behandlung eingebunden ist.

Lauren wollte einen Arzt sprechen, nachdem die Runde gerade beendet war. Ihrer Bitte folgte der Mediziner, der bei sehr vielen ihrer Operationen assistiert hatte. Ich hatte ihn noch nie in Laurens Zimmer erlebt, aber er strahlte große Ruhe und Liebenswürdigkeit aus. Er ließ sich von Lauren erklären, wo es sie schmerzte, und entfernte die Schiene von ihrem rechten Fuß, um den Druck zu beseitigen. Er überprüfte auch die Transplantate auf dem Spann und erläuterte mir, warum sie so gut heilten.

Er überprüfte ihren Puls, stellte fest, dass sie tatsächlich erhöhte Temperatur hatte, und wollte eine Blutprobe nehmen, um im Labor klären zu lassen, ob sie möglicherweise an einer Infektion leidet. Im Augenblick bekommt Lauren keinerlei Antibiotika.

Eine erhöhte Temperatur sei aber kein Grund zur Sorge, versicherte er Lauren. Sie habe bereits zuvor Fieber gehabt, sogar eine Lungenentzündung, aber bewiesen, wie erfolgreich sie so etwas überstehen könne. Im Fall einer Infektion würde sie eben wieder Antibiotika bekommen. Er entschloss sich dazu, die Dosis ihrer Antischmerzmittel leicht zu erhöhen.

Drei Formen von Entzündungen waren nicht auszuschließen: eine Haut-, eine Blut- oder eine Lungeninfektion. Seinen Worten zufolge sind großflächige Brandwunden ein geradezu idealer Nährboden für Bakterien. (Das wussten wir bereits, aber für Lauren war es neu.) Er schloss aber nicht aus, dass das Fieber auch nur eine Reaktion auf den Heilungsprozess sein könne. Und dann wies er noch einmal darauf hin, dass sie Infektionen bereits erfolgreich bewältigt hatte. Das war insofern wichtig, als es ihr die nötige Zuversicht gab, auch diese Phase problemlos überstehen zu können.

Dann gab es ein paar Komplikationen, als er die Blutprobe nicht einem bestehenden Infusionszugang, sondern einer anderen Stelle entnehmen wollte, um zu erkunden, ob die Infektion auch in einem anderen Körperbereich festzustellen war. Anderenfalls wäre ein Austausch des Infusionsschlauches der erste logische Schritt gewesen. Unglücklicherweise konnte er in ihrem rechten Arm keine günstige Vene finden, und als er vorschlug, es an einer anderen Stelle zu probieren, wehrte sich Lauren vehement mit dem Hinweis, die gescheiterten Versuche wären schmerzhaft genug gewesen. Nun soll die entnommene Blutprobe getestet und abgewartet werden, ob ihr Fieber anhält.

(In der Nacht fand sie ein paar Stunden Schlaf, und das Fieber ging zurück.)

Als Lauren nach dem Grund ihrer ängstlichen Beunruhigung fragte, erklärte er ihr, das sei eine Folge ihres Besuchs im Becken-Raum sowie ihres allgemeinen Zustands nach den lebensgefährlichen Verletzungen. Aber er besprach die Dosierung von Laurens Beruhigungsmittel mit ihrer Schwester.

Irgendwann während seiner Unterhaltung mit Lauren erwähnte er beiläufig, dass sein Vater schwere Brandverletzungen erlitten und überstanden hätte.

Dann betrat Laurens Arzt das Zimmer, und sie fragte ihn nach dem Ausgang ihrer Operation. Er zeigte sich ungemein erfreut, verwies auf die Erfolgsquote von 95 Prozent, erwähnte die Veränderung ihrer Beatmung und erläuterte in groben Zügen den weiteren Verlauf ihrer Therapie.

Anstatt in der nächsten Woche ihre linke Hand zu operieren, gelte das Hauptaugenmerk Laurens allgemeiner physischer Rehabilitation sowie dem Bemühen, sie endlich wieder »auf die Beine zu bringen«.

Im Moment leiden ihre Beine durch den Mangel an Bewegung erheblich. Sie muss endlich wieder laufen und benötigt eine extensive Bewegungstherapie, damit ihre Muskeln und Gelenke flexibler werden und sie sich in ihrer Haut buchstäblich wieder wohl fühlt. Eine Physiotherapeutin hat mir erzählt, dass Menschen mit transplantierter Haut beim Stehen und Laufen ganz neue, ungewohnte Empfindungen haben. Aber mit der Zeit und entsprechenden Übungen lässt sich das lindern.

Wenig später informierte mich Laurens Arzt ausführlicher über die weitere Behandlung. Ohne sich zeitlich genau festzulegen, sprach er davon, dass sie wahrscheinlich noch zwei bis drei Wochen auf der Intensivstation bleiben würde (das Verlassen der Intensivstation ist mit Sicherheit Anlass für eine größere Feier), um danach ein bis zwei Monate in einer Reha-Einrichtung zu verbringen. Genau genommen heißt das, dass sie vor März nicht nach Hause kommen wird.

Ich wollte wissen, ob Lauren zu Hause bestimmte Geräte und Hilfsmittel benötigen würde. (Ein befreundeter Arzt riet mir, derartige Fragen bei Chats im Internet in Erfahrung zu bringen.) Er empfahl mir, mit der Sozialarbeiterin des Burn Centers zu reden, die mich auch über Versicherungsansprüche, weitere Möglichkeiten finanzieller Unterstützung und infrage kommende Reha-Einrichtungen beraten könne. Im Rahmen ihrer Aufgaben nimmt die Sozialarbeiterin an den morgendlichen Besprechungen teil, bei denen der Zustand der einzelnen Patienten diskutiert wird. Aber der Arzt führte aus, normalerweise würden Patienten erst dann entlassen, wenn sie die normalen Anforderungen des Alltags bewältigen könnten. Seiner Einschätzung nach würde Lauren zu Hause keine besonderen Hilfsmittel benötigen.

Als Lauren kurz eingeschlafen war, betrat ein Mann mit schwarzem Käppchen und Lederjacke den Warteraum, setzte sich und begrüßte mich mit meinem Namen. Ich blickte auf und erkannte den Wertpapierhändler, der vor wenigen Wochen nach der Behandlung seiner Brandverletzungen – 34 Prozent seiner Körperoberfläche – entlassen worden war. Unter seiner Jacke trug er schwarze Druckärmel, die mit gummibeschichteten Bändern um seine Bizeps befestigt waren. Nur seine Fingerspitzen schauten heraus. Es sah aus, als trüge er irgendwelche neumodischen, coolen Handschuhe.

Als er entlassen wurde, hielt er im Burn Center eine Pressekonferenz ab. In allen Medien wurde über ihn berichtet, und er sagte, das habe ihm ungemein geholfen. Anstatt ihm auszuweichen, waren die Menschen auf ihn zugekommen, hatten ihn spontan umarmt und ihm alles Gute gewünscht. Jeder, den er auf der Straße traf, kannte ihn und sein Schicksal. Das würde sich mit Sicherheit bald ändern, meinte er, aber bei der Rückkehr in den Alltag sei es extrem hilfreich gewesen, nicht immer wieder alles erklären zu müssen.

Vor den Anschlägen sei er ziemlich eitel gewesen und habe großen Wert auf sein Äußeres gelegt. Jetzt sei ihm das absolut nicht mehr wichtig. Als er erzählte, er habe ähnliche Transplantate wie Lauren – mit »ausgewalztem« Gewebe – erhalten, fragte ich ihn, ob ich mir vielleicht seine Hände ansehen könne. Bereitwillig zeigte er mir seine Arme, wofür ich sehr dankbar war, denn ich hätte es nie gewagt, ihn darum zu bitten.

Er entfernte die Druckärmel und sagte, sein rechter Arm bereite ihm weniger Probleme als sein linker. Der linke Arm war kurz nach dem 11. September transplantiert worden, der rechte vor etwa einem Monat, wirkte aber fast normal. Man konnte von den Verpflanzungen kaum noch etwas erkennen, die Hautstruktur sah eben und gleichmäßig aus, die Narben machten einen sehr viel unauffälligeren Eindruck, als ich angenommen hatte.

Wir tauschten unsere E-Mail-Adressen aus, um in Kontakt zu bleiben, und ich ging zu Lauren. Dort sprach ich mit den Ärzten über das Ergebnis ihrer Operation und die weitere Therapie. Aber ihre Beschwerden mit der Beinschiene und die Blutentnahme strengten sie so an, dass sie wieder einschlief, und ich kehrte in das Wartezimmer zurück.

Ich halte mich häufig auch außerhalb der Besuchszeiten – 11 bis 20 Uhr – im Krankenhaus auf. An beiden Enden des Warteraums hängen Farbfernseher von der Decke, auf denen wir nach dem 11. September die Nachrichten verfolgen konnten. Doch bei der Fülle im Wartezimmer bekamen wir in jenen Tagen kaum etwas mit (aber immerhin konnte man sich anhand der Schlagzeilen am Rand des Bildschirms informieren). Oft blieben die Familien der Opfer bis elf Uhr abends im Burn Center.

In letzter Zeit verfolgte nur noch eine kleinere Schar Wartender, wie die Yankees buchstäblich durch die Playoffs stürmten und das siebte Spiel einer dramatischen Meisterschaft verloren.

Ich stelle fest, dass das Wartezimmer nach acht Uhr abends jetzt, da die Zahl der Angehörigen abgenommen hat, immer mehr ein Aufenthaltsraum für das Klinikpersonal wird. Gestern Abend verputzte hier ein Arzt ein Sandwich und eine Riesentüte Kartoffelchips. Dann sah er sich auf einem der Fernseher das Knicks-Spiel an. Ein anderer Mann kam herein und schaltete das andere TV-Gerät auf eine Eishockeybegegnung um. Ich saß zwischen beiden Wintersportübertragungen und schrieb eine E-Mail auf meinem BlackBerry.

Die Schwester kam, um mir zu sagen, dass Lauren erwacht war. Aber da sie ihre Wunden versorgen wollten, verabschiedete ich mich und wünschte ihr eine gute Nacht. »Machen Sie sich keine Sorgen, sie wird gut schlafen«, sagte die Schwester, und so war es. (Heute früh habe ich bei einem Anruf erfahren, dass alles in Ordnung ist.)

Ich sollte euch schnell noch von der Kramer-Episode erzählen. Unsere Nachbarin und Freundin – sie war es, die mit mir zu Costco fuhr, die mir Gesellschaft bei Baseballübertragungen leistet, uns im letzten Juli ihr Ferienhaus in Bridgehampton überlassen hat und an nahezu jedem Wochenende Gäste von uns in ihrem Apartment übernachten lässt – arbeitet von zu Hause aus. Ich habe für Notfälle einen Schlüssel zu ihrer Wohnung. Nach unserer Einkaufstour zu Costco sah ich mich gezwungen, ein paar Lebensmittel in ihrem Gefrierschrank zu parken (schon das hat Anklänge an Kramer, aber es wird noch schlimmer).

Gestern gegen Mittag klopfte ich an ihre Tür, weil ich etwas aus ihrem Gefrierschrank brauchte. Da die Tür nicht verriegelt war, schob ich sie auf, rief ihren Namen, hörte sie antworten, trat ein und sah ein paar Leute in feinstem

Businesstuch um ihren Couchtisch sitzen. Ich trug Jeans und T-Shirt.

Ich entschuldigte mich, nur schnell etwas holen zu wollen. Als ich in die Küche ging, hörte ich, wie sie zu ihren Gästen sagte: »Er ist mein Kramer.« Ich riss die Gefrierschranktür auf, schnappte mir, was ich holen wollte, und verließ das Apartment unter schallendem Gelächter.

Doch nun etwas Ernsthafteres. Inzwischen haben mich schon zwei Leute auf eine unglaubliche Fotomontage über den 11. September im Net hingewiesen. Wenn ihr euch einklickt – www.politicsandprotest.com. –, dann solltet ihr auf den Soundtrack nicht verzichten, denn er macht alles noch eindrucksvoller. (Es ist eine 7-MB-Datei. Das Downloaden verlangt ein wenig Geduld.)

Macht euch auf sehr emotionale Momente gefasst. Die Fotos sind sehr sorgfältig ausgewählt, und ihr habt bestimmt viele, wenn nicht sogar die meisten bereits gesehen. So wie die Musik ihren Reiz aus der Spannung zwischen den einzelnen Tönen bezieht, wie sich das Drama eines Films in Abfolge und Timing der Bilder begründet, besteht die Faszination dieser Montage in der Art und Weise, in der die Fotos erscheinen und mit Musik unterlegt sind (einer einzigen Melodie, aber brillant ausgewählt).

Ihr werdet die Gesichter der Menschen sehen, die in den entführten Maschinen gestorben sind. Besonders das eindringliche Lächeln eines von ihnen, eines Mannes mit Brille, der halb rechts auf dem Bildschirm auftaucht, ist erschütternd. Ihr werdet die unfassbare Zerstörung sehen und die immer wieder gestellte Frage hören: »*Warum?*«. Ihr werdet die Gesichter von fünf Männern sehen und nach den Worten »*Let's roll*« wissen, dass ihr die Helden an Bord der Maschine vor euch habt, die in Pennsylvania zerschellte.

Keine Ahnung, wie dieser Mann es gemacht hat, aber er scheint mit schlafwandlerischer Sicherheit die bewegendsten Bilder ausgewählt und zu einer perfekten Sequenz zusammengefügt zu haben. Seine handschriftliche Schlussbemerkung lässt keinen aus, der erwähnt werden sollte, und ist sehr ergreifend.

Die Treffsicherheit bei der Zusammenstellung und das Einfühlungsvermögen, die in der Montage zum Ausdruck kommen, sind erstaunlich. Ich habe dem Schöpfer der Fotomontage geschrieben und ihm gedankt. In seiner Antwort betonte er, er sei sich der Reaktion der Angehörigen von Opfern der Anschläge nicht recht sicher gewesen, und meine Zustimmung bedeute ihm eine Menge.

Wie sich herausstellte, war er der Freund eines meiner Kollegen, von dessen Tod ich erfuhr, als ich während des Trauergottesdienstes von Euro Brokers sein Foto entdeckte. »Er war ein toller Bursche«, sagte er über seinen Freund.

Genau wie der Schöpfer der Fotomontage. Wie so viele, die sich seit dem 11. September bemerkbar gemacht haben.

Herzlichst,
Greg & Lauren

Absender: Greg
Empfänger: alle
Datum: Freitag, 9. November, 01:23
Betreff: Lauren am 8. November

Heute hat Lauren längere Zeit im »Sessel« verbracht. Wie schon erwähnt, handelt es sich dabei um eine Liege mit verstellbarer Rückenlehne, die Lauren langsam wieder an eine sitzende Position gewöhnen soll.

Bei meiner Ankunft waren gerade Physiotherapeuten bei Lauren, um ihre Knöchelschienen zu erneuern. Dabei achteten sie besonders darauf, Druckschmerzen zu vermeiden, über die sie am Mittwochabend geklagt hatte.

Die Schienen bestehen aus formbarem weißem Kunststoff, der um Laurens Unterarm und Handgelenk oder ihre

Fußknöchel gelegt und in dieser Position gehalten wird, bis er hart geworden ist. Um schmerzhaften Druck zu vermeiden, werden die Schienen an empfindlichen Stellen mit Schaumstoff unterfüttert. Im Lauf des Tages werden die Schienen im Wechsel angelegt und mit Velcro-Gurten befestigt, manchmal auch mit Mullbinden.

Mit den Schienen sollen Laurens Extremitäten in einer funktionalen Stellung gehalten werden, damit es durch ihre mangelnde Bewegung nicht zu Verformungen kommt, die später nur schwer oder gar nicht zu beheben sind.

Die Prozedur kann sehr schmerzhaft sein, und immer wieder müssen kleine Pausen eingelegt werden. Lauren scheint unter ihren physischen Beschränkungen sehr zu leiden, aber schließlich weiß sie nicht, wie weit sie in den vergangenen acht Wochen bereits gekommen ist.

Als die Physiotherapeutin Lauren sagte, wie stolz ihre Fortschritte alle auf der Station machen, schüttelte sie abwehrend den Kopf. Sie meine es ernst, beharrte die Therapeutin. Deshalb würde sie auch so viel Zeit bei ihr verbringen. Sie könnten es gar nicht abwarten, in ihr Zimmer zurückzukommen, um sie erneut zu quälen.

Aber genau das ist, was Lauren aus dem Bett und wieder auf die Beine bringen wird.

Und sie gibt sich auch selbst große Mühe.

Immer wieder beklagte sie sich während der Behandlung, es sei ihr unerträglich heiß. Offenbar hatte sie Fieber, und eine Therapeutin fächelte ihr mit der Buchstabiertafel Luft zu. Ich nahm ihr die Tafel ab und fächelte eine gute Stunde weiter. Als ich ihr vorschlug, sie mit Weinbeeren zu füttern, konnte sie nicht einmal lächeln.

Als die Schienen angepasst waren, stellte sich ein anderes Problem: Während der Behandlung war Laurens Bett von einem neu eingelieferten Patienten »mit Beschlag belegt« worden. Da im Moment noch kein Ersatz aufgetrieben werden konnte, war sie auf den »Sessel« angewiesen.

Es war Lauren sehr unbequem, und sie wollte sich endlich wieder ausstrecken, aber dazu gab es keine Gelegenheit.

Zum ersten Mal regte sich in mir Empörung über das Krankenhaus. Man rollte zwei Betten heran, die aber unzumutbar waren (eins hatte eine aufgerissene Matratze, das andere klemmte in der niedrigsten Einstellung fest – 45 Zentimeter über Bodenhöhe). Je mehr Laurens Beschwerden zunahmen, desto wütender wurde ich, aber dann stieß ich auf eine für die Zimmerausstattung zuständige Mitarbeiterin, die sich immer wieder bei mir nach Tyler erkundigte, seit sie einmal kurz nach dem 11. September gehört hatte, wie ich Lauren von ihm erzählte.

Obwohl angeblich seit einer Stunde nach einem Bett gefahndet wurde, hatte sie davon nicht die geringste Ahnung, wollte sich aber darum kümmern. Ich fragte sie, ob eine Beschwerde an höherer Stelle die Dinge vielleicht ein wenig beschleunigen könnte, aber sie meinte, das sei nicht nötig. Und innerhalb von zehn Minuten hatte Lauren ein Bett.

Heute erhielt Lauren zwei Geschenke von völlig fremden Menschen: einen wunderschönen Quilt von elf- bis zwölfjährigen Cross-Country-Läufern an einer Middle School in Ohio und ein signiertes Football-Jersey. Das kam vom Mäzen eines NFL-Teams, der den Zeitungsartikel über Lauren gelesen und beschlossen hatte, ihr das Jersey »eines anderen Manning« zu schicken, »der auch nichts Schöneres kennt als einen Sieg«.

Beide Geschenke freuten Lauren sehr, aber dann fragte sie sofort: Was für ein Zeitungsartikel?

Also erzählte ich ihr, dass die *New York Times* über sie berichtet hatte: auf der ersten Seite und mit einem Foto von uns beiden. Ihr kamen die Tränen, und ich wollte wissen, ob ihr die Veröffentlichung unangenehm sei. Aber sie schüttelte den Kopf. Es schien sie sogar zu freuen, dass jemand ihr Schicksal zur Kenntnis genommen hatte.

Dann erzählte ich ihr, wie es dazu gekommen war. Anfangs war zwar über ihren Zustand berichtet worden, aber ohne die Erwähnung ihres Namens, ihrer Persönlichkeit. Und so war sie in den ersten Publikationen nicht mehr als eine statistische Zahl, anonym.

»Du hast Unglaubliches erlitten und das geradezu heldenhaft überstanden, Lauren, und ich dachte, das sollte die Welt erfahren.« Ich sagte ihr, wie sehr ich sie bewunderte und dass ihre Entscheidung für das Leben das Tapferste war, was ich je gehört hatte. Ich erklärte, dass ich das alles für die Zukunft bewahren wollte, weil auch Tyler erfahren sollte, wie stark seine Mutter war. Wieder versicherte ich ihr, dass Menschen überall auf der Welt (mit Ausnahme von Afrika?) in Kirchen und Synagogen für sie beteten. Ich berichtete ihr auch von der Frau, die in einer Reihe von Kirchen auf Nantucket für Lauren beten ließ und mir nach jedem Gottesdienst eine Schilderung der Zeremonie schickte.

Ich erzählte ihr, welche ihrer Freunde und Bekannten für den Zeitungsbericht interviewt worden waren, und wiederholte den Wunsch, mit dem man mich zitiert hatte: dass ich mir nichts sehnlicher wünschte als ihre Gesundheit und ihr Glück. Aber ich sei überzeugt, dass sie wieder glücklich würde, denn sie hatte es verdient.

Ich sah, wie sie wieder melancholisch wurde, aber sie erklärte, es sei gut, dass der Artikel erschienen sei. Sie bedeutete unzähligen Menschen sehr viel, versicherte ich ihr, doch das sei keine Last, denn sie würden ihr beistehen, sie unterstützen, und sie müsse wissen, wie sehr sie geschätzt und geliebt wird.

Sie hätte ihren Platz in der Geschichte gefunden, erklärte ich.

Es war wundervoll, ihr mitteilen zu können, was ich für sie empfand, und dass sie auch verstehen konnte, was ich sagte.

Am Donnerstagabend wartete Tyler auf mich, daher verließ ich das Krankenhaus ein wenig früher und fuhr nach Hause zu unserem Sohn. Doch kaum hatte ich mich auf dem Fußboden niedergelassen, um mit ihm zu spielen, machte er sehr deutlich, dass er anderes vorhatte. Er stand auf und lief zu seiner Karre. Ich öffnete die Tür, und er marschierte entschlossen über den endlos langen Flur.

Erst vor zwei Tagen hatten wir ihm beigebracht, wie das

Gefährt zu steuern war, und schon achtundvierzig Stunden später handhabte er es wie ein Profi. Wenn er einmal nach links oder rechts abdriftete, kehrte er behände wieder »in die Spur zurück« und jauchzte dabei.

Auch Tylers Mutter muss wieder laufen lernen. Aber anfangs ohne zu lachen. Sie wird sich ungemein konzentrieren und sich bemühen, das Gleichgewicht zu wahren. Aber wenn sie erst einmal ihren Rhythmus gefunden hat, wird auch sie lächeln.

Herzlichst,
Greg & Lauren

Absender: Greg
Empfänger: alle
Datum: Sonnabend, 10. November 2001, 01:38
Betreff: Lauren am 9. November

Es ist eine Zeit der winzigen Schritte. Es mag den Anschein haben, als wäre das Vorankommen kaum messbar, aber insgesamt sind Laurens Erfolge in den letzten beiden Monaten wirklich bemerkenswert.

Noch immer befindet sie sich im Anfangsstadium einer langwierigen Rehabilitation, aber ihre Entschlossenheit und ihre Willenskraft sind unübersehbar. Sie hebt koordiniert die Arme, streckt sie aus und führt die Hände zusammen, schiebt die Ellbogen nach hinten, um die Schultern zu straffen, und senkt die Arme wieder.

Von den Physiotherapeuten weiß sie, dass eine übertriebene Mimik gut für die Elastizität der Haut ist und auffällige Narbenbildung einschränkt. Heute zwinkerte sie mir zu, und ich fragte mich nach dem Grund, aber dann zwinkerte sie mit dem anderen Auge, blies die Wangen auf, ließ die Luft wieder entweichen und verzog intensiv die Mundwinkel.

Sie bewegt auch immer wieder vorsichtig die Beine.

Auf ihre begrenzte Weise trainiert sie ihre Muskeln, um ihre Gesundung zu fördern.

Aber den Höhepunkt des Tages habe ich verpasst. Lauren wurde auf ihrem Bett in eine sitzende Position gehievt, und dann ließ sie ihre Beine über den Bettrand baumeln. Nachdem sie das zur allgemeinen Zufriedenheit bewältigt hat, kommt demnächst der nächste – buchstäblich erste – Schritt, wenn sie nach neun Wochen erstmals wieder auf ihren eigenen Beinen steht.

Auch ihre Arm- und Handbewegungen sind präziser geworden. Noch vor wenigen Tagen schien sie unfähig, Buchstaben auf der Alphabettafel zu sinnvollen Wörtern zusammenzustellen.

Heute wurde mir ein möglicher Grund dafür klar. Sie versuchte bisher immer, mit der Spitze ihres Zeigefingers, die sich etwa fünf Zentimeter neben dem Ende der Schiene befindet, auf die Buchstaben zu deuten. Sobald ich ihr empfahl, zum Zeigen einfach das Ende der Schiene zu nutzen, konnte sie die Buchstaben problemloser zusammenfügen. Und plötzlich war es leichter, nach wenigen Buchstaben ein Wort zu ergänzen und zu verstehen, was Lauren sagen wollte.

Das alles ist sehr erfreulich. Wir hoffen, dass sich damit ein Ende von Laurens Intensivbehandlung andeutet.

Sie ist noch nicht über den Berg. Sie ist zwar stabil, aber weiter in einem kritischen Zustand, ihre Wunden sind noch nicht vollständig geschlossen, und die offenen Stellen bleiben anfällig für Infektionen. Ein Mundschutz ist in ihrer Nähe nicht mehr vonnöten, wohl aber ein steriler Kittel, Handschuhe und Haube. Sie braucht noch immer die Hilfe eines Beatmungsgeräts, um nachts ruhig schlafen zu können. Dennoch neigt sich die Phase auf der Intensivstation dem Ende zu, und das im Zeitrahmen der neunzig Tage, die nach ihrer Einlieferung prognostiziert wurden.

Um ermessen zu können, welch ein Triumph das für Lauren ist, muss man sich vor Augen halten, dass sie eine von nur zwei Patienten mit Hautverbrennungen von mehr als fünfzig Prozent ist, die sich noch im Burn Center befinden. Die anderen haben es nicht geschafft.

Heute sprach ich kurz mit dem stellvertretenden ärztlichen Direktor der Klinik und fragte ihn nach Laurens Langzeit-Prognosen. Beispielsweise wollte ich wissen, ob sie wieder joggen könne. Er erläuterte mir, dass das Problem beim Joggen weniger die mangelnde Beweglichkeit sei als vielmehr Beschränkungen im Wärmeaustausch. Den transplantierten Bereichen ihres Körpers fehlen die Schweißdrüsen, und daher kann sie Hitze höchstwahrscheinlich nicht so effizient bewältigen wie zuvor. Aus diesem Grund werde sie vielleicht lieber schwimmen als joggen, erläuterte der Arzt.

Auch einige Straßen weiter stand heute Vormittag ein Arztgespräch auf dem Programm: Tylers obligatorischer Einjährigen-Checkup. Ihr werdet mit Freude vernehmen, dass er bei einer Größe von 74,4 Zentimetern 8,67 Kilo wiegt. Wieder war er absolut entspannt, als der Kinderarzt ihn untersuchte und ihm das Stethoskop auf die Brust drückte. Unverwandt lächelnd spielte Tyler mit den Kabeln der Instrumente. Derart ruhig und gelassen sind nur zwei bis drei Prozent der Kinder, sagte der Arzt; die meisten weinen während der gesamten Untersuchung hysterisch.

Nach seiner Spritze tat Tyler das auch. Plötzlich fiel er in ein typisches Babyverhalten zurück, und Tränen strömten ihm über das Gesicht. Aber ich konnte ihn beruhigen, indem ich ihn bei der Hand nahm und mit ihm vom Untersuchungsraum ins Sprechzimmer zurücklief. Sobald er sich auf seine Füße konzentrierte, verlor er die Lust am Weinen.

Zu Beginn der Untersuchung erklärte ich dem Arzt, warum ich diesmal Tyler begleitete und nicht Lauren. Ihr Schicksal erschütterte ihn tief. Er erinnerte sich lebhaft an sie und hatte das Gefühl, dass sie auf derselben Wellenlänge funkten. Er erzählte mir, dass ein Patient von ihm, ein junger Mann in den Zwanzigern, bei den Anschlägen auf das WTC gestorben sei. Auch das mit Anthrax infizierte Baby sei in seiner Behandlung gewesen, und bei der ersten Diagnose habe man einen Spinnenbiss vermutet.

Die Erwähnung von Anthrax erinnerte mich erneut daran, dass Lauren, Tyler, ich und alle New Yorker unser Leben inmitten von Schlagzeilen leben. Wir kennen unendlich viele Menschen, die in Nachrichtensendungen oder Talkshows waren, und unsere eigene Geschichte erschien in der *Times*. Wir erfreuen uns einer ziemlich traurigen Berühmtheit.

Wir alle kennen »historische« Titelseiten. Ich besitze die Ausgabe der *New York Times* vom Tag meiner Geburt. Wenn ich gerahmte Titelseiten aus der Zeit des Zweiten Weltkrieges sehe, denke ich daran, dass meine Mutter den Holocaust überlebt hat, mein Vater bei der Landung der Alliierten in der Normandie dabei war. Inzwischen wissen wir, wie der Krieg ausgegangen ist, daher sehen wir heute eher die Zeichen der Hoffnung in den Berichten jener Zeit als die damals sehr reale Bedrohung einer globalen Tyrannei und den Völkermord.

Irgendwann wird Tyler andere Titelseiten betrachten und ähnliche Erfahrungen machen. Er wird wissen, wie der Krieg ausgegangen ist. Er braucht keine Phantasie für die Vorstellung, wie seine Eltern diese Zeit überstanden haben. Er hat eine Titelseite, die ihm beweist, wie es war.

Je mehr Zeit verstreicht, desto klarer wird mir bewusst, dass wir von den Veränderungen nach dem 11. September nie ganz frei sein werden. Und so hoffe ich, dass auch wir eines Tages dazu fähig sind, nicht nur die Unsicherheiten und Gefahren dieser Ära zu sehen, sondern auch die Hoffnungen und ihre Erfüllung.

Herzlichst,
Greg & Lauren

Absender: Greg
Empfänger: alle
Datum: Sonntag, 11. November 2001, 00:59
Betreff: Lauren am 10. November

Heute leistete ich Lauren bei ihrer Physiotherapie Gesellschaft. Sie saß im »Sessel« und machte eine Übung, die verhindern soll, dass sie nach neun Wochen des Liegens »über den großen Onkel geht«. Sie hielt die Fersen ganz ruhig und ließ die Füße rotieren. Das ist etwas, was ihr und ich mit links fertig bringen, was auch Lauren am 10. September problemlos schaffte, aber am 10. November bereitete es Lauren große Mühe, der sie sich entschlossen unterzog. Darüber hinaus krümmte und streckte sie ihre Zehen.

Es ist verblüffend, wie viel Beweglichkeit in nur zwei Monaten absoluter Bewegungslosigkeit verloren geht. Wir machen uns nur selten bewusst, dass unsere physische Agilität von unseren täglichen Aktivitäten abhängt.

Die Gesunden unter uns betrachten das eher als ein Problem auf lange Sicht. Wir kennen die Vorteile von sportlicher Betätigung sowie von vernünftiger Ernährung und betrachten jede gesundheitliche Verschlechterung als eine Sache des Alters, die sich in Herzbeschwerden oder anderen chronischen Leiden äußern wird. Aber sie ist ein tägliches Risiko. Selbst jene von uns, die ein ruhiges Leben führen, wehren diese Gefahr in gewissem Maß ab, indem wir das Bett verlassen und uns von einem Ort zum anderen bewegen, uns gesund ernähren und ausreichend sportlich betätigen, um uns fit zu halten. Als Angehöriger eines brandverletzten Patienten bekommt man aus erster Hand mit, wie schnell der Körper ohne tägliche Aktivität verfällt – eine Tatsache, die durch die Verletzungen nur noch verstärkt wird. Die schwerste Aufgabe der Gesundung besteht darin, etwas zurückzugewinnen, was für selbstverständlich gehalten wurde: die simpelsten Körperfunktionen.

Lauren widmet sich ihren Übungen mit großer Entschlossenheit, auch wenn es ihre Geduld sichtlich strapaziert. Die Schritte, zu denen sie fähig ist, scheinen beklagenswert winzig. Aber sie sind messbar und werden sie bald wirklich voranbringen. Ein anderer kritischer Patient im Burn Center konnte mit einer Gehhilfe bereits zwanzig Meter laufen und hat damit allgemeine Überraschung ausgelöst. Lauren fragt, wann sie wieder laufen kann. Aber im Grunde will sie wissen *ob*.

Die Physiotherapeutin erklärte ihr, dass der andere Patient keine so ernsten Beinverletzungen hatte wie sie. Also dürfe sie sich nicht mit ihm vergleichen. Sie habe großartige Erfolge erzielt und nötige ihr damit Bewunderung ab. Aber wie schon zuvor schüttelte Lauren den Kopf, doch die Therapeutin beharrte darauf, dass sie es ernst meinte.

Wir müssen Lauren begreiflich machen, welche enormen Leistungen sie bereits vollbracht hat, dass die Strecke, die vor ihr liegt, kürzer ist als die, die sie bereits hinter sich hat – und auch leichter.

Um zu verstehen, warum das so ist, brauchen wir nur an die Patientin zu denken, die ebenfalls seit dem 11. September im Burn Center liegt. Sie hat mit schweren Infektionen zu kämpfen, weil sie offenbar über weniger Widerstandskraft verfügt als Lauren. Die Familie der Patientin musste erfahren, dass ihr Zustand infolge einer Infektion bedenklicher ist als vor sechs Wochen. (Lauren erlebte vor kurzem eine ähnliche Krise.) Und dabei hatte die Familie, wie ein Angehöriger betonte, vor sechs Wochen nicht gerade einen Grund zum Jubilieren.

Wir alle haben Schocks zu überstehen. Aber der Unterschied für die Familien von Brandverletzten besteht darin, dass sie so überraschend kommen. Man kann sie nicht vorhersehen, man kann nur versuchen, sich gegen sie zu wappnen. Dennoch verschlagen sie uns unweigerlich den Atem.

Nicht anders als die nachhaltigen Schocks des 11. September. Gestern Abend besuchte ich eine Geburtstagsparty in einer Kunstgalerie in SoHo, deren Wände vom Boden bis zur Decke mit Arbeiten von Peter Beard behängt waren.

Da ich gestern Abend vergessen habe, mich bei den Kennern nach dem Stil zu erkundigen, spreche ich zum besseren Verständnis von afrikanischer, naturalistischer Actionmalerei. Es waren Einzel- oder Gruppen-Fotografien von afrikanischen Menschen oder Tieren, darunter Giraffen, Löwen, Geparden, Elefanten und Nashörner, angereichert mit kleineren Zeichnungen und Zitaten (darunter viele von Karen Blixen alias Isak Dinesen, die auf vielen der Arbeiten persönlich zu sehen ist) und gerahmt oder betont mit kühnen, farblichen Pinselstrichen oder Blut.

Manche der Werke sind drei Meter hoch und zweieinhalb breit. Am Ende der Galerie gibt es das lebensgroße Foto eines Rhinozeros. Eine andere Arbeit zeigt eine Serie von acht Fotos eines angreifenden Löwen. Und natürlich sind wunderschöne Frauen zu sehen, entweder als Bestandteile der ursprünglichen Fotos (Auf einer Nachtaufnahme hält eine nackte Frau mit der Pose und Grazie einer Tänzerin einer Giraffe eine Kalebasse hin. Das Tier hält den Kopf gesenkt, um daraus zu trinken.) oder als Bereicherung oder Kontrast zum Bildsujet. Es gibt Fotos von Jägern mit ihrer Beute, darunter ein zweieinhalb Meter langes Krokodil, das von einem Dutzend Stammesangehörigen gehäutet wird, und ein Elefantenbulle mit von sich gestreckten Beinen. Trophäenjäger klettern auf dem Tier herum, um die Stoßzähne abzutrennen, und wirken im Vergleich zu dem mächtigen Kopf geradezu zwergenhaft.

Inmitten dieser verblüffend urtümlichen Werke von Blut und Tod kam eine große Schar junger Leute zusammen, um Champagner zu trinken und unseren Gastgeber hochleben zu lassen. Nicht ausschließlich eine Wall-Street-Klientel, doch viele Makler und Börsianer, darunter auch einige, die ich von Euro Brokers her kannte (allerdings niemand, der am 11. September noch dort arbeitete). Als ich Freunden der Gastgeberin vorgestellt wurde, erfuhr ich, dass viele der Gäste wissen wollten, wie es Lauren ging. Eine Frau, die mir bislang fremd war, kam auf mich zu und erklärte, sie würde für Lauren beten. Das betonten auch andere, die ich seit etlichen Jahren kannte. Ich erzählte ihnen von Laurens Kampf, was sie bereits erreicht hatte und wie schwer der Weg noch war, der vor ihr lag.

Ich erfuhr weitere Einzelheiten über das Schicksal von Mitarbeitern von Euro Brokers, die sich am 11. September im 84. Stockwerk befunden hatten. Zwei von ihnen wollten flüchten, aber der Weg über die Treppe war versperrt. Entmutigt und verzweifelt kehrten sie an ihre Schreibtische zurück. Um 9.54 Uhr führte einer noch ein Telefongespräch. Er wusste, was ihm bevorstand, und schluchzte, er wolle nicht sterben.

Es waren Kollegen, die ich sehr schätzte und im Lauf von vier Jahren wahrscheinlich hundertmal an ihren Schreibtischen gesehen hatte. Noch immer glaube ich manchmal, im Büro zu sein und durch die Fenster nach Norden auf das Empire State Building zu blicken sowie auf 1 World Trade Center links davor. Gegen Mittag spiegelte sich die Sonne in den Fenstern der Wolkenkratzer von Midtown Manhattan wider, und die Scheiben des Empire State funkelten wie tausend Diamanten. Aber das gibt es jetzt alles nur noch in meiner Vorstellung.

Der 11. September war ein besonders klarer und schöner Tag, und die Diamanten hatten vermutlich gerade zu glitzern begonnen, als Feuer und Rauch sie verdunkelten und nur vier Minuten später, um 9.58 Uhr, die Decke des Stockwerks einstürzte.

Die Gäste erzählten mir von der bewegenden Trauerfeier für einen der beiden und von seinem Vater, der nur vier Worte über die Lippen brachte: »Ich habe alles verloren.«

Als ich das hörte, musste ich mich setzen, und ich erinnerte mich daran, wie ich ein paar Tage nach dem 11. September in der Eingangshalle des Krankenhauses stehen geblieben war, um mit den Fingerspitzen die Fotos dieser beiden lächelnden Männer zu berühren und lautlos zu flüstern: Es tut mir unendlich Leid.

Einer der Männer hatte ein noch nicht einmal einjähriges Kind, die Frauen von zwei weiteren Opfern waren schwanger, und der Sohn eines anderen, von mir sehr geschätzten Kollegen kam am 2. Oktober zur Welt.

Viele der Toten gehörten dem Kreis an, der sich nun zu der Party eingefunden hatte. Junge, hart arbeitende, strebsame Menschen, denen ihre Familie und ihr Job am Herzen lag und die nicht die geringste Ahnung von einer bevorstehenden Tragödie hatten. Etliche von ihnen hatten den Abend des 10. September vermutlich bei Freunden oder sonstwo verbracht, sich amüsiert und fest geglaubt, es würde immer so weitergehen.

Die Gnade des schweren Wegs, der Lauren und mir beschieden ist, liegt darin, dass er trotz aller Hürden und Schwierigkeiten in die Zukunft weist.

Am Sonnabend konnten Lauren und ich uns geradezu blendend verständigen. Ich bemerkte mehr Zufriedenheit, weniger Ungehaltenheit. Sie buchstabierte erstaunlich geschickt mit der Alphabettafel und teilte mir mit, wie sehr es sie freue, dass ich bei ihr war. Und ich versicherte ihr, es gäbe keinen Ort auf der Welt, an dem ich lieber wäre.

Es gab mir große Befriedigung, dass sie meine Anwesenheit als positiv empfand. Offen gestanden lässt meine Energie mittlerweile zu wünschen übrig. Auch wenn ich die Gründe dafür absolut verstehe, kann ihre Ungeduld, ihre Frustration aufreibend sein. Es ist schwer für sie, komplexere Sachverhalte und Meinungen durch Lippenbewegungen oder Buchstabieren zu äußern. Ihren Pflegern, Therapeuten und Ärzten kann sie problemlos danken, aber der Ausdruck ihrer Gefühle mir gegenüber ist vermutlich umständlicher. Daher war es für uns wichtig, endlich zu einem gemeinsamen Rhythmus zu kommen.

Und genau das haben wir gestern gefunden: die ersten Anfänge eines Rhythmus, auf den wir uns einigen und den ich als Bassist verstehen kann. (Der Bassspieler legt das musikalische Fundament, auf dem der Solist aufbauen kann, und der Rhythmus, den Lauren und ich brauchen, unterscheidet sich kaum davon.) Eine Weile tanzten wir sogar zu dem alten Parliament-Song »Flashlight« auf FM 105 miteinander. Die Therapeuten haben Lauren empfohlen, mit ihrem Gesicht und Kopf zu »tanzen«, ihre Gesichtsmuskeln im Einklang mit der Musik zu bewegen. Ich stand neben ihrem Bett und tanzte mit dem Gesicht, aber auch mit dem Körper, als sie Kopf und Hals im Takt der Musik bewegte. Und sie lächelte.

Und irgendwie spornte mich das an, auch sonst aktiver zu werden. Ich schüttelte Laurens Kissen auf und rieb behutsam Feuchtigkeitscreme auf die frisch transplantierte Haut. Ohne hinzuschauen konnte ich das Narbengewebe spüren. Obwohl die »neue« Haut rosig und gesund aussieht, fühlt sie sich härter an.

Unser Tag blieb so gut, wie er begonnen hatte. Es war ihr ein bisschen unbehaglich, aber sie musste noch rund zwei Stunden im »Sessel« bleiben, und so legten wir ein Video auf, um sie abzulenken. Wir sahen uns *Liar, Liar* an, einen mäßig spaßigen Film, in dem Jim Carrey chargenhaft überzieht.

Danach war *Is' was, Sheriff?* an der Reihe, den Lauren erstaunlicherweise noch nie gesehen hatte. Aber das war gar nicht so schlecht – ganz im Gegenteil. Einige der schlimmen Jungs sahen aus, als könnten sie zu Al-Qaida gehören. Es war eine große Freude, das Lachen in ihren Augen über den echt komischen Streifen zu sehen. Bevor ich zu der Geburtstagsparty aufbrach, schob ich schnell noch *Ein seltsames Paar* ein, den Film mit Walter Matthau und Jack Lemmon aus dem Jahre 1968.

Herzlichst,
Greg & Lauren

PS. Unser Hund Caleigh kehrte für vierundzwanzig Stunden in die Perry Street zurück, bevor er nach Sands Point mitgenommen wurde, um dort den nächsten Monat zu verbringen. Wie mir erzählt wurde, spielte er schon beim Betreten des Hauses verrückt und rannte dann den Flur entlang bis zu unserer Tür. Als ich öffnete, sprang er kläffend an mir hoch und drehte sich begeistert um sich selbst. Danach hielt Caleigh winselnd nach Lauren Ausschau und gab keine Ruhe, bis wir ihn das ganze Apartment durchsuchen ließen. Er schien überglücklich, wieder zu Hause zu sein. Ich hatte mir Sorgen über die Fortdauer seines Waffenstillstandes mit den Katzen gemacht, aber er übersah sie hochmütig und rollte sich auf dem Boden zusammen. Tyler kam angekrabbelt, tätschelte den Hund, entfernte sich dann einen Meter, kam lachend wieder und streichelte ihn. Seelenruhig ließ Caleigh sich alles gefallen. Die Homepage eines Züchters im Internet bezeichnet Wheatens (oder Softcoated Wheaten Terrier) als gute Babysitter. Caleigh ist es mit Sicherheit.

Einen Tag lang wich Caleigh mir nicht von der Seite oder rollte sich untypisch brav zu meinen Füßen zusammen. Er wird eine große Freude für Lauren sein, wenn sie nach Hause kommt. Mit der neuen Gelassenheit brauchen wir ihn wahrscheinlich nicht so lange in Pflege zu geben, wie ich dachte. Nachdem ich ihn so gelobt hatte, hetzte er wie verrückt zwei Welpen über ein umzäuntes Gelände, also fehlte es ihm nicht an Bewegung.

Absender: Greg
Empfänger: alle
Datum: Montag, 12. November 2001, 00:02
Betreff: Lauren am 11. November

»Hi, Greg«, sagte Lauren, als ich zu ihr ins Zimmer kam.

Es war nicht mehr als ein Flüstern, und ich war nicht einmal sicher, ob ich richtig gehört hatte. Erst zwei Sekunden später begriff ich, dass die leise Bewegung in der Luft wirklich mein Name gewesen war.

»Du sprichst?« fragte ich, und sie erwiderte lächelnd: »Ja.«

»Großer Gott, ist das wundervoll. Ich bin ja so …« Meine Stimme versagte, mir kamen die Tränen. Ich nahm die Brille ab, fuhr mir über die Augen und konnte den Satz endlich beenden: » … glücklich.«

Lauren konnte sprechen, weil ihr eine kleinere Trachealkanüle mit einem Schließplättchen eingesetzt worden war. Das hat einen Durchmesser von gut einem Zentimeter und ist in vier gleiche Quadranten unterteilt. Die Quadranten verfügen über Flansche, die das Inhalieren ermöglichen, sich beim Exhalieren aber schließen. Dadurch entsteht eine Luftströmung, die für die Stimmbildung notwendig ist.

Wenn ich mich über sie beugte, konnte ich sie hervorragend verstehen. Obwohl sie nur flüstert, ist das doch schon ein großer Fortschritt auf dem Weg zur Normalität. Während ihres Schlafkomas lag sie reglos mit geschlossenen Lidern auf dem Bett und bekam von ihrer Umgebung nichts mit. Und als sie dann wieder anfing die Augen zu öffnen, war sie lediglich zu kaum wahrnehmbaren Gesichtsregungen fähig und konnte nicht mehr als leicht nicken. Sie erwachte überraschend schnell zu vollem Bewusstsein und war ansprechbar, konnte sich aber nur mit Lippenbewegungen oder der Buchstabiertafel verständlich machen. Innerhalb weniger Tage wurde ihr Gesichtsausdruck lebhafter, und sie bewegte den Kopf im Rhythmus der Musik. Und gestern hat sie zum ersten Mal flüsternd gesprochen. Ich kann euch gar nicht sagen, wie wunderbar das war.

So wundervoll, dass ich von ihrer Stimme gar nicht genug bekommen konnte. Auf dem Nachhauseweg von der Party in SoHo wählte ich an die zehn Mal die Nummer ihres Mobiltelefons, nur um ihre Ansage für die Mailbox zu hören. In den letzten Wochen hatte sich unsere Kommunikation auf Gesten, Krankenhausprobleme und das mühselige Dechiffrieren ihrer Fragen nach Verwandten und Freunden beschränkt. Plötzlich, von einem Augenblick zum anderen, stand uns wieder die ganze Bandbreite der englischen Sprache zur Verfügung.

Wieder sagte ich ihr, wie viele Menschen sich um sie sorgten und sie liebten.

Wir sprachen über Tyler, und sie betonte, wie sehr ihr das Video gefiel, das ich an seinem Geburtstag aufgenommen hatte. Wir redeten über vieles, hauptsächlich jedoch über die Freude, uns wieder normal miteinander verständigen zu können.

Natürlich waren die Klagen über ihren Zustand und das Krankenhaus damit nicht zu Ende. Im Gegenteil. Da sie sich nun besser ausdrücken und jede Beschwerde deutlich benennen konnte, erreichten sie einen Höhepunkt. Sie äußerte Angst vor möglichen Infektionen und empfand ein beklemmendes Gefühl von Isolation, wenn kein Pfleger im Zimmer war. Wegen der Schienen an ihrem Unterarm und ihrer Hand kann sie den Rufschalter neben ihrem Bett nicht erreichen, ähnliche Probleme hat sie mit den Tasten der TV-Fernbedienung. Und so ist sie – allein im Raum – irgendwie von der Außenwelt abgeschnitten.

Wir bemühten uns um eine Art Nachtwache, damit immer jemand bei ihr ist. Doch das Krankenhaus konnte uns niemanden nennen. Dann wollte ich die Nacht bei Lauren verbringen, aber man erklärte mir, das sei nach den Bestimmungen des Krankenhauses nicht gestattet. Daher bestand unser Kompromiss darin, dass ich allabendlich bis zum Schichtwechsel bei Lauren blieb und die Nachtschwester dann bat, häufig nach ihr zu sehen.

Ich plauderte mit Lauren und versuchte sie zu beruhigen, und sobald eine Pflegerin zur Nachtschicht erschien, zu der sie Vertrauen hatte, sagte mir Lauren, ich könne ruhig gehen.

Dann sahen wir uns den Film *Overboard – Ein Goldfisch fällt ins Wasser* mit Goldie Hawn und Kurt Russell an. Nach dem höchst amüsanten Streifen mit seinem befriedigenden Happyend war der Abend so weit fortgeschritten, dass die Nachtschwester das Zimmer betrat. Lauren bekam ihre Medikamente und sollte sich entspannen. Als ich ging, hatte ich den Eindruck, sie würde die Nacht gut schlafen können.

Nachts wird sie noch an den Ventilator angeschlossen,

damit sie Ruhe findet und ihre Atmung überwacht werden kann. Übrigens auch tagsüber, wenn sie allein in ihrem Zimmer ein wenig schläft. Einmal traf ich sie so an, als ich zu Besuch kam. Nach ihrem Erwachen waren wir wieder auf das Lippenlesen angewiesen, und unsere Frustration lässt sich kaum schildern.

Dennoch lässt sich nichts mit meinem Glück vergleichen, als sie zum ersten Mal meinen Namen flüsterte.

Herzlichst,
Greg & Lauren

Absender: Greg
Empfänger: alle
Datum: Dienstag, 13. November 2001, 03:07
Betreff: Lauren am 12. November

Offenbar wird es für mich zur Regel, neuerdings jeden größeren Fortschritt schlicht zu verpassen. Als ich kurz nach zwei im Burn Center ankam, hörte ich beispielsweise, dass Lauren vor zwanzig Minuten zum ersten Mal gelaufen ist.

Eigentlich war es mehr ein Schlurfen als ein Laufen. Die Pfleger halfen ihr in eine sitzende Position, sie stellte die Füße auf den Boden, stand mit Unterstützung auf und schlurfte tatsächlich zu einem Stuhl in der Ecke ihres Zimmers.

Das war nicht der Reha-»Sessel« mit der pinkfarbenen Matte und den Haltegurten, sondern ein ganz normaler, vierbeiniger Krankenhausstuhl mit schiefergrauem Vinylpolster und schwarzen Armlehnen.

Als ich ins Zimmer kam, saß Lauren umgeben von ihrem Hofstaat aus Physiotherapeuten und Familienmitgliedern auf dem Stuhl. Die Vorhänge waren zurückgezogen, und ein weiterer, unglaublich klarer Herbstnachmittag strahlte mit den im Raum Anwesenden um die Wette.

Laurens Leistung wurde mir in allen Details geschildert. Die Therapeuten in ihren gelben Kitteln und blauen Schutzhauben wirkten wie Hofdamen, als sie neben Lauren knieten, ihre Beinschienen überprüften und darüber berieten, mit welcher Art von Bandage ihr Arm am besten geschützt wäre.

Im Mittelpunkt der allgemeinen Aufregung saß Lauren in ihrem blauen Klinikhemd. Man hatte sie in weiße Decken gehüllt, in denen sie fast aussah wie die Prinzessin der Perry Street. Als sie mich sah, schenkte sie mir ihr huldvollstes Lächeln.

Wie aufs Stichwort kam eine weitere Physiotherapeutin ins Zimmer gestürzt und verkündete strahlend, dass sie tatsächlich die Ziellinie des New York City Marathon überquert hatte. Und das mit einem Transparent auf dem Rücken, das die Aufschrift »In Honor of Lauren Manning, WTC Survivor« trug. Sie hätte gespürt, dass Lauren hinter ihr lief und ihr Flügel verlieh, erklärte sie. Und ich fragte, ob sie mich allen Ernstes vor meiner Frau – äh, der Prinzessin – zum Weinen bringen wolle.

Wenig später kam ich am Empfang vorbei, und mir fielen zwei an Lauren adressierte Briefe ins Auge. Der erste stammte von einer Frau in Virginia. »Ich bewundere die Stärke und den Mut, die Sie im schweren Kampf um Ihr Leben bewiesen haben«, schrieb sie. »Möge Gott Ihnen gnädig sein und Sie in Seinen Armen zur endgültigen Genesung tragen.« Der andere Umschlag war in Baltimore abgestempelt und trug den Absender »US Senate«. Hillary Clinton hatte Lauren einen bewegenden Brief geschrieben, in dem es unter anderem hieß: »Sie sind sehr tapfer und mutig und ein heldenhaftes Vorbild für uns alle.«

Derartige Bekundungen der Wertschätzung und Zusprache haben große Bedeutung für Lauren, denn wenn die Genugtuung über das gerade Erreichte nachlässt, die Therapeuten das Zimmer verlassen, sie mit ihren Schienen und der Trachealkanüle wieder ins Bett gebracht ist, steckt sie noch immer in einem schwer versehrten Körper, dessen

Kraft vor allem von ihrer inneren Einstellung abhängt, von ihrer Überzeugung, den Kampf um ihr Leben wirklich gewinnen zu können.

Auch wenn sie eine Inspiration für viele Menschen ist, benötigt sie selbst auch Zuspruch und Ermutigung, um weiterhin tapfer bleiben zu können. Der Schlüsselfaktor in dieser Hinsicht ist Tyler, aber auch andere Dinge helfen, und heute erinnerte ich sie erneut daran, dass viele Menschen auf der Welt für sie beten (auch in Afrika, wie ich inzwischen informiert wurde).

Lauren begann Fragen nach dem 11. September zu stellen. »War es ein Terroranschlag?« lautete ihre erste Frage.

Ich nickte. Schmerzlicher Zorn überzog ihr Gesicht, Tränen traten in ihre Augen. »Ich werde es diesen Verbrechern heimzahlen«, schluchzte sie und hieb mit dem geschienten rechten Arm auf das Bett, als wollte sie auf ihre Peiniger einschlagen.

»Hör zu, Lauren«, sagte ich ruhig. »Das ist nicht nötig. Die Vereinigten Staaten von Amerika haben dem Terror den Kampf angesagt. George W. Bush hat den Terroristen und allen Ländern, die ihnen Unterschlupf gewähren, den Krieg erklärt. Seit einem Monat erfolgen unsere Gegenschläge. Die Vereinigten Staaten jagen die Verbrecher, die dir das angetan haben. Und das ist nicht nur bildlich gemeint. Es wurden Truppen nach Afghanistan verlegt, die die Lager der Terroristen angreifen.«

Dann erzählte ich ihr von den Jungs vom 106th Air Rescue Wing in Westhampton, die mir geschrieben hatten, sie würden »für Lauren kämpfen.«

Wieder begann sie zu weinen, aber anders. Wie jemand, der erfahren hat, dass andere einen Kampf für ihn führen, für den er selbst zu schwach ist. Ich gestand ihr, dass auch ich beim Lesen des Briefes geweint hatte. Dann fragte ich sie, ob sie sich jetzt ein wenig besser fühle, und sie nickte.

Sie erinnerte sich daran, dass das World Trade Center so aussah, als würde es einstürzen. (Offenbar weiß sie nicht mehr, dass sie mir in St. Vincent's erzählt hatte, dass beide

Türme in sich zusammengebrochen waren.) »Gab es bei Cantor Verletzte?« Ich nickte. »Sind Menschen gestorben?« Wieder nickte ich. »Jemand, den ich kenne?«

Verzeiht mir, aber ich konnte es ihr nicht sagen. Es wäre unbarmherzig gewesen, ihr vom ganzen Ausmaß der Tragödie zu erzählen, dass ihr Chef und 657 andere Cantor-Angestellte ohne Hoffnung auf Rettung gestorben waren. »Lass uns morgen darüber reden«, wich ich aus. »Ich muss mich erst vergewissern.« Damit gab sie sich zufrieden.

Stattdessen sagte ich ihr, sie sei für viele Familien von Cantor-Fitzgerald-Opfern zu einem Symbol der Hoffnung geworden. Das dürfe sie jedoch nicht als Belastung empfinden, denn es sei in Wahrheit ein Zeichen der Unterstützung. Ich las ihr den Brief von Hillary Clinton vor und erklärte, dass am Tag der Veröffentlichung des *Times*-Artikels vermutlich Millionen für sie gebetet haben. »Ich bin sehr froh, dass du dafür gesorgt hast«, sagte Lauren.

Ich fügte hinzu, dass sie fest auf mich zählen könne. Was auch geschehe, wir würden es gemeinsam durchstehen. Sie nickte und formte mit den Lippen ein lautloses »Danke«.

Schließlich erwähnte ich, wie eigentümlich es doch war, dass jeder von uns erst wieder laufen lernen musste. (Nach meiner Operation im August 1999 litt ich an Gleichgewichtsstörungen.) Die gewisse Komik daran brachte sie zum Lächeln.

Ein wenig später kam eine der Schwesternhelferinnen herein, die die Pflegekräfte beim Bettenmachen, dem Baden der Patienten und anderen Dingen unterstützt, und fragte nach Lauren auch mich, wie es mir ging. Ich zeigte auf die lächelnde Lauren und erwiderte: »Wenn Sie das wissen wollen, brauchen Sie nur auf sie zu blicken. So wie es Lauren geht, so fühle ich mich.«

Kurz danach sprach ich die Sozialarbeiterin des Burn Centers an, um Laurens Heimkehr und die weitere Pflege zu besprechen. Doch die Frau unterbrach mich und regte ein Zusammentreffen des gesamten Familienfürsorgeteams an. Es gäbe im Zusammenhang mit Laurens Zukunft sehr viele

Fragen zu besprechen: Welche Reha-Einrichtung die geeignete wäre, welche Pflegemaßnahmen von der Versicherung übernommen würden. Allerdings müssten wir wissen, dass Lauren für das Burn Center eine wichtige Patientin sei. Ihre Fortschritte nach der Schwere ihrer Verletzungen nannte sie »wirklich erstaunlich«. Sie sei motiviert, entschlossen, und ihr Wille zum Gesundwerden beträchtlich. Vor allem jedoch hätte sie eine bemerkenswerte Kämpfernatur. Ihre Bewegungstherapeutin stimmte dem zu und bezeichnete sie als »Wunderfrau«.

Doch bei allem Kämpfermut fühlt sie sich nachts isoliert und allein. Wie schon bemerkt, kann sie die Rufschalter nicht erreichen und sich auch sonst nicht bemerkbar machen. Darüber hinaus ist sie nachts an das Beatmungsgerät angeschlossen. Das alles ist so deprimierend, dass wir beschlossen, ihr die Nächte ein bisschen leichter zu machen.

Und so engagierten wir Gesellschaft für sie. Laurens Ängste sind am größten, wenn sie sich einsam und verlassen fühlt, aber heute kümmerte sich eine sehr sympathischen Frau aus Jamaica um sie, die CDs für sie auflegt, Videokassetten einschiebt oder einfach nur ihren Schlaf bewacht und zur Stelle ist, wenn sie wach wird und sich fürchtet. In dem Moment, in dem Kareen über die Schwelle trat, schwanden Laurens Ängste, und ihr Gefühl von Isolation war wie weggeblasen.

Sie gefiel Lauren so sehr, dass sie sie spontan für eine zweite Nacht engagierte. Für Laurens friedliche Nachtruhe war gesorgt.

Und für meine auch.

Herzlichst,
Greg & Lauren

Absender: Greg
Empfänger: alle
Datum: Mittwoch, 14. November 2001, 01:14
Betreff: Das Neueste von Lauren

Heute war ein weiterer positiver Tag. Lauren aß Apfelmus, Jell-O und Joghurt. Als ich kam, strahlte sie und lächelte auch noch, als ich ging. Sie hat weitere Gehversuche unternommen.

Es ist wirklich erstaunlich.

Wie immer werde ich am Morgen ausführlicher berichten (sehr viel ausführlicher). Bis dann also.

Herzlichst,
Greg & Lauren

Absender: Greg
Empfänger: alle
Datum: Mittwoch, 14. November 2001, 14:39
Betreff: Lauren am 13. November

Das Experiment mit der nächtlichen Gesellschaft war ein voller Erfolg. Kareen wechselte Laurens Bettwäsche, machte es ihr so behaglich wie möglich, kümmerte sich um ihre Bedürfnisse und rief die Schwester, wenn nötig. Vor allem aber war sie einfach *da*.

Erstmals brauchte sich Lauren nicht einsam und verlassen zu fühlen oder hilflos darauf zu warten, dass jemand an der offen stehenden Tür vorbeikam und auf ihr Winken aufmerksam wurde. Stattdessen konnte sie sich sicher sein, behütet und versorgt zu werden, und diese Gewissheit vermittelte ihr ein beträchtliches Maß an Ruhe.

Vielleicht sollte ich betonen, dass Laurens Ängste sehr subjektiv sind. Sie erhält die nötige Pflege und Zuwendung, und die Schwestern kommen mindestens einmal stündlich in ihr Zimmer. Wenn sie sich wohler fühlen würde, wäre das mehr als ausreichend. Aber sie leidet unter Anfällen akuten Unwohlseins und empfindet es als problematisch, wenn nicht sofort Abhilfe geschaffen wird. Darüber hinaus ist sie erst vor kurzem aus dem Koma erwacht, ihre Gedanken überschlagen sich, und sie kann einfach keine Ruhe finden. Ein Aufenthalt auf der Intensivstation kann jeden nervös machen, und noch schlimmer als die unablässige Betriebsamkeit der Schwestern, das Fiebermessen und Hantieren mit Infusionsschläuchen ist der Punkt, an dem sie damit aufhören. Dann kommen die Gefühle von Hilflosigkeit und Isolation.

1999 habe ich vierundzwanzig Stunden auf einer neurochirurgischen Intensivstation verbracht und erinnere mich genau an meine Empfindungen von Verlassenheit und Isolation, daher weiß ich, wie Lauren sich fühlt. Und dabei konnte ich im Gegensatz zu ihr sprechen und den Rufknopf betätigen. Nach vierundzwanzig Stunden ließ ich mich in ein Privatzimmer verlegen. Auf die Empfehlung eines Freundes hin engagierte ich eine Privatschwester, eine äußerst fürsorgliche Jamaicanerin. Ich erinnere mich noch immer gut an die Freude, die ich empfand, wenn sie mir die Kissen aufschüttelte oder es mir auch sonst ein wenig behaglicher machte. Sie saß die ganze Nacht an meinem Bett und las in der Bibel. Wenn ich mir einmal nicht sicher war, ob ich geschlafen hatte oder nicht, fragte ich sie danach, und sie erwiderte mit ihrer weichen Singsangstimme: »Sie haben eine Dreiviertelstunde lang ganz prächtig geruht.«

Da Lauren noch auf der Intensivstation liegt, braucht sie keine weitere Vollzeitschwester (ihre sorgt außer für sie lediglich für einen weiteren Patienten). Aber es ist ein wahrer Segen für sie, jemanden zu haben, der nachts für sie da ist und sich um sie kümmert. Kareen ist geprüfte Schwesternhelferin und arbeitet normalerweise in einem Seniorenpflegeheim. Sie war ebenso liebenswürdig wie geduldig und machte sich schnell mit den CDs vertraut, die Lauren am liebsten hört. Sie war auch kräftig genug, Lauren hochzuheben, um ihr das Liegen ein wenig bequemer zu machen. Sie durfte jedoch beispielsweise keine Medikamente verabreichen oder Blutproben nehmen; das bleibt der regulären Schwester vorbehalten.

Am Dienstag machte Lauren ein paar weitere Fortschritte, aber am meisten befriedigte es sie, endlich wieder etwas »Richtiges« zu essen. Bisher hatte man sie künstlich ernährt. Täglich wurden ihr 6000 Kalorien zugeführt. Das hat sie gut vertragen und es war zu einem erheblichen Teil für ihren positiven Heilungsprozess verantwortlich. Aber die Nahrung wurde durch einen Nasenschlauch direkt in den Magen geleitet, und sie konnte absolut nichts schmecken. Für jemanden, der gern gut isst, ist das ein großes Manko. Das Einzige, was sie seit dem 11. September schmecken konnte, waren Eischips. Daher war sie absolut begeistert, als sie am Dienstag Apfelmus, Joghurt und Jell-O essen konnte. »Es hat einfach himmlisch geschmeckt«, flüsterte sie fast ehrfürchtig.

Sie wird auch weiter künstlich ernährt, aber nichts spricht gegen ein paar breiförmige Ergänzungen, die sie schmecken kann.

Später kam der Arzt in Laurens Zimmer und wir sprachen über ihre nächsten Operationen. Wie geplant soll der Schwerpunkt der Behandlung in dieser Woche bei der Rehabilitation liegen und die nächste OP am Freitag der kommenden Woche erfolgen. Jeder operative Eingriff wird sie für etwa fünf Tage ans Bett fesseln.

Als Lauren erwähnte, sie hätte in der vergangenen Nacht ohne Beatmungsgerät geschlafen, entgegnete der Arzt, das sei ein sehr ermutigendes Zeichen.

Eine Ärztin, bei der Lauren vor dem 11. September in Behandlung gewesen war, suchte sie auf, um über ihre leichten Verdauungsprobleme zu sprechen. Nachdem sie festgestellt hatte, dass sie nicht der Grund für ihre aktuellen Beschwerden sein konnten, verbrachte die Ärztin den Rest ihrer Visite damit, Lauren freundlich und ruhig vor Augen zu führen, wie wertvoll ihr Leben war – durch Tyler

(Lauren lächelte strahlend), durch mich. Sie dürfe ihre heftigen Gefühle nicht verdrängen, sondern müsse sie ausdrücken und voller Vertrauen in die Zukunft blicken. »Sie haben Unglaubliches durchgemacht, Lauren«, sagte sie irgendwann leise. »Das ist nicht so einfach zu bewältigen.«

Tränen traten in Laurens Augen. »Als ich auf die Straße rannte, hatte ich nur einen Gedanken: Lieber Gott, lass mich für Tyler am Leben bleiben, lass mich ihn wieder sehen. Ich sehne mich danach, ihn aufwachsen zu sehen. Es war grauenhaft«, fügte sie tieftraurig hinzu.

Die Ärztin streichelte ihren Arm und redete weiter beruhigend auf sie ein, bis sie sich verabschiedete.

Im Moment darf Lauren mit Ausnahme ihrer unmittelbaren Familie keine Besucher empfangen. Abgesehen von dem immer noch bestehenden Infektionsrisiko, glaube ich, dass Besuche sie im Moment noch sehr anstrengen. Sie kann nur flüstern, und das auch nur, wenn jemand einen Finger auf ihre Trachealöffnung legt und sie verschließt. Ich glaube, sie möchte erst noch ein wenig kräftiger werden, aber das kann nicht mehr allzu lange dauern.

Gestern stand sie auf und lief rund zehn Schritte. Nach wie vor ist sie sehr energisch und hochmotiviert. Sie macht brav ihre Gesichtsübungen, bewegt Arme und Beine. Sie schwenkt den Kopf hin und her und wir »tanzen« miteinander. Sie ist im Moment hilfloser, als sie jemals wieder sein wird, und manchmal ist es nicht leicht. Aber ihre Entschlossenheit zeigt, wie energisch sie zu ihrer schnellen Gesundung beitragen will. Wir sollten nur im Blick behalten, wohin sie will, und nicht darüber nachdenken, wo sie ist.

Denn allzu lange kann es nicht mehr dauern, bis sie das Burn Center verlässt. In wenigen Wochen wird sie in eine Reha-Einrichtung verlegt, und dann ist es irgendwann Zeit, nach Hause zu kommen, in unsere Zukunft.

Tagsüber sind Laurens Eltern bei ihr im Krankenhaus. Abends kehren sie in unser Apartment zurück, um mit Tyler zu spielen, ihn zu versorgen und ins Bett zu bringen.

Ich wache morgens mit Tyler auf, beschäftige mich im Haushalt, erledige Besorgungen, fahre am Nachmittag ins Krankenhaus und bleibe, solange ich kann (meistens bis acht oder neun Uhr, aber mitunter auch bis Mitternacht). Danach oder am frühen Morgen schreibe ich diese Berichte und beantworte E-Mails. Wir pendeln zwischen Apartment und Krankenhaus hin und her, die Entfernungen und Zeiten sind uns in Fleisch und Blut übergegangen. Aber das ist nur eine kurze Strecke auf einem sehr langen Weg, und obwohl das entscheidende Einzelereignis bereits stattgefunden hat – die Veränderung unseres Lebens am 11. September zwischen 8.47 und 8.49 Uhr –, werden die Veränderungen der Zukunft insgesamt noch weit erheblicher sein.

Bisher können wir nur ahnen, was auf uns zukommt. Unser Alltag muss sich erheblich verändern, wovon auch unser Sohn nicht verschont bleiben wird. Wir werden begreifen, was uns ohne die Unterstützung von Schwestern, Therapeuten und hilfreichen Geistern abverlangt wird, die uns auch die simpelsten Aufgaben abnahmen. Wir werden erkennen, über wie viel Energie und Kraft wir für die Bewältigung des Alltags verfügen. Wir wissen, dass wir ihn bewältigen werden, aber nicht, wie viel Mühe er uns kosten wird.

Natürlich beweisen die letzten zwei Monate, dass alles, selbst tägliche Fluchten aus der Hölle, zur Routine werden kann. Wir können lernen, alles zu ertragen, wenn wir es nur genügend verändern, um es lebenswert zu machen.

In nicht allzu ferner Zukunft wird es auch wieder Momente geben, in denen wir lachen können.

Wir werden uns alle anpassen. Ich habe mich verändert, wenn auch nur innerlich. Äußerlich sehe ich aus wie immer – vielleicht mit Ausnahme der Schatten unter den Augen. Aber Lauren und Tyler wachsen in ihr neues Leben hinein.

Es gibt viele Parallelen. Beide lernen laufen und sprechen, mit neuen Fähigkeiten umzugehen und ihre momentanen Unzulänglichkeiten zu überwinden. Und sie müssen einander wieder kennen lernen.

Das wird am Freitag beginnen, wenn Tyler gegen Mittag für zwei Stunden ins Krankenhaus kommt. Sie werden sich zwar nicht im selben Raum aufhalten, aber Lauren kann ihn zum ersten Mal seit dem 11. September sehen. Sie wird außer sich vor Freude sein, wie groß er geworden ist und wie gut er die letzten Monate überstanden hat. Denn obwohl er mit Sicherheit einiges von der Situation gespürt hat, ist er dasselbe Kind geblieben: fröhlich, zutraulich, zärtlich und verspielt. Gestern Abend machte ich mir kurz vor dem Einschlafen bewusst, dass Tylers Besuch genau den positiven Antrieb liefern wird, den Lauren braucht, um die kommende Zeit zu überstehen.

Ich stelle auch fest, dass sich neue Gewohnheiten in meinen Alltag einschleichen. Ich habe einen Freund, der mich jederzeit quer durch Manhattan fährt, ein anderer Freund hat erklärt, ich könne ihn auch zu den spätesten Stunden anrufen, denn er sei ein Nachtmensch, und neuerdings tue ich das häufig. Für mich ist er mein »Taxifreund« oder mein »Autofreund«, denn wenn ich vom Burn Center nach Hause fahre, spreche ich oft mit ihm. Ich habe Ärzte zu Freunden, die mir Medizinisches begreiflicher machen, und Rock 'n' Roller, die mir helfen, ein paar Stunden zu entspannen. Meine Lunches und Dinners nehme ich im *Beach Café* ein, dessen Geschäftsführer mich spontan unter ihre Fittiche nahmen und mich und meine Freunde willkommen heißen. Sie alle helfen mir, die Stunden außerhalb des Krankenhauses zu überstehen, die manche mein Leben nennen würden, aber sie sind nur Stellvertreter für die Frau, die es bald wieder ausfüllen wird.

Herzlichst,
Greg & Lauren

PS. Zwei Unterlassungssünden.
Zum Thema Lyrik-Marathon: Am Montag ist so viel ge-

schehen, dass ich buchstäblich einschlief, bevor ich alles berichten konnte. Ich vergaß euch mitzuteilen, dass ich an Laurens Bett stand und Robert Burns' Gedicht »My Love Is Like a Red, Red Rose« auswendig zitierte, wie so oft während ihres Komas. Nachdem sie wieder wach war, hatte ich eigentlich angenommen, ihr stünde nicht unbedingt der Sinn nach Lyrik, aber sie sah mich hingerissen an und flüsterte: »Das war wundervoll.« Also las ich ihr danach »Song to Celia« von Ben Jonson vor: »Trink mir nur mit den Augen zu …«

Zum Thema Cantor Fitzgerald: Es gab einen Grund, weshalb Lauren mich fragte, ob die Ereignisse des 11. September ein Terroranschlag gewesen waren. Irgendjemand hatte ihr erzählt, dass Howard Lutnick während eines TV-Interviews in Tränen ausgebrochen war. »Also deshalb hat Howard geweint«, sagte sie, nachdem ich ihr bestätigt hatte, dass Cantor-Mitarbeiter gestorben waren.

Absender: Greg
Empfänger: alle
Datum: Donnerstag, 15. November 2001, 02:35
Betreff: Lauren am 14. November

Am Mittwoch wurde Lauren von ihrer Trachealkanüle befreit, sodass ich sie zum ersten Mal seit dem 11. September ohne blauen Schlauch in Mund oder Hals sah. Stattdessen bedeckte ein Schaumverband den Luftröhrenschnitt.

»Kein Schlauch? Dann kannst du sprechen?« fragte ich, und sie antwortete mit »Ja«.

Sie hörte sich heiser und belegt an, als hätte sie eine schwere Erkältung, doch es war ihre Stimme und kein Flüstern mit nur schwachen Anklängen an ihre normale Tonlage. Gelegentlich drang Atemluft unter dem Verband hervor, und wir mussten ihn wieder festdrücken, damit sie ohne Unterbrechung sprechen konnte, aber die Freude, sie ohne Beatmungshilfen zu sehen, lässt sich kaum beschreiben. Denn es bedeutet, dass ihre Lungen kräftig genug sind, um selbstständig atmen zu können, und das nur zwei Monate nachdem 82,5 Prozent ihrer Haut verbrannt waren.

Es sei herrlich, wieder ihre normale Stimme zu hören, sagte ich und gestand, dass ich ihr Mobiltelefon nicht vorübergehend abgemeldet hatte, denn so konnte ich mir ihre Ansage für die Mailbox anhören. Ich sei bescheuert, erwiderte sie mit ihrer fast normalen Stimme.

Vor meinem Weg ins Krankenhaus hatte ich drei Paar Schuhe für Lauren gekauft. Sie braucht hochgeschnürte Sneakers, die ihren Knöcheln beim Laufen festen Halt geben. Ich habe je ein Paar von New Balance, Asics und Nike mitgebracht und vor ihrem Bett aufgereiht. Gemeinsam mit der Physiotherapeutin wird sie sich für die geeignetsten Schuhe entscheiden.

Die New Balances sind wasserdichte, olivbraune Laufschuhe, die Asics eine hohe Version ihres Originalmodells in weißem Leder mit schwarzem Muster, die Nikes Hightech-Basketballschuhe, strahlend weiß und dunkelblau, mit säulenförmig geriffelten Fersenpolstern. Das sind die hippsten – und scheußlichsten (mit einem blaugesäumten Klettverschluss über den Senkeln) –, aber auch die mit dem besten Knöchelhalt. (Ich tippe auf die Asics, die beiden anderen Paare kann ich zurückgeben und erhalte den Kaufpreis erstattet.)

Bevor ich zu Lauren ging, sprach ich mit der Psychologin des Burn Centers. Lauren beginnt Fragen zu stellen und möchte mehr erfahren. Sie weiß, dass sie ihre Verletzungen bei einem Terroranschlag erlitten hat und Kollegen von ihr gestorben sind, aber sie kennt das ganze Ausmaß des Schreckens nicht. Die Psychologin wollte mit mir beraten, wie man Lauren die Ereignisse möglichst schonend vermitteln konnte, um sie nicht zu überfordern.

Sie stimmte mit mir überein, dass Lauren erfahren sollte, auf welch schreckliche Weise sich die Welt verändert hat. Für sie müssen die Fakten der Terrorakte ein ähnlich großer Schock sein wie für uns andere am 11. September – mit dem Unterschied, dass sie dabei selbst fast das Leben verloren hätte. Die Psychologin plädierte für eine sorgsame Dosierung, um die Wucht der Informationen abzumildern. Im Laufe der nächsten fünf Tage müsse Lauren wahrscheinlich alles erfahren, aber auf eine Art und Weise, die sie nicht allzu sehr erregte. Sie fügte hinzu, dass Lauren vermutlich keine Fragen stellen werde, auf die sie die Antworten nicht hören möchte.

Sie nicht zu belügen, ist Regel Nummer eins. Regel Nummer zwei besteht darin, ihr die Informationen früh am Tag zu vermitteln, damit sie es in Anwesenheit von Familienmitgliedern aufnehmen kann und sich nicht nachts allein in ihrem Zimmer damit herumschlagen muss. Regel Nummer eins hatte ich befolgt, indem ich ihr von dem *Times*-Artikel erzählte, den Peyton Manning erwähnte, als er ihr sein Jersey schickte, und indem ich die Ereignisse vom 11. September als Terroranschläge bezeichnete, als sie wissen wollte, warum Howard Lutnick während eines Interviews geweint hatte. Bedauerlicherweise ist Regel Nummer eins wichtiger als Regel Nummer zwei, und am Mittwoch sah ich mich gezwungen, sie zu brechen. Bisher war ich ihrer Frage ausgewichen, ob in den Büros von Cantor jemand gestorben war, den sie kannte. Ich habe ihr verschwiegen, dass Cantor Fitzgerald fast 700 Mitarbeiter verloren hat. Aber es war nur eine Frage der Zeit, wann sie sich nach ihrem Chef Doug Gardner erkundigen würde. Mittwochabend war es so weit.

Erst erklärte ich, ich sei mir nicht sicher, aber dann besann ich mich eines Besseren und sagte ihr, dass er nicht überlebt habe.

Tränen traten in ihre Augen. »Das habe ich schon befürchtet. Er saß immer schon um sieben am Schreibtisch.«

Ich beteuerte, ich hatte gehofft, sie würde diese Frage erst morgen stellen.

Dann erkundigte sie sich nach dem COO von eSpeed, der

auch gestorben war. Wieder sagte ich, ich wisse es nicht genau, und sie gab sich damit zufrieden, obwohl ich bezweifle, dass sie mir glaubte. Ich fand, eine Todesnachricht war genug für einen Abend, und natürlich hatte ich mich über Regel Nummer zwei hinweggesetzt. Aber Kareen würde in der Nacht bei ihr sein, also würde sie sich in ihrer Trauer nicht allein und verlassen fühlen.

Im Verlauf des Abends stellte mir Lauren weitere Fragen, auf die ich »abgefederte« Antworten gab. »Wie sehen die Türme aus?«, wollte sie wissen. »Wurden sie abgerissen?« Ich erwiderte, dass Bautrupps an ihnen arbeiteten. Ich wollte sie nicht täuschen, nur Zeit gewinnen.

»Sie haben sie also zerstört«, sagte Lauren. »Sie wollten es schon einmal tun, und nun ist es ihnen gelungen. Sie haben die Symbole vernichtet.«

»Das mag schon sein«, antwortete ich, »aber jetzt erledigen wir sie. Die Taliban flüchten wie die Hasen vor unserer Armee.« (Dass es sich dabei um ein paar Infanterieeinheiten handelte, die von US-Flugzeugen unterstützt wurden, behielt ich für mich.)

Lauren hat auch noch andere negative Neuigkeiten erfahren. Sie weiß, dass sie bei ihrer nächsten Operation vielleicht mehrere Fingerkuppen ihrer linken Hand verliert (allerdings nicht die Daumenspitze). Sie weiß auch, dass sich möglicherweise ein plastischer Chirurg mit ihrem linken Ohr befassen muss. Sie scheint beides im Moment mit Gleichmut hinzunehmen. »Ich werde mir einfach lange Fingernägel ankleben«, lautete ihr Kommentar zu ihrer linken Hand.

Weniger gleichmütig zeigte sich Lauren, als sie betonte, wie wundervoll sie es findet, dass ihre Eltern täglich bei ihr sind, und wie wenig ihr ihre Abreise gefällt. (Sie wollen New York Mitte Dezember verlassen, aber später zurückkommen.) Sie könnten schließlich nicht »ewig« bleiben, entgegnete ich, sie würden ja wiederkommen, und darüber hinaus sei es bis zum Abschied noch einen Monat hin.

Kurz nach meiner Ankunft wurde Laurens Abendessen

gebracht, und sie bat mich, sie zu füttern. Es ähnelte bedenklich den Mahlzeiten aus einem Science-Fiction-Film der 60er Jahre: drei Sorten Brei in verschiedenen Farben. Die Krankenhausküche hatte alles fein püriert, damit Lauren es auch essen konnte. Hühnchen und ein Gemüse, das aussah wie aus *2001* (dem Film), aber offenbar so schlecht gar nicht schmeckte.

Lauren wirkte während des ganzen Abends müde und erschöpft, war aber ansonsten relativ guter Stimmung. Ich flößte ihr mit einem Löffel Tee ein und las ihr Karten vor, deren Absender ihr gute Besserung wünschten, und etliche E-Mails, die für sie eingetroffen waren. Ich weiß, wie sehr sie sich auf Tylers Besuch am Freitag freut. Die Psychologin hat Lauren darauf vorbereitet, dass es möglicherweise nicht einfach sein wird und Tyler verschreckt reagieren könnte. Aber ich denke, Lauren wird damit gut klarkommen. Sie hat vor, unserem Sohn ein Spielzeug zu schenken. Das zu besorgen, ist meine wichtigste Aufgabe für Donnerstag.

Kareen ist wirklich ein Geschenk des Himmels. Als sie heute das Zimmer betrat, leuchtete Laurens Gesicht auf. Und auch Kareen scheint von Lauren sehr beeindruckt zu sein. Als sie am Dienstagmorgen nach Hause kam, hätte sie weinen müssen, erzählte sie mir irgendwann, als Lauren es nicht hören konnte. Weniger über Lauren als über die ganze, furchtbare Tragödie. Sie betonte, Lauren gebe ihr die Chance, zumindest ein wenig zu helfen.

Da Kareen bei Lauren blieb, konnte ich das Burn Center gegen neun Uhr verlassen. Ich wollte zu einer Probe unserer Band und überlegte, wie ich am besten zu unserem Treffpunkt kam, dem *Off Wall Street Jam* an der Murray Street, drei Blocks von Ground Zero entfernt.

Schließlich fuhr ich mit einem Taxi zur West Side und dann mit der Subway zur Chambers Street. Auf dem Bahnhof roch es beißend nach Rauch. Als ich ans Tageslicht kam, traf es mich erneut wie ein Schlag. Ich hob den Blick und sah … nichts. Keinen Südturm, kein World Trade Seven, nur den tiefblauen Himmel. In einem Spalt zwischen den Gebäuden am West Broadway und den Resten von 5 World Trade schob sich ein einziger weißer Kranausleger in den flutlichterhellten Dunst.

Genau dort hatte das WTC gestanden und mit seiner schieren Größe klaustrophobisch gewirkt. West Broadway markiert die nördliche Grenze der World Trade Center Plaza und hatte trotz ihrer zwei Fahrspuren stets den Eindruck einer Sackgasse gemacht. Hier hatte sich die Zufahrt für Lieferwagen befunden, einen Block nördlich vom Fußgängerzugang zum 5 World Trade. Morgens stauten sich Lieferwagen mehrere Blocks weit vor den Sicherheitskontrollen, mit denen verhindert werden sollte, dass Sprengsätze oder Bomben in den Gebäudekomplex geschmuggelt wurden.

Jetzt wird der allgemeine Autoverkehr fünf Blocks nördlich vom World Trade Center an der Chambers Street umgeleitet. Ein Schild an einem Laternenpfosten weist darauf hin, dass Richtung WTC lediglich Fußgängerverkehr gestattet ist. Die Parkflächen zu beiden Seiten der Straße sind mit Betonblöcken abgesperrt. Auf den Armaturenbrettern der meisten geparkten Fahrzeuge liegen »Emergency«-Ausweise.

Ich lief zum *Jam* und zu unserer Probe, bei der ein neuer Saxophonspieler vorspielte. Schon nach dem ersten Song war klar, dass er ein Volltreffer war. Wenn er bei der Band bleibt, können wir uns glücklich schätzen.

Das *Jam* gehört meinem Freund Billy Bennett, der gleichzeitig Bandleader der Rolling Bones ist. Vor etwa vier Jahren hat er es von den Gründern gekauft, und seither lebt er dafür, davon und mitunter buchstäblich auch darin. Das *Jam* umfasst die zweite und fünfte Etage eines fünfgeschossigen Hauses, und er nächtigt mitunter auf der Couch in seinem Büro und nutzt die im zweiten Stock liegende Küche nebst Bad. Vor dem Erwerb des *Jam* verdiente er sich seinen Lebensunterhalt als Börsenfotograf und verkaufte seine Aufnahmen weltweit an Print- und Videomedien.

Am 11. September hielt er sich im Studio an der Murray Street 47 auf, als drei Blocks entfernt die Zwillingstürme einstürzten, und verließ das Gebäude erst, als auch 7 World Trade in sich zusammenbrach. Er fürchtete, sein Geschäft zu verlieren, und verlagerte es vorübergehend in das Music Building in der West 30th Street; dann eröffnete er das *Jam* vor etwa zwei Wochen wieder am alten Ort. Er hat in der gesamten Umgebung Bekanntmachungen geklebt, auf denen er Musiker aus den Kreisen der Feuerwehr und der Abbruchunternehmen einlädt. Eine brillante Idee, wie ich finde. Wäre es nicht wundervoll, wenn diese Burschen trotz der Tragödie Zeit und Muße fänden, ein wenig Musik zu machen und Freude zu verbreiten?

In einer kurzen Pause liefen Billy und ich in die Küche hinunter, um Erdnussbuttersandwiches mit Jelly zu essen. »Snack«, erwiderte er ähnlich knapp auf meine Frage: »Dinner?«. Dann erkundigte ich mich nach den Geschäften seit der Wiedereröffnung und hörte zu meiner Überraschung, das *Jam* sei an den meisten Tagen voll. Das mag daran liegen, dass sein Laden nun mehr als je zuvor eine Art Zuflucht für die Jungs von der Wall Street ist.

Wir sprachen über Lauren und darüber, ob die *New York Times* daran interessiert sein könnte, über einen kleinen Unternehmer zu berichten, der ohne Risikoversicherung oder ein ausreichendes finanzielles Polster in einer total zerstörten Umgebung um sein wirtschaftliches Überleben ringt. »Mach mir noch so ein Sandwich«, sagte ich großspurig, »und ich bringe dich in die *Times.*« Er grinste. »Mach es dir selbst«, entgegnete er trocken. »Ich wende mich an den *Enquirer.*«

Dort hatte er einen Redakteur kennen gelernt: Bob Stevens, den Fotoredakteur, der als erster Amerikaner an Anthrax starb. Billy hatte ihm Börsenfotos verkauft.

Es wird Zeit, an meinen Arbeitsplatz zurückzukehren. Am Dienstag hat Gil Scharf angerufen und mir vorgeschlagen, halbtags ins Büro zu kommen. Nicht, um sofort voll einzusteigen, sondern um mich mit Kollegen und Freunden vertraut zu machen. Am Montag nehme ich also meinen Job wieder auf.

Lauren fängt an, die Dinge wieder in die Hand zu nehmen, also kann ich es auch.

Herzlichst,
Greg & Lauren

Absender: Greg
Empfänger: alle
Datum: Freitag, 16. November 2001, 02:52
Betreff: Lauren am 15. November

Heute, sechsundsechzig Tage nach dem 11. September, hat Lauren einen Spaziergang unternommen: über den Flur am Nebenzimmer vorbei um die Ecke zum Empfang – insgesamt eine Entfernung von zwölf bis fünfzehn Metern. Wieder einmal habe ich ein großes Ereignis verpasst, aber es gibt Zeugenaussagen.

Die Physiotherapeuten liefen ins Wartezimmer, um Laurens Eltern zu holen, denn »das dürfen Sie nicht verpassen«. Und als die beiden schnell die automatischen Schwingtüren durchquerten, sahen sie Lauren neben dem Empfangstisch stehen.

Später erzählte mir ihre Tagschwester, auf der Station wären einige in Tränen ausgebrochen. Sie hatten nicht erwartet, dass Lauren so bald und so weit laufen würde. Aber sie hat es getan.

Es vergeht kein Tag ohne ein kleines Wunder.

Wie von mir vermutet, hatten sich Lauren und die Therapeuten für die schlichten Asics-Baseballschuhe entschieden. Aber sobald sie an Laurens Füßen saßen, verwandelten sie sich – zumindest vorübergehend – in die Flügelsandalen von Hermes.

Man vermag kaum zu glauben, dass sie noch vor achtundzwanzig Tagen nahezu reglos auf dem Bauch lag und nur gelegentlich den Kopf bewegte, während wir darauf warteten, ob die Transplantate auf Hüften und Po angenommen wurden. Damals fragten wir uns verzweifelt, was ihr durch den Kopf ging, und durften nicht mehr erwarten, als dass sie gelegentlich ganz leicht die Augen öffnete, um uns ihre Farbe sehen zu lassen.

Und jetzt, nur vier Wochen später, kann sie mit uns sprechen, hat ihr Bett verlassen und unternimmt kleine Spaziergänge.

Allerdings strengte es sie sehr an. Den Rest des Abends verbrachte sie erschöpft im Bett, und als ich gegen halb neun ging, war sie bereits fest eingeschlafen.

Aber sie ist wieder bei sich – und bei uns. Und wenn wir sie als Kämpfernatur bezeichnen, dann nicht nur, weil sie ihre akut lebensbedrohlichen Verletzungen überstanden hat, eine höchst kritische Phase, in der jeder wache Moment außergewöhnliche Maßnahmen erforderte, um sie von einem Augenblick zum nächsten überleben zu lassen. Jetzt nennen wir sie eine Kämpferin, weil sie im Bett mit Armen und Gesichtsmuskeln unverdrossen ihre Heilung fördernden Übungen macht und mit Füßen, die in zehn Wochen nur zweimal benutzt wurden, eine Strecke hinter sich bringt, die für andere vielleicht dem New York Marathon entspricht. Ihre Leistungen können selbst erwachsenen Menschen schon die Tränen in die Augen treiben und tun es auch immer wieder.

Der Weg vor uns ist noch immer sehr viel länger als die Strecke, die hinter uns liegt, aber wir kommen immer schneller voran.

Ein weiterer Beweis für ihre beeindruckenden Fortschritte ist die Nachricht, dass Lauren das Krankenhaus in zwei bis drei Wochen mit einer Reha-Klinik vertauschen könnte! Vor kurzem noch haben wir darauf gewartet, dass sie wieder einen Finger oder einen Arm bewegen kann, jetzt fragen wir uns, wann sie eine neue Unterkunft bezieht und wo die sein wird.

Auch heute Abend fütterte ich sie. Aber ihr Dinner war nicht mehr musartig püriert, sondern bestand aus ganz normalem Hackbraten mit Kartoffelbrei und Karotten sowie Vanillepudding. Und ich steckte die Buchstabiertafel, die vor kurzem noch so wichtig für sie war, in die Tasche mit ihren Videobändern, damit wir sie später als Andenken mitnehmen können. Und ich machte mir klar, dass sie sich von einer teilnahmslosen Patientin zwischen Infusionsschläuchen und blinkenden, piependen Geräten in eine verwandelt hatte, die CD-, Video- und Schuh-Kollektionen besaß, ganz zu schweigen von einer Bibliothek aus Lyrikbänden und humoristischen Büchern sowie dem dringenden Verlangen, mit anderen in Kontakt zu treten.

Heute bat sie mich erneut, Freunden Grüße und Botschaften von ihr zu übermitteln. Ich schlug ihr vor, die Nachrichten auf meinem BlackBerry zu tippen und sofort abzusenden. Und so geschah es: Sie diktierte mir Botschaften an drei Freunde, und wir unterzeichneten sie nicht mit »Greg & Lauren«, sondern nur mit »Lauren«.

Ich glaube, ein besserer Beweis für ihren Lebenswillen lässt sich kaum denken.

Ich bin mir sicher, dass die Botschaften eine große Freude für die drei Freunde waren. Anstatt weiter darauf warten zu müssen, Lauren endlich besuchen zu können, meldete sie sich überraschend bei ihnen, und sie hörten am Schreibtisch von ihr oder auch unterwegs über ihre Laptops. Für Lauren waren die Grüße eine riesige Genugtuung.

Leider gab es heute nicht nur Erfreuliches. So erfuhr Lauren, wie viele Menschen Cantor Fitzgerald verloren hat.

Diesem Moment hatten wir uns seit Tagen genähert. Sie wusste inzwischen, dass die Ereignisse des 11. September Terroranschläge waren, durch die ihr direkter Chef sein Leben verloren hatte. Aber ich konnte sie überreden, sich noch ein wenig zu gedulden, bis ich die Namen ihrer Kollegen zusammenhatte. Heute nahm ich ihr die Liste ins Krankenhaus mit. Und sie begann Fragen zu stellen.

Ich bat sie, ganz langsam vorzugehen, aber jeder Name, den sie nannte, gehörte einem Toten. Sie erkundigte sich nach den zwei Männern, die vor Doug Gardner ihre Vorgesetzten gewesen waren. Beide lebten nicht mehr. Sie fragte nach einer schwangeren Assistentin von ihnen, und auch die zählte zu den Todesopfern. Sie erwähnte Programmierer und Leute vom Verkaufspersonal – keiner von ihnen hatte überlebt. Sie erkundigte sich nach dem Geschäftsführer von eSpeed, dem Agency-Leiter, dem Chef der Abteilung für steuerpflichtige Einkommen – alle hatten den Tod gefunden.

Schließlich blickte sie mich an und wollte wissen, wie viele gestorben waren. Ich fragte, ob sie das wirklich wissen wollte, und sie nickte. Also sagte ich: »Fast siebenhundert.« Sie schloss die Augen.

Plötzlich hob sie die rechte Hand, fuchtelte erregt damit durch die Luft und rief unter Tränen: »Ich werde sie rächen.«

Das sei nicht nötig, betonte ich erneut, denn die Vereinigten Staaten führten Kampfeinsätze durch, um die Schuldigen zu fassen. Sie dürfe sich von ihrer Verzweiflung über die Toten nicht überwältigen lassen, sondern müsse vielmehr erkennen, dass sich die Hoffnungen vieler Familien auf sie richteten, weil ihnen sonst nichts geblieben war. Dass sie die Opfer allein schon durch ihr Überleben gerächt hatte.

Und ich zitierte einen Satz aus dem Artikel in der *New York Times*: »›Sie muss überleben, weil sie durch die Liebe von siebenhundert Familien getragen wird‹, sagte Howard W. Lutnick von Cantor Fitzgerald über Lauren Manning, die am 11. September schwerste Brandverletzungen erlitten hatte.«

Lauren fragte mich nach der Trauerfeier für die Cantor-Opfer, und ich erzählte ihr von den Ansprachen von Howard Lutnick und Rudy Giuliani, den tröstenden Worten der Pfarrer und des Rabbis, dem Gesang von Judy Collins und des Harlem Boys Choir, den ergreifenden Worten der

Frauen, die ihre Männer verloren hatten, genau die Männer, nach denen Lauren kurz zuvor gefragt hatte.

Der einzige Kampf, den sie führen müsse, sei der um ihr Überleben, ihre Gesundheit, fügte ich hinzu.

Sie braucht kein Racheengel zu sein, nur ein Engel der Hoffnung.

Herzlichst,
Greg & Lauren

Absender: Greg
Empfänger: alle
Datum: Sonnabend, 17. November 2001, 02:49
Betreff: Lauren am 16. November

Im Alter von einem Jahr und zwei Wochen legte Tyler Jacob Manning heute einen Auftritt hin, der nur noch von dem seiner Mutter übertroffen wurde. Das Zusammentreffen der beiden war das Wundervollste, das ich jemals erlebt habe. Noch immer ist mir die Kehle eng, und wahrscheinlich werde ich bis zum Ende der Schilderung nicht aufhören können zu weinen.

Lauren bereitete sich äußerst sorgfältig auf seinen Besuch vor. Sie ließ sich die Haare waschen und föhnen, legte Lippenstift auf und bat ihren Vater, ihr Vanilla-Fields-Parfum zu besorgen, weil Tyler dieser Duft vertraut war. Sie wollte ihm etwas schenken und erklärte mir genau, was ich für ein Spielzeug besorgen sollte: Es musste unbedingt etwas sein, das blinkte und Geräusche machte. Sie bat uns, seine Schubkarre mitzubringen, mit der er seine Erkundungsgänge über den Hausflur unternahm. Und sie bestand auf einer Basecap, damit sie »normaler« aussah.

Ich ging vor dem Treffen zu ihr, um mich davon zu überzeugen, dass sie auf den großen Moment vorbereitet war. In ihrem blauen Krankenhausmorgenrock saß sie auf einem Lehnstuhl mit Rädern und lächelte mich unter dem Schirm einer weißen Cantor-Fitzgerald-Basecap an. Da ihre Arme und Hände noch immer geschient oder vergipst sind, stand Tylers hübsch verpacktes Geschenk in einer Einkaufstüte auf ihrem Schoß.

Ich war zwar vor allem damit beschäftigt, die Videokamera zu suchen, um die Begegnung aufzunehmen, aber dennoch entging mir die Liebe und die Sehnsucht nicht, die sie in überwältigendem Maße ausstrahlte. Auf diesen Augenblick hatte sie sehnsüchtig gewartet, für ihn hatte sie überlebt und war entschlossen, ihn bis zur Neige auszukosten. Wenn sie tatsächlich einen Schutzengel hatte, dann nahm er sie jetzt auf seine Schwingen und flog mit ihr der Glückseligkeit entgegen.

Ich kehrte in den Warteraum zu Joyce und Tyler zurück und traf ihn inmitten eines Schwarms von Schwestern und Therapeuten an, die ihm lächelnd zuwinkten, während er sie nachdenklich musterte. Ich holte meine neue Digitalkamera hervor und begann wie wild zu fotografieren. Unter anderem gelang mir eine herrliche Aufnahme von sechs Frauen, die hingerissen den Fahrer des McLaren-Techno-Stroller anstarrten, von dem ich nur das schwarze Verdeck sehen konnte. Und dann zuckte auf dem Display die Nachricht auf: Speicher voll.

Es gibt zwei Sorten Menschen auf der Welt: diejenigen, die Gebrauchsanweisungen lesen, und jene, die das nicht tun. Ich hatte eigentlich immer zur ersten Gruppe gehört, mich aber ausnahmsweise einer Unterlassungssünde schuldig gemacht und musste es teuer bezahlen. Zum zweiten Mal innerhalb von zwei Jahren stand ich einem nicht wiederholbaren Ereignis ohne Kamera gegenüber.

Aber ich hatte schließlich noch die Videokamera. Erstmals seit dem 11. September wurde Lauren gefilmt, und das bei ihrem ersten Treffen mit Tyler. Ihre Mutter schob den fahrbaren Stuhl, mit dem sie ihr Zimmer verließ, um die Ecke bog und die automatischen Türen zum Warteraum durchquerte.

Unerwartet und vom cineastischen Standpunkt her höchst unpassend, setzte sich Tyler etwa zehn Meter entfernt in Bewegung, sodass ich mich entscheiden musste, ob ich für die Nachwelt dokumentieren wollte, wie er auf uns zukam oder Laurens Reaktion. Ich filmte erst ihn, dann sie, trat einen Schritt zurück, um sie beide zusammen in diesem unglaublich emotionalen und intimen Moment auf einem Krankenhausflur aufzunehmen, auf dem ständig Fremde vorbeikamen.

Wegen der Infektionsgefahr durften Lauren und Tyler einander nicht berühren. Und so hob ihn jemand hoch und hielt ihn so nahe wie gestattet an seine Mutter heran, die ihn unter Tränen begrüßte. Sie schien überwältigt vor Glück, aber auch von den Verlusten, die sie am 11. September erlitten hatte, sowie ihrer körperlichen Veränderung seit ihrem letzten Zusammensein mit Tyler. Ich konnte mich gut in sie hineinversetzen, denn ich fühlte genau wie sie.

Ich war glücklich, so glücklich, dass es sich kaum beschreiben lässt. Ich empfand zu gleichen Teilen Seligkeit, Trauer, Freude, Mitgefühl und Erstaunen, eine unglaubliche Sehnsucht nach etwas, was wir nicht wiedergewinnen konnten – die Vergangenheit –, wie auch ein unermessliches Glück über das, was uns trotz allem geblieben war: die Zukunft.

Zunächst zeigte Tyler Anzeichen von Angst. Die Psychologin hatte uns gewarnt, dass er seine Mutter möglicherweise nicht wieder erkennen und »fremdeln« könnte. Aber er verzog nur ein- oder zweimal kurz das Gesicht, als wolle er weinen, und dann war es vorbei. Da immer wieder Unbeteiligte vorbeikamen, schlug ich vor, in den Ruheraum zu gehen, ein sonst verschlossenes Erholungszimmer, das man uns für diesen besonderen Anlass zur Verfügung gestellt hatte.

Dort angekommen, hoben wir Tyler wieder nahe an sie heran, und sie wedelte aufgeregt mit der Hand: Das Geschenk, das Geschenk. Es war ihr sehr wichtig, ihrem kleinen Sohn etwas schenken zu können. Wir setzten ihn auf den Boden neben das Spielzeug, das, wie von Lauren verlangt, Blinkzeichen und Töne von sich gab, aber er interessierte sich nicht sonderlich dafür. Stattdessen schien er lieber seine Karre schieben zu wollen.

Und er erkannte Lauren. Ob es nun ihr Parfum war, ihre Stimme, ihr Gesicht, das fast so aussieht wie früher, ihr Lächeln unter der Basecap oder ob er sich an Fotos von ihr erinnerte – er erkannte sie. Wir spielten ein kleines Spiel mit ihm. »Wo ist Joyce?« fragten wir, und er sah sie an. Wenn wir ihn fragten, wo Daddy sei, blickte er mich an. Und als wir fragten »Wo ist Mommy?«, sah er Lauren an.

Tyler ist ein Wunder. Ja sicher, ich bin sein Dad, aber wir hören auch von anderen immer wieder, wie niedlich er ist, wie freundlich, wie aufgeweckt und lustig. Heute, im Alter von noch nicht einmal dreizehn Monaten, bewies er gelassene Ausgeglichenheit. Er schob seine Karre durch den Ruheraum, auf seine Mutter zu und wieder zurück zur Tür, und Lauren konnte sehen, wofür sie weiterleben wollte. Immer wieder sah sie mich an und flüsterte: »Er ist einfach bezaubernd.«

Ich versuchte es mit dem Lied, das Lauren Tyler früher oft vorgesungen hatte, kam aber über die erste Zeile nicht hinaus.

Und so sang es Lauren, obwohl sie erst seit ein paar Tagen ihre Stimme wiederhatte und noch immer jemanden brauchte, der den Verband über ihrem Luftröhrenschnitt festdrückte. Mit Joyces Fingern unterhalb ihrer Kehle sang Lauren:

I love you in the morning and in the afternoon,
I love you in the evening and underneath the moon,
I love you, I love you, oh yes I really do,
I love you oh my darling through and through.

Sie schaffte es ohne Pausen oder Patzer. (Sogar zweimal, denn beim ersten Mal war ich mit der Videokamera nicht schnell genug gewesen.) Und Tyler begann zu tanzen. Kniend bewegte er seinen kleinen Körper im Rhythmus der Musik. Er war zu ihr ins Krankenhaus gekommen, sie sang ihm etwas vor und brachte ihn zum Tanzen.

Die Prinzessin und der Engel der Perry Street haben einander wieder gefunden, und es war einfach wundervoll. Kaum jemand wollte sich das Ereignis entgehen lassen: Physiotherapeuten, Laurens Tagespfleger Andrew (ein hoch gewachsener, leicht ruppig aussehender Mann, der am 11. September »Der Nächste« geschrien hatte, als Lauren eingeliefert wurde, der sich inzwischen jedoch als unglaublich sanft und mitfühlend erwiesen hat), die Sozialarbeiterin, für die Lauren ein Sonderfall ihrer fünfundzwanzigjährigen Berufspraxis ist, und Laurens Arzt.

Er sei gekommen, um Laurens Sohn kennen zu lernen, erklärte er, und Tyler schob die Karre auf ihn zu, blieb vor ihm stehen und musterte ihn skeptisch. »Das ist einer der guten Jungs, Tyler«, sagte ich schnell. Der Arzt blieb ein paar Minuten, und wir sprachen darüber, dass Laurens nächste OP vermutlich am Mittwoch stattfinden wird.

Viel mehr ist mir von dem Gespräch nicht in Erinnerung geblieben, aber ich weiß, dass es nichts Positiveres geben kann als das, was ich heute erlebt habe.

Tylers Besuch dauerte vielleicht etwa eine Stunde, aber genau weiß ich es nicht. Lauren wurde müde, Tyler musste nach Hause zurück, und so fuhr ich sie in ihr Zimmer und überließ sie der Obhut ihrer Eltern. Joyce und ich setzten Tyler wieder in seinen Buggy, und ich sagte zu ihm: »Heute hast du deine Mutter sehr, sehr glücklich gemacht, Tyler.«

Vor einem Jahr gab die Batterie unserer Advantix Elph ausgerechnet in dem Moment den Geist auf, als Tyler zur Welt kommen sollte. Mir blieb nichts anderes übrig, als seine Geburt von einem möglichst diskreten Standpunkt aus mit der Videokamera aufzunehmen, über Laurens Schulter hinweg. Es kommt mir fast unheimlich vor, dass bei einem ähnlich entscheidenden Ereignis meine Kamera versagte.

Fast so, als sei es von schicksalhafter Bedeutung, auch Mimik, Äußerungen und Bewegungen aufzunehmen. Ein Videoband erhält seine Wichtigkeit durch die Existenz des anderen. Das eine zeigt eine Geburt, das andere eine Wiedergeburt. Auf einem kann Tyler sehen, wie er geboren wurde, auf dem anderen ist der Tag festgehalten, an dem er zur Wiedergeburt seiner Mutter beitrug. Lauren kann sehen, wie sie ihrem Sohn das Leben schenkte, aber auch, wie er ihr das Leben wiedergab.

Was für ein Tag – und er war noch lange nicht zu Ende. Als ich gegen halb fünf ins Burn Center zurückkehrte, wurde dort das traditionelle Thanksgiving Dinner für die Patienten und ihre Familien serviert. Lauren hatte daran teilnehmen wollen und sich darauf gefreut, endlich wieder ganz normal essen zu können, keine Krankenhauskost für Patienten, sondern eine für Menschen zubereitete Mahlzeit, die in der Lage waren, Restaurants zu besuchen, und daher anspruchsvoller sein konnten.

Als ich wieder ins Krankenhaus kam, lag sie im Bett. Es stellte sich heraus, dass die Psychologin ihr empfohlen hatte, sich von den Anstrengungen des Tages auszuruhen. Lauren folgte ihrem Rat, hatte aber dennoch Appetit auf ein anständiges Truthahn-Dinner und schickte mich los, ihr eine große Portion zu besorgen.

Im Konferenzsaal des Burn Centers bog sich der lange Tisch – an dem mein Freund Mitch, ich und Laurens Eltern am 12. September mit einem Arzt zusammengesessen hatten, der sie auf den Anblick vorbereitete, der sie im Zimmer ihrer Tochter erwartete – förmlich unter appetitlichen Köstlichkeiten: zwei knusprige Puten mit Füllung und Sauce, Süßkartoffeln, Brokkoli und Karotten, Spinat, zwei verschiedene Cranberrysaucen, Reis, Zucchini, Bohnen und ofenfrische Brötchen.

Patienten, ihre Familien und Kinder jeden Alters hatten sich eingefunden. Die ganz Kleinen saßen auf dem Schoß ihrer Mütter. Ich sah auch den Teenager wieder, dessen Brandverletzungen zunächst in einer anderen Klinik behandelt worden waren. Dann hatte man ihn aber wegen der extremen Spannung seiner Haut ins Burn Center verlegt, wo ich ihn häufig auf dem Flur traf, wo er, vor Schmerzen schreiend, erste Gehversuche unternahm. Heute saß er in einer Ecke des Zimmers, grinste von einem Ohr zum anderen und verschränkte die Hände um den Griff seines Spazierstockes. Ein erwachsener Mann war kahl infolge seiner Brandverletzungen. Auf dem Schädel und im Gesicht waren Hautbereiche transplantiert, aber auch er lächelte.

Das Essen duftete verführerisch, und es war an der Zeit zuzugreifen. Ich packte ein Messer; schnitt eine der Puten an und füllte einen Teller für Lauren. Ich schob ihr ein Stück Pute mit Sauce in den Mund, dann wollte sie die Cranberrysauce kosten, danach die Zucchini, ein Stück Mohrrübe, einen Bissen Füllung und wieder Putenbraten. Es war unübersehbar, dass es ihr hervorragend schmeckte. Ich fütterte sie so behutsam wie Tyler und ebenso liebevoll.

Dann kehrte ich in den Konferenzsaal zurück, um mir selbst etwas zu holen, und traf auf Harry Waizer, einen Mitarbeiter von Cantor, mit dessen Frau Karen ich mich nach dem 11. September im Warteraum oft unterhalten hatte. Jetzt saß er in einem fahrbaren Stuhl, der dem glich, mit dem wir Lauren in den Ruheraum gerollt hatten. Ich war über sein Befinden laufend informiert, aber obwohl er im Zimmer neben Lauren lag, hatte ich ihn noch nie zu Gesicht bekommen, und nun sah ich ihn plötzlich vor mir. Er trug Druckverbände um Arme und Hände. Da ich zu Lauren zurückwollte, hatte ich nicht viel Zeit für eine Unterhaltung, aber ich stellte mich ihm vor und betonte, wie sehr ich mich freute, ihn in so guter Verfassung zu sehen.

Als ich später das Krankenhaus verlassen wollte, traf ich Karen auf dem Flur und erzählte ihr von meiner Begegnung mit Harry. Auch sie berichtete mir, dass sie im Laufe des Tages Lauren kennen gelernt hatte. Wir waren über Wohl und Wehe unserer Ehepartner so umfassend informiert, dass es überraschen mag, sie nie zuvor persönlich gesehen zu haben. Aber der Grund dafür besteht in der Tatsache, dass sich unsere Lieben in den ersten Wochen im künstlichen Koma befanden und wir ebenso viel Zeit im Warteraum verbrachten wie in den Zimmern unserer Lieben, weil es dort kaum etwas anderes zu tun gab, als den Pflegekräften bei der Arbeit zuzusehen. Erst jetzt, nach zwei Monaten, können wir mit unseren Ehepartnern wirklich wieder kommunizieren. Erst sind sie ins Bewusstsein zurückgekehrt und nun in der Lage, auf unsere Ansprache zu reagieren.

Im Lauf des Abends kam eine der Medizinstudentinnen zu Lauren, um sich von ihr zu verabschieden, weil ihr einmonatiges Praktikum im Burn Center endete. Die Studentin erklärte Lauren, wie froh sie über ihre Fortschritte in den letzten vier Wochen war, und Lauren erkundigte sich danach, welches Fachgebiet sie anstrebte. Allgemeine Chirurgie, lautete die Antwort. Lauren merkte an, dass weibliche Attraktivität anfangs Vorteile beim Aufbau einer beruflichen Karriere bringt und es mitunter Jahre dauern kann, bis man nach wie vor bestehende Diskriminierungen bemerkt. Wir erfuhren, dass New-York-Cornell den Ruf einer »Gentleman-Klinik« hat, auch wenn es nicht ganz so schlimm ist wie anderswo. Lauren wünschte der Studentin alles Glück für die Zukunft und betonte, sie würde ihr fehlen. Auch die Studentin erklärte, Lauren würde ihr fehlen, und unversehens brachen alle in Tränen aus.

Heute befasste sich Lauren weiter mit der Liste der Cantor-Fitzgerald-Mitarbeiter, die die Anschläge überlebt hatten, und musste erfahren, dass die meisten Menschen, nach denen sie sich erkundigte, unter den Opfern waren. Zweimal leuchtete ihr Gesicht bei der Erwähnung von Überlebenden auf, aber sehr viel häufiger war die Antwort negativ.

Wir sprachen über vieles, aber vor allem über Tylers Besuch. Seinetwegen habe sie sich für das Leben entschieden, betonte ich. Er habe sie wiedererkannt, sagte ich, er sei ein prachtvoller kleiner Bursche und würde eines Tages verstehen, was seine Mutter für ihn auf sich genommen hatte. Auch für mich, fügte ich hinzu. Ich blickte ihr tief in die

Augen und sagte ihr, wie sehr ich sie liebte. Wir wären von Anfang an füreinander bestimmt gewesen. Das hätte sie früher immer gesagt, hielt sie mir vor, und ich erwiderte, das sei mir bekannt. Wir wären eben verwandte Seelen, erklärte sie, und ich nickte.

Fast hätte ich sie verloren, und ganz ist die Gefahr noch nicht gebannt. Einer der anderen Patienten ist ernsthaft an Lungenentzündung erkrankt. Ich blicke Lauren an und werde von heftigem Verlangen erfasst. Das Ende des Tunnels ist nahe, und ich will, dass wir es schaffen.

Wir laufen jetzt schneller, fast könnte man sagen, wir rennen.

Herzlichst,
Greg & Lauren

Absender: Greg
Empfänger: alle
Datum: Montag, 19. November 2001, 00:12
Betreff: Lauren am 17. November

Eigentlich solltet ihr diese Schilderung bereits gestern erhalten, aber ich habe es nicht geschafft. Erst war ich zu müde, dann hatte ich zu tun. Aber heute werde ich alles nachholen.

Am Sonnabend unternahm Lauren ihren ersten »Ausflug«, besuchte Harry Waizer und durchmaß den Korridor des Burn Centers, immerhin eine Entfernung von dreißig, vierzig Metern, und sie machte ihre ersten selbstständigen Schritte.

Erst nahm man ihr die Gehhilfe fort, und sie wurde beim Laufen von einer Schwester und einer Therapeutin unterstützt. Dann ließ die Schwester ihren Arm los, schließlich die Therapeutin den anderen, und Lauren setzte allein einen Schritt vor den anderen. Wieder habe ich es nicht miterlebt (aber damit ist nun Schluss. Ich werde rechtzeitig im Krankenhaus auftauchen, um ihre Gehversuche zu filmen). Sie soll unglaublich stolz gewesen sein.

(Ohne die Parallelen mit Tyler strapazieren zu wollen: Er versucht das Gleiche und ist vermutlich ebenso stolz wie seine Mutter.)

Das zweite große Ereignis war die Ankunft meiner Schwester und ihrer Tochter, die im Januar zwei Jahre alt wird, ihres Mannes und seiner Tante (die gestern Abend Babysitterpflichten übernahm). Sie brachen mit ihrem Auto am Donnerstag in Florida auf und kamen am Freitagabend in New York an. Gestern Nachmittag haben sie Lauren im Krankenhaus besucht.

»Ich bin unheimlich glücklich, dich zu sehen«, waren Laurens erste Worte.

Es wurde ein rundum gelungener Besuch. Meine Schwester war ungemein positiv, sehr direkt und plauderte so unbefangen, als wäre Lauren lediglich einen Tag im Bett geblieben und sonst nichts Bedeutendes passiert. Meine Schwester äußerte Bewunderung über Laurens Stärke, einfach loszulaufen, um den Flammen zu entkommen, und sprach davon, dass wir alle so patriotisch geworden seien, dass nun überall im Land ein Mangel an Flaggen herrscht. Überall in Lake Worth, ihrem Wohnort in Florida, sei nach dem 11. September das Sternenbanner gehisst worden.

Als Lauren den Wunsch äußerte, unsere Nichte zu sehen, ging ich in den Warteraum und nahm das kleine Mädchen auf die Arme. Es lehnte seinen Kopf an meine Schulter und ließ sich zur Tür von Laurens Zimmer tragen. Lauren rief »Hi« und winkte ihrer Nichte zu. Nach gestern kam zum zweiten Mal ein kleines Kind in diese Umgebung, ohne von den fremden Anblicken, Gerüchen und Geräuschen irgendwie abgeschreckt zu sein. Aber natürlich liegt der Grund in ihrer Unwissenheit. Sie können nicht wirklich begreifen, wo sie sich befinden, aber dennoch waren es für Lauren höchst erfreuliche Besuche.

(Meine Schwester kam zu mir auf den Flur heraus und

betonte, wie sehr sie der Glanz in Laurens Augen beeindruckt hätte. Lauren sei eine außergewöhnliche Frau. Sie hätte ihre Stärke vom ersten Moment an gespürt.)

Der Tagpfleger sprach heute zu Lauren von schicksalhafter Bestimmung, dass ihr Leben aus einem besonderen Grund verschont worden war. »Als Sie hier eingeliefert wurden, habe ich Greg versichert, dass Sie es schaffen werden«, sagte er zu ihr. Daran kann ich mich zwar nicht erinnern, aber ich weiß, dass er ein paar Wochen später der erste Mitarbeiter des Burn Centers war, der mir gegenüber diese Überzeugung äußerte – und das zu einer Zeit, zu der niemand wirklich sicher sein konnte.

Während sich Lauren mit meiner Schwester unterhielt, zog mich der Pfleger auf den Flur und sagte: »Das ist sehr gut. Je mehr Besucher, desto mehr Anregungen für das Leben außerhalb der Klinik, desto besser für ihre Gesundung. Desto schneller kann sie die Klinik verlassen.« In den Tagen unmittelbar nach dem 11. September hätte es Anlass zu Besorgnis gegeben, fuhr er fort, aber sie hätte sich sehr schnell gefangen und befände sich seither quasi in einem ununterbrochenen Steilflug. Niemand hätte ihre Fortschritte auch nur annähernd vorhersagen können. Ich bin davon überzeugt, dass das zutrifft, aber es hat seinen Grund in ihrer Entschlossenheit und Stärke.

Sie hat ihre Schwierigkeiten mit den Bettpfannen, das Liegen bereitet ihr Beschwerden, und sie muss sich eine möglichst bequeme Position suchen, während die Transplantate auf ihrem Po heilen. Noch immer wird sie über einen Schlauch durch die Nase künstlich ernährt, Elektroden auf ihrem Oberkörper überwachen rund um die Uhr ihre Herztätigkeit, und sie trägt eine Manschette um den rechten Oberarm, damit ihr Blutdruck stündlich überprüft werden kann. In ihrer Nähe steht das Atemgerät für den Fall bereit, dass es gebraucht werden sollte.

Neben ihrem Bett steht ein Tropf, über den ihr noch immer täglich 6000 Kalorien an flüssigen Proteinen zugeführt werden. Früher standen dort ständig zwei Infusionsträger mit Sedativa, schmerzstillenden Medikamenten und Antibiotika.

Sie lag auf drei unterschiedlichen Betten: einem Luftbett, das sie in Bewegung hielt, damit sich in ihren Lungen keine Flüssigkeit festsetzte, dem »Wasser-Luft-Bett«, das ihr die ersten Tage nach den Hautverpflanzungen auf dem Po erleichterte, und dem regulären Krankenhausbett, mit dem sie jetzt zurechtkommen muss.

Lauren ist erstaunlich stark und motiviert, aber ihre Beschwerden – und ihre Ängste – belasten sie derart, dass die Tränen recht locker sitzen. Wenn sie über etwas klagt, beendet sie den Satz häufig weinend. Und als sie sich gegenüber der Gastroenterologin beschwerte, ihren Schließmuskel nicht beherrschen zu können und darauf warten zu müssen, dass endlich jemand kommt, der sie säubert, wurde ihr Gesicht blutrot. »Das ertrage ich nicht länger«, klagte sie. (Das Problem wurde noch in derselben Nacht gelöst und ist seither nicht wieder aufgetreten.)

Ich schildere Lauren mit der Würde, die sie zu 99 Prozent beweist. Aber es ist das restliche eine Prozent, bei dem sich ihre Energie und Stärke zeigen, weil es sehr einfach wäre, sich gehen zu lassen. Es gibt Patienten, die gleichgültig werden, absolut passiv, die sich gegen die Therapie wehren, weil sie es – wie eine Schwester es ausdrückte – einfach »ablehnen, so schwer verletzt zu sein«, und die es möglicherweise nicht schaffen, weil sie beschlossen haben, das ihnen verbliebene Leben sei nicht lebenswert.

Es scheint, als würden alle Brandverletzten ganz unten anfangen und dass für einige von ihnen plötzlich etwas lebenserhaltend wirkt: ein Bild, ein Gesicht, eine Inspiration. In Laurens Fall war es ihr Sohn (und ihren Worten zufolge auch ihr Mann).

Das könnte ihr die Stärke verliehen haben, das zu überstehen, was mit Sicherheit ein sehr realer Horrorfilm war. Ihr jetziges Verhalten, ihre Kraft und Entschlossenheit bestätigen eindeutig, dass sie nahezu von Anfang an wusste, was auf sie zukam, und entschlossen war, es zu bewältigen.

Selbstverständlich wurde ihr wertvolle Unterstützung und Hilfe zuteil. Ihre Mutter und ihr Vater waren einfach großartig, so wundervoll, dass Lauren zu schluchzen begann, als sie am Sonntag gegen vier Uhr das Burn Center verließen, und sich dann fragte, warum sie so emotional reagiert hatte. Dabei ist es nur zu verständlich. In diesen Tagen vermittelten ihre Eltern Lauren das gleiche Gefühl von Sicherheit und Geborgenheit wie als Kind. Bei seinen Eltern kann man auch erwachsen ein Kind sein, und in verzweifelten Situationen wie nach Laurens Verletzungen ist es ein Segen, den Beistand fürsorglicher Eltern zu haben.

Vor Tylers Besuch war es Laurens Mutter, die ihr die Haare wusch, ihre Lippen schminkte, und ihr Vater, der das Parfum kaufte. Sie verbringen jeden Tag Stunden mit ihr und helfen ihr bei ihren Bewegungsübungen. Wenn Lauren ihnen dafür dankt, wehren sie mit dem Hinweis ab, wie glücklich sie sie mache.

Bisher habe ich nicht viel über Laurens Mom und Dad geschrieben und werde das auch künftig nicht tun, weil sie möglicherweise etwas dagegen haben, dass ihre privaten Gefühle vor anderen Menschen ausgebreitet werden. Aber sie kümmern sich ebenso intensiv um Lauren wie ich, vielleicht sogar noch mehr, und ihre verlässliche Pünktlichkeit und nie versagende Einsatzbereitschaft versetzen mich in die Lage, mit Lauren zusammen zu sein und diese E-Mails zu schreiben, damit ihre Freunde und Bekannte den Prozess ihrer Gesundung Tag für Tag verfolgen können.

Sechs Abende in der Woche sorgen sie zu Hause für Tyler, spielen mit ihm, helfen ihm beim Laufenlernen, geben ihm sein Abendessen und bringen ihn ins Bett. Sie halten seinen Zeitplan genau ein. Er erhält sein Essen, seine Flasche und wird auf die Minute pünktlich ins Bett gesteckt, und das alles äußerst liebevoll.

Wenn mich jemand fragt, was Tyler macht, kann ich mit Fug und Recht antworten, dass es ihm gut geht, weil er vierundzwanzig Stunden am Tag von Menschen umsorgt wird, die ihn von ganzem Herzen lieben.

Als Joyce Tyler ins Burn Center begleitete, sah Lauren auch sie zum ersten Mal nach dem 11. September wieder. Normalerweise arbeitet sie fünf Tage in der Woche, aber in den ersten beiden Tagen nach den Anschlägen und bis Laurens Eltern aus Georgia eintrafen, blieb sie zusätzlich bei Tyler und kam in den folgenden Wochen häufig auch an den Sonntagen zu uns. Sie kann hervorragend mit Tyler umgehen und versteht sich auch gut mit Lauren. Sie ist eine sehr religiöse junge Frau, die für Lauren betet, und wollte sie unbedingt so schnell wie möglich besuchen.

Am Freitagnachmittag stand sie lange Zeit neben Laurens Bett und drückte ihren Finger auf die Wunde des Luftröhrenschnitts, damit Lauren deutlich sprechen und sogar singen konnte. Und selbstverständlich versicherte sie Lauren, wie froh sie war, sie endlich wieder zu sehen, was Lauren prompt erwiderte und mich ermahnte, stets genügend Geld zurückzulassen, damit Joyce für Tyler einkaufen konnte. Worauf Joyce laut lachen musste, weil wir es nun schon seit zehn Wochen so halten.

Es beruhigt Lauren sehr, dass Joyce gut für Tyler sorgt.

Nach Tylers Besuch fühlte ich mich seltsam niedergeschlagen, und ich glaube, der Grund sind die Beschränkungen, denen unsere Familie unterworfen ist. Wochenlang konnte ich bis zu einem gewissen Grad die Augen verschließen. Ich war gesund, Tyler war gesund, Lauren ging es von Tag zu Tag besser, ihre Eltern halfen uns enorm durch die Führung des Haushalts. Die Zukunft war etwas, von dem ich nur vage Vorstellungen hatte. Doch jetzt ist sie da, und wir erkennen, wie viel Schmerzen Lauren erdulden, welche Ängste sie überwinden muss und wie schwer der Weg ist, der noch vor ihr liegt.

Bei all ihrer Liebe zu Tyler, der Freude, ihn endlich wiederzusehen, konnte Lauren ihn nicht berühren. Wir mussten die beiden voneinander fern halten, und die wahre Wiedervereinigung – bei der sie ihn an sich drückt und er seinen Kopf an ihre Wange schmiegt – liegt noch in weiter Ferne. Bis dahin muss Lauren Geduld aufbringen und erkennen, dass auch tausend kleine Schritte endlich zum Ziel führen.

Bis dahin muss sie mit Einschränkungen leben und wird sich dessen zunehmend bewusst. Sie macht sich Gedanken über ihr Aussehen. »Ich möchte wieder einen schönen Körper haben«, sagte sie ihrem Arzt und begann leise zu weinen. Doch das kommt später, in der Phase kosmetischer Operationen. Jetzt beenden wir erst einmal die Überlebensphase und beginnen das Reha-Stadium.

Die Operation in der kommenden Woche betrifft Laurens linke Hand, die von allen Körperbereichen am schwersten verletzt wurde. Die Erfahrung zeigt, dass bei Brandopfern hauptsächlich die dominierende Körperseite betroffen wird. Lauren ist Linkshänderin und hat daher bei ihrer Flucht vor den Flammen vor allem den linken Arm eingesetzt. Das erklärt, warum die Haut ihres linken Arms nahezu vollständig transplantiert werden musste, während ihr rechter Arm größtenteils von selbst heilte.

Der Arzt hat mit der OP gewartet, um den Hautpartien mit erhalten gebliebenem Gewebe und guter Zirkulation eine möglichst lange Zeit der Heilung zu gewähren. Am nächsten Mittwoch wird sich herausstellen, ob das erfolgreich war und ob sie mehr Fingerkuppen verlieren wird als die des linken Zeige- und Mittelfingers. Das hört sich schon sehr viel positiver an als vor vier Wochen, als man den Verlust aller Fingerspitzen ihrer linken Hand mit Ausnahme des Daumens befürchtet hatte. Darüber hinaus stellt sich die Frage, ob die frühere Beweglichkeit und Greifkraft ihrer Finger wiederhergestellt werden kann. Das alles sind Dinge, die Lauren sehr belasten.

Thanksgiving wird nicht leicht werden, auch wenn genügend Anlass zum Danken bleibt.

Lauren lässt sich nicht unterkriegen. Sie kämpft. Und das nicht nur in physiologischer Hinsicht. Trotz ihrer emotionalen Anfälligkeit und gelegentlichen Melancholie ist sie im Großen und Ganzen gelassen, vernünftig, einsichtig und voller Liebe.

Am Sonntag gab es einen besonders innigen Augenblick. Ich glaube, ich habe bereits erzählt, dass Dwight Yoakams Song »I Got You« von der CD »Just Lookin' for a Hit« für uns eine besondere Bedeutung hat. Eines Abends rief sie mich aus dem Auto über ihr Mobiltelefon an, während der Song im Recorder lief, und sang lauthals mit.

Am Sonnabend wollten wir eine CD hören und wussten nicht recht, ob wir uns für Willie Nelson oder Dwight Yoakam entscheiden sollten. »Leg Yoakam auf«, sagte Lauren, und es dauerte nicht lange, bis »I Got You« zu hören war.

Ich begann zu singen, und im selben Moment stimmte Lauren mit ein. Behutsam drückte ich einen Finger auf ihre Luftröhrenwunde, und wir sangen einander das ganze Lied vor. So auch die folgenden Zeilen:

Well, I know I might seem near dead,
But, honey, I think I might just get well –
'Cause I got you, to see me through,
Honey, I got you, chase my blues,
I got you,
To ease my pain,
Oh, I got you, to keep me sane
So, let 'em do what they wanna do,
It don't matter as long as I got you.

Wir sangen den Song vom ersten bis zum letzten Wort. Lauren bewegte den Kopf unter der FDNY-Basecap im Rhythmus hin und her, und wenn ich meinen Finger an ihrem Hals vergaß, hätte ich fast glauben können, es wäre vier Jahre früher und wir befänden uns auf einer unbeschwerten Spritztour über Land. Ich glaube, sie empfand es ähnlich, denn sie lächelte.

Herzlichst,
Greg & Lauren

Absender: Greg
Empfänger: alle
Datum: Montag, 19. November 2001, 19:33
Betreff: Lauren am 18. November

Da ich Lauren am Sonnabend versprochen hatte, rechtzeitig im Krankenhaus zu sein, um sie laufen zu sehen, beeilte ich mich, um gegen Mittag im Burn Center zu sein. Ich kam eine Viertelstunde zu spät, aber es stellte sich heraus, dass vor ihren Gehversuchen ein weiteres Ereignis auf dem Plan stand: ihr erstes Duschbad.

Natürlich war das sehr viel angenehmer als ihre Besuche im Becken, bei denen Schwestern ihre Wunden reinigten und desinfizierten. Jetzt wurde Lauren einfach nur gebadet. Plastikhüllen schützten den Gips um ihren linken Arm und die anderen Wundverbände. Nach der Dusche kehrte sie fröstelnd und erschöpft in ihr Zimmer zurück, aber so war es eindeutig einfacher und weniger schmerzhaft.

Nach einer kurzen Erholungspause war sie bereit für ihren Spaziergang, und ich nahm mit der Videokamera Aufstellung. (Die später zu einer Art Schmuggelgut wurde, denn nachdem ich sie am Nachmittag zu einer Party mitgenommen hatte, durfte ich sie nicht wieder ins Krankenhaus mitbringen; aber es gelangen mir genügend gute Aufnahmen.)

Bevor sie aufstehen konnte, mussten ihre Beine bandagiert werden, um Thrombosen vorzubeugen. Dann setzte sie sich mühsam auf, schob ihre Beine über den Bettrand und wartete darauf, dass man ihr die Asics-Sneakers anzog. Wir legten ihr einen gelben Krankenhausmorgenrock um die Schultern, um das hinten offene Hemd zu verdecken. Schließlich setzte sie die Füße auf den Boden und stand – gestützt – auf ihren eigenen Beinen.

Die Gehhilfe, die sie benutzte, unterscheidet sich von den Geräten, die ihr vermutlich kennt. Anstatt eines einfachen »Griffkreises« in Hüfthöhe verfügt sie über zwei gepolsterte Armlehnen, auf die sich der Patient stützen kann.

Zwischen ihrem Tagpfleger und der Physiotherapeutin verließ Lauren ihr Zimmer, betrat den Flur und wandte sich nach links. Als ich sie um ein Lächeln bat, verzog sie gehorsam kurz die Lippen, konzentrierte sich ansonsten jedoch völlig auf ihre Aufgabe. Ich filmte, wie sie langsam etwa vierzig Meter weit über den Korridor lief und vor Harry Waizers Zimmer stehen blieb.

»Hey«, rief sie ihm zu. »Wie geht es Ihnen? Wie ich höre, wollen Sie dieses Hotel verlassen. Viel Erfolg bei der Reha. Machen Sie's gut.« Waizer winkte ihr vergnügt zu. Morgen vertauscht er das Burn Center mit einer Reha-Klinik, ein großer Fortschritt.

Lauren drehte sich um und lief zu ihrem Zimmer zurück, aber nun aus eigener Kraft. Wie schon am Tag zuvor, schoben die beiden Begleiter die Gehhilfe zur Seite, und Lauren begann den Rückweg ohne sie zu bewältigen. Natürlich habe ich auch das gefilmt: die zaghaften, aber festen Schritte, die entschlossene Miene, die Anfeuerungsrufe von Angehörigen und Pflegekräften.

Vor achtundsechzig Tagen war Laurens Körperoberfläche zu 82,5 Prozent verbrannt worden, die Haut am Rücken war vom Hals bis zur Achillessehne transplantiert, sie hatte rund zwei Monate lang auf dem Rücken gelegen, und nun setzte sie schon wieder ihre eigenen Beine ein und lief, als wäre es wenige Wochen nach der furchtbaren Katastrophe eine Selbstverständlichkeit.

Als sie sich ihrem Zimmer näherte, bekam sie tosenden Applaus von ihren Eltern, den Pflegekräften und von mir. Langsam, aber unaufhaltsam erreichte sie ihr Zimmer und ging durch die Tür. Sie musste einen Moment innehalten, bis sie sich auf das Bett setzen konnte, und ich griff unter ihre Ellbogen, um sie zu stützen. Sie hielt sich aufrecht, konnte aber ihr Gleichgewicht nicht hundertprozentig kontrollieren. Ohne die Unterstützung wäre sie ins Schwanken geraten und hätte den Halt verloren. Aber schwach ist sie nicht, ich konnte ihre Muskeln spüren.

Wir setzten sie aufs Bett, zogen ihre Sneakers aus und

halfen ihr, sich auszustrecken. Ich beteuerte, wie unglaublich stolz ich auf sie war.

Dann stellte sich Besuch ein: meine Schwester sowie meine Mutter, die Lauren erstmals nach dem 11. September wieder sah. Meine Mutter, die aus Florida angereist war, fand besonders herzliche und aufmunternde Worte für Lauren und unterhielt sich angeregt mit ihr über ihre Enkelin, unsere Nichte. Meine Mutter hat den Holocaust überlebt und sagte nach dem 11. September, sie habe viel Furchtbares gesehen, aber die WTC-Katastrophe sei das Schrecklichste, was sie sich vorstellen könne.

Die Dritte im Besucherbunde war meine Stiefschwester, die in diesen E-Mails kaum erwähnt wurde, aber in den ersten Tagen nach dem 11. September, als die Sorge um Laurens Überleben am größten war, lange Stunden im Krankenhaus verbracht hatte. Sie verfügt über Fachwissen auf dem Gebiet Rehabilitation und korrigierte mich, wenn ich in meiner Unkenntnis zu Fehlschlüssen kam. Nie werde ich vergessen, dass sie in jenen ersten Tagen im Krankenhaus auftauchte und Stunden an Laurens und meiner Seite verbrachte.

Laurens Spaziergang endete ungefähr zu dem Zeitpunkt, als im *Evergreen*, einem Chinarestaurant an der Ecke 69th Street und First Avenue die Geburtstagsfeier für eine Freundin beginnen sollte. Ihr Ehemann hatte eine Überraschungsparty vorbereitet. Während sie annahm, lediglich ein paar Freunde zum Brunch zu treffen, würden wahre Scharen von Gratulanten über sie herfallen.

Ihr Mann ist ein unglaublich sympathischer Bursche: unkompliziert, klug, arbeitsam, rücksichtsvoll und unschlagbar in seiner Gastfreundschaft. Als sich in seiner Werkstatt durch Funkenflug Benzin entzündete, zog er sich Verbrennungen zweiten Grades zu und wurde gleichfalls im Burn Center behandelt. Er war einer der Ersten, die die Klinik als die beste ihrer Art bezeichneten. Er ist auch ein wunderbarer Freund, der mir oft im Krankenhaus Gesellschaft leistete.

Da ich in den ersten dreizehn Jahren meiner Berufstätigkeit mit seiner Frau in zwei Firmen zusammengearbeitet habe, sind viele ihrer Freunde auch unsere Freunde, und so ging ich ins *Evergreen,* um zu gratulieren und viele gute Wünsche für Lauren zu filmen. Danach kehrte ich zum Krankenhaus zurück, wo ich dem Pförtner ungefragt erklärte, in meiner Tasche befinde sich eine Videokamera. Unverzüglich machte er mich darauf aufmerksam, dass die Mitnahme von Filmkameras auf das Klinikgelände nicht gestattet sei, und damit erledigte sich meine Idee, Lauren die Grüße unserer Freunde vorzuführen. (Ich werde eine VHS-Kopie ziehen müssen.)

Aber auch wenn Lauren die Gesichter ihrer Freunde nicht sehen konnte, fiel mir etwas an ihrem Gesicht auf. Es sah aus wie früher. Der Hautton schien der gleiche zu sein, auch der Gesichtsausdruck. Sie hatte die Elastizität ihrer Gesichtsmuskeln wiedererlangt. Am bemerkenswertesten war ihr Lächeln, das ich schon immer geliebt hatte, und nun war es wieder da. Vielleicht sieht ihr Gesicht nicht exakt aus wie früher, aber sehr, sehr ähnlich.

Das sind höchst erfreuliche Überraschungen. Ihre Erfolge beim Sprechen und Laufen sind eine Sache, aber die Wiedergewinnung ihres ausdrucksvollen Gesichts, ihres zärtlichen Lächelns aus besseren Zeiten sind möglicherweise genauso bemerkenswert.

Herzlichst,
Greg & Lauren

PS. Ihr erinnert euch vielleicht, dass ich unsere Interpretation von »Wild Horses« Lauren gewidmet habe, erstmals am 27. September, aber mit Ausnahme der Worte »Graceless Lady« und »Let's do some living after we die«. Am Sonnabend rief mich unser Leadsinger auf der Bühne nach vorn und widmete ihr den Song. Er vergaß, den Zuhörern zu erklären warum, aber er sang betont »Grace*ful* Lady« und zeigte auf mich.

Und meine Schwester war da. Ob ihr es glaubt oder nicht – es war das erste Mal, dass mich jemand von meiner Familie spielen hörte. Irgendwann fiel mir auf, dass jemand auf dem Tanzparkett heftig winkte. Einen Moment später erkannte ich sie. »Mir gefallen die Bones besser als die Stones«, erklärte sie später rundheraus und outete sich damit nicht unbedingt als Stones-Fan. Als 1995 ihr Mann starb, glaubte sie, über diesen Verlust nie hinwegzukommen, aber ein paar Jahre später fand sie eine neue Liebe, und ihr zweiter Mann hatte sie zu unserem Auftritt begleitet.

Etwas später traf ich mit einer Frau zusammen, mit der ich mich auf der Euro-Brokers-Trauerfeier im Oktober unterhalten hatte, eine frühere Optionenhändlerin, die einen Kollegen geheiratet und mit ihm zwei Kinder hatte. Am 11. September hat sie ihn verloren, und ihr kleiner Sohn ist fast genauso alt wie Tyler. Sie war wegen eines Swapshändlers von Euro Brokers, der in einer anderen Band Schlagzeug spielt, ins *Jam* gekommen.

Seit der Trauerfeier standen wir in brieflicher Verbindung, und es freute mich, sie zu sehen. Ihre Freunde unternehmen mindestens einmal in der Woche etwas mit ihr. Sie wollen sie von ihrem Verlust ablenken und auf andere Gedanken bringen. Am Sonnabend zumindest schien es zu gelingen.

Irgendwann während unserer Serie sah ich die junge Witwe zu den Klängen der Stones tanzen, während mir rechts hinter ihr eine andere, inzwischen wieder vermählte Witwe lächelnd zuwinkte.

In jeder größeren Ansammlung von Menschen sind Freude und Leid gleichermaßen zu finden. Wir alle müssen unser Schicksal meistern, und manchmal stehen wir direkt neben anderen, die uns erkennen lassen, dass ihr trauriges Schicksal, ihre Trauer in eine unbeschwertere Zukunft integriert werden können, dass das Leben weitergeht. Die Toten sind nicht vergessen, aber in ihrem Gedenken leben wir weiter.

Gott sei Dank ist Lauren mir erhalten geblieben. Und

Honey, wenn dein Marathon endlich hinter dir liegt, werden wir zur Musik der Stones tanzen. Das wird ein Abend, an dem wir zurückblicken und lachen können.

Absender: Greg
Empfänger: alle
Datum: Dienstag, 20. November 2001, 14:01
Betreff: Lauren am 19. November

Montag kam ich erst spät ins Krankenhaus, und Lauren war sehr enttäuscht. Ich kann kaum schildern, wie schlecht ich mich fühlte. Sie war in ein anderes Zimmer verlegt worden und wartete lange Zeit vergebens auf mich. Ich habe ihr versprochen, dass so etwas niemals wieder vorkommen wird.

Sie hatte jedes Recht, zornig auf mich zu sein, denn ich hätte ihr keinen Anlass dazu bieten dürfen. Aber wir haben uns wieder versöhnt. Sie muss alle Gefühle ausleben können, die sie hat, und meine Aufgabe ist es, sie dabei zu unterstützen. Sie hat wirklich Anspruch darauf, dass ich mehr Zeit mit ihr verbringe.

Hinter Lauren liegt kein leichter Tag. Der Juckreiz nahm unangenehme Ausmaße an und betraf nahezu alle Körperbereiche. Sie bekommt zwar Antihistamine dagegen, aber die machen sie benommen. Wir behandeln ihre Haut mit Feuchtigkeit spendender Salbe, damit sie nicht austrocknet. Neben den Schmerzen ist das eins der größten Probleme bei Brandverletzten.

Auch ihre Laufschuhe machen ihr Schwierigkeiten, denn offenbar drücken sie. Ich habe ein größeres Paar gekauft, aber das hat wenig gebracht, also werden wir die New Balances ausprobieren, vielleicht sind die besser geschnitten. Es mag zwar so aussehen, als würde sie einen ebenen Klinikflur entlanglaufen, aber im Grunde erklimmt sie Berge, und dazu braucht sie gute Schuhe!

Und dann empfand sie ein gewisses Unbehagen über den Zimmerwechsel. Als Lauren ins Burn Center eingeliefert wurde, war ihr Zustand extrem kritisch, und sie verbrachte die ersten zehn Wochen in einem Raum dem Schwesternzimmer direkt gegenüber. Er war leicht zugänglich, gut beleuchtet und hell, wird aber für gewöhnlich für Patienten genutzt, denen es schlechter geht als Lauren.

Eigentlich sollte sie in ein Eckzimmer verlegt werden, einen riesigen, sonnigen Raum in Südlage mit einem wundervollen Ausblick auf den Fluss. Aber dort liegt inzwischen ein kleines Kind, und Lauren bezog einen Raum zwei Türen weiter. Das neue Zimmer ist genauso breit wie ihr altes, aber in der Länge fehlen rund dreißig Zentimeter, und da das Fenster schmaler ist, wirkt es irgendwie wesentlich kleiner. Es führt auch auf den Fluss hinaus, allerdings ist vom Bett aus davon wenig zu sehen. Aber wenn Lauren im Sessel sitzt, kann sie über den East River nach Süden blicken, sieht Manhattan, Brooklyn und die Brücke im Verlauf der 59th Street. Und abends sieht sie vom Bett aus die Spitze des Chrysler Building. Und etliche Schritte vom Schwesternzimmer entfernt, ist der Raum ruhiger und dunkler.

Da sie erst vor kurzem verlegt wurde, fehlen noch ihre Bilder und Grußkarten an den Wänden. Der Raum wirkt unpersönlicher. Und auf seltsame Weise wurde das alles noch durch Harry Waizers Umzug in eine Reha-Klinik verstärkt. Es war, als wäre alles Vertraute und Bekannte abrupt entfernt worden.

Doch das Gefühl von Vertrautheit, das sich im Lauf der Zeit aufgebaut hat, ist eine Illusion. Ein Krankenhaus ist kein freundlicher, anheimelnder Ort, auch wenn man Lauren hier das Leben gerettet hat. Doch das Verlassen des Burn Centers ist die beste Methode, ihr das Leben zu erhalten. Lauren darf nur so lange bleiben wie nötig, keinen Moment länger.

Die Ärzte und Schwestern haben sich nicht verändert, sie sind genauso engagiert wie zuvor. Aber die Gewichtung hat sich zwangsläufig verschoben. Das Pflegepersonal muss sich um neue Patienten mit lebensgefährlichen Verbrennungen kümmern, weil Flammen ohne Rücksicht auf Daten und Ereignisse ausbrechen und auch Menschen verbrannt werden können, die sich nicht am 11. September im World Trade Center aufgehalten haben. Zurzeit werden sogar ein paar Kinder behandelt, und sie in ihren Betten liegen zu sehen ist erschütternd. Im Operationssaal herrscht weiter rege Betriebsamkeit, und es gibt andere Patienten, die in ihrem künstlichen Koma rund um die Uhr überwacht werden müssen.

Ich machte es Lauren in ihrem neuen Zimmer so behaglich wie möglich, versuchte ihren Juckreiz zu lindern, half ihr beim Essen ihres Dinners und legte das Band von der Party ein. Als ihre gute Freundin Debra versicherte, sie würde bald mit ihr am New York Marathon teilnehmen, trübte sich ihr Lächeln, und sie vergoss sogar kurz ein paar Tränen über die Erklärung ihrer Mutter, sie fühle sich Lauren nun noch enger verbunden. Der Rest des Bandes zeigte Tyler bei seinen Geburtstagsfestivitäten und beim Spielen. Ich bin mir sicher, es war eine große Freude für sie, ihn auf einem 25-Zoll-Schirm zu sehen.

Als ich gegen Mitternacht das Krankenhaus verließ, fühlte ich mich schon sehr viel besser. Lauren wirkte entspannt und schläfrig. Draußen vor ihrem Fenster floss der East River vorbei, und am Dienstag kommen die Fotos und Karten an ihre Wände.

Montag war ich erstmals wieder bei Euro Brokers – eigentlich zum zweiten Mal, da ich bereits am 2. Oktober einen Besuch abgestattet hatte. Auf meinem Weg zu den neuen Räumen der Geschäftsführung kam ich an langen Tischen mit Wasserflaschen, Kaffeekannen sowie Körben mit Brötchen und Gebäck vorbei, die unsere zerstörte Teeküche ersetzten.

Gil wartete schon auf mich, und ich dankte ihm für seine Hilfe und sein Verständnis, aber er wehrte ab und meinte, das sei doch das Mindeste. Wir sprachen über Lauren und ihre bevorstehende Verlegung in eine Reha-Klinik. Unvermeidlich kamen wir dabei auf ihre Stärke, und er äußerte – wie so viele andere – seine volle Überzeugung, dass sie es schaffen würde. Gil erwähnte, dass Mitarbeitern und ihren Angehörigen noch immer psychologische und soziale Betreuung zur Verfügung stünden, und schlug mir vor, diese Dienste in Anspruch zu nehmen.

Dann traf ich mich mit den anderen Geschäftsführern, die mich alle herzlich begrüßten. Ihnen gegenüber kam ich mir vor wie ein Müßiggänger, denn sie haben in den letzten zweieinhalb Monaten versucht, den Verlust von Kollegen zu bewältigen, sind zu zahllosen Trauerfeiern und Bestattungen gegangen und haben nebenbei die Firma wieder aufgebaut. Das Büro machte den Eindruck, als würde tatsächlich wieder darin gearbeitet. Es herrschte eine deutlich andere Atmosphäre als bei meinem ersten Besuch.

Diese Beobachtung teilte ich unserer Direktorin für Personalmanagement mit, und sie erklärte es damit, dass die Kollegen unter Schock gestanden hätten. Damals wäre ich auf Menschen getroffen, die zutiefst traumatisiert, die in vielen Fällen dem Tod nur mit knapper Not entronnen waren und sich in einem Zustand kollektiver Benommenheit befanden. Doch das würde von Tag zu Tag besser, fügte sie hinzu, bis die Menschen schließlich ihren alten Rhythmus wiederfänden. Ich bin überzeugt, dass die psychologische Beratung diesen Prozess entscheidend begünstigte.

Inzwischen haben die Kollegen die Orientierung wiedererlangt. Sie sitzen an ihren Schreibtischen, führen Telefongespräche und rufen einander lautstark Angebote zu. Die Handwerker und Techniker arbeiten womöglich noch härter und sind rund um die Uhr tätig, die für den Börsenhandel nötige Infrastruktur zu gewährleisten. Doch allen ist bewusst, dass sechzig Menschen nicht mehr da sind, wo sie eigentlich sein sollten, und sehr wahrscheinlich ist die emotionale Bindung an die Firma tiefer als vor den Terroranschlägen. Euro Brokers ist jetzt mehr als ein Unternehmen. Es ist ein Monument.

Ich erfuhr, dass mit dem Verkauf eines T-Shirts Geld für

den Euro-Brokers-Fund gesammelt werden soll. Auf der Brust trägt es die Aufschrift »EB – Never Forget«, und auf dem Rücken ist ein ganz besonderes Sternenbanner zu sehen: Die roten Streifen setzen sich aus den Namen der Mitarbeiter zusammen, die bei den Anschlägen gestorben sind. Ich habe sofort eins gekauft.

Ich unterhielt mich längere Zeit mit dem Psychotraumatologen, und er erklärte mir, es sei bei allem möglichen moralischen Druck meine ureigene und freiwillige Entscheidung gewesen, diese E-Mails zu schreiben und Lauren zur Seite zu stehen. Es sei aber unmöglich, eine Tragödie dieser Größenordnung problemlos wegzustecken, und ich dürfe nicht überrascht sein, wenn sich als »verzögerte Reaktion« Stimmungsschwankungen, Ängste, Gereiztheit und Erschöpfungszustände einstellten. Das sei normal, und die Methoden, darüber hinwegzukommen, seien noch immer die gleichen: Essen, schlafen und etwas Sinnvolles tun.

Wie ihr wisst, tue ich zwei sinnvolle Dinge: Ich bin für Tyler und Lauren da (mit enormer Unterstützung ihrer Eltern), und ich schreibe diese E-Mails, die neben der Sorge für meine Familie das Wertvollste sind, was ich je getan habe. Abgesehen von dem Wunsch, meine Gedanken zu ordnen und zu Papier zu bringen, ging es mir darum, ein Netzwerk der Liebe für Lauren aufzubauen, damit sie das Gefühl hat, von Menschen überall auf der Welt gestützt und getragen zu werden. Mit Freude habe ich gehört, dass meine Schilderungen als anregend und bereichernd empfunden wurden. Aber die Quelle dieser Anregung und Bereicherung ist natürlich Lauren.

Da ihr am Mittwoch eine größere Operation bevorsteht, hatte man im Büro alles Verständnis dafür, dass ich meine Arbeit erst in der kommenden Woche wirklich aufnehme. Man schlug mir vor, lediglich ein paar Telefonate zu führen. Über die werde ich morgen berichten. Danach schnappte ich mir eine der KFC-Tüten, die gerade geliefert wurden, packte mein neues T-Shirt ein und machte mich endlich auf den Weg zu Lauren. Verspätet, und das enttäuschte sie sehr. Am Dienstag werde ich pünktlich sein.

Herzlichst,
Greg & Lauren

Absender: Greg
Empfänger: alle
Datum: Mittwoch, 21. November 2001, 02:01
Betreff: Lauren am 20 November

Heute schaffte ich es pünktlich ins Krankenhaus, und Lauren freute sich, mich zu sehen. Aber sie war nicht allein: Ihre Eltern, die Physiotherapeutin und die Psychologin leisteten ihr Gesellschaft.

Gestern Abend hatte sie mir anvertraut, wie sehr sie auf mich gewartet hätte, so sehnsüchtig, dass ihre Enttäuschung schließlich in Verärgerung umgeschlagen wäre. Das kam auch heute in Anwesenheit der Psychologin zur Sprache, und sie erklärte, wir müssten in der Lage sein, über alle unsere Gefühle ganz offen zu sprechen. Ganz offensichtlich war uns das gelungen, da stimmte Lauren mir zu.

Aber verglichen mit den anderen großen Ereignissen war das eher belanglos.

Heute ist Lauren ohne jede Unterstützung gelaufen (was ich natürlich wieder einmal verpasste). Erst bewegte sie sich mit der Gehhilfe über den Korridor und bewältigte den Rückweg nahezu ohne Hilfe der Therapeutinnen. Dann lief sie noch einmal den Flur entlang und kehrte absolut selbstständig zurück.

Mein Beitrag dazu waren die Sneakers. Heute trug sie die New Balances, und sie waren genau das, was sie brauchte: bequemer, weiter, und sie gaben ihr genügend Halt.

Um halb vier stießen Laurens Arzt und die Sozialarbeiterin zu uns. Grund der Zusammenkunft war es, über die für Lauren am besten geeignete Reha-Einrichtung zu entscheiden und ihre langfristige Therapie zu besprechen.

In gelben Krankenhauskitteln standen wir um Laurens Bett herum. Alle trugen blaue Plastikhauben, nur der Arzt nicht. Er hatte sich die Haare im Nacken zusammengebunden. Mit halb aufgerichtetem Oberkörper lag Lauren im Bett. Sie trug ihr blaues Klinikhemd und eine NYFD-Basecap, die sie vor wenigen Tagen vom Pfleger geschenkt bekommen hatte. Unter den zur Hälfte herabgelassenen Rollos schien die Nachmittagssonne ins Fenster, und Lauren hatte gerade ihre Sonnenbrille abgesetzt.

Ihr Arzt leitete die Besprechung mit der Bemerkung ein, er freue sich über das Treffen, denn es bedeute, dass Lauren das Burn Center bald verlassen könne.

Morgen würde die Operation wie geplant stattfinden, erklärte er, und danach brauche sie fünf Tage, um sich davon zu erholen. Nach weiteren zwei Wochen könne sie in eine Reha-Klinik verlegt werden.

Zur Auswahl standen Rusk, eine Einrichtung der New York University, und Burke in Westchester. Beide gehören zu den anerkannt besten derartigen Einrichtungen weit und breit. Sie unterscheiden sich lediglich durch ihre Lage: Burke befindet sich auf einem 60 Morgen großen Gelände in White Plains im Westchester County, Rusk mitten in Manhattan, an der Ecke 34th Street und First Avenue.

Vor diesem Treffen hatten Lauren und ich wegen der Nähe zu unserer Wohnung Rusk den Vorzug gegeben, aber nun erhielten wir Informationen, die Burke als die bessere Wahl erscheinen ließen.

Das New York-Presbyterian unterhält enge Beziehungen zu Burke und hat Büros in der Nähe. Weder Rusk noch Burke verfügen über einen besonderen Ruf hinsichtlich der Rehabilitation von Brandverletzten, allerdings begründet sich das mit ihrer – glücklicherweise – geringen Zahl. Schlaganfälle und Verletzungen der Wirbelsäule sind nun einmal sehr viel häufiger. Aber beide Einrichtungen bieten genau die Therapie, die Lauren jetzt braucht.

Sie kann laufen, bleibt aber weiterhin auf Unterstützung angewiesen. Sie kann das Bett nicht ohne Hilfe verlassen, sich nicht aufrichten und ihre Hände nicht voll einsetzen. Daher muss sich die Therapie darauf konzentrieren, ihre physische Kraft zu stärken, damit sie von fremder Hilfe unabhängig wird. Aber abgesehen von allen möglichen Fortschritten in der Reha-Klinik wird sie danach und zu Hause noch monatelang auf Pflege angewiesen sein.

Dann brachte der Arzt das Gespräch auf die morgige OP. Dabei wiederholte er noch einmal, dass diese Operation bis jetzt warten konnte, weil die Verletzung der Hand keine lebensbedrohliche Situation darstellte. Die früheren Operationen hatten das Ziel, ihr Leben zu retten, bei der OP morgen geht es um die Wiederherstellung von Funktionsfähigkeiten. (Er betonte, dass sie danach sechs bis zwölf Monate lang von weiteren Eingriffen verschont bleiben würde. Dann beginnen die kosmetischen Operationen.)

Morgen wird er das obere Glied ihres Zeigefingers amputieren sowie kleine Bereiche der anderen drei Finger ihrer linken Hand. Von Anfang an hatte kein Zweifel daran bestanden, dass Amputationen unvermeidlich sein würden. Man hat die OP so weit wie möglich hinausgeschoben, um nach einer längeren Heilphase entscheiden zu können, welche Hautpartien unrettbar verloren sind. Darüber besteht inzwischen Klarheit.

Über das alles wurde Lauren in den vergangenen Tagen informiert, aber morgen findet es tatsächlich statt, und ich kann nichts tun, um es ihr zu ersparen.

Unsere Hände sind unverzichtbare Hilfsmittel unserer Funktionsfähigkeit wie auch Ausdruck unserer Persönlichkeit. Mit ihnen treiben wir Sport, drücken Gefühle aus, schaffen Kunstwerke. Wir brauchen Finger, um einen Golfschläger umfassen und ein Baby auf den Arm nehmen zu können. Lauren ist eine begabte Malerin. In unserem Apartment hängen ein paar wundervolle Skizzen aus ihrer Collegezeit. Die Kunstfertigkeit, mit der sie geschaffen wurden, könnte für immer verloren sein.

Gestern gestand sie mir unter Tränen, auf ganz alltägliche Handgriffe nicht verzichten zu wollen: eine Telefonnummer zu wählen, einen Brief zu unterschreiben, Tylers Windeln zu wechseln. Es wird sie große Mühe kosten, diese Fähigkeiten wiederzugewinnen, und sie wird sich dabei größtenteils auf ihre rechte Hand verlassen müssen.

Heute wollte sie wissen, warum das obere Glied ihres Zeigefingers entfernt werden müsse. Je weniger amputiert würde, desto größer die Gefahr der Funktionslosigkeit, erwiderte der Arzt. Die Fingerspitze könnte sich zu einer Art Kralle verformen und sie dadurch noch mehr einschränken. Daraufhin bat sie ihn, das Notwendige zumindest schonend und ästhetisch ansprechend durchzuführen.

Bisher habe ich mich allzu heftiger Klagen in meinen E-Mails über Lauren enthalten, aber jetzt tut es mir aufrichtig Leid, wie mein wunderschöner Engel durch diese Katastrophe beeinträchtigt wird. Und wie tapfer, gelassen und zuversichtlich sie es erträgt. Ich bezweifle, dass ich auch nur die Hälfte ihrer Stärke aufbringen könnte. Aber ich bete inständig darum, dass es für sie nicht allzu schlimm wird und sie eine größere Funktionsfähigkeit ihrer linken Hand zurückgewinnt, als allgemein für möglich gehalten wird. Sie hat bereits auf anderen Gebieten negative Prognosen korrigiert, aber es gibt für alles Grenzen.

Der Arzt will auch eine fünfzehn Quadratzentimeter große Fläche auf ihrem Gesäß transplantieren und damit die letzte verbliebene Wunde schließen. Der Po ist für jeden Brandverletzten der schwierigste Körperteil für Hautverpflanzungen. Lauren nennt ihn ihre »Achillesferse«. Sie möchte es endlich hinter sich bringen, aber nach der OP wird sie fünf Tage lang ans Bett gefesselt sein.

Und so werden es ziemlich schwere, trübselige Thanksgiving-Feiertage werden. Der einzige Trost besteht darin, dass auch fünf Tage irgendwann einmal vorbei sind. Und wir versuchen werden, sie Lauren so erträglich wie möglich zu machen.

Der Arzt fragte, wo er ihr das Gewebe für die Gesäß-

Transplantation entnehmen sollte. Wenn sie sich für ihren Fuß entschied, würde sie Socken anstelle von Unterwäsche tragen müssen, merkte er an. Es war ein makabrer Scherz; aber er brachte Lauren zum Lachen.

Und dann ergriff sie die Initiative: Die Sozialarbeiterin solle Kontakt zu Rusk und Burke aufnehmen, und der Arzt solle sie so schonend wie möglich »reparieren«. Laurens Vater salutierte militärisch zackig, und wir mussten lachen, denn im Grunde hatte sie uns allen Befehle erteilt. Höchst ungewöhnlich für eine bettlägerige Patientin, aber auch ein glänzender Beweis für die zupackende Art, die Lauren bisher alles überstehen ließ.

Zum Ende der Besprechung erklärte Lauren erstmals selbst ihr Einverständnis mit der OP. (Vor allen vorangegangenen Operationen hatte ich die notwendigen Formulare unterzeichnet.) Diesmal bestätigte ich lediglich ihre Zustimmung.

Danach zeigte uns die Beschäftigungstherapeutin Muster der Kleidung, die Lauren ein Jahr lang tragen muss, und das dreiundzwanzig Stunden am Tag. Diese Spezialkleidung übt Druck auf die Narben aus und verhindert sichtbare Verwachsungen. Mit zusätzlichen Polstern können bestimmte Stellen punktgenau behandelt werden. Für den größten Teil des kommenden Jahres dürfte sie nahezu von Hals bis Fuß in dieser Druckkleidung stecken. Mithilfe der Computertechnologie wird ihr darüber hinaus eine silikonbeschichtete Gesichtsmaske angepasst, die auf alle Gesichtsbereiche gleichmäßigen Druck ausübt. Das Silikon verhindert eine Verhärtung des Narbengewebes.

In vielerlei Hinsicht gibt der morgige Tag Anlass zur Sorge, aber er ist auch ein Durchbruch, ein Schritt in die Zukunft. Ich werde wie immer bei ihr sein, bevor sie in den Operationssaal gebracht wird.

Wenn sie zurückkommt, kann sie vielleicht doch noch das große Eckzimmer beziehen. Ich hoffe es, denn von dort aus hat sie einen besseren Ausblick auf den East River. Und in fünf Tagen können wir den Hauttransplantationen und der Hilflosigkeit endlich den Rücken zukehren. In fünf Tagen sind wir hoffentlich über den Berg.

Viel Glück, Lauren.

Herzlichst,
Greg & Lauren

Absender: Greg
Empfänger: alle
Datum: Donnerstag, 22. November 2001, 00:48
Betreff: Lauren am 21. November

Am Tag der letzten Operation im Burn Center war ich bereits um 7.20 Uhr bei Lauren. Mit geschlossenen Augen und entspannter Miene lag sie auf dem Bett. Ich setzte mich und betrachtete sie einen Moment lang. Es freute mich, dass sie so ruhig schlafen konnte, auch wenn man ihr vermutlich entsprechende Medikamente gegeben hatte. Es war ihr großer Tag, der letzte große Tag dieser Art, und einer, den wir herbeigesehnt hatten, seit sie am 11. September ins Burn Center eingeliefert wurde. Danach wären ihre Wunden »geschlossen«, ihre Verletzungen grundsätzlich geheilt und ihre Aussichten endlich positiv.

Kareen kam herein und sagte mir, Lauren habe um sieben Uhr nach mir gefragt. Es war ein gutes Gefühl, dass sie mich neben ihrem Bett sehen würde, wenn sie die Augen öffnete.

Als sie die Augen aufschlug, lächelte sie.

Ich versicherte ihr, sie würde alles gut überstehen, da sie schon weit schwierigere Eingriffe bewältigt hatte.

Sie wollte wissen, ob ich noch da wäre, wenn sie wieder aus dem Operationssaal kam. Nicht nur das, erwiderte ich, auch während der gesamten Zeit ihrer OP.

Sie erzählte mir, dass sie geträumt hatte, wir wären gemeinsam über eine Landstraße gefahren. Auch ich hätte geträumt, erwiderte ich, von der Prinzessin der Perry Street, die zufrieden und glücklich über ihr Reich herrschte. Sie wusste, dass ich mir das nur ausgedacht hatte, lächelte aber trotzdem.

Ein Krankenträger erschien, um Lauren in den Operationssaal zu bringen. In der Vergangenheit waren dazu vier Leute nötig gewesen: Zwei schoben das Bett, einer die Gestelle mit den Infusionsschläuchen und einer pumpte Luft in ihre Lungen. Heute gab es einen einzigen Tropf, der für den Transport neben ihren Kopf gelegt wurde. Das Bett konnte der Mann problemlos allein bewältigen.

Es gab einen weiteren Unterschied: Sie war wach und möglicherweise trotz der Medikamente nervös und ängstlich. Also lief ich bis zum Fahrstuhl neben ihr her und beteuerte erneut, es könne gar nicht anders als prächtig verlaufen. Während wir auf den Lift warteten, wurde sie ein bisschen emotional und sagte: »Bete für meine Hände. Dass sie gut aussehen werden.«

Das täte ich seit dem 12. September, erwiderte ich, und nicht nur für ihre Finger, sondern auch für ihre Zehen und alles andere.

Die Türen glitten auf, und ich half, ihr Bett in den Fahrstuhl zu schieben. Sie solle die Augen aufmachen, rief ich, denn ich würde unverdrossen im Türspalt stehen bleiben. Sie tat es, ich winkte, und Lauren warf mir einen Luftkuss zu. Nachdem sich die Türen geschlossen hatten, musste ich mit den Tränen kämpfen.

Wahrscheinlich leide ich unter einer dieser verspäteten Reaktionen, von denen der Trauma-Psychiater sprach – und das nicht etwa, weil er mich erst auf den Gedanken gebracht hätte. Plötzlich und unerwartet lässt mich Laurens Anblick in Tränen ausbrechen, was zuvor nicht der Fall war.

Es ist aufrichtige Trauer über ihren Zustand, über die Veränderungen in unserem Leben und tiefes Mitgefühl für sie in ihrem erbarmungslosen Kampf, Verletzungen überstehen zu müssen, die die meisten Menschen nicht überlebten. Obwohl es an ein Wunder grenzt, dass sie es so weit geschafft hat, wird die Rückkehr ins normale Leben noch sehr viel länger dauern. Ich empfinde Laurens Traurigkeit über das Schicksal ihrer linken Hand nach und teile ihren Schmerz beim Erkennen der harten Wahrheit.

Diese Wahrheit ist unvermeidlich und kommt so verzögert, wie Laurens ursprüngliche Verletzungen abrupt, brutal und traumatisch waren. Etwas von dieser Brutalität schwingt selbst in schonend gemeinten Formulierungen nach. Weil ich möglichst schnell schlafen wollte, um heute um sieben im Krankenhaus sein zu können, habe ich gestern Abend versäumt, ein paar Details aus meinem Gespräch mit Laurens Arzt zu erwähnen. Er begründete die Notwendigkeit der Amputationen mit den Worten, es handele sich um »totes« Gewebe. Treffender hätte er es nicht ausdrücken können. Die Wahrheit wurde am 11. September um 8.48 Uhr in der Lobby des Nordturms des World Trade Centers entschieden, und heute wurde sie Realität.

Nachdem Lauren in den OP-Saal gebracht worden war, verließ ich mit Kareen das Krankenhaus, um mir einen Becher Kaffee und ein Brötchen zu holen. Sie sagt mir jeden Tag, wie gern sie Lauren hat, wie sehr sie sich auf sie freut und dass sie ihr ihre Lage so erträglich wie möglich machen möchte.

Sie weiß genau, was Lauren sich wünscht, dass sie es liebt, wenn ihr Zimmer aufgeräumt ist, dass sie gegen sechs erwacht und mit gestoßenem Eis gekühlten Saft trinken möchte. Sie wird Laurens Nächte auch während Thanksgiving teilen, um sie über diese schwierige Phase zu bringen. Sie gönnt sich keinen freien Tag, um Lauren die Feiertage angenehm zu gestalten. Diese Entscheidung einer Frau, die erst vor wenigen Tagen in unser Leben getreten war, ist ein wundervolles Geschenk. Als wir uns vor dem Coffeeshop neben dem Haupteingang trennten, beteuerte sie ihre feste Überzeugung, dass Lauren die OP gut überstehen würde. »Vertrauen Sie auf den Allmächtigen.«

Ich ging in den um diese Tageszeit meist leeren Warteraum und vertraute darauf, dass der Allmächtige die Hand von Laurens Chirurgen führen würde.

Es ist das erste und hoffentlich einzige Mal, dass sie – wenn auch kleine – Teile ihres Körpers verliert. Niemand von uns sollte so etwas durchmachen müssen. Aber sie hat viele Menschen, denen sie etwas bedeutet, die sie lieben, sodass diese Liebe möglicherweise das Leid und die Schmerzen ausgleichen kann.

Gestern sprachen wir mit der Beschäftigungstherapeutin über die Funktionsfähigkeit von Laurens linker Hand nach der Amputation. »Sie meinen, ob sie einen Golfschläger schwingen kann?« fragte sie zurück. »Sicher. Aber wahrscheinlich muss die wulstige Narbe unter ihrem Arm noch nachbehandelt werden.« Sie wandte sich Lauren zu. »Ich habe versucht, mich in Ihre Lage zu versetzen, weil ich ständig an Sie denken muss. Sehen Sie her ...« Die Therapeutin drückte ihren Daumen gegen das untere Zeigefingerglied. »Sie werden schreiben und Dinge aufheben können. Ganz bestimmt.«

Die Operation dauerte vier Stunden. Kurz nach halb zwölf kam Laurens Arzt in das Wartezimmer, um mich zu informieren. Wieder wirkte er zufrieden, aber diesmal weniger über seine Leistungen als vielmehr über die Konsequenzen.

Wie erwartet, musste er die obersten Glieder von Laurens Zeige- und Mittelfinger entfernen. Er hat an mehreren Fingern der linken Hand sowie am kleinen Finger der rechten Hautverpflanzungen vorgenommen. Er sah sich gezwungen, auch den Daumen mit Stiften zu fixieren und die anderen Stifte an den Fingergelenken zu belassen, um ihre Funktionsfähigkeit zu erhalten und zu verhindern, dass sich ihre Finger klauenartig verformten. Er hatte Haut von ihrer Hüfte auf die linke Gesäßseite transplantiert und vernäht – nicht geklammert –, weil das die Heilungschancen verbesserte.

Um zu verhindern, dass sie durch Beinbewegungen das neue Transplantat aufreißt, wurde das Knie geschient und mit Bandagen umwickelt. Am Abend zuvor traten ebenfalls Schwierigkeiten mit den Sehnen der rechten Hand auf. Damit sie ihre volle Beweglichkeit wiedererhält, wird auch diese Hand für die nächsten fünf Tage eingegipst.

Das alles wird Lauren ungemein behindern. Und die entscheidende Frage hieß: Ist Lauren nach dieser Operation wirklich über den Berg? Hat sie das Stadium erreicht, in dem ihr eine signifikant positivere Prognose gestellt werden kann? Sie war in einem akut kritischen Zustand in das Burn Center eingeliefert worden und schwebte lange in der Gefahr, an ihren Verletzungen oder einer Infektion zu sterben. Man hatte damit gerechnet, dass es – nach dem Erfahrungswert: ein Tag für jedes Prozent Hautverbrennung – dreiundachtzig Tage dauern würde, bis ihre Wunden geschlossen sein würden, lange, schwierige Tage mit komplizierten Operationen, ständiger Infektionsgefahr und einer permanenten Überlastung ihres Organismus. Aber Lauren hatte lediglich einundsiebzig Tage gebraucht.

Laurens Arzt machte allerdings zwei Einwände: die noch offene, aber heilende Wunde des Luftröhrenschnitts und eine anhaltende Immunschwäche für die Dauer eines Monats. Aber dann sagte er mit plötzlich sehr viel heiterer und zuversichtlicherer Stimme: »Ja, sie ist über den Berg.«

Über den Berg!!! Endlich hatte sich das Blatt gewendet.

Auf gewisse Weise fühlte ich mich, als hätte ich den Heiligen Gral gefunden. Aber dieses Hochgefühl wurde durch die Begleitumstände erheblich gedämpft. Ihr größter Triumph, ihre World Series Trophy, besteht für Lauren zunächst vor allem aus Schmerzen und Bewegungsunfähigkeit.

Ich dankte dem Arzt und betonte, ich könne kaum fassen, dass wir es tatsächlich geschafft hatten. Höchstwahrscheinlich hat er Lauren das Leben gerettet, fügte ich hinzu. »Sie und der Bursche, der sie zur Ambulanz geschafft hat, waren die beiden Menschen, die sie brauchte, um überleben zu können.«

»Ich danke Ihnen für diese Worte«, erwiderte er.

In der Vergangenheit wurde Lauren direkt nach einer Operation in ihr Zimmer zurückgebracht, weil sie künstlich beatmet wurde und nicht aufwachen würde. Diesmal brachte man sie in den Aufwachraum wie eine ganz normale OP-Patientin. Zum ersten Mal fuhr ich in die Chirurgische Abteilung hinunter und traf Lauren in einem großen Raum mit jeweils zehn Betten an den vier Wänden an, in dem sich Patienten von ihrer OP erholten, während Schwestern Monitore und Geräte überwachten. Lauren lag bereits wach in einer Ecke. Sie hatte Schmerzen, und ihr Mund war ganz trocken. Ich setzte mich zu ihr, fütterte sie mit gestoßenem Eis und befeuchtete ihr die Lippen, während eine Schwester ihr eine Morphiuminfusion gab.

Als sie heraufgebracht wurde, bekam sie tatsächlich das Eckzimmer. Der neue Raum ist fast doppelt so groß wie der, in dem sie die letzten beiden Nächte verbrachte. Zwei große Fenster führen nach Süden, und weil das Zimmer so geräumig ist, kann das Bett so gestellt werden, dass sie den Fluss überblickt. Strahlend scheint die Sonne herein. Vielleicht ist es ein wenig zu hell, aber sie hat zwei Sonnenbrillen, um sich dagegen zu schützen.

Lauren steht sogar ein Schlafsessel für Gäste zur Verfügung. Ich bin entschlossen, diese Gelegenheit zu nutzen.

Bald nach ihrem Einzug in das neue Zimmer wurde Lauren von heftigem Juckreiz gequält und merkte, wie eingeschränkt ihre Bewegungsfähigkeit war. Nachdem ihre rechte Hand eingegipst worden war, sah sie mich an und äußerte Angst.

Ich versuchte sie zu beruhigen und hielt ihr vor Augen, dass die OP nötig gewesen sei, damit sie das Burn Center endlich verlassen und mit ihrer Reha-Therapie beginnen könne. Ich räumte ein, dass das leichter gesagt sei als getan, aber es seien schließlich nur fünf Tage. Nach fünf Tagen hätte sie alles überstanden, und wenn es nicht zu einer Kontraktur kam (einer reflektorischen Muskelverkürzung, die physiotherapeutisch nicht behandelt werden kann), bliebe sie für mindestens sechs Monate vor weiteren Operationen verschont.

Pünktlich um halb acht kehrte Kareen zurück und fragte, wann ich nach Hause gehen würde. Erst da wurde mir klar, dass ich bereits volle zwölf Stunden im Krankenhaus war. Lauren freute sich sehr, sie zu sehen, und Kareen begann, für den Abend und die Nachtstunden benötigte Dinge bereitzustellen: Saft, Eis, frische Bettwäsche.

Neben Morphium und Antidepressiva würde vor allem ein Videoband Lauren Juckreiz und Ängste vergessen lassen: fünf Folgen von »I Love Lucy«.

Als ich in das Schwesternzimmer ging, um das Band in einen der beiden Videorecorder einzulegen, traf ich dort Laurens Arzt an, und er erzählte mir, dass er vor wenigen Tagen erstmals mit einem Freund Ground Zero aufgesucht habe. Der Freund, ein ehemaliger leitender Angestellter von American Express, hatte es sich nicht nehmen lassen, bei der Wiederherstellung des Gebäudes zu helfen, das zum World Financial Center gehört. Sie hätten aus dem einundfünfzigsten Stockwerk auf Ground Zero hinabgesehen, ein Anblick, der der halben Höhe der Türme entsprach. Dann wären sie über das Trümmergelände gelaufen, und das Chaos sei einfach unglaublich. Wir wären ähnliche Szenen gewöhnt, wenn etwas Neues erbaut wird, aber hier geht es um Abbruch.

Unglaublich sei vor allem, dass es Menschen gab, die dieses Ausmaß von Verheerung lächeln ließ, fügte ich hinzu.

Die Katastrophe hätte ihn zutiefst erschüttert, obwohl er von ihr nicht so direkt betroffen gewesen sei wie Lauren und ich. Wieder äußerte ich meine Überzeugung, dass vermutlich niemand mehr für die Rettung von Menschenleben getan hatte als er und seine beiden Kollegen im Burn Center. Wahrscheinlich ist niemand mit dem Ausmaß und den Folgen der Tragödie so vertraut wie diese drei Ärzte. Sie hatten ihre Rettungsversuche noch wochenlang im Operationssaal fortgesetzt und heute Vormittag vermutlich einen ihrer bedeutenderen Erfolge erzielt.

Die Belegschaft des Burn Centers, das lange und enge Beziehungen zur Feuerwehr von New York unterhält, hat ebenfalls Verluste erlitten. Als Lauren operiert wurde, sprach ich mit der Sozialarbeiterin, und sie erzählte mir, dass der Mann einer Kollegin, ein Feuerwehrmann, im WTC sein Leben lassen musste. Er hatte sich über Walkie-Talkie aus dem vom Einsturz bedrohten Gebäude gemeldet: »Es gibt hier Verletzte, wir können sie nicht im Stich lassen.«

Tausende haben ihr Leben verloren, aber im Eckzimmer des Burn Centers liegt jemand, der gerettet und am Tag vor Thanksgiving für »über den Berg« erklärt wurde. Wenn wir uns später an diesen Tag erinnern, werden wir vielleicht begreifen, dass es nie ein bedeutsameres Thanksgiving gab als das des Jahres 2001.

Herzlichst,
Greg & Lauren

Absender; Greg
Empfänger: alle
Datum: Freitag, 23. November 2001, 08:27
Betreff: Lauren am 22. November, Thanksgiving-Ausgabe

Den Morgen des Thanksgivingtages verbrachte ich mit Tyler. Ich habe euch erzählt, dass ihn seine Mom zum Tanzen gebracht hat, aber noch nicht, wie sehr es ihm gefällt. Sobald er nur ein paar Töne hört, beginnt er im Rhythmus zu schaukeln. Eines Tages wird er seinem bassspielenden Dad nacheifern, so viel ist sicher.

Tylers Mom hatte ein angenehmes Thanksgiving. Schon vormittags schien die Sonne strahlend und hell in ihr Zimmer. Da ich nicht schon morgens zu ihr gehen konnte (Tyler wollte ich nicht mitnehmen. Er hätte in der Halle zurückbleiben müssen), ließ ich mich von sorgsam gestaffelten Familiendelegationen würdig vertreten. Um zehn Uhr tauchten Laurens Eltern bei ihr auf, um elf meine Schwester mit ihrem Mann und ihrer kleinen Tochter, die natürlich im Warteraum bleiben musste, sowie meine Mutter und ihr Mann um eins. Auch Laurens Schwester kam vorbei, sodass es ihr nie an Gesellschaft fehlte, bis ich gegen halb drei im Burn Center erschien.

Ihr Bett stand am Fenster, damit sie auch im Liegen auf den East River blicken konnte. Sie trug eine NYPD-Basecap, die ihr meine Schwester mitgebracht hatte, und ihre Sonnenbrille. Sie sah ausgesprochen hip aus, wie jemand, der gerade ein Gesichtspeeling erhalten hatte.

Natürlich auch ein Körperpeeling. Lauren steckt von oben bis unten in neuer Haut. Ihre Muskeln haben viel von ihrer Spannkraft verloren. Wenn sie die Arme hebt, kann man sehen, was daraus geworden ist. Im gesunden Zustand tendieren Muskelfasern in eine Richtung, können während des Heilungsprozesses derart schwerer Verletzungen die »Orientierung« verlieren und sich verheddern. Lauren wird fleißig trainieren müssen, um ihre normalen Körperfunktionen zurückzugewinnen, aber sie lässt kaum eine Minute verstreichen, ohne gesundheitsfördernde Übungen durchzuführen. Sie ist die personifizierte Energie.

Zum Lunch gab es für Lauren einen Garnelencocktail und Krabbensalat. Später wurde für Patienten und Pflegekräfte ein opulentes Thanksgiving-Buffet aufgetischt, eine Spende von Christine, der Sängerin und Songschreiberin, die gerade erst aus Chicago zurückgekehrt war, wohin sie den brandverletzten Börsenmakler zu Aufnahmen für die »Oprah«-Sendung begleitet hatte, die am 29. November ausgestrahlt wird.

Ich holte Lauren eine Portion Thanksgiving-Dinner. Als ich zum Buffet zurückkehrte, um selbst einen Happen zu essen, traf ich mit dem Börsenmakler zusammen. Er wirkte gesund, munter und voller Energie. Seine Druckärmel glänzten in einem modischen Schwarz. Er berichtete von den TV-Aufnahmen in Chicago und bot mir einen Eisbecher an. Die Firma Ben & Jerry's hatte eine große Auswahl an Eiscreme gespendet und war offenbar auch der Sponsor für eins der Projekte, mit denen er sich befasste. Irgendwie ist mir nicht ganz klar geworden, um welche Art von Projekten es sich handelt, aber er ist beschäftigt und scheint entschlossen, die Aufmerksamkeit zu nutzen, die ihm entgegengebracht wird. Warum auch nicht? Seine Geschichte ist ähnlich beeindruckend wie Laurens, wenn auch nicht so langwierig und kompliziert, wie er betont.

Lauren ist und bleibt ein Wunder. Ihre Hände heilen, ihre Wunden sind geschlossen, und die ihr Nahestehenden wissen, dass sie die längerfristige Zukunft ins Auge fassen können.

Unüberlegt erzählte ich ihr, sie hätte das Schlimmste überstanden. Verblüfft sah sie mich an. Schnell fügte ich hinzu, damit hätte ich das Infektionsrisiko gemeint, aber da auch ihr Luftröhrenschnitt in den nächsten Tagen heilen würde, sei auch diese Gefahr gebannt. Erstmals ist sie ihrem alten Leben außerhalb des Burn Centers näher als dem Tag, an dem sie verletzt wurde.

Lauren freute sich sehr über die vielen Besucher. Sie hatte mit ihren Eltern und mir gerechnet, aber stattdessen gaben sich die Besucher förmlich die Klinke in die Hand, und ihre Schwester brachte ihr einen kleinen Kranz aus buntem Herbstlaub mit, der einen würdigen Platz unterhalb ihrer Fotogalerie erhielt.

Ich versicherte ihr, es sei ein geradezu wundervolles Thanksgiving, weil sie die vergangenen schrecklichen Wochen so gut überstanden habe und weil sie noch bei mir war. Unversehens brach sie in Tränen aus und sagte, sie sei unglaublich glücklich. Gott habe seine segnende Hand über sie gehalten, erklärte ich, ihr Schutzengel sie unter seine Fittiche genommen, und ich würde sie mehr lieben als alles andere auf der Welt.

Sie wollte sich *Wunder von Manhattan* ansehen, der an

diesem Abend in AMC lief, und war in der genau richtigen Stimmung dafür. Gegen Ende des Films gibt es eine Szene, die an unseren Hauskauf in Pine Plains erinnert. Während der Fahrt über eine Landstraße lässt Natalie Wood plötzlich das Auto anhalten, schreit »Ich wusste es« oder so ähnlich und stürzt auf ein Haus zu. Ihr Weihnachtswunsch war ein eigenes Haus gewesen, und Edmund Gwenn, der sich als Santa Claus entpuppt, hatte es ihr tatsächlich geschenkt.

Vor drei Jahren hat Lauren sich ähnlich verhalten. Mitten auf einer Landstraße in Pine Plains rief sie: »Halt an!« Sie hatte ein Haus am Straßenrand wieder erkannt, das ihr bei Nachforschungen im Internet aufgefallen war. Die Maklerin im Auto hinter uns wollte es uns eigentlich gar nicht zeigen, weil es sich um einen Neubau handelte, aber sie hatte die Schlüssel dabei. Die Lage inmitten von Bergen und Pferdefarmen war atemberaubend und das Haus so schön, dass Lauren beschloss, es zu kaufen. Der einzige kleine Unterschied zwischen Film und Realität besteht darin, dass sich Lauren ihren Traum selbst erfüllte. Wenn Lauren das nächste Mal über die Schwelle unseres Landhauses tritt, wird sie den Unterschied zwischen dem Film und ihrem Leben weiter verringern. (Beispielsweise zu der Szene, in der Natalie Wood, John Payne und Maureen O'Hara das Haus beziehen.)

Laurens Arzt verfügt über das erforderliche Silberhaar und die liebenswürdige Art, auch wenn er bei weitem zu dünn und glatt rasiert ist sowie anstelle einer pelzbesetzten roten Jacke einen weißen Kittel trägt. Und Lauren hat einen Sack voller Grüße von Kindern, die ihr alles Gute und Gottes Segen wünschen. In Anlehnung an den englischen Originaltitel (*Miracle On 34th Street*) möchten wir vom »Wunder der 68. Straße« sprechen. (Ich bin sicher, dass Zahlenfreaks unter euch längst bemerkt haben, dass zweimal 34 genau 68 ergibt.)

Wir verließen das Krankenhaus und fuhren zu meiner Freundin Kitty. Bei ihr Thanksgiving zu feiern, ist eine rund fünfjährige Tradition, und ich hatte das Bedürfnis, sie nicht zu brechen. Im vergangenen Jahr war Tyler gerade einen Monat alt und verbrachte mehr als eine Stunde auf Kittys Armen. Ein Jahr später hockte er fasziniert auf seinem Babysitz und starrte aus dem Autofenster. Wir erschienen nicht als Familie Manning, sondern eher als Manning-Clan: Laurens Eltern, meine Mutter und ihr Mann, meine Schwester nebst Mann und Tochter – insgesamt zehn Leute.

Wir kamen eine Viertelstunde zu spät, und als Folge von Kittys geradezu militärischer Pünktlichkeit stand das Essen bereits auf dem Tisch: Es gab eine Pute mit köstlicher Füllung, Kartoffelpüree, karamellisierte Karotten, Süßkartoffeln und natürlich Cranberry-Sauce. Auch Kittys Anhang war in voller Mannschaftsstärke erschienen: Scot (wieder aus Japan zurück), ihre Schwester Gwyneth, ihr Schwager und ihre Nichte, eine Jugendfreundin aus Philadelphia und ein hoch aufgeschossener Freund vom Theater (der Lauren etliche wundervolle Karten geschickt hatte). Beim Betreten des Esszimmers wurde mir ein Glas trockener Sherry in die Hand gedrückt, und dann setzten wir uns alle zum Festmahl nieder. (Ich hatte Tylers Ställchen mitgebracht, und die beiden Kleinen spielten darin eine Weile miteinander, damit die Erwachsenen speisen konnten. Eine sehr kurze Weile.)

Plötzlich spürte ich Laurens Abwesenheit so akut und schmerzlich bewusst wie seit Rosch Ha-Schana nicht mehr, dem jüdischen Neujahrsfest. Inzwischen waren mehr als zwei Monate vergangen. Ich hatte das Gefühl, über nichts anderes reden zu können als über ihr Befinden, aber alle hatten die E-Mails gelesen, und denen war nichts hinzuzufügen. Ich empfand eine große Leere in mir. Normalerweise ziemlich gesprächig, fiel mir absolut nichts ein, worüber ich reden könnte. Verbrennungen und Kriege sind nun einmal keine Gesprächsthemen an einer festlichen Tafel.

Niedergeschlagen stand ich auf, nahm Tyler auf den Schoß, fütterte ihn und machte mir bewusst, dass es das erste größere Fest allein mit Tyler war – ohne Lauren. Wir kümmerten uns nicht gemeinsam um ihn, wechselten uns in der Fürsorge für ihn nicht ab, das alles fiel mir jetzt allein zu. Obwohl Lauren in unser aller Gedanken war und wir auf ihre Gesundheit und ihr Glück tranken, war sie weit davon entfernt, in unserer Mitte zu weilen. Widersprüchliche Gefühle überwältigten mich: Freude über Tyler, Einsamkeit und Bedauern über Laurens Abwesenheit, Trauer über die Veränderung unseres Lebens – und beklemmende Furcht bei der Vorstellung der Gefühle all der Menschen, die am 11. September ihre Liebsten verloren hatten.

Glücklicherweise hielt diese Stimmung nicht lange an. Nachdem ich einiges von dieser E-Mail getippt hatte, fühlte ich mich in der Lage, wieder hinaufzugehen und meinen gesellschaftlichen Pflichten nachzukommen. Zum Nachtisch gab es den berühmten Pecan Pie von Laurens Mutter, eine Cranberry-Birnen-Torte und eine Auswahl an Ben & Jerry's-Eiscreme. Alles ganz ausgezeichnet.

Dann war es an der Zeit, die Heimfahrt anzutreten. Wie immer verhielt sich Tyler ausgesprochen metaphorisch. Er blickte unverwandt nach vorn, wie wir alle, und obwohl er in seinem Babysitz bald einschlief, konnte er gewiss sein, dass wir ihn sicher nach Hause brachten. Das ist unser Thanksgiving-Wunsch für Lauren: Komm sicher nach Hause.

Herzlichst,
Greg & Lauren

Absender: Greg
Empfänger: alle
Datum: Sonnabend, 24. November 2001, 07:09
Betreff: Lauren am 23. November

Als ich ins Krankenhaus kam, erzählte mir Lauren sofort, wie sehr sie sich freue, mich zu sehen. Es ging ihr nicht gut. Es fiel ihr sehr schwer, eine zumindest einigermaßen erträgliche Lage zu finden. Zu meiner Überraschung hatte man ihr die Knieschiene abgenommen, aber die Schwestern versicherten mir, das hätte keine nachteiligen Auswirkungen auf das L-förmige Transplantat auf ihrer linken Gesäßhälfte.

Lauren verbrachte die eine Hälfte ihrer Zeit auf dem Rücken liegend, die andere auf der rechten Seite. Kissen stützten sie ab und wurden wieder entfernt, sobald sie sich ausstrecken wollte. Man hüllte sie in Decken ein, wenn ihr kalt war, schlug diese jedoch zurück, wenn sie zu schwitzen begann.

Diese Prozeduren und die damit verbundenen Beschwerden waren ziemlich lästig, und als ich am späten Nachmittag zu ihr kam, wirkte sie erschöpft. Neben ihrem Bett saß eine Frau, die ich noch nicht kannte. Wie sich herausstellte, hatte der Stationspfleger dafür gesorgt, dass Lauren in der nächsten Zeit auch tagsüber so gut versorgt wurde wie nachts durch Kareen.

Viele für Laurens Wohlbefinden nötige Dinge – Hilfe beim Aufrichten, beim Essen, beim Einschalten des Video- oder CD-Recorders – brauchte nicht unbedingt eine Schwester oder ein Pfleger zu übernehmen, daher hatte der Pfleger vom Dienst bei der Verwaltung nachgefragt, ob das Krankenhaus dafür nicht jemanden zur Verfügung stellen könne. Und das mit Erfolg. Vielleicht ist so etwas nicht gerade typisch für Krankenhäuser, aber beim Burn Center überrascht es kaum. Das Personal hat eine ganz besondere Beziehung zu Lauren, teils aus Stolz, zu einer so bemerkenswerten Genesung beigetragen zu haben, teils aus echter Zuneigung zu ihr, ihrer Tapferkeit und Energie.

Im Burn Center liegen noch zwei andere Patienten, die bei den Anschlägen am 11. September verletzt wurden und die ihre schweren Verletzungen weniger gut in den Griff bekommen haben. Zum großen Teil liegt das an ihren Lungenschäden (ein Mann leidet unter häufigen Lungenentzündungen). Ich habe die Gesichter dieser Patienten gesehen. Ihre Augen stehen offen, sie sind wach, aber sie wirken verzweifelt und lethargisch. Die Frustration über das, was ihnen angetan wurde, muss überwältigend sein.

Selbstverständlich ist Lauren keine »Superfrau«, auch sie hat Momente der Verzweiflung. Heute haben wir wieder über Cantor Fitzgerald gesprochen. Als sie nach einem Kollegen fragte, konnte ich ihr mitteilen, dass er auf der Liste der Überlebenden stand. Aber dann erkundigte sie sich nach einem anderen Mann, und er stand nicht auf der Liste. Kaum hatte sie bei einem Namen aufgeatmet, stürzte sie der nächste wieder in Trauer. Ich bat sie, nicht so intensiv über die Katastrophe nachzudenken, und riet ihr, sich stattdessen Ruhe zu gönnen und sich ganz auf ihre Genesung zu konzentrieren.

Wieder sprachen wir darüber, wie viele Menschen für sie beteten, und kurz danach begann sie »Day by Day« aus *Godspell* zu singen. Ich stimmte mit ein, aber sie forderte mich auf, mit dem Singen aufzuhören. Ich bin kein sonderlich toller Sänger. Mit Tränen in den Augen und unsicherer Stimme quälte sie sich durch das Lied, während leise zischend Luft aus ihrem Luftröhrenschnitt entwich. Sie hätte unbedingt singen wollen, erklärte sie, sie *musste* es einfach. Offenbar wollte sie die Tatsache, nahezu unbeweglich im Bett liegen und ständig negative Nachrichten hören zu müssen, durch eine positive Note verbessern. Dann bat sie Kareen, ihr einen Gospelsong beizubringen.

Wir versuchten sie zu beruhigen und hatten damit durchaus einigen Erfolg. Als die Nachtschwester zum Dienst erschien, bekam Lauren Medikamente gegen die Schmerzen und den Juckreiz, und danach sah sie sich *Mach's noch einmal, Sam* in TCM an. Kareen holte ein Zitroneneis und hielt es ihr an die Lippen, damit sie es problemlos lutschen konnte. Als es Zeit für den Aufbruch war, wollte Lauren mich nicht gehen lassen. Ich blieb noch eine Stunde, bis sie sich besser fühlte.

Insgesamt machte sie auf mich einen guten Eindruck. Sie bewegt sich mehr, und es scheint ihr leichter zu fallen. Ihr Gesicht ist fast wieder wie früher, nur ein wenig trauriger. Der Kontrast zu anderen Patienten, die in den vergangenen Wochen mit ähnlich schweren Verletzungen wie Lauren eingeliefert wurden, ist erschütternd. Wenn ich an ihren Zimmern vorbeigehe, bewegt sich nie einer von ihnen oder hebt auch nur die Hand. In diesem Zustand hat Lauren Wochen zugebracht. Obwohl ich weiß, dass es auch ihnen irgendwann besser gehen wird, empfinde ich tiefes Bedauern, wenn ich an diesen Räumen vorbeigehe.

Ich bin zwar nur selten im Wartezimmer, aber auch dort fallen mir neue Gesichter auf. Ich sehe Familien, die einen ähnlich schweren Weg vor sich haben. Ich kann ihre Gefühle nachvollziehen und weiß, dass sie in unterschiedlicher Form auftreten können: Verbitterung, Zuversicht, Entschlossenheit.

Gestern Abend lernte ich im Umkleideraum zwei Frauen kennen. Ihre Familie hat bei einem Wohnungsbrand in Brooklyn drei Kinder verloren, und der Bruder der einen Frau liegt mit Verbrennungen von fünfzig Prozent im Burn Center. Ich glaube, sie sind mit den beiden Frauen verwandt, die am Abend zuvor miteinander darüber stritten, wer für den Ausbruch des Feuers verantwortlich sei. Zwei sehr unterschiedliche Reaktionen auf dieselbe Tragödie. Wir können uns mit unserem Schicksal nur versöhnen, wenn wir angesichts des Bösen zur Liebe fähig sind. Ich habe gestern sehr viel Liebe erfahren, und das nicht nur von der Prinzessin der Perry Street.

Gestern Vormittag spielte ich den Gastgeber für weitere Angehörige des Manning-Clans: meine Cousine nebst Mann und ihre vier Kinder aus Israel. Die Cousine ist die Tochter des Onkels, der mir den Band mit schottischen Liedern geschickt hat. Zu uns stießen auch meine Schwester mit ihrem Mann und ihrer Tochter sowie meine Mutter.

Diese Cousine war das fröhlichste Kind, das ich je gesehen habe (bis auf Tyler), ein kleines Mädchen, das unablässig lachte und jauchzte. Und jetzt hat sie selbst vier Kinder, das älteste ist dreizehn oder vierzehn. Seit anderthalb Jahren leben sie in Boston und hatten uns nach dem 11. September immer wieder ihren Besuch angekündigt.

Endlich hat es geklappt. Sie haben Tyler einen weißen

Laster mitgebracht und eine Babypuppe für meine Nichte. Die Kinder spielten mit Tyler, der in helles Lachen ausbrach, wenn auch nicht ganz so übermütig wie meine Cousine in seinem Alter. Natürlich musste er ihnen vorführen, wie gut er tanzen konnte.

Es waren großartige, unbeschwerte Stunden. Wir veranstalteten ein Nach-Thanksgiving-Pizza-Fest und verbrachten den ganzen Tag miteinander, bis es für mich Zeit war, ins Krankenhaus zu gehen.

Lauren ging es so gut, dass ich mich danach unbesorgt mit einem Freund, dem Sohn einer Jugendfreundin meiner Mutter aus Wien, zu einem späten Essen treffen konnte. In High-School-Tagen hatten wir zusammen mit unseren Vätern Skitouren unternommen, uns aber nach einem erinnerungswürdigen Trip nach Lake Placid nicht mehr gesehen. Und das war rund dreißig Jahre her.

Inzwischen ist er Biologe an der Stanford University. Wir verbrachten zwei wundervolle Stunden miteinander, bei denen uns nie der Gesprächsstoff ausging. Es überrascht mich, wie viel mich noch immer mit Menschen verbindet, mit denen ich als Kind zusammen war, und wie leicht sich die alten Kontakte wieder erneuern lassen, obwohl wir mittlerweile recht betagte Erwachsene sind.

Wir hatten uns aus den üblichen Gründen aus den Augen verloren: Zeitmangel, Entfernung und die Erinnerung an die Unbeholfenheit in einem gewissen Alter. Die Terroranschläge haben das alles aufgehoben, und es stellt sich heraus, dass wir alle früheren Gemeinsamkeiten nicht vergessen haben, ganz gleich, wie viel Zeit inzwischen auch verstrichen ist.

Es war ein höchst angenehmes Beisammensein. Wir tauschten Erinnerungen aus, brachten einander auf den neuesten Stand und bewunderten Laurens Fortschritte nach der furchtbaren Tragödie, die unser Leben und die Welt verändert hatte.

Viele von uns haben wieder zueinander gefunden, Jahrzehnte sich in nichts aufgelöst. Vorherrschend ist das Bedürfnis, einander Beistand zu leisten, und die Erkenntnis, dass es nun leichter fällt, Liebe und Zuneigung auch auszudrücken. Falls es mir daran fehlte, um es an Lauren weitergeben zu können, so habe ich es gestern bekommen.

Herzlichst,
Greg & Lauren

Absender: Greg
Empfänger: alle
Datum: Sonntag, 25. November 2001, 10:29
Betreff: Lauren am 24. November

Ich sitze in Laurens Zimmer und beobachte die Strömung des East River zwischen Roosevelt Island und Manhattan. Die Lampengirlanden der Queensboro Bridge schicken ihr Licht auf die Fahrbahnen. Unten auf dem FDR Drive haben die Autos bereits ihre Scheinwerfer eingeschaltet.

Es ist ruhig und friedlich, aus dem CD-Player erklingt Vivaldi.

Meine Liebste schläft. Halb auf der Seite liegt sie im Bett, ihre bandagierten Hände ruhen in Hüfthöhe. Die Bettdecke hüllt sie bis zum Schlüsselbein ein. Der Monitor hinter ihr informiert über Herzfrequenz und Blutdruck.

Ballons mit Aufschriften wie »Gute Besserung« und »We Love You« schweben im Luftzug der Belüftungsanlage über dem Computer, den mir die Schwestern geliehen haben. Ich sitze auf einem Drehstuhl und tippe leise vor mich hin (eine durchsichtige Plastikdecke auf dem Keyboard dämpft die Geräusche). Ich hoffe, Lauren träumt von einer musikdurchfluteten, sternenfunkelnden Landschaft.

Ringsum halten die stummen Helfer ihrer Genesung Wache. Das Infusionsgestell trägt erstmals seit dem 11. September weder Schläuche noch Behälter und wirkt irgendwie nackt. An seiner obersten Querstrebe hängt ein einsames Stethoskop. An der Wand zwischen den Fenstern lehnt ihre Gehhilfe. Auf dem Teewagen daneben stehen ein angebrochener Becher Schokopudding, Apfelsaft, ein rosa Plastikgefäß mit Eiswasser, ein Karton Zellstofftücher, drei ineinander gestapelte Kunststoffbecher, eine Packung SnackWell-Bananenkekse und eine kleine Blechdose mit Cranberry-Birnen-Kuchen.

Ein Regal auf Rollen enthält Pflegeutensilien: zehn mal zehn Zentimeter große Mullpolster, durchsichtiges Klebeband zum Befestigen von Verbänden, Spritzen, Vaseline, A&D-Salbe, Medikamente, einen Sack für benutzte Nachthemden, einen Stahlbehälter für Bio-Abfall, eine flache, rechteckige Plastikschachtel für die Aufnahme gebrauchter Spritzennadeln.

Auf dem Fensterbrett liegen Spandage-Binden, die Lauren früher von Kopf bis Fuß einhüllten, Ace-Bandagen, Dermabond-Streifen sowie unterschiedlich lange und breite Schienen. Es gibt Beutel mit Videobändern und solche für Körperpflegeartikel wie Zahnpasta, Zahnbürste und Oil of Olaz. Kartons quellen vor Büchern und CDs förmlich über. Die Wände schmücken Grüße von Angehörigen, Freunden und Fremden, bunt bemalte Karten von Schulkindern, handgeschriebene Genesungswünsche von Erwachsenen sowie Fotos von Verwandten, Freunden und einer gesunden, lächelnden Lauren Manning mit ihrem Sohn und ihrem Mann.

Seit fast vier Stunden und unterbrochen nur durch ihr Dinner aus Fischfilet, Tater Tots und grünen Bohnen, schläft sie in halbstündlichen Intervallen. Die Rollos sind heruntergelassen, das Zimmer ist bis auf die Bildschirme sowie ein paar grüne Blinksignale am Kopfende ihres Bettes dunkel.

Der schönste Anblick im Raum ist ihr Gesicht: Leicht gerötet wie nach einer körperlichen Anstrengung, aber endlich ohne Schläuche und Pflaster. Nachdem Lauren bereits einige Nächte ohne zusätzliche Proteinversorgung verbracht hatte, ordnete ihr Arzt heute an, den Schlauch endgültig zu entfernen. Gegen sieben, also vor nicht langer Zeit, spülte ihn die Schwester mit klarem Wasser, hob das Pflaster von Laurens Nase und zog den Schlauch heraus. Das alles dauerte gerade einmal sechs Sekunden. So endete eine Ära.

Laurens Gesicht ist wieder genau das – ein Gesicht –, und ihre Nase fungiert nicht mehr als Kanal zu ihrem Magen. Auch die Kanüle in ihrem linken Arm (über die man ihr schmerzbetäubende Mittel zuführt) wird in den nächsten Tagen verschwinden. Ihre Familie hofft, dass sie morgen einen gesunden Appetit hat. Ich bin sicher, er wird geradezu enorm sein, und denke darüber nach, aus welchem Restaurant ich ein Haute-Cuisine-Menu liefern lassen soll, damit sie es angesichts ihres Panorama-Ausblicks genießen kann.

Ihre Beine sind von Tubi Grips umhüllt, stützenden Binden, die eine Festigung des heilenden Gewebes fördern. Da seit der OP drei Tage vergangen sind, haben sich die Ärzte heute ihre linke Hand und die Transplantate auf dem Gesäß angesehen. Es verlief offenbar zu ihrer Zufriedenheit, und auch Lauren scheint vom Aussehen ihrer Hand angetan zu sein. Die schwarzen Fingerspitzen, die seit dem 11. September unter ihren Spandage-Verbänden hervorlugten, gehören der Vergangenheit an.

Ob das nun an der einlullenden Wirkung meiner Gesellschaft liegt, an der Genugtuung, einen weiteren der lästigen Schläuche los zu sein, oder auch an den Schmerzmedikamenten, die sie um drei Uhr bekommen hat – sie schläft jetzt ruhiger als häufig während ihres künstlichen Komas.

Die Szene tiefer Stille steht in scharfem Kontrast zu dem Jubel, der ausbrach, als ihr der Schlauch entfernt wurde. Ich sprang von einem Fuß auf den anderen und wedelte mit den Armen wie ein Cheerleader, bis Lauren leicht amüsiert bemerkte: »Du bist ja noch begeisterter als ich.«

Wenn es ihr möglich wäre, würde sie genauso außer Rand und Band geraten, erwiderte ich. »Du bist nahezu wiederhergestellt. Im Grunde könntest du zu Bloomingdale's shoppen gehen.«

Rund um die Welt wird ein Krieg gegen das Böse geführt. Wer immer die Rechtmäßigkeit dieses Kampfes bezweifelt, sollte sich in eine Intensivstation begeben und erleben, wie eine Frau, die jahrelange Reha-Maßnahmen vor sich hat, um die Beweglichkeit ihrer Beine und Hände wieder zu erlernen, dennoch heiter und zufrieden ruhen kann.

Herzlichst,
Greg & Lauren

PS. Ein Thema gibt es, das keinen Anlass zum Jubel gibt, sich jedoch als entscheidend für Laurens völlige Wiederherstellung erweisen könnte. Sobald sie nach Hause zurückkehrt, werden die täglichen Kosten ihrer Pflege unter Umständen nicht mehr erstattet. Häusliche Pflege wird von der Versicherung ebenso wenig übernommen wie beispielsweise ein Kindermädchen während der Krankheit der Mutter oder zahllose Zusatzkosten, von denen wir bislang nur vage Vorstellungen haben. Eine nächtliche »Gesellschafterin« wie Kareen wird auf keinen Fall bezahlt.

Darüber mache ich mir seit dem 11. September Sorgen und habe vielleicht schon erwähnt, dass unsere eigentlichen Probleme in der Zukunft liegen. Indem sie ihre schweren Verletzungen überlebte, gehören Lauren und die anderen Patienten in eine kleine Kategorie, der nicht unbedingt das Hauptaugenmerk der Medien und der Politik gilt, obwohl sie diejenigen sind, die langfristig finanzielle und emotionale Unterstützung benötigen. Daher werde ich meine Bemühungen in dieser Hinsicht erneuern und Gespräche mit Hilfsorganisationen, Behörden und Anwälten führen. Ich glaube zwar keine Sekunde lang, dass Lauren und die anderen Schwerverletzten ignoriert werden könnten, vermutlich braucht es nur einen nachdrücklichen Anstoß in diese Richtung, und ich werde die entsprechenden Schritte unternehmen.

Mit den Details kenne ich mich nicht aus, und ich bin auch jetzt noch verblüfft über die bürokratischen Hürden.

Aber ich will mich von ihnen nicht mehr abschrecken lassen. Die Frau im Bett neben mir hat es verdient.

Absender: Greg
Empfänger: alle
Datum: Montag, 26. November 2001, 10:06
Betreff: Lauren am 25. November

Nach der relativen Schweigsamkeit am Sonnabend redete Lauren heute geradezu pausenlos. Sie war die ganze Zeit wach. Und klagte über Beschwerden, aber nicht mehr als einer von uns, wenn wir fünf Tage lang auf dem Rücken in einem Krankenhausbett liegen müssten, während eine L-förmige Wunde auf unserem Hinterteil heilt.

Wie nach allen früheren Operationen werden morgen, am fünften Tag, die Verbände abgenommen, damit sich Laurens Arzt vom Zustand der Transplantate überzeugen kann. Wir hoffen inständig, dass ihr Körper sie angenommen hat. Heute Abend habe ich einen Blick darauf geworfen und gewann einen positiven Eindruck, aber was weiß ich schon? Lauren hat ihre linke Hand bereits gesehen und wirkte ganz zufrieden. Das zerstörte Gewebe wurde entfernt, und was jetzt noch übrig ist, heilt.

Erstmals seit dem 11. September kann mit Fug und Recht gesagt werden, dass jeder Quadratzentimeter Haut an ihr heilt. Wenn die letzten Transplantate angenommen wurden, hat sie den Überlebenskampf gewonnen und kann sich dem längeren Ringen gegen Narbenbildung und körperliche Beschränkungen zuwenden.

(Sie äußerte Angst vor dem morgigen Besuch im Becken, und eine ihrer früheren Schwestern schlug bei einem kurzen Besuch in ihrem Zimmer vor, dass sie eine halbe Stunde vorher um vier bis sechs Milligramm Morphium bittet.)

Heute habe ich Lauren Grußkarten und gute Wünsche von Freunden, aber auch ganz Fremden vorgelesen. Sie möchte jedem persönlich danken. Sie ist sehr gerührt und dankbar für die Zuneigung und die Gebete. Sie lassen ihr Tränen in die Augen treten, machen sie aber auch sehr glücklich.

Vor wenigen Tagen äußerte sie den Wunsch, den Artikel in der *New York Times* zu lesen, und heute habe ich ihr die Ausgabe mitgebracht. Ich zeigte ihr die Titelseite und die Fortsetzung der Story auf den Innenseiten, die auch ein Foto mit nachdenklicher Miene von mir enthält. Sie fand die Aufnahme sehr gut, ganz im Gegensatz zu anderen. Ich weiß nur, dass die Fotografin zwei Filme verschossen hat. Ich dachte, es sei endlich vorüber, und legte meine Hand auf den Metallzaun hinter mir, um kurz zu entspannen, und sie fing einen Moment absoluter Versonnenheit ein.

Anstelle der Originalzeitung mit ihrem relativ kleinen Druck hielt ich einen Ausdruck der Story aus dem Net vor Laurens Augen, weil sie ihn leichter entziffern konnte. Und so las sie, dass sie eins der am schwersten verletzten Opfer und ihre Überlebenschance minimal gewesen war, dass ihre Freunde hofften, die Veröffentlichung würde noch mehr Menschen dazu bringen, für Lauren zu beten, und die Aussage von Howard Lutnick, die zum Zitat des Tages wurde: »Sie muss es schaffen, weil die Liebe von siebenhundert Familien sie trägt. Es ist nicht fair, aber sie symbolisiert so etwas wie ihre Hoffnungen.«

Möglicherweise glaubt sie, diese Liebe nicht verdient zu haben, und so erklärte ich ihr, sie hätte sie allein schon durch ihren mutigen Kampf um ihr Leben verdient, weil sie eine so beeindruckende Frau ist, deren Energie unzählige Menschen überzeugt hat.

Lauren las auch das letzte Zitat des Artikels mit der Aussage: »Ich bete darum, dass Lauren wieder glücklich wird. Ich weiß zwar nicht, wie dieses Glück aussehen wird. Aber ich bin fest davon überzeugt, dass ihr Gutes geschehen wird, und sie hat es hundertprozentig verdient.« Sie wollte wissen, wer das gesagt hatte. Ich, erwiderte ich.

»Ich möchte, dass die Welt meine Geschichte erfährt«,

sagte sie nach kurzem Schweigen. »Damit man erkennt, wie wichtig es ist, das zu schätzen, was man hat. Stark zu sein. Sein Land zu schützen und zu verteidigen. Weil man nie wissen kann, was geschieht.«

Lauren möchte Fotos vom Aufprall der Flugzeuge und dem Einsturz der Türme sehen. Das wird nicht leicht für sie sein, wandte ich ein, aber sie besteht darauf. Sie wollte wissen, ob ich Bilder von den Anschlägen gesehen hätte, und ich antwortete, dass drei Wochen lang kaum etwas anderes im Fernsehen ausgestrahlt wurde. Ich erzählte ihr auch, dass ich das meiste davon nur am Rande verfolgt hatte: Aufnahmen von Ground Zero, von Flugzeugen, die in Gebäude prallten, von Giuliani während einer Pressekonferenz. Ich war viel zu sehr auf den Horror und die heldenhaften Rettungsbemühungen direkt vor meinen Augen konzentriert.

Nach dem Lesen der *Times* erklärte Lauren, sie hätte nie darum gebetet, sterben zu dürfen, obwohl genau das ihre Worte im St. Vincent's gewesen waren. Sie hätte ihre Meinung sehr schnell geändert, rief ich ihr in die Erinnerung. Sie begann ein wenig über die Anschläge zu reden, und Kareen wollte wissen, in welchem Stockwerk sich Lauren aufgehalten hatte. In der Lobby, antwortete Lauren, und ich hakte mit der Frage nach, ob direkt in der Halle oder in der Luftschleuse.

Zum besseren Verständnis: Beide Zugänge zum World Trade Center verfügten quasi über Doppeltüren. Von der Straße aus gelangte man durch vier Drehtüren zunächst in ein rund zwanzig Meter breites und dreieinhalb Meter tiefes Vestibül (oder Luftschleuse), von dem aus gläserne Schwingtüren in die eigentliche Halle und zu den Fahrstühlen führten. Seit dem 11. September hatte ich mich gefragt, wie Lauren dem Feuerball entkommen konnte, wenn sie sich bereits in der Halle befand; wie sie ohne Knochenbrüche oder schwere Schnittverletzungen herauskam, da die Explosion heftig genug war, sämtliche Türen zu zerschmettern. Ich hielt es für wahrscheinlicher, dass sie sich noch im Vestibül befand.

Aber sie war bereits in der Halle, erklärte sie bestimmt. »Ich hatte die eigentliche Lobby gerade betreten und sah den Feuerball kommen. Ich konnte ihn spüren, er hat mich buchstäblich durch die Schwing- und Drehtüren ins Freie gedrückt. Halb stieß ich, halb wurde ich gestoßen, und dann war ich auf der Straße. Laut schreiend rannte ich über die Straße und auf den Mittelstreifen. Dort fand man mich (ihr Retter). Der Feuerball folgte mir. Es war schrecklich, die Hitze unerträglich. Ich rannte weiter und weiter. Das Gebäude stürzt ein, schrie ich immer wieder. Wir müssen so schnell wie möglich weg hier.«

Sie schien fortfahren zu wollen, aber ich wollte nicht, dass sie sich mit den Erinnerungen unnötig belastete, und sagte, sie solle sich ein wenig ausruhen.

Wir alle haben den Feuerball gesehen, der aus dem Tower Two in die Luft schoss. Das Flugzeug, das gegen Tower One prallte, hatte ähnlich verheerende Wirkungen im hinteren Bereich des Gebäudes. Die Feuerwalze drang durch die Fahrstuhlschächte nach unten und verbrannte und tötete Menschen, die sich in der Lobby aufhielten. Ein Freund von mir sah sie kommen, erstarrte und hatte das Glück, dass sie um Haaresbreite an ihm vorbeischoss. Wo Lauren stand, ballte sich die Wucht der Explosion, fand jedoch einen Weg ins Freie. Sie wurde von ihrer Gewalt auf die Straße getragen. Und wenn sie nun drei Meter weiter links oder rechts gestanden hätte?, fragte ich mich immer wieder. Die Flammen hätten sie gegen eine Wand gedrückt, und es hätte kein Entkommen gegeben.

Stattdessen wirbelte die Detonation Lauren aus dem Gebäude. Der Sog ins Freie hat meinen Freund vermutlich vor schweren Verletzungen bewahrt, aber auch Lauren gerettet. Ob sie nun vom Feuer getragen oder durch die Hand eines Engels vor dem Tod gerettet wurde – Lauren hat das Höllenfeuer erlebt und *über*lebt.

Herzlichst,
Greg & Lauren

Absender: Greg
Empfänger: alle
Datum: Dienstag, 27. November 2001, 14:29
Betreff: Lauren am 26. November

Laurens Transplantationen wurden zu hundert Prozent angenommen, also wird sie spätestens in zwei Wochen das Burn Center mit einer Reha-Klinik vertauschen.

Morgen sind seit dem 11. September siebenundsiebzig Tage vergangen. Und auch in zwei Wochen noch hält sich ihre Verweildauer im Burn Center im Rahmen der Prognosen angesichts der Schwere ihrer Verbrennungen.

Natürlich ist das so, als würden wir sagen: Lasst uns die Schlacht um Omaha Beach gewinnen und überleben, wir müssen nur die Klippen da bewältigen. Garantien gab es nicht, nur ein paar objektive Kriterien, aus denen zu folgern war, dass die Schlacht gewonnen ist.

Sie ist gewonnen.

Vielleicht war Lauren aus diesem Grund heute sehr emotional. »Ich warte schon sehr auf dich«, sagte sie, als ich nach meinem ersten Arbeitstag zu ihr kam. Sie vergoss ein paar Tränen und fügte hinzu, sie hätte bereits den ganzen Tag nahe am Wasser gebaut, könne sich aber nicht erklären, warum.

Vermutlich liegt es daran, dass sie wirklich über den Berg war. Nachdem auch die letzten Transplantationen erfolgreich waren, ist die Infektionsgefahr weitgehend gebannt. Sie wird in noch weitere Ferne rücken, wenn in rund einem Monat ihr Immunsystem wieder richtig arbeitet, aber schon jetzt hat sie eine entscheidende Hürde genommen.

Jetzt könne sie durchatmen, sagte ich ihr, jetzt könne sie sicher sein, es geschafft zu haben. »Ich bin über den Berg, über den Berg«, wiederholte sie immer wieder mit feuchten Augen. Aber das war selbstverständlich etwas ganz anderes, als wenn ich es sagte. *Sie* hatte um ihr Leben gekämpft, und wenn sie diesen Kampf nicht siegreich bestanden hätte, würde es sie nicht mehr geben.

Es war auch ein anstrengender Tag mit der Furcht vor dem Becken, der Angst vor möglichen Schmerzen, der Überlegung, ob ihre Transplantate angenommen worden waren, den bevorstehenden Reha-Maßnahmen, der Tatsache, dass sie auch morgen noch unverwandt auf dem Rücken verbringen musste. Erst gestern hatte sie erstmals darüber gesprochen, wie sie vom Feuerball buchstäblich zur Tür hinausgedrückt worden war. Nach einem solchen Tag wäre ich total erschöpft, fix und fertig.

Sie hatte ein paar Aufträge für mich aufgelistet. Dinge, die mit unseren Finanzen zusammenhingen, aber zum großen Teil bereits erledigt waren. Sie war ein bisschen gereizt und ungehalten, wusste aber, warum. Es sei Zeit für ihre Beruhigungsmittel, erklärte sie, und die habe sie dringend nötig.

»Auch wenn ich über den Berg bin und Menschen um mich habe, die sich um mich kümmern, ist es nicht leicht, ans Bett gefesselt zu sein und meine Hände nicht benutzen zu können«, fügte sie hinzu. »Manchmal fühle ich mich sehr hilflos und einsam.«

Sie bekam ihre Medikamente, und wir sahen uns *Die kleinen Strolche* auf AMC an sowie später »Seinfeld«. Schon bald mussten wir lachen, und Lauren wurde gelassener und ruhiger.

Gerade eben wurden mir Vorhaltungen gemacht, weil ich den Rechner in Laurens Raum benutzte, über den die Pflegekräfte Daten abrufen. Man kann auch einen Browser öffnen, um E-Mails zu verschicken oder zu empfangen, aber das ist nicht gestattet. Angehörige von Patienten dürfen den Computer überhaupt nicht anrühren. Aber hin und wieder ließen mich einige der Schwestern in ihrer Abwesenheit den Rechner benutzen, wenn ich es unauffällig tat.

Heute Abend wollte Lauren, dass ich noch eine Weile bei ihr blieb, und ich begann diese Tagesschilderung zu tippen. Unglücklicherweise hatten wir die Schwester gerufen, um zu erfahren, wann Lauren bestimmte Medikamente erhalten würde, aber plötzlich stand nicht sie, sondern der Stationspfleger im Zimmer. Und ich klapperte auf dem Keyboard herum! Er blickte mich strafend an und sagte: »Es ist Ihnen nicht gestattet, die Computer zu benutzen, Sir.« Es blieb mir nichts anderes übrig, als das Gerät auszuschalten.

Ich tat es und wünschte ihm eine gute Nacht.

Herzlichst,
Greg & Lauren

Absender: Greg
Empfänger: alle
Datum: Mittwoch, 28. November 2001, 07:25
Betreff: Lauren am 27. November

Heute Nachmittag begrüßte mich Lauren mit einem Lächeln, obwohl sie sehr bedrückt war. Hinter ihr läge ein trauriger Tag, sagte sie mir. Am Vormittag hätte sie die Spezial-Ausgabe des *Life Magazine* über die Terroranschläge des 11. September gesehen.

Sie sah, wie die Flugzeuge in die Gebäude gesteuert wurden, die Flammen, den Rauch, die Menschen, die in die Tiefe sprangen, den Zusammenbruch der Türme, die vor Entsetzen starren Augenzeugen, die Wolken feinen Staubs, der alles bedeckte wie Leichenasche. Lauren hatte gewusst, dass die Zwillingstürme in sich zusammengestürzt, dass Menschen gestorben waren, aber keine wirkliche Vorstellung vom Ausmaß des Schreckens und der Zerstörung gehabt.

Uns allen war klar gewesen, dass sie eines Tages die Bilder sehen und alles erfahren würde. Ich wusste, dass sie mit dem gleichen Entsetzen fertig werden müsste, das die ganze Welt in fassungslose Bestürzung versetzt hatte, und dass wir ihr das nicht ersparen konnten. Unsere Strategie hatte darin bestanden, ihr die Informationen über das Geschehene so behutsam wie möglich zu vermitteln, damit es sie nicht überwältigte, aber es ist ein Unterschied, von einem Albtraum zu hören oder ihn mit eigenen Augen zu sehen.

Und sie hat ihn nicht nur gesehen, sondern *erlebt*. Sie war mitten in den Kerosinexplosionen, die uns so entsetzten, weil sie sich in irgendeinem grauenhaften, apokalyptischen Film zu ereignen schienen, den wir einfach nicht ausschalten konnten. Diese Feuerstürme verfolgen uns alle, aber Lauren wurde von der ersten Explosion tatsächlich ergriffen – als hätte ein Flammen-Hurricane sie hochgehoben und von sich geschleudert.

Heute wurde sie von Trauer und Zorn überwältigt. Sie scheint die ganze Wahrheit mit gnadenloser Wucht erfahren zu haben, die so schonungslos war wie die Flammen, die ihre Haut verbrannten. Lauren hat das furchtbare Ausmaß der Zerstörung ohne intellektuellen Filter gesehen, und weiß, dass sie vom Schlimmsten verschont blieb. Sie weiß, dass sie auf dem haarfeinen Grat zwischen Leben und Tod stand und überlebt hat.

»Warum, warum, warum?«, schluchzte sie. »Meine Freunde, meine Freunde. Meine Kollegen. Ich kannte sie seit zehn Jahren. Meine Freunde liegen unter dem Schutt. Meine Freunde sind unter den Trümmern begraben.«

Sie nannte Namen von Vorgesetzten und Kollegen. Offenbar nimmt sie irrtümlich an, dass alle Mitarbeiter von Cantor Fitzgerald auf der Stelle den Tod fanden. Lauren weiß genau, wer schwanger, wer verlobt war, wer kleine Kinder hatte.

»Diesmal haben sie es geschafft. Sie haben wieder zugeschlagen, und diesmal ist es ihnen gelungen. Wir sind wieder Tag für Tag in diese Gebäude gegangen, als könnten sie es nicht erneut versuchen. Warum? Warum haben sie es getan?«

Weinend bat Lauren um ein Beruhigungsmittel. Obwohl man die tägliche Ativan-Menge inzwischen verringert hatte, empfahl die Psychologin, es zumindest heute bei der früheren Dosierung zu belassen, damit Lauren das Gesehene besser verarbeiten konnte. Leider war ihr Tagpfleger im

Beckenraum ausgerutscht und hatte sich das Knie aufgeschlagen, daher kümmerte sich ein anderer Pfleger um sie, den ich bereits am ersten Tag kennen gelernt hatte und der inzwischen eine Art Stationspfleger ist.

Er holte das Ativan, und als er es ihr gab, begann Lauren erneut zu schluchzen. Wieder fragte sie verzweifelt nach den Gründen. Es gäbe keinen, versicherten wir ihr, nicht den geringsten. Sie brauche nicht an Vergeltung zu denken, weil das Militär der Vereinigten Staaten für sie kämpfe. Sie müsse sich jetzt vor allem beruhigen und erholen.

»Das Böse hat am elften September sein Haupt erhoben und zugeschlagen«, erwiderte sie.

Bei meiner Ankunft saß sie in ihrem Rollsessel und äußerte sich mit leicht zynischen Worten über die Reha-Klinik Burke, wo man sie zwar akzeptiert hatte, die sie aber mental ablehnte. »Ich habe gesagt, dass ich mich für Burke entscheide. Lieber hätte ich mich für Harvard entschieden, für das Graduiertenprogramm. Aber ich gehe nach Burke, für Reha-Maßnahmen.«

Die Physiotherapeutin erschien, um Lauren einen Druckverband für ihr Gesicht anzupassen, und schnitt Löcher für ihre Ohren hinein. Es handelte sich um herkömmliche Bandagen, aber bald wird Lauren eigens für sie gefertigte Kompressionsverbände für nahezu alle Bereiche ihres Körpers erhalten.

Am Vormittag war sie aufgestanden und hatte einen Spaziergang durch die Station unternommen, bis zum Weihnachtsbaum und zurück. Das ist eine Strecke von mehr als siebzig Metern und eine beachtliche Leistung für jemanden, der fünf Tage lang ans Bett gefesselt war. Ich wollte wissen, ob sie sich sehr anstrengen musste. Es sei nicht leicht gewesen, erwiderte sie, schmerzhaft, in knapp einer Woche habe sie sehr viel Kraft und Energie verloren. Aber die Schmerzen beruhen auf Muskelschwäche, und die lässt sich mit der Zeit beheben.

Als ihr das Sitzen im Sessel Beschwerden bereitete, wurde sie wieder ins Bett gebracht. Jetzt richtete sich ihr Zorn auf den Zustand, in den sie die schrecklichen Anschläge gebracht haben, und sie empfand es als frustrierend, eine Woche zurückgeworfen zu sein. Durch ihr langes Koma fehlt ihr das Bewusstsein dafür, welche Fortschritte sie gemacht hat.

»Ich möchte hier raus«, sagte sie. »Ich will das alles so schnell wie möglich hinter mich bringen.«

Aber natürlich kann sie die Dinge nicht überstürzen.

»Wir haben zwar bisher noch nicht darüber gesprochen«, wandte der Pfleger ein, »aber im Vergleich zu dem, was Sie hier durchgemacht haben, wird die Reha härter. Denn dabei kommt es ganz auf Sie an, auf Ihre Motivation, Ihre Energie. Es wird gute und schlechtere Tage geben. Mitunter werden Sie überrascht sein, dass Sie Dinge tun können, die Sie vielleicht nicht für möglich gehalten hätten, zwei Tage später glauben Sie vielleicht, zu gar nichts mehr fähig zu sein. Die positiven Tage sind nie so gut, wie sie scheinen, die negativen nie so schlecht, wie sie Ihnen vorkommen. Aber Sie werden es schaffen.«

Sie hätte von Anfang an Großartiges geleistet, versicherte ich ihr. Lauren erwähnte, dass ihr ein anderer Pfleger erzählt hatte, sie wären sich bald nach der Einlieferung fast sicher gewesen, dass sie überleben würde. Jetzt wollte Lauren von dem Pfleger wissen, ob das stimmte.

»Es war eine Vermutung«, erwidert er. »Wir hatten so eine Ahnung, dass Sie unser *Miracle Girl* werden würden.«

Lauren hat in der Tat ein Wunder bewirkt. Sie hat das Stadium erreicht, in dem sie erkennt, wie viel noch vor ihr liegt, daher ist das Wunder noch lange nicht vorbei, aber sie kann auf das Erreichte stolz sein.

Nach der Einnahme des Medikaments und während unseres Gesprächs schien sie sich ein wenig zu beruhigen.

Im Verlauf des Sommers hatte sie sich mit Howard Lutnicks Bruder Gary angefreundet und nannte wiederholt seinen Namen. »Es tut mir so Leid für Howard«, sagte sie und beschloss, ihm sofort eine E-Mail zu schicken. Und so diktierte sie mir ein paar tief empfundene Worte des Beileids. Ich gab sie in meinen BlackBerry ein und sandte sie ab.

»Okay«, erklärte Lauren energisch. »Ich brauche nicht mehr zu weinen, denn sie sind im Himmel. Ich habe hier meinen Job zu tun.«

Bei aller Trauer hat Lauren sich ihren Kampfgeist erhalten. Ich habe sie die Prinzessin der Perry Street genannt, aber »Kämpferin« wäre zutreffender. Sie erzählte mir, dass sie ihre Robustheit und Widerstandskraft von ihrem Vater und Großvater geerbt habe. »Hör auf zu greinen«, hätte ihr Vater immer gesagt und sie damit die Kraft gelehrt, vieles zu überstehen. Ihr Vater packte alle Probleme entschlossen an und wurde mit ihnen fertig – bis auf den heutigen Tag. Manchmal überwältigt er mich mit seiner Effizienz. Ich bezweifle, dass ich jemals auch nur annähernd so sein werde. Aber Lauren ist es und weiß, dass ihre Entschlossenheit und ihre Zähigkeit ihr das Leben gerettet haben.

Dann bat mich Lauren, die CD von Dwight Yoakam aufzulegen. Ich kann es mir nicht erklären, aber irgendwie scheint das Album »Just Lookin' for a Hit« über heilende Kräfte zu verfügen, zumindest über verjüngende. Es verlockt einfach zum Mitsingen. Die Gitarren und Geigen hören sich phantastisch an. Die Aufnahmen im Studio müssen unglaublichen Spaß gemacht haben.

Nachdem Lauren und ich »I Got You« gesungen hatten, schloss sie die Augen und sang noch ein paar weitere Titel mit. Vermutlich erinnerte sie sich an unsere Fahrten entlang dem Taconic nach Pine Plains, oder an die Heimfahrt, bei der sie mir »I Got You« über ihr Mobiltelefon vorgesungen hatte.

Und ich sah sie nur an, ihre Freude entging mir nicht. Sie hat schon immer gern gesungen, aber diesmal war es anders. Sie kämpft noch immer um die Wiedergewinnung ihrer sprachlichen Fähigkeiten. Sie singt, während sie vor drei Wochen noch nicht einmal sprechen konnte. Für sie ist es der ultimative Ausdruck von Leben.

Kareen steckte den Kopf zur Tür herein, bevor sie ihren Kittel anzog. »Wie geht es Ihnen, Schätzchen? Wie war Ihr Tag?«

Lauren berichtete von ihrem Spaziergang und erwähnte dann, dass sie Bilder vom 11. September gesehen hatte. Wieder begann sie zu schluchzen.

»Sie können sich glücklich schätzen«, entgegnete Kareen. »Sie haben Ihren Sohn, Ihren Mann. Sie haben noch alle Glieder, Ihre Augen, Ihr Gesicht. Es hätte sehr viel schlimmer kommen können. Sie sollten dankbar sein. Sie können laufen, Sie haben alles. Das Schicksal ist gnädig mit Ihnen umgegangen.«

Dem ist nichts hinzuzufügen.

Herzlichst,
Greg & Lauren

Absender: Greg
Empfänger: alle
Datum: Donnerstag, 29. November 2001, 10:10
Betreff: Lauren am 28. November

Heute habe ich mir zum ersten Mal Laurens linken Mittelfinger und ihre linke Hand angesehen. Und wie bei den vorangegangenen Transplantationen und Operationen war es nicht so schlimm, wie ich es mir vorgestellt hatte. Ich weiß, dass jedes Gelenk mit Stiften fixiert wurde, um ihre Funktionsfähigkeit während des Heilungsprozesses zu erhalten. Die Stifte sind tatsächlich sichtbar. Wie Nadeln ragen sie neben den Knöcheln hervor. Sie werden irgendwann wieder entfernt, und wenn die Gelenke ihre Beweglichkeit nicht wiedererlangen, kann operativ eingegriffen werden.

Lauren scheint nach wie vor recht zufrieden über die OP. Ihr linker Mittelfinger war sehr geschwollen, machte aber ansonsten auf uns beide einen guten Eindruck. Obwohl Lauren das oberste Glied entfernt worden war, schien sie damit nicht die ganze Funktionsfähigkeit des Fingers verloren zu haben. Die anderen Finger waren mit einem neuen Gewebematerial verbunden, das durch größere Luftdurchlässigkeit bessere Heilungschancen gewährleisten soll.

Laurens größte Enttäuschung bestand heute darin, ihre Laufübungen nicht fortsetzen zu können. Sie verbrachte mehr als zwei Stunden im Becken, während ein siebenköpfiges Team aus Schwestern, Spezialtherapeuten und Ärzten sich um sie bemühte. In der ganzen Zeit lag sie nackt in einer Stahlwanne und fühlte sich ausgesprochen hilflos. Man wollte mithilfe einer neuen Therapie ein paar kleinere Wunden schließen, die noch nicht vollständig verheilt sind. Da das sehr schmerzhaft sein kann, erhielt sie rechtzeitig davor Morphium.

Dabei handelt es sich um Transplantationsbereiche, bei denen die verpflanzte Haut vermehrt Zellen gebildet hat und sich daher mit dem benachbarten Gewebe nicht verbindet.

Ein Arzt, der in der Woche vor dem 11. September seine Tätigkeit im Burn Center aufnahm, hat ein paar neue Methoden mitgebracht und lässt die betreffenden Hautpartien mit Silbernitrat behandeln, das die hypertrophe Gewebeschicht wegätzt und den Transplantaten gestattet, sich besser mit der benachbarten Haut zu verbinden.

Da die Behandlung im Becken sie um ihre Laufübungen gebracht hat, will Lauren morgen das doppelte Pensum zurücklegen. Und das erklärte sie jeder Schwester, die ihr Zimmer betrat.

Kurz nach meiner Ankunft erschien die Psychologin zu ihrer täglichen Visite. Sie hielt die *Life*-Ausgabe in der Hand, die sie Lauren gestern gezeigt hatte. Vielleicht habe ich mich nicht deutlich genug ausgedrückt: Lauren hat sich die Bilder vom 11. September nicht aus eigenem Antrieb angesehen. Sie wurden ihr von der Psychologin gezeigt.

Das erfolgte im Rahmen einer »Desensibilisierungs«-

Therapie, einer allmählichen Gewöhnung an Dinge, die Furcht oder Stress auslösen können. Bilder der Terroranschläge sind unvermeidlich, daher muss Lauren eine Methode entwickeln, so gut wie möglich damit fertig zu werden. Durch eine schrittweise Vermittlung der Fakten in einer klinischen Umgebung, in der rund um die Uhr Fachpersonal zur Verfügung steht, kann die traumatische Wirkung gemildert werden. Dennoch verlieren die Bilder nichts von ihrem schockierenden Potenzial. Bis Dienstag wusste Lauren nicht, dass ein Flugzeug in das Pentagon geprallt und ein weiteres in Pennsylvania abgestürzt war.

Die Psychologin fragte nach ihren gestrigen Gefühlen, und Lauren erzählte ihr, wie sie vor mir und dem Pfleger in Tränen ausgebrochen war und über den Verlust so vieler Freunde und die unerklärliche Bösartigkeit der Anschläge getrauert hatte. Das Schlimmste seien die Fotos von Menschen gewesen, die nach dem Zusammenbruch der Zwillingstürme staub- und aschebedeckt nach Hause gingen. Nachdem sie die gesehen hatte, hätte sie sich »ziemlich deprimiert« gefühlt, wie sie es ausdrückte.

Heute konzentrierte sich die Psychologin auf positive Aspekte der Katastrophe. So berichtete sie von sechs Feuerwehrmännern, die nur deshalb überlebten, weil sie beim Verlassen des Gebäudes durch eine Frau aufgehalten wurden. Dadurch befanden sie sich auf der Feuertreppe in Höhe des zweiten Stockwerks genau an der einzigen Stelle, die sie davor bewahrte, zermalmt zu werden. Drei Meter tiefer oder drei höher, und sie hätten es nicht geschafft. In den nächsten Tagen wird Lauren eine Kassette der entsprechenden Nachrichtensendung gezeigt. Um ihr zu beweisen, dass es inmitten des ganzes Desasters auch Positives gab.

Die Psychologin fragte Lauren auch nach ihren Ängsten. Doch Laurens Hauptsorge galt keineswegs ihren Verletzungen oder der weiteren Gesundung. Nein, sie befürchtet, unserer Apartment könnte auf ihre Rückkehr nicht genügend vorbereitet sein. (Unser Schlafzimmer muss dringend renoviert werden, und ich bemühe mich, das vor ihrer Entlassung aus der Reha-Klinik fertig zu bekommen.) Vor ein paar Tagen schlug ich ihr vor, notfalls für einige Zeit zu Freunden nach Long Island zu ziehen (zusammen mit Tyler, Caleigh und mir), aber die Vorstellung behagte ihr nicht. Also bleibt es dabei, dass sie nach der Reha nach Hause kommt.

Die Renovierungsfrage machte uns ein bisschen gereizt (bei welchem Ehepaar wäre das anders?), und die Psychologin wies uns darauf hin, dass es in einer außergewöhnlichen Situation wie unserer leicht zu übertriebenen Spannungen kommt. Aber das sollten wir erkennen, um nicht so schnell aus der Haut zu fahren. Wir müssten einen Weg finden, den Stress abzubauen, anstatt ihn aneinander auszulassen.

Lauren wird von heftigen Gefühlen beherrscht und bemerkte, dass sie innerhalb von Sekunden in Tränen ausbrechen kann. Diese extremen Stimmungsschwankungen sind bei emotional Traumatisierten nicht überraschend. (Die Beruhigungsmedikamente sollen da Abhilfe schaffen.) Und Schlimmeres, als sie durchgemacht hat, ist kaum vorstellbar. Sie muss mit ihren Verletzungen fertig werden, den Amputationen, dem Verlust von Hunderten von Freunden, ihrer wundersamen Errettung vor dem Tod und ihren »Entstellungen«, wie sie es nennt. Aber trotz allem bleibt sie, was sie war – sie selbst.

Als Lauren die Psychologin fragte, wie sie sich halte, erwiderte die: »Erstaunlich gut.«

Laurens Perspektive und ihre schnelle Erholung sind in der Tat erstaunlich. Man kann sich kaum noch erinnern, wie es ihr noch vor einem Monat ging. Heute kam ich am Zimmer eines anderen Patienten vorbei, der seit dem 11. September im Koma gehalten und noch immer durch einen Luftröhrenschnitt künstlich beatmet wird. Neben seinem Bett standen zwei Tropfgeräte mit vier Baxter-Pumpen, die ihm intravenös Medikamente und Nährstoffe zuführten. Ein Hitzeschild, ein Glasrechteck von Matratzengröße, hing etwa anderthalb Meter über seinem Bett. Dieser Patient ist noch längst nicht über den Berg.

Im Gegensatz dazu ist Lauren hellwach und kommunikativ. Sie hat die erforderlichen Operationen überstanden und kann sich durch Gespräche mit den Schwestern ablenken, die schon für sie sorgten, als sie wochenlang ohne Bewusstsein war.

Irgendwann bat sie um eine Decke, aber es waren keine mehr da. Man erwartete erst gegen Abend Nachschub. Der Pfleger kehrte mit zwei Laken zurück und erläuterte Lauren die Situation. Dann erklärte er ihr ausführlich die Problematik hypotrophen Wachstums und die neue Silbernitrat-Therapie. Er hatte sich bereits während ihres langen Komas um sie gekümmert. Ein weiter Weg von damals bis jetzt, da er ihr nur noch ihre Medikamente geben muss und stündlich Blutdruck und Herzfrequenz überprüft.

»Wie werden Sie mit diesen furchtbaren Verletzungen und Entstellungen fertig?« fragte Lauren ihn. Zunächst nahm er an, sie wolle Ratschläge für die Bewältigung ihrer Verletzungen, aber sie machte deutlich, dass sie ihn ganz persönlich meinte. Das sei nicht leicht, räumte er ein. Aber es sei ungemein befriedigend, wenn ein Patient ein halbes Jahr nach der Entlassung aus dem Burn Center zurückkommt, und es geht ihm gut. Lauren erkundigte sich nach seinen Hobbys. Lächelnd setzte er sich, und wir begannen unbefangen miteinander zu schwatzen. (Sein Hobby sind Rollenspiele.)

Der Gegensatz zum Oktober, von der damaligen Sorge um Laurens Überleben zum heutigen unbeschwerten Geplauder, hätte größer nicht sein können.

Während unseres Gesprächs hörte ich, wie auf dem Flur jemand meinen Namen rief. Es war Christine, die Karaoke-Queen, die gerade Unmengen von Gebäck für Schwestern und Pfleger gebracht hatte. Ich fragte sie, ob sie Lauren endlich kennen lernen wolle.

Während der langen Zeit, in der sie und ihre Freunde dreimal wöchentlich Pflegekräfte und Angehörige von Patienten mit Mahlzeiten versorgte, hatte Christine Laurens Geschichte gehört und den Wunsch geäußert, sie so bald wie möglich persönlich kennen zu lernen. Heute zog sie sich einen sterilen Kittel, Haube und Handschuhe an und kam herein.

Sie erzählte Lauren, dass sie den Marathon nur geschafft hätte, weil sie sich ständig sagte: »Wenn Lauren durchhält, kann ich es auch.« Lauren dankte ihr, aber Christine sagte: »Keine Ursache, Sie sind meine persönliche Heldin.«

Lauren wollte wissen, was sie zu gemeinnütziger Tätigkeit geführt hatte, und Christine erklärte, dass das Krankenhaus vor drei Jahren ihrem Freund nach einem Verkehrsunfall das Leben gerettet hatte. Während seines zweimonatigen Komas saß sie an seinem Bett und bekam mit, wie hart Pflegekräfte und Ärzte arbeiteten, ihn am Leben zu erhalten. Als Anerkennung und Dank hatte sie seither verschiedene Stationen mit Essen versorgt. Nach dem 11. September konzentrierte sie sich ganz auf das Burn Center und verpflegte schließlich nicht nur Pflegekräfte und Ärzte, sondern auch die Familien der Patienten.

Sie blieb noch eine Weile und unterhielt sich mit Lauren. Beide strahlten über das ganze Gesicht.

Ich hörte ihrer Unterhaltung gern zu, denn sie bewies, dass sich Lauren durch die Bilder von der Tragödie nicht davon abhalten ließ, ihr Leben wieder in beide Hände zu nehmen. Dass sie bereit war, sich nach dem Wohlergehen anderer zu erkundigen und nicht nur an ihre eigenen Verletzungen zu denken. Und so wird sie weiter vorankommen, mit kleinen Schritten, immer einen nach dem anderen.

Herzlichst,
Greg & Lauren

Absender: Greg
Empfänger: alle
Datum: Freitag, 30. November 2001, 00:17
Betreff: Lauren am 29. November

Heute lief Lauren ohne jede Hilfe zum Gymnastikraum. Der liegt am anderen Ende des Burn Centers. Sie musste am Empfang vorbei, am Warteraum und über den Gang, an dessen Wände die guten Wünsche aus aller Welt hängen.

Sie stieg vier Stufen zu einer hölzernen Plattform hinauf und dann wieder herunter. Sie hatte damit keine Probleme, aber als die Beschäftigungstherapeutin sie aufforderte, das Geländer mit der rechten Hand zu umfassen, ließ der Schmerz sie ohnmächtig werden. Das zeigt euch, zu welchen Leistungen sie fähig ist, was sie sich abverlangt und wie schnell sie an ihre Grenzen stößt.

Sie war sehr stolz auf das heute Erreichte. Sie gibt sich große Mühe, ihr altes Leben wieder aufzunehmen, ohne zu wissen, wie viel davon sie zurückgewinnen kann. Sie muss Geduld haben, auf die Zukunft vertrauen, an sich selbst glauben, sage ich ihr immer wieder, obwohl mir bewusst ist, wie leicht sich das sagt und wie schwer es Lauren fällt, es auch zu tun.

Für ihre Hände beispielsweise scheint das Ärgste vorüber zu sein, und doch ist es erst ein Anfang. Fast jeden Tag bekommt sie neue Schienen, neue Verbände. Manchmal hebt sie die Hände und starrt sie an, als versuche sie sich davon zu überzeugen, dass sie sie irgendwann wieder einsetzen kann. Das wird sie, wir wissen nur nicht, in welchem Ausmaß.

Es gibt Tage, an dem diese Ungewissheit schwerer zu ertragen ist als am Tag zuvor.

Erstmals war ich dabei, als Laurens Wunden gesäubert und neu verbunden wurden. In den vergangenen neunundsiebzig Tagen hat sie diese Prozedur zweimal täglich über sich ergehen lassen, in der letzten Zeit in hellwachem Zustand, aber ich habe davon nicht mehr mitbekommen als flüchtige Einblicke durch den Paravent um ihr Bett. Aber heute bat sie mich um moralische Unterstützung.

»Aber wenn Sie umkippen, kümmere ich mich nicht um Sie«, drohte die Schwester lächelnd. »Ich trete einfach über Sie hinweg.« Als ich erklärte, ich hätte schon alles gesehen, entgegnete sie: »Das glauben Sie vielleicht.«

Ich hatte ihre Beine gesehen, ihren Rücken, den Po und ihre Arme, aber noch nie »zusammen«, noch nie Laurens ganzen Körper.

Heute erkannte ich erstmals das ganze Ausmaß ihrer Verletzungen. Einige Hautbereiche heilten bereits seit zwei Monaten, aber andere Transplantate waren gerade einmal eine Woche alt. Am schlimmsten waren ihre Hände, und sie brauchen auch die längste Zeit, um wieder so zu werden wie früher – zumindest annähernd. Ich sah die Transplantate, die von ihren Fersen bis zu den Schultern verlaufen, die Stellen auf den Vorderseiten ihrer Beine, von denen Spendergewebe entnommen wurde. Noch gestern konnte ich nur bewundern, welche Fortschritte sie gemacht hatte. Jetzt begreife ich, wie schwer es ihr fallen wird, in die »Normalität« zurückzukehren. Aber sie ist dazu entschlossen.

Bevor die Ärzte zur Visite erschienen, zog die Schwester Lauren aus und entfernte ihre Verbände. Im Gegensatz zu ihrem bewusstlosen Zustand, als die Schwester ihre Position veränderte, drehte sich Lauren heute – sehr langsam und schwerfällig – selbst um, während die Ärzte den Heilungsprozess ihrer Wunden überprüften. In der Vergangenheit ließ sie stumm über sich ergehen, wie die Mediziner um ihr Leben kämpften, heute äußerte sie ihre Meinung und erinnerte sie an Dinge, die ihr wichtig waren (beispielsweise bat sie um Mullpolster unter bestimmten Verbänden, um den Schmerz zu vermindern).

Im grellen Schein von Neonröhren und erwärmt von einer Heizlampe an der Decke lag Lauren auf dem Bett. Während der Unterhaltung mit den Ärzten legte die Schwester dezent ein Handtuch über Laurens Körper, und sobald ein

Bereich kontrolliert war, wusch sie ihn sanft mit warmen Tüchern.

Im September nahm die Prozedur zwei Stunden in Anspruch, da nahezu ihr gesamter Körper überprüft, gereinigt und neu verbunden werden musste. Danach sah sie aus, als stecke sie in einem Kokon. Heute dauerte alles nicht mehr als fünfzehn Minuten, und es wurden nur noch kleinere Stellen am Gesäß und an den Händen verbunden.

Ihr Arzt erwähnte den Zwischenfall im Gymnastikraum, als Lauren ohnmächtig wurde und stürzte. Ihm wäre zu Ohren gekommen, die Therapeutin hätte Lauren von den Stufen geschubst, fügte er hinzu. Im Hinblick auf eine von ihm vorgeschlagene Maßnahme bat Lauren, darüber abstimmen zu lassen. »Okay, sehen wir mal, wer für mich ist«, erwiderte der Arzt und wandte sich seiner Begleitung zu. »Ich zähle sechs, Greg hat keine Stimme.«

Ich verfolgte das Ganze von einem Stuhl in der Zimmerecke aus. Als sie fertig waren, stand ich auf, um mit dem Arzt ein paar Worte zu wechseln. Dabei sprachen wir über Laurens Entlassungstermin. Das Krankenhaus geht offenbar vom kommenden Dienstag aus, aber mir will scheinen, dass sie eine weitere Woche im Burn Center bleiben sollte, bis die letzten verbliebenen Stellen noch besser verheilt sind.

Trotz all meiner Verzweiflung in den elf Wochen, seit sich die Welt verändert hat, gibt es immer wieder neue Gründe, Trauer zu verspüren. Dennoch lassen sich diese Gefühle nicht mit dem vergleichen, was Lauren empfindet. Sie möchte leben, ist froh, dem Tod entronnen zu sein, und sie kann ein gutes Leben führen, auch wenn es sich von dem früheren beträchtlich unterscheiden wird.

Zum Beispiel wird sie sich nur noch voll bekleidet und mit Sonnenbrille in die Sonne begeben können. Sie wird längere Zeit auf die Arbeit in einem normalen Büro verzichten müssen. Wir wissen nicht einmal, wann sie wieder ein Keyboard bedienen kann. Sie wird zu Hause monatelang Hilfe benötigen. Es wird für lange Zeit keine Nachmittage am Strand oder am Pool geben, keine unbeschwerten Tage. Aber ihr sehnsüchtigster Wunsch wird sich erfüllen. »Ich möchte meinen Sohn endlich wieder in den Armen halten«, sagte sie mit Tränen in den Augen. »Das wünsche ich mir mehr als alles andere.«

Wir bereiten uns in der Tat auf einen Kampf vor. Die Natur kennt keine Gnade. Vor uns liegen schwere Prüfungen, und wir müssen die dafür nötige Kraft aufbringen. Ich glaube, wir haben sie. Vielleicht werden wir hin und wieder entmutigt, wenn ein Schock auf den anderen folgt. Aber ich bin mir sicher, dass wir sie abschütteln können.

Ich empfinde keine Angst. Davor nicht. Ich empfinde vor nichts Angst, wenn Lauren mich braucht, wenn ich für sie stark sein muss. Lauren ist einem Inferno entkommen. Sie erwartet, dass ich sie auffange. Und das werde ich.

Wir waren schon immer ein starkes Team und wir werden triumphieren.

Herzlichst,
Greg & Lauren

Absender: Greg
Empfänger: alle
Datum: Sonnabend, 1. Dezember 2001, 15:33
Betreff: Lauren am 30. November

»Das schnurlose Zeitalter hat begonnen«, sagte Lauren heute am frühen Abend. »Ich habe keine Kabel mehr in mir.« Verdutzt sah ich sie an, und sie erklärte, ihr Katheter sei entfernt worden. Nun endlich ist sie ganz frei von Schläuchen und externen Apparaturen, hat die Eigenständigkeit über ihre Körperfunktionen wiedergewonnen.

Darüber habe ich bisher kaum gesprochen, weil es im Vergleich zu Hautverpflanzungen und Infektionen keine komplizierte Sache war, aber selbstverständlich ist die

Funktion ihrer Nieren und des Verdauungssystems genauso wichtig wie Atmung und Puls. Ihr Harnfluss wird regelmäßig gemessen, und jede Verringerung der Menge ist Anlass zur Sorge. In den ersten kritischen Wochen gab es ein paar Momente unbefriedigender Nierentätigkeit, doch seither arbeiten sie tadellos. Der Katheter wurde erst jetzt entfernt, um zu vermeiden, dass sie häufig das Bett verlassen musste.

Während die anderen Schläuche, Kabel und Kanülen (Tropf, Elektroden, Sauerstoffzufuhr, intravenöse Injektionen und Herzfrequenzmesser) einen sehr viel engeren Bezug zur Intensivpflege haben, ist es dennoch ein Meilenstein in ihrer physischen Wiederherstellung, denn jetzt geht es ihr gut genug, um die Toilette benutzen zu können. Sie musste erst wieder lernen, ihre Blase zu kontrollieren, aber das schaffte sie an einem Tag, und jetzt wird sie durch keinerlei Röhren oder Schläuche mehr behindert. Es lässt sich kaum ermessen, wie angenehm ihr das sein muss. Ganz abgesehen von der Genugtuung, ihrer Gesundung wieder einen kleinen Schritt näher gekommen zu sein.

Lauren berichtete mir bei meinem zweiten Besuch im Krankenhaus davon. Der erste ist jedoch ähnlich erwähnenswert, wenn auch aus ganz anderen Gründen.

Heute kam Tyler zum zweiten Mal mit ins Burn Center. Er war im Auto eingeschlafen, schlug kurz die Augen auf, als wir ihn in seinen Buggy setzten, döste dann aber sofort wieder ein. Als wir das achte Stockwerk erreichten, war der Ruheraum bereits offen. Joyce und ich schoben den Kinderwagen mit Tyler hinein, dann ging ich zu Lauren.

Ihr wurde gerade die linke Hand neu verbunden, doch dann war es so weit, sie in den fahrbaren Sessel zu hieven (der so alt wirkte, dass eine der Schwestern vermutete, schon Florence Nightingale hätte in ihm gesessen). Nachdem man Lauren die Lippen geschminkt und ihre Feuerwehr-Basecap aufgesetzt hatte, wurde der Sessel mit einem zusätzlichen Kissen gepolstert, damit sie es bequemer hatte. Dann wendeten zwei Therapeutinnen das Hauruck-

Verfahren an: Eine packte sie oberhalb der Knie, die andere griff unter ihre Arme. Sie zählten bis drei und hoben Lauren so geschickt auf den Sessel, dass sie sich anlehnen konnte, ohne lange herumrutschen zu müssen.

Sie trug die neuen Schnürschuhe von Easy Spirit, die ich ihr mitgebracht hatte. Die New Balances hatten an ihrem rechten Knöchel eine Blase verursacht, in bedenklicher Nähe eines Transplantats.

Ich schob Lauren in den Ruheraum, wo ich ihren Sessel vor Tylers Buggy parkte und wir alle seinen friedlichen Schlaf bewunderten. Er trug eine Jeansjacke über einer Denimlatzhose, ein Hemd mit roten und gelben Luftballons und seine tollen schwarzen Sneakers.

Der Pfleger, der Lauren die FDNY-Basecap gegeben hatte, kam auf einen Sprung herein. Er hatte ein paar Tage frei, stattete dem Burn Center nur einen kurzen Besuch ab und wollte unbedingt Tyler kennen lernen.

Wie zu erwarten, reagierte Lauren sehr emotional. Sie sah Tyler unverwandt an und flüsterte, wie sehr sie ihren kleinen Engel liebte. Sie dankte Joyce für ihre Unterstützung und brach kurz in Tränen aus, als Joyce sie umarmte. Joyce überreichte ihr ein gerahmtes »Penny«-Gebet von Hallmark und eine von Tyler signierte »Gute Besserung«-Karte (seine Fähigkeiten sind erstaunlich gut entwickelt, aber er »schreibt« nur, wenn Joyce in der Nähe ist).

Irgendwann wachte Tyler wieder auf und gab sich diesmal wesentlich entspannter. Es gelang uns, ihn ganz nahe an Lauren heranzuhalten, damit sie ihn küssen konnte (dazu brauchten wir nur ihre Cap ein bisschen zu verschieben), und zum ersten Mal seit dem 11. September küsste sie ihr Baby. Wieder sang sie ihm etwas vor, aber es fiel ihr sichtlich schwer, die Stimme zu halten.

Tyler weinte zwar nicht, wirkte aber ein bisschen skeptisch. In elfeinhalb Wochen hatte er Lauren nur zweimal besucht, und sie sah ganz anders aus als früher. Ihr Gesicht war anders, das Haar unter der Basecap kurz, ihre Stimme leicht heiser, und sie kann ihn nicht auf den Arm nehmen.

Er erkannte seine Mom, aber sie ist im Moment nicht unbedingt der Mittelpunkt seines Universums. Den größten Teil seiner Zeit verbringt er mit Joyce und seinen Großeltern.

Das ist die eigentliche Schande. Dass wir uns mit den Veränderungen in unserem und seinem Leben abfinden müssen. Wir können dankbar sein, wenn Lauren in einem Jahr wieder annähernd die ist, die sie vor den Anschlägen war.

Es gibt eine eigentümliche Parallele zu meinem Leben. Daran erinnerte mich mein Vater während seines Besuchs im November. Als ich zwei Jahre alt war, lag meine Mutter drei Wochen lang mit Nierenentzündung im New York Hospital. Ihr Fenster führte auf das Gelände hinaus, auf dem inzwischen ein neuer Zugangsbereich, eine Kapelle und eine Cafeteria errichtet worden sind. Einmal nahm er mich mit ins Krankenhaus, aber man ließ mich nicht in ihr Zimmer. Daher sah sie mir vom Fenster aus zu, wie ich draußen spielte. Natürlich kann ich mich daran nicht erinnern, aber ich habe Fotos gesehen. Manchmal kann man den Eindruck gewinnen, dem Schicksal gingen die Ideen aus.

Wie nicht anders zu erwarten, wurde es Tyler bald langweilig. Wir gaben ihm seine Rasenmäherkarre, und er ging auf Entdeckungsfahrt. Lauren wollte ihm folgen, daher drehte ich ihren Sessel um und schob sie auf den Flur, wo wir beide unserem Einjährigen hinterherfuhren, der zielbewusst dem Gymnastikraum entgegenstrebte.

Ich drückte auf die Öffnungsautomatik, und Tyler durchquerte die Tür und fuhr schnurstracks in den Gym, wo er acht Therapeuten mitten bei ihrem Lunch überraschte.

Zu sagen, dass er in dieser Umgebung willkommen war, wäre eine glatte Untertreibung. Er war der siegreich heimkehrende Held, der sich der begeisterten Aufmerksamkeit von zehn Erwachsenen erfreute, die jede seiner Bewegungen fasziniert verfolgten.

Natürlich ließ ich es mir nicht entgehen, etliche Aufnahmen von Lauren, Tyler und den Therapeuten zu machen. Er wanderte herum, sah sich alles genau an und schien in der fremden Umgebung nicht die geringste Scheu zu haben. Aber das ist nicht ungewöhnlich für ihn. Anstatt sich schüchtern in der Nähe seiner Eltern zu halten, mustert er unbekannte Menschen prüfend und fährt dann mit dem fort, was ihn gerade interessiert. Als er sich neugierig einem Reha-Spielgerät mit weißen und schwarzen Triangeln, Quadraten und Kreisen näherte, stellten die Therapeuten übereinstimmend fest, wie gelassen und selbstsicher er war.

Wir hatten viel Spaß miteinander, bis Lauren müde wurde und wir in ihr Zimmer zurückkehren mussten. Auf den entsprechenden Hinweis verließ Tyler den Raum, durchquerte die offen stehenden Doppeltüren und bog links in den Flur mit den vielen bunten Karten und Genesungswünschen ein, während Lauren in ihrem Rollsessel folgte.

Es ist eine der größten Freuden, ein kleines Kind, das gerade Laufen gelernt hat, dabei zu beobachten, wie es die Welt erkundet. Noch kann Lauren das nicht auf ihren eigenen Beinen tun, aber mit Hilfe des Florence-Nightingale-Stuhls konnte sie ihm zumindest hinterherfahren. Es war bei weitem nicht das Normale, aber erfreulich genug.

Ich schob Lauren in ihr Zimmer zurück und half, sie wieder ins Bett zu bringen. Diesmal griffen die Schwester und ich zu, als sie aufstand, und führten sie zum Bett. Sie legte sich hin und brauchte gewisse Zeit, bis sie eine bequeme Lage gefunden hatte. Das schien ziemlich anstrengend zu sein, denn sie stöhnte wiederholt auf.

Ich wartete, bis sie es sich ein wenig behaglich gemacht hatte, und fuhr dann mit Tyler und Joyce nach Hause.

Ein weiterer Meilenstein dieses Tages (Freitag) sollte nicht übergangen werden, denn gegen halb acht morgens bekam ich einen Anruf von Lauren. Während Kareen das Telefon hielt, wünschte mir Lauren einen guten Morgen und bat mich, ihr für Tylers Besuch ein paar ganz normale Kleidungsstücke mitzubringen. Sie gewinnt von Tag zu

Tag mehr Kontrolle über ihr Leben. Wie es ihrer Persönlichkeit entspricht, hat sie fast vom Moment ihres Erwachens an versucht, die Dinge in die Hand zu nehmen, aber jetzt braucht sie immer weniger Mittelsleute, um zu bekommen, was sie will.

Während wir mit Tyler Lauren besuchten, verlegten Elektriker ein paar Leitungen in unserem Apartment, damit wir endlich unser häusliches Büro installieren konnten. Bevor ich ins Krankenhaus fuhr, hatte ich den Hausmeister gebeten, die Löcher in den Wänden wieder zu verspachteln. Als ich nach Hause kam, waren die Elektriker mit ihrer Arbeit fertig, und der Gips trocknete. Es war mit Sicherheit der größte Erfolg, den ich seit langer Zeit mit Handwerkern und Renovierungen verzeichnen konnte.

Als ich ins Burn Center zurückkehrte, erfuhr ich, dass Christine da gewesen war und neben Gebäck auch ihre CD »One World« mitgebracht hatte, außerdem die CD »Songbird« von Eva Cassidy. Letztere haben wir nun doppelt, denn am Tag zuvor hatte Lauren sie bereits von einer Freundin bekommen.

Zur Dinnerzeit fütterte ich Lauren und half ihr bei der Verkostung der diversen Desserts, die sie um sich herum angesammelt hat. Danach hörten wir uns »Songbird« an.

Die CD beginnt mit einer sehr schönen Aufnahme von »Fields of Gold« und endet mit einer langsamen, einschmeichelnden Version von »Over the Rainbow«. Da Lauren neuerdings gern singt, stimmte sie bei »Fields of Gold« mit ein. Während die CD ablief, las ich ihr ein paar E-Mails und Karten vor und verließ dann kurz das Zimmer, um etwas in Erfahrung zu bringen. Als ich zurückkam, sang Lauren mit geschlossenen Augen »Over the Rainbow«. Es war ein so wunderbarer Anblick, dass mir Tränen in die Augen traten. Ich musste mich erst zusammenreißen, bevor ich sie ansprechen und ihr das Foto von Tyler und einem kleinen Freund in Halloween-Kostümen zeigen konnte, das Joyce mitgebracht hatte.

Wir dösten für rund eine Stunde ein, dann gab ich ihr einen Gutenachtkuss und begab mich zu einem Auftritt der Rolling Bones.

Als ich *Le Brat Bar* betrat, war es rappelvoll, denn es handelte sich um ein Benefizkonzert. Wieder widmete ich Lauren »Wild Horses« und hielt die erklärenden Worte so knapp wie möglich: »Seit dem elften September liegt meine Frau im Burn Center. Zweieinhalb Monate lang konnten wir nicht sicher sein, ob sie überlebt. Nun, seit der vergangenen Woche wissen wir, dass sie es schaffen wird.« Der Applaus war ohrenbetäubend.

Als wir nach unserem Auftritt an der Bar saßen, unterhielt sich unser Schlagzeuger mit einer attraktiven jungen Frau aus seinem Büro. Sie trug einen wundervollen Verlobungsring mit einem riesigen, von zwei etwas kleineren Steinen flankierten Diamanten. »Toller Ring«, bemerkte ich, und sie erwiderte leise: »Ich habe meinen Verlobten am elften September verloren.«

Er hat in der 89. Etage im Tower Two gearbeitet, in meinem Gebäude, fünf Stockwerke über mir. Sie weiß genau, was er an diesem Tag trug, als er sich von ihr verabschiedete, und sie kann seinen Tod noch immer nicht fassen. Wir sprachen ein paar Minuten miteinander, und ich versuchte sie, so gut es ging, zu trösten. Als sie erklärte, wir hätten großes Glück gehabt, konnte ich ihr nicht widersprechen.

Ich hatte Lauren und Tyler vor wenigen Stunden gesehen.

Herzlichst,
Greg & Lauren

Absender: Greg
Empfänger: alle
Datum: Sonntag, 2. Dezember 2001, 14:58
Betreff: Lauren am 1. Dezember

Als ich heute ins Burn Center kam, schlief Lauren tief und fest nach einem anstrengenden Tag, während im Fernseher eine Bill-Moyers-Sendung lief. Joseph Campbell sprach über die Auferstehungsmythen der Ägypter, und Lauren lag in ihrem Bett, in weiße Verbände gehüllt, die Arme über der Brust gekreuzt, über dem Kopf ein wärmendes Tuch, das genau aussah wie der Kopfputz einer antiken Prinzessin, die nur darauf wartet, wiedergeboren zu werden.

Die friedliche Szene bildete einen scharfen Kontrast zu unserem jetzigen und künftigen Leben. Auch nachdem feststeht, dass Lauren den Kampf um ihr Leben gewonnen hat, und das ist der entscheidende Punkt, gibt es viele Frustrationen.

Die Frustration, unser bisheriges Leben in der Form nie wiedergewinnen zu können. Die Frustration, die Lauren bei jedem ihrer Schritte begleitet. Aber uns bleibt keine Wahl, wir müssen uns abfinden und versuchen, das Beste daraus zu machen.

Dazu ist Lauren wesentlich befähigter als ich. Sie hatte schon immer eine Begabung dafür, den Realitäten ins Auge zu blicken und ihre Vorhaben ungeachtet aller Hürden auch durchzusetzen. Ich dagegen neige vielmehr zu irrealen Träumen.

Nach dem 11. September musste ich einfach glauben, dass sie überlebt – ganz unabhängig davon, wie ungünstig die Prognosen auch aussahen. Ich musste darauf vertrauen, dass es ihr gelingen würde, den Erfahrungen und Statistiken ein Schnippchen zu schlagen. Das erreichte ich seinerzeit auch dadurch, dass ich vor Erfahrungswerten schlicht die Augen verschloss. Es war ihre Pflicht zu überleben. Jetzt besteht unsere Aufgabe darin, uns Ziele zu setzen und diese trotz aller Hindernisse auch zu erreichen, ohne die Geduld zu verlieren.

Als ich heute ins Krankenhaus kam, warteten zahlreiche Pflegekräfte auf die Ankunft neuer Patienten. In Lower Manhattan hatte sich eine Explosion ereignet, und nach ersten Berichten über mehr als dreißig Verunglückte richtete sich das Burn Center auf das Schlimmste ein.

Es waren zwar achtunddreißig Feuerwehrleute zu Schaden gekommen, aber ihre Verletzungen stellten sich glücklicherweise als weniger schwer heraus als befürchtet. Die meisten konnten ambulant behandelt werden. Drei Feuerwehrmänner erlitten Verbrennungen von 50 bis 60 Prozent und wurden ins Burn Center eingeliefert. Auch wenn ihre Behandlung sehr schmerzhaft und langwierig sein wird, können wir dankbar sein, dass keiner von ihnen sich in einem so kritischen Zustand befindet wie viele Opfer der Katastrophe vom 11. September.

Und obwohl es kein Terroranschlag war, gab es zwei geradezu unheimliche Zufälle, die Erinnerungen an den 11. September weckten.

Später am Abend sprach ich mit der Krankenhaus-Geistlichen über das Unglück. Da ihre Position von der New Yorker Feuerwehr finanziert wird, wurde sie nach der Explosion an den Ort des Geschehens gerufen, aber nach mehrstündiger Anwesenheit entschied sie sich zum Gehen, weil die Zahl der Brandverletzten nicht so groß war wie zunächst angenommen.

Die Pfarrerin erzählte mir, dass sich die Explosion im Kellergeschoss von One New York Plaza ereignet hatte, genau dem Gebäude, in dem Euro Brokers vorübergehend untergekommen war. Ich weiß nicht, wie groß die Schäden sind. Aber ich bin mir sicher, dass das Ereignis viele zutiefst beunruhigen wird – und nicht nur Angestellte von Euro Brokers. Die *Times* schloss ihren Bericht mit der Feststellung: »Trotz der Heftigkeit der Explosion sind den Aussagen von Fachleuten zufolge keine nachhaltigen Schäden an dem Gebäude entstanden.«

Der zweite unheimliche Zufall betraf Laurens Arzt. Am 11. September befand er sich gerade auf dem Weg zu einem Vortrag über Hilfsmaßnahmen im Katastrophenfall in New Jersey, als er über die Anschläge auf das World Trade Center informiert wurde. Am Sonnabend war er wieder zu einem Vortrag in New Jersey unterwegs, als sich die Explosion in One New York Plaza ereignete. »Ich halte nie wieder Vorträge in New Jersey«, erklärte er mir.

Natürlich gibt es da keine echte Verbindung, es sei denn in unserer Fantasie, aber das Gefühl, in einer fremden und unberechenbaren Welt zu leben, nimmt zu.

Nachdem Lauren erwacht war, sahen wir uns *Meisterschaft im Seitensprung* an, eine leichte Komödie mit Doris Day und David Niven. Während ich mich daran erinnerte, wie gut mir der Film als junger Mann gefallen hatte, fiel Lauren auf, dass der Hund, der die Gänseblümchen nicht abfressen sollte, ein Wheaten Coated Terrier war, die gleiche Rasse wie Caleigh.

Die neue Haut auf ihrem Gesicht ist noch immer sehr dünn und wird hochrot, wenn sie sich erregt. Aber in entspanntem, heiterem Zustand wirkt sie fast wie früher.

Während des Films musste ich sie immer wieder ansehen und stellte fest, wie gut sie aussah und wie hübsch. Sie merkte es und wollte wissen, warum ich sie anblickte, es mache sie ganz verlegen. Weil ihre Augen so wunderschön sind, erwiderte ich, und auch ihr Gesicht. Lauren lächelte strahlend.

Herzlichst,
Greg & Lauren

Absender: Greg
Empfänger: alle
Datum: Montag, 3. Dezember 2001, 09:08
Betreff: Lauren am 2. Dezember

Wenn es überhaupt einen Tag gab, an dem nicht viel Neues passierte, dann heute. Lauren lief zum Warteraum und zurück, saß längere Zeit auf ihrem Sessel und trug fast zehn Stunden lang ihren Gesichtsverband. Alles, was sie tat, gelang ihr weiter und länger als gestern, also war es ein guter Tag, aber es war irgendwie weniger dramatisch als früher, weil die Gefahren abgenommen haben. Jetzt steht ein »schlechter Tag« für ein Nachlassen ihrer Kraft oder Energie, bedeutet jedoch nicht, dass sie riskiert, ihren Kampf für immer zu verlieren. Es bedeutet lediglich, dass sie ihren großen Erfolg ein wenig später erreicht. Doch das Erreichen eines Stadiums, in dem nichts Außerordentliches geschieht, in dem Leistungen zur Routine werden, ist im Grunde ein bemerkenswerter Fortschritt.

Wie schon erwähnt, ist der Druckverband für Laurens Gesicht eine Art Vorhut der Ganzkörperhülle, die sie während des gesamten nächsten Jahres tragen muss, um die Narbenbildung in den Griff zu bekommen. Morgen wird ihr dieser »Anzug« angepasst, wie auch eine durchsichtige Gesichtsmaske, deren Silikonbeschichtung feuchtigkeitsspendend wirkt und verhindert, dass sich das neue Gewebe verhärtet.

Laurens jetziger Verband umschließt Wangen und Kinn, um seitlichen Druck auf ihr Gesicht auszuüben. Im Grunde ist es eine zirka zwölf Zentimeter breite Bandage, in die Löcher für ihre Ohren geschnitten wurden und die hinten im Nacken mit Velcroklammern befestigt ist. Irgendwie sieht er aus wie einer dieser Zahnschmerzenverbände in alten Lustspielfilmen, ist aber nicht annähernd so komisch. Links von ihrem Kinn ist der Verband mit Silikonstreifen unterfüttert, um eine optimale Heilung der neuen Haut zu begünstigen.

Lauren wird von Tag zu Tag an ein längeres Tragen der Druckverbände gewöhnt. Das Ziel für heute waren zwölf Stunden. Zurzeit ist das nicht unbedingt angenehm, weil ihr Kinn unbequem gegen den Hals gedrückt wird. Wir hoffen, dass die »maßgeschneiderten« Verbände weniger Beschwerden verursachen.

Zusätzlich zu den Druckverbänden benötigt sie weiterhin protein- und kalorienreiche Nahrung, aber ihr Appetit lässt zu wünschen übrig, und häufig isst sie ihr Essen nicht auf. Daher habe ich auf dem Weg zum Krankenhaus zwei Dosen Ensure gekauft, ein proteinreiches Zusatzgetränk. Der Inhalt einer Dose hat ebenso viele Kalorien wie ein Stück Pecan Pie. Es schmeckt zwar nicht so gut, ist aber besser für Lauren.

Gegen sechs Uhr sahen wir *Der große Coup*, einen Film von Don Siegel aus dem Jahr 1972 mit Walter Matthau, und danach *Zwei Banditen*. In den letzten Tagen ließ AMC in puncto Ablenkung wirklich keine Wünsche offen.

Heute kam Kareen wieder, um Lauren durch die Nacht zu begleiten (in den letzten beiden Tagen hatte sie eine »Vertretung«), daher wirkte Lauren sehr entspannt, und ich verabschiedete mich gegen zehn Uhr, als sie wie immer ihre Schlaftabletten bekam.

Allerdings war nicht alles wie immer. Eine Begebenheit am 2. Dezember 2001 am Central Park West erinnerte mich an das Motto »Gott ist im Detail« von Ludwig Mies van der Rohe, und erfuhr später aus dem Internet, dass er am 28. Juni 1959 mit diesem Motto in der *New York Herald Tribune* zitiert wurde. Vermutlich ist das der einzige Aspekt im Hinblick auf moderne Architektur, mit dem ich übereinstimmen kann.

Ein Freund hatte mich zur Upper West Side gefahren, weil ich ein paar Dinge einkaufen wollte, unter anderem die Dosen Ensure. Gegen Viertel vor fünf wollte ich mir ein Cab winken, um zu Lauren zu fahren. Unglücklicherweise war es die vertrackte Stunde, in der alle Taxis entweder besetzt oder außer Dienst sind. Von Minute zu Minute wuchs die Schar derjenigen, die am Straßenrand verzweifelt, aber vergebens nach leeren Taxis Ausschau hielten.

In gleichem Maß wuchs meine Nervosität. Ich musste unbedingt quer durch Manhattan zum Burn Center, aber alles sah danach aus, als wäre ich dabei auf meine eigenen zwei Füße angewiesen. Ich lief auf der 69th Street Richtung Central Park, in der Hoffnung, den Park im Verlauf der 72nd Street zu durchqueren und in rund einer halben Stunde bei Lauren sein zu können. Am Central Park West bog ich nach links, als plötzlich neben mir ein Bus hielt.

Da ich kein Haltestellenschild entdecken konnte, lief ich zunächst einfach weiter, besann mich dann aber anders, drehte um und sprang auf. Es war ein ganz normaler Bus mit dem Ziel 72nd und York Street. Ich holte meine MetroCard hervor, und der Fahrer bestätigte, dass er zur East Side fuhr. Ich setzte mich, las ein paar E-Mails auf meinem BlackBerry, bekam aber mit, dass wir links in die 66th Street einbogen und wenig später den Park sowie die Fifth Avenue hinter uns hatten. Es war kaum zu fassen, wie schnell der Bus die Strecke bewältigte, kaum langsamer als ein Taxi. Zehn Minuten später näherten wir uns der Endhaltestelle an der 72nd und York Street.

Als der Bus die Fahrt verlangsamte, fragte ich den Fahrer, warum er für mich gehalten hatte. Schließlich war da, wo er mich aufgesammelt hatte, keine Haltestelle, und ich hatte ihm nicht einmal gewinkt.

»Sie wirkten ausgesprochen verzweifelt«, erklärte er.

Ich wisse zwar nicht, wie oft man ihm dankte, aber es sei mir ein Bedürfnis, ihm aus tiefem Herzen zu danken, sagte ich und streckte ihm meine Hand entgegen. Ein wenig überrascht griff er zu, lächelte kurz, und ich lief die vier Blocks nach Süden zum Krankenhaus.

Ich war tatsächlich der Verzweiflung nahe gewesen, als ein New Yorker Busfahrer meine Rettung wurde (wenn nicht von Gott gesandt, dann vermutlich von Harry Potters Zauberstab). Wie von magischer Kraft geleitet, sausten wir an Ampeln und Bushaltestellen vorbei, und bevor ich mich versah, war ich bei Lauren.

Herzlichst,
Greg & Lauren

Absender: Greg
Empfänger: alle
Datum: Dienstag, 4. Dezember 2001, 01:06
Betreff: Lauren am 3. Dezember

Nach längeren Spaziergängen und physiotherapeutischen Übungen wirkte Lauren heute ziemlich erschöpft. Morgen wird sie den Gips ihrer rechten Hand los, und sie scheint es kaum erwarten zu können. Als ich in ihr Zimmer kam, war sie eben aus dem Becken-Raum zurück, und die Pfleger legten ihr gerade wieder ihre Druckverbände an. Ich griff mir den Föhn, um ihr das Haar zu trocknen (es ist noch immer so kurz, dass es eine Sache von zwanzig Sekunden war). Ihren Rücken bedeckt ein Verband, der dem Brustpanzer von Iron Man oder einem Schutzschild ähnelt.

Als sie auf die Seite rollte, um sich aufzusetzen, griffen wir schnell zu, um es ihr leichter zu machen. Dann stand sie auf und setzte sich auf den Sessel. Die Schwestern verhalfen ihr in eine möglichst bequeme Position, und sie bat darum, dass man ihr die NYPD-Basecap aufsetzt.

Um halb sechs sollte sie an der ersten Zusammenkunft von Brandverletzten im Gymnastikraum des Burn Centers teilnehmen. Das Treffen war zunächst abgesagt, dann aber wieder angekündigt worden, sodass man mit nur wenigen Teilnehmern rechnete. Dennoch würde es Laurens erster eigenständiger Auftritt seit dem 11. September sein. Bislang war sie eine Patientin, die von Ärzten, Schwestern, Therapeuten und Angehörigen umsorgt wurde. Heute würde sie mit Menschen zusammentreffen, die ähnliche

Verletzungen wie sie erlitten hatten, und über ihre Erfahrungen sprechen.

Ich schob sie über den Flur, über den Gang mit den Grußkarten und guten Wünschen zum Gymnastikraum.

Die auffälligste Einrichtung im Gym ist die »Treppe«, vier Stufen, die auf eine Holzplattform führen und vier weitere, die wieder herabführen. Weiterhin gibt es Luftmatratzen, Gewichte, Hometrainer und andere Geräte, die Patienten helfen, die Beweglichkeit ihres Körpers wiederzugewinnen. Zwölf Leute hatten sich um den großen Konferenztisch im hinteren Bereich des Raumes versammelt: drei Physio- und Bewegungstherapeuten, zwei Auszubildende und sieben Brandverletzte.

Sie machten an der Stirnseite des Tisches Platz für Lauren und boten uns Kekse und Kaffee an.

Die Zusammenkunft begann damit, dass jeder seinen Namen nannte. »Mein Name ist Greg«, sagte ich lediglich. »Ich bin Laurens Mann.« Laurens Vorstellung fiel wesentlich länger aus.

Sie sprach mit sanfter, klarer Stimme, die nach und nach immer bewegter wurde. »Ich heiße Lauren. Als ich am elften September die Lobby des World Trade Centers betrat, wurde ich lebensgefährlich verbrannt. Ich war gerade aus dem Taxi gestiegen, als ich ein lautes Pfeifen hörte, das ich mir nicht erklären konnte. Dann sah ich, wie ein Feuerball aus den Fahrstuhlschächten schoss. Er hüllte mich ein und drückte mich rückwärts zur Tür hinaus. Als ich die Tür berührte, verbrannte ich mir die Hände. Es war furchtbar. Ich rannte über die Straße auf den Mittelstreifen, wo ich auf einen Mann traf, der mir half. Wäre ich zwei Minuten früher gekommen, wäre ich gestorben. Die meisten Mitarbeiter meiner Firma sind gestorben, fast siebenhundert. Ich war zehn Jahre bei Cantor Fitzgerald und habe viele Freunde verloren. Ich erhielt zahllose Hauttransplantationen, und meinen Ärzten und meinem Mann zufolge sind meine Verletzungen gut geheilt. Am nächsten Montag soll ich entlassen werden. Die weitere Behandlung wird in der

Burke-Reha-Klinik in Westchester stattfinden. Ich bin sehr glücklich, mit dem Leben davongekommen zu sein.« Sie rang einen Moment lang um Beherrschung. »Ich bin optimistisch, aber die härteste Erkenntnis war die, dass meine Gesundung nicht zwei Monate, sondern zwei Jahre dauern wird.«

Lauren konnte einfach nicht weitersprechen, und für kurze Zeit sagte niemand ein Wort.

Es gab andere, ähnlich schreckliche Geschichten. Zwei weitere Patienten hatten gleichfalls am 11. September Brandverletzungen von bis zu vierzig Prozent erlitten und befanden sich bereits wieder zu Hause bei ihren Familien. Einer klagte über nahezu unerträglichen Juckreiz, während der andere erklärte, nicht schlafen zu können, weil die Druckverbände zu fest säßen. »Daran werden Sie sich gewöhnen«, wurde ihm lächelnd versichert. Einer Frau waren mehr als siebzig Prozent ihrer Haut verbrannt, weil ihr Mann sie mit Benzin übergossen und angesteckt hatte; ein Mordanschlag, den ihre Schwester nicht überlebte. Ein Mann hatte vor zehn Jahren Verbrennungen erlitten, eine Frau vor dreißig Jahren.

Lauren befand sich im akutesten Stadium, und sie hatte die schwersten Verletzungen erlitten, aber ansonsten unterschieden sich ihre Erfahrungen nicht sonderlich von denen aller Anwesenden.

Vor allem die Schilderung der Frau mit den siebzigprozentigen Verbrennungen war ergreifend. Nach den Verletzungen vor drei Jahren hatte sie die rechte Hand nicht bewegen können, es dann durch Willenskraft und Anstrengung geschafft, ihr die alte Funktionsfähigkeit wiederzugeben. Auf den ersten Blick wirkte die Hand absolut normal, erst der zweite enthüllte, dass sie umfassend transplantiert war. Ihr Gesicht war unversehrt geblieben, aber ansonsten hat fast ihr ganzer Körper großflächige Narben zurückbehalten. Dennoch wirkte sie sehr optimistisch und zuversichtlich und sprach ganz sachlich, ohne jedes Selbstmitleid, über ihre Verletzungen. Es war nicht schwer zu erkennen, weshalb sie diese Fortschritte gemacht hat. Auch drei Jahre später trägt sie noch immer Druckverbände.

Die Beweglichkeit der rechten Hand dieser Frau war für Lauren sehr ermutigend. Sie konnte ihre Finger völlig problemlos bewegen.

Laurens Fragen nach Erfahrungen mit Druckverbänden, silikonbeschichteten Gesichtsmasken, Juckreiz, langfristigen Therapien und Rehabilitationsmaßnahmen wurden umfassend beantwortet. Es wurde auch über physische Ästhetik gesprochen. Eine Frau, die im April vergangenen Jahres Verbrennungen erlitten hatte, erzählte, wie sie erstmals wieder im Badeanzug am Schwimmbecken der New York University aufgetaucht sei. Sie hätte nur eine Bemerkung gehört, und die sei positiv gewesen: »Sieht ganz so aus, als hätten Sie ein schweres Jahr hinter sich.«

Alle Patienten berichteten von Hautspannungen und von dem Drang, sich ständig strecken zu müssen, um ein Gefühl der »Einengung« zu bekämpfen. »Es wird Ihnen vorkommen, als würde Ihre Haut platzen«, merkte eine Frau an. Eine andere schob ihren Ärmel hoch, um Lauren die Narben einer dreißig Jahre alten Verbrennung zu zeigen.

Es war eine ernüchternde Erfahrung, aber auch eine ermutigende. Alle diese Menschen hatten schwere Verletzungen erlitten, die sie fürs Leben zeichneten, und waren ins Burn Center gekommen, um mit anderen Betroffenen und Fachleuten zu sprechen, die wussten, womit sie leben mussten. Und doch wirkten sie alle in dem Sinn ganz »normal«, dass sie nicht dem Selbstmitleid erlagen, sondern um ihre Wiederherstellung kämpften. Für alle hatte es Momente – sogar längere Phasen – der Verzweiflung gegeben, aber sie zeigten uns, dass diese Frustrationen durchaus bewältigt werden konnten.

Die Frau mit den siebzigprozentigen Verbrennungen erzählte, nach den Terroranschlägen auf das World Trade Center habe sie nächtelang davon geträumt, dass Osama bin Laden sie mit einem Benzinkanister und Streichhölzern verfolge. Aber die Frau betonte auch, dass sie nur noch selten an die verletzungsbedingten Schmerzen denke. Sie hat ihr Leben eindeutig wieder im Griff.

»Sie ist zu bescheiden«, entgegnete eine der Therapeutinnen auf die Äußerungen der Frau. »Vor drei Jahren konnte sie sich buchstäblich nicht rühren. Jetzt wohnt sie allein und braucht keinerlei Unterstützung oder Hilfe.«

Eine Frau erlitt Brandverletzungen von dreißig Prozent, weil sie sich am 11. September im 78. Stockwerk des Südturms aufhielt, obwohl sie eigentlich im 86. arbeitete und vermutlich die Fahrstühle benutzte, die zu Euro Brokers hinaufführten. Das Flugzeug raste genau in die 78. Etage. Es grenzt an ein Wunder, dass sie überlebt hat.

Das 78. Stockwerk war allgemein als Skylobby bekannt, eine Art Umsteige-Etage für alle, die in höher gelegenen Etagen arbeiteten. Üblicherweise warteten in der Skylobby immer an die zwanzig Leute auf Fahrstühle, aber zu Stoßzeiten konnten es auch hundert sein. Die Express-Fahrstühle konnten bis zu fünfundzwanzig Menschen gleichzeitig vom Erdgeschoss in die 78. Etage befördern, und es gab zehn dieser Lifts. Da das gesamte Stockwerk von einem Ende zum anderen offen gestaltet war, hatte ich befürchtet, dass in der Skylobby niemand mit dem Leben davongekommen war.

Aber die Frau hatte überlebt und mit ihr zwei weitere Menschen. Ein Verkehrsflugzeug raste mit voller Düsenleistung auf sie zu, aber sie blieb wundersamerweise verschont. Sie gelangte über dieselbe Treppe hinunter und in Sicherheit wie mein Freund Brian Clark, der mir erzählte, die Treppe habe absolut verlassen gewirkt.

Da Lauren müde wurde, musste sie die Zusammenkunft vorzeitig verlassen. Auf die Frage, wie sie sich nach dem Treffen fühlte, erwiderte sie: »Ermutigt.«

Als ich sie aus dem Gym schieben wollte, sprang ein Mann auf und öffnete uns die Tür. »Keine Angst vor den Druckverbänden. Sie werden sich daran gewöhnen«, sagte er zu Lauren und schloss mit dem Rat: »Meiden Sie die Sonne, selbst im Winter.«

Und dann schob ich meine unerschrockene Heldin, die sich aus ihrem Sessel erheben wird, um während der nächsten zwei Jahre ihr neues Leben entschlossen anzupacken, in ihr Zimmer zurück.

Herzlichst,
Greg & Lauren

Absender: Greg
Empfänger: alle
Datum: Mittwoch, 5. Dezember 2001, 09:04
Betreff: Lauren am 4. Dezember

Heute trug Lauren erstmals »normale« Kleidung: graue Hosen und graues Oberteil mit dem Logo vom Burn Center. Darin bewältigte sie die anstrengendste Betätigung seit genau zwölf Wochen.

Ja, es sind inzwischen zwölf Wochen vergangen. Anfangs zählte ich die Stunden, dann die Tage, dann die Wochen und nun die Monate. Bis vor kurzem hätte ich nie vergessen, die Tage zu zählen. Und das ist merkwürdig, denn sie – der zweiundachtzigste, dreiundachtzigste, vierundachtzigste Tag – waren es, die wir seit dem 11. September fest im Blick behielten. Immer hatte ich mir gesagt, dass Lauren eine Reise von dreiundachtzig Meilen durch feindliches Terrain bewältigen musste, bis sie über den Berg war, und dann verstrich dieser Termin am Montag, ohne dass es mir aufgefallen wäre. Weil ich vermutlich bereits in die Zukunft blickte, denn bis vor kurzem konnte ich nicht sicher sein, dass Lauren überhaupt eine Zukunft hat. Jetzt weiß ich es.

Als ich heute zu ihr kam, lag Lauren in ihren Burn-Center-Sachen auf dem Bett. Die »Queen of the Splints« war bei ihr und schiente Laurens rechte Hand (der Gips war wie geplant entfernt worden, nachdem er die Sehnen erfolgreich gestreckt hatte). Sie und Lauren sollten eine Rock

Band gründen, schlug ich grinsend vor: Lauren and the Splinters. Und dann berichtete mir Lauren voller Stolz von ihrem Tag.

Sie war zum Gymnastikraum gelaufen und hatte drei Minuten lang in der Tretmühle verbracht. Dann setzte sie sich auf eine Matte, um ihre Glieder zu beugen und zu strecken: Arme, Beine, Hals, Rücken und Schultern. Sie hätte Lauren dazu gebracht, mit einem Gymnastikball zu trainieren, erzählte die Therapeutin, obwohl sie das zunächst abgelehnt hatte.

»Ich bin todmüde«, sagte sie. »Ich habe heute unglaublich viel geleistet.«

»Sie war wirklich sehr tapfer«, fügte die Therapeutin hinzu. »Trotz der Schmerzen. Sie lässt sich einfach nicht entmutigen.«

»Sie ist eben eine sehr energische Lady«, erwiderte ich.

»Vermutlich hat es sie zusätzlich bestärkt, von den anderen Patienten zu hören, was sie durchmachen mussten«, bemerkte die Therapeutin.

Womit sie sicherlich recht hatte. Auch wenn Lauren eine energische und entschlossene Person ist, so war der Erfahrungsaustausch mit den anderen wahrscheinlich eine große Hilfe. Es musste für sie sehr ermutigend sein, dass Menschen durch die Hölle gegangen waren, aber ihre früheren Fähigkeiten wiedergewonnen hatten; dass ihre Haut nicht aufreißen oder »platzen« würde, wenn sie sich darum bemühte, ihre alte Flexibilität zurückzubekommen.

Morgen sollen auch die Stifte von den Gelenken ihrer linken Hand entfernt werden.

Manche Körperbereiche, etwa ihr linker Arm und die Hände, werden zur Gesundung länger brauchen, möglicherweise auch später weitere operative Eingriffe benötigen. Doch das ist kein Anlass zur Sorge. Der Frau mit den siebzigprozentigen Verbrennungen wurden kürzlich die allzu festen Narben des rechten Armes erneut operiert, und sie äußerte sich erfreut über die dadurch erzielte größere Beweglichkeit.

Auf dem Weg ins Burn Center war ich bei Paragon, um Lauren ein paar locker fallende Hosen zu kaufen, die sie in der Taille nicht beengten. Jogahosen sind genau das Richtige. Ich kaufte welche in Grau, Schwarz, Grün und Rot. Ich sorgte mich ein wenig, dass sie nicht modisch genug sein könnten, aber Lauren schien meine Wahl zu gefallen. Die Sachen waren ihr sehr wichtig, und das aus einem einfachen Grund. »Alle waren angezogen wie ganz normale Leute«, klagte sie nach dem Treffen mit den anderen Patienten. »Nur ich trug einen Morgenrock und das Krankenhaushemd.« Da auch ihre Mutter etwas Hübsches für sie bei Eddie Bauer gefunden hat, sind Laurens modische Bedürfnisse für den Moment befriedigt.

Heute wollte sie die TV-Nachrichten verfolgen, und plötzlich tauchte der Einsturz der Zwillingstürme auf dem Schirm auf. Es wurde eine Reportage über Feuerwehrmänner ausgestrahlt, und ohne Vorwarnung wurden Aufnahmen davon eingeblendet, wie der Nordturm unter Staub- und Qualmwolken in sich zusammenbrach. Ich stand auf, um das Gerät auszuschalten, aber sie wehrte ab und meinte, sie wolle es sehen. Die Szene wurde nur rund sechs Sekunden lang gezeigt. Es brachte Lauren offensichtlich nicht aus der Fassung. Vermutlich ein Ergebnis ihrer persönlichen Stärke und der »Gewöhnungs«-Therapie im Hinblick auf die Ereignisse des 11. September. (Ich hoffe, das bleibt auch während der Nacht so.)

Da Lauren ihre Hände noch nicht einsetzen kann, braucht sie Unterstützung bei den kleinsten, aber unerlässlichen Tätigkeiten. Man muss ihr Laken glatt ziehen, die Lippen mit Vaseline einreiben, Oil of Olaz auf ihr Gesicht auftragen, den Gesichtsverband abnehmen und wieder anlegen, ihr beim Trinken, Essen und der Einnahme von Medikamenten helfen, ihr die Bettdecke fortziehen, wenn sie schwitzt, behutsam über juckende Hautpartien streichen.

Ich massierte ihr sanft den Hinterkopf, wo die Haare nur ganz langsam zu wachsen beginnen, weil sie ständig auf dem Rücken liegt. Dann strich ich ihr über das rechte Bein.

»Das tut unglaublich gut«, flüsterte sie und begann zu weinen. »So zärtlich hat mich lange niemand mehr berührt«, fuhr sie fort. »Sonst befassen sich alle nur flüchtig mit mir, legen Verbände an, nehmen sie wieder ab. Das fühlt sich so grob an und tut weh. So hat mich lange niemand mehr berührt. Danke, Honey, vielen Dank.«

»Um Himmels willen«, murmelte ich. »Du brauchst mir doch nicht zu danken.«

Sie hatte viel zu lange auf kleine Gesten der Zärtlichkeit verzichten müssen. Bestenfalls hatte ihr jemand leicht über den Arm oder die Haare gestrichen, bis ich endlich wieder in der Lage war, sie in die Arme nehmen zu dürfen. Und dafür gab es Gründe.

Unmittelbar nach dem 11. September, selbst vor zwei Wochen noch ging es ihr einfach nicht gut genug. Sie war zu empfindlich, die Berührungen hätten ihr Schmerz zugefügt. Vor drei Monaten hatte es die Haut auf ihren Beinen noch gar nicht gegeben, weil ihren Schienbeinen immer wieder Spendergewebe entnommen wurde und hinten auf den Waden Transplantate erst heilen mussten. Ich glaube, unsere Hautzellen erneuern sich alle drei Monate (die Ärzte unter euch sollten mich notfalls korrigieren), daher fühlte sich jetzt alles fast genauso an wie früher.

Lauren schloss die Augen und entspannte sich beruhigt. Dabei wusste sie nicht einmal, wie umfassend die Transplantationen tatsächlich waren. Sie machte sich nicht bewusst, dass sie die Hautverpflanzungen auf Beinen und Füßen vermutlich mit Gamaschen schützen musste. Im Kampf ums Überleben hatte ihr Körper ein Stadium erreicht, in dem er wieder berührt werden konnte, als wäre sie ein gesunder Mensch. Eine wahrlich erstaunliche Leistung und eine, die zum Zeitpunkt der Transplantation – am 16. oder 17. September – irgendwie unvorstellbar war. Bei allen Hoffnungen schien es unbegreiflich, dass sie im Dezember mit geschlossenen Augen im Bett liegen und die ersten zärtlichen Berührungen seit dem 11. September genießen würde.

Am 2. Oktober, dem Tag der Gedenkfeier von Cantor Fitzgerald, gab es keine Stelle an ihrem Körper, die – als Folge der Verbrennungen oder als Hautspendebereich – nicht wund gewesen wäre. Diese Zeit war ihre schwerste und auch die Phase, in der Hoffnung kaum begründet schien. Und es war der Tag – zum aktuellen Zeitpunkt habe ich es verschwiegen, aber nun erzähle ich euch davon –, an dem der Pfarrer seine Fürbitte mit einer Parabel schloss, an deren Ende ein Kind sagt, es wünsche sich sehnlichst, dass sein Liebstes auf der Welt mit heiler Haut davonkomme.

Als der Pfarrer es aussprach, unterdrückte ich einen Aufschrei, aber in meiner Nähe hörte man mich stöhnen und wusste warum. Während der Geistliche diesen Satz in abgewandelter Form wiederholte – »Das ist es, was wir uns heute alle wünschen, dass unsere Liebsten mit heiler Haut davonkommen« –, konnte ich nur an Lauren denken, wie sie mit zugeschwollenen Augen auf ihrem Bett lag, von Kopf bis Fuß in Mull und Biobrane gehüllt, mit einem Atemschlauch zwischen den Lippen, der ihren Lungen Sauerstoff zuführte.

Ich schlug meine Hände vor das Gesicht und schluchzte über ihre lebensgefährlichen Verletzungen und ihre Hilflosigkeit. Fünf Menschen streckten ihre Arme aus, um mich zu stützen: eine Witwe, die gerade einen bewegenden Nachruf auf ihren Mann gehalten hatte, die Frau meines Freundes, der zwei Minuten vor dem Aufprall des ersten Flugzeuges von der Security ins Erdgeschoss gerufen wurde, der Freund selbst, der Cantor-Firmenanwalt und seine Frau. Keiner von ihnen ließ mich los, bis die Worte des Pfarrers verhallt waren.

Aber die Worte sind nie wirklich verhallt. Sie waren heute Abend wieder zu hören, als ich sanft über die Haut meiner Liebsten strich.

Herzlichst,
Greg & Lauren

Absender: Greg
Empfänger: alle
Datum: Donnerstag, 6. Dezember 2001, 10:20
Betreff: Lauren am 5. Dezember

Laurens Tag begann damit, dass ihr im rechten Arm eine intravenöse Kanüle gelegt wurde. Um zwölf sollten die Stifte von den Knöcheln ihrer linken Hand entfernt werden. Da Ärzte und Schwestern lange Zeit brauchten, um eine zugängliche Vene zu finden, fühlte sich Lauren gestresst und allein, bis um zehn ihre Eltern kamen. Darüber hinaus hatte sie im Hinblick auf den Eingriff seit Mitternacht nichts gegessen.

Gleichfalls gegen zehn erschien ein Facharzt für Handchirurgie, den ihr Arzt hinzugezogen hatte, obwohl so etwas in diesem akuten Stadium nicht üblich ist. (Normalerweise geschieht das erst nach den Reha-Maßnahmen.) Da ihre rechte Hand geschient war, untersuchte der Facharzt nur ihre linke und erklärte danach, wegen der fehlenden Fingerkuppen würde sie zwar nicht die volle Funktionsfähigkeit dieser Hand, wohl aber die Beweglichkeit zurückerhalten. Auf Nachfragen bestätigte er, dass sie zugreifen, schreiben und die meisten der Dinge erledigen könnte, die man gemeinhin mit einer Hand tut. Ich war außer mir vor Freude, da ich Schlimmeres befürchtet hatte. Es wird zwar noch lange Zeit dauern, doch nun wissen wir, dass sie die Hand irgendwann wieder einsetzen kann.

Dann wurde Lauren für die Anpassung ihres »Druckanzuges« vermessen, den sie dann lange Zeit würde tragen müssen.

Sie musste bis zwei Uhr nachmittags warten, bis man sie in den OP brachte, nach »oben«, wie das Pflegepersonal sagt, denn der Operationssaal liegt einen Flur höher als das Burn Center. Ich sagte Lauren, dass es leicht zu solchen Verzögerungen kommt, wenn man nicht als Erster auf der OP-Liste steht, aber das zweistündige Warten machte sie nervös. Und da sie Hunger hatte, trug sie mir auf, bei ihrer

Rückkehr einen getoasteten Bagel mit Diätbutter, Rühreiern, Speck und Schweizer Käse bereit zu halten.

Als sie aus dem Zimmer gefahren wurde, bemerkte ich den Elektriker, der im Juni Verbrennungen von 65 Prozent erlitten hatte und nach seiner Heilung zu einer Art Tröster und Helfer für die anderen Patienten geworden war. Ich stellte ihn Lauren vor, und er bedauerte, keine Gelegenheit für eine kleine Unterhaltung zu haben. Aber dann wurde Laurens Bett im Flur geparkt, während ihr Pfleger ein Namensbändchen holte. Das gab ihr fünf Minuten Zeit für ein Gespräch mit dem Elektriker.

Freundlich und eindringlich erzählte der Mann von seinen Erfahrungen und forderte Lauren auf, die Zuversicht nicht zu verlieren. Er hatte ernste Gesichtsverletzungen erlitten, und seine Stimmbänder waren schwer geschädigt worden. In einem heiseren Flüstern berichtete er, er hätte gehört, wie tapfer sie sei. Sie solle sich nicht scheuen, jede Hilfe anzunehmen, die ihr angeboten wurde, und erwähnte, wie sehr er anfangs die Druckkleidung abgelehnt hätte. Inzwischen hätte er sich jedoch daran gewöhnt, und es gehe ihm von Tag zu Tag besser. Unter Basecap, Skijacke, kariertem Hemd und schwarzen Jeans trug er eine Gesichtsmaske, ein hochgeschlossenes Unterhemd mit langen Druckärmeln, Handschuhe und vermutlich auch Leggings. Lauren strahlte ihn an und dankte ihm, mit ihr gesprochen zu haben. Sie wünschten einander viel Glück.

Und dann war es endlich Zeit für den OP. Wieder begleitete ich Lauren zum Fahrstuhl und winkte ihr zu, bis sich die Türen schlossen. Dann zog ich los, um den Bagel zu besorgen.

Der Eingriff verlief erfolgreich. Von den Fingerknöcheln der linken Hand wurden die Stifte entfernt, jedoch nicht aus dem Daumen, da immer noch die Gefahr bestand, dass sich das Gelenk teilte und die Haut oberhalb des Knöchels aufriss.

Sobald Lauren wieder in ihrem Zimmer war, trank sie ein paar Schlucke Apfelsaft, um sich eine halbe Stunde später über den Bagel mit Rührei, Speck und Käse herzumachen. Er schien ihr auch anfangs zu schmecken, doch dann ließ sie die Hälfte liegen und klagte danach immer wieder über leichte Magenschmerzen.

Kurz vor acht teilte mir eine der Schwestern mit, dass ein Kollege von Lauren gekommen sei, der etwas für sie abgeben wolle. Ich fragte Lauren, ob ich zu ihm in den Warteraum gehen solle, aber sie meinte, sie würde ihn gern sehen. Kareen bezog Laurens Bett neu, zog ihr ein frisches Hemd an und bereitete sie auf ihren ersten Besucher vor, der nicht zur Familie oder zum Umfeld des Burn Centers gehörte.

Ich ging in den Warteraum, erzählte ihm von Laurens Wunsch, und er war begeistert. Ich half ihm beim Anlegen des Kittels, der Haube und der Handschuhe und führte ihn dann zu Laurens Zimmer. Er war schon einmal kurz bei Lauren gewesen, gleich nach dem 11. September, aber sie hatte ihn natürlich nicht wahrgenommen. Diesmal lächelte sie ihm unter ihrer NYPD-Basecap vom Bett aus entgegen.

»Guy«, rief sie leise (das war ihr Spitzname für ihn, und sie sprach ihn französisch aus) und begann zu weinen. Es freue sie sehr, ihn zu sehen, schluchzte sie, und er erwiderte gleichfalls unter Tränen, wie sehr es ihn berührt hätte, dass sie sich bald nach ihrer Einlieferung ins St. Vincent's nach ihm erkundigt hatte.

»Wir haben viele Freunde verloren«, schluchzte Lauren. »So viele Freunde.« Er erzählte ihr, dass er kurz vor dem Aufprall des Flugzeuges an der Vesey Street den Schnellbus verlassen hatte. Von dort war es nur ein kurzer Fußweg in die Lobby des Nordturmes.

»Zwei Minuten«, sagte Lauren. »Nur zwei Minuten später wäre ich tot gewesen. Und fünf Minuten später du.«

Er berichtete Lauren, dass alle in der Branche nach ihr fragten, ebenso wie die Mitarbeiter von Cantor. Er fügte hinzu, dass er sich beim Aufbau der neuen Abteilung umfassend an die von ihr ausgearbeiteten Strategien halte und erkannt habe, wie viel er in der Zusammenarbeit mit ihr gelernt hatte.

»Du hast mir eine großartige Grundlage vermittelt«, erklärte er.

Neben vielen anderen Dingen hat Lauren am 11. September auch die größte berufliche Chance ihres Lebens verloren. Sie stand kurz davor, mit ihrer Marktumsatzdaten-Abteilung beträchtliches Kapital zu erschließen und mit neuen Ideen in die Lücke stoßen, die nach dem Konkurs von Bridge und dem Verkauf von Telerate im Sommer 2001 entstanden war. Sie verfügte über die Visionen und die nötigen Kontakte, und es ist vermutlich keine Übertreibung zu sagen, dass »Guy« ihre Pläne nur auszuführen brauchte. Und das tut er voller Hingabe und arbeitet zwölf Stunden am Tag, nicht nur in seinem, sondern auch in Laurens Sinne.

Sie sprachen über die Freunde, die bei den Terroranschlägen ihr Leben verloren hatten, und »Guy« erwähnte einige, an die Lauren noch gar nicht gedacht hatte, aber sie sprachen auch über den Neuanfang bei Cantor Fitzgerald. Ehemalige und neue Mitarbeiter bemühten sich nach Kräften, sodass eins der größten Unternehmen der Branche nicht einfach nur überlebte, sondern sogar prosperierte.

Das trifft übrigens für Euro Brokers ebenso zu, denen gegenüber sich Wall Street sehr loyal zeigte, obwohl es auch Versuche gab, Cantor und Euro Brokers Kunden wegzuschnappen. Doch niemand hatte erwartet, dass die Konkurrenz aufhört. Es ist nun einmal keine uneigennützige und freundliche Branche. Aber es hat auch viel Zuspruch und Unterstützung beim Wiederaufbau der Firmen gegeben.

»Guy« erwähnte auch Howard Lutnicks Fürsorge für die Familien der Opfer, dass er sich fast allabendlich mit einigen von ihnen irgendwo in New York traf, um ihnen die Hilfsangebote der Firma zu erläutern. Howard wartet bereits darauf, Lauren besuchen zu können. Nachdem sie »Guy« gesehen hat, hoffe ich nun darauf, dass sie bald auch die nötige Kraft für seinen Besuch aufbringt.

Gegen Ende der Unterhaltung betonte Lauren noch einmal, wie glücklich sie sei, überlebt zu haben, und fügte im Hinblick auf alle, die für sie beteten, hinzu: »Ich werde euch nicht enttäuschen.«

Darüber solle sie sich keine Sorgen machen, entgegnete er. »Du lebst, ich lebe. Du bist uns erhalten geblieben. Mir, deiner Familie, Greg und Tyler. Du bist uns allen erhalten geblieben. Das ist alles, was zählt.«

Herzlichst,
Greg & Lauren

Absender: Greg
Empfänger: alle
Datum: Freitag, 7. Dezember 2001, 01:07
Betreff: Lauren am 6. Dezember

Wenn ihr heute im Freien gewesen seid, habt ihr vielleicht den gleichen leichten Wind gespürt wie Lauren, als sie im Rollstuhl neben dem Haupteingang des New York-Presbyterian Hospital saß.

»Ich war draußen und habe endlich wieder frische Luft geatmet«, sagte sie. »Und das machte mir bewusst, dass es da draußen eine ganze Welt gibt, an der ich wieder teilhaben möchte.«

So ist es häufig mit Lauren. Sie beginnt ganz sachlich zu sprechen, wird dann zunehmend emotionaler und bricht mitunter sogar in Tränen aus. Die sind aber kein Zeichen für Traurigkeit, sondern Ausdruck besonders intensiver Gefühle, und sie versiegen schnell wieder. Lauren möchte wieder leben, was sie heute sehr deutlich zum Ausdruck gebracht hat. Aber sie sagte noch etwas anderes: »Mir ist klar geworden, wie viel noch vor mir liegt.«

Heute ist sie dreimal zum Gymnastikraum und zurück gelaufen. Sie hat Streckübungen gemacht und versucht, ihre Hände zu bewegen. Vor allem das Handtraining machte ihr bewusst, wie weit der Weg noch ist, den sie zurücklegen muss. Ihre Hände sind der Grund dafür, dass für Laurens Reha mit zwei Jahren gerechnet wird. Die Bewegungstherapeuten haben Lauren mit einer Art Flaschenzugsystem für ihre Finger vertraut gemacht, bei dessen Anwendung meine Unterstützung gefordert ist. Ich werde ihr auch beim An- und Ablegen der Schienen helfen, die ihre Hände und Arme zu verschiedenen Tageszeiten in unterschiedlichen Stellungen fixieren. Das wird nicht einfach, aber es hat einen guten Grund.

Die Heilung ihrer Hände wird am langwierigsten sein, aber auch ihr übriger Körper bedarf intensiver physiotherapeutischer Übungen und kosmetischer Korrekturen, und Lauren hat bereits betont, sie möchte wieder »so schön wie möglich« sein. Heute wurde ihr erstmals ein Druckhandschuh über die rechte Hand gezogen (ohne Hülle für den kleinen Finger, weil sich in dem noch zwei Stifte befinden). Darüber hinaus wurden Bereiche im Nacken und unter dem Kinn mit Silikonpflastern bedeckt, da sich dort das Narbengewebe ein wenig verhärtet hat.

In zehn bis vierzehn Tagen wird Lauren ihre erste Druckkleidung erhalten sowie die Maske, für die ihr Gesicht am Montag vermessen werden soll. Es ist geplant, durch kleine Polster ober- und unterhalb der Lippen sowie auf der linken Gesichtshälfte zusätzlichen Druck auszuüben. Lauren wird sehr genau darauf achten, was mit ihrem Gesicht geschieht, denn sie wünscht es sich »einfach perfekt.«

Es ist ungemein wichtig, der Bildung von Narbenwülsten durch Streckübungen und Massagen entgegenzuwirken, und das betrifft nahezu ihren ganzen Körper. Besonders gilt das für Hautpartien, die vor fast drei Monaten transplantiert wurden und nun Anzeichen von Verhärtungen zeigen. Als Lauren mich heute bat, ihren Rücken zu massieren, habe ich eine solche Stelle gespürt.

Inzwischen kann sie sich leichter auf die Seite drehen, und das ist der Grund dafür, dass die Verpflanzungen auf ihrem Po endlich zu heilen beginnen. Ich stand hinter ihr und massierte ihr mit den Fingerspitzen ganz behutsam den Rücken. Ich merkte, wie schlaff ihre Muskeln waren, und auch die neue Haut wirkte dünn wie Papier. Aber mit den entsprechenden Therapien und Stützung durch Druckverbände sollte sich das bald ändern. Das tiefer liegende Muskelgewebe schien kräftig und gesund zu sein. Ich kann kaum glauben, dass ich ihr am 6. Dezember tatsächlich den Rücken massieren konnte. Und irgendwie war es noch erfreulicher als gestern, als ich ihr Bein gestreichelt hatte. Auf dem Rücken befand sich die größte transplantierte Hautpartie, und sie war völlig geschlossen und geheilt.

Auf ihrem Weg zum Gym bemerkte Lauren eine Freundin im Warteraum. Die Frau war häufig im Krankenhaus erschienen und hatte sich mit mir oder Laurens Eltern unterhalten. Sie hat mir wundervolle Briefe geschrieben und CDs wie auch Bücher für Lauren gekauft. Sie war auch intensiv für den Cantor Relief Fund tätig, während sie gleichtzeitig versuchte, ihr Unternehmen wieder in Gang zu bringen.

Als Headhunter hat sie durch die Terroranschläge mehr als hundert Kandidaten wie auch potenzielle Kunden in Firmen verloren, deren Büros zerstört wurden. Sie wurde von der Katastrophe voll getroffen, musste sich ihr Leben und ihre Verdienstmöglichkeiten wieder neu aufbauen, fand aber dennoch die Zeit, sich um mich und viele andere zu kümmern.

Lauren reagierte mit freudiger Überraschung auf den Anblick ihrer Freundin. Ich war seit Monaten daran gewöhnt, dass Bekannte im Warteraum auftauchten, aber für Lauren stellte es eine ganz neue Erfahrung dar. Die beiden unterhielten sich ausführlich miteinander. Auch dieses Zusammensein verstärkte Laurens Bewusstsein, dass die Welt und ihr Leben draußen auf sie warteten.

Tyler fehlt Lauren sehr. Bisher hat sie ihn nur zweimal gesehen, und da sie inzwischen so hellwach und aktiv ist, empfindet sie es als besonders schmerzlich, ihn nicht um sich zu haben. Ich rief ihr in Erinnerung, dass noch ein ganzes Leben mit ihm vor ihr liegt. In ein paar Monaten käme sie nach Hause und hätte dann viel mehr Zeit für ihn als früher, als sie sowohl eine hingebungsvolle Mutter als auch eine ehrgeizige Karrierefrau war.

Normalerweise eilten wir um halb sechs nach Hause, um möglichst schnell bei Tyler zu sein, und die nächsten drei Stunden gehörten nur uns. Lauren kochte herrliche Abendessen, oder wir gingen mit Tyler in ein Restaurant in der Nähe, wo er in seinem Hochstühlchen saß und selbstzufrieden mit Teelöffeln spielte, sodass andere Gäste im Vorbeigehen häufig bemerkten, wie brav er sei. Wieder daheim, brachte ihn Lauren in sein Zimmer, gab ihm sein Fläschchen und wiegte ihn in ihren Armen, bis er ganz schläfrig wurde und sie ihn ins Bett legen konnte.

Aber den größten Teil des Tages verbrachte sie im World Trade Center und arbeitete hart. Irgendwann wird sie wieder arbeiten gehen. Aber in der näheren Zukunft wird sie fast rund um die Uhr mit Tyler zusammen sein können. Ich kann mir nichts vorstellen, was Laurens Erholung mehr beschleunigen könnte.

Sie plant bereits die Spaziergänge, die sie mit Tyler, Joyce und Kareen unternehmen wird. »Ich möchte mit ihnen Kaffee trinken gehen und das Geld dafür mit meinen Fingern auf den Tisch legen«, sagte sie zu Kareen.

Immer wieder habe ich nach dem 11. September betont, nach einer so grauenhaften Tragödie könne es so etwas wie einen Silberstreif am Horizont kaum geben. Ich habe mich geirrt. Man muss nur gründlich genug danach suchen: nach dem kaum sichtbaren Schimmer, der einem sagt, dass sich ein sehnlichst gehegter Traum, auf den man kaum zu hoffen wagte, schließlich doch erfüllt.

Herzlichst,
Greg & Lauren

Absender: Greg
Empfänger: alle
Datum: Sonnabend, 8. Dezember 2001, 14:32
Betreff: Lauren am 7. Dezember

(Eine Warnung vorweg: Holt euch lieber eine Tasse Kaffee, der Brief wird sehr lang.)

Heute Abend sah Lauren großartig aus. Gesund, locker, zuversichtlich, lächelnd. Das fiel jedem auf, der ihr Zimmer betrat. An den Druckverband um ihren Kopf habe ich mich bereits so gewöhnt, dass ich ihn kaum noch wahrnehme. Aber selbst so wirkte sie absolut entspannt, munter und ohne jedes Angstgefühl. Das bemerkte jeder, der in ihren Raum kam: Kareen, ihre Schwester und Karen Waizer, die kurz vorbeikam, weil Harry wegen einer kleineren Operation wieder im Burn Center ist.

Da Lauren kurz vor ihrer Entlassung steht, scheinen sich die Ereignisse zu beschleunigen.

Gestern war sie nach sechsundachtzig Tagen erstmals im Freien, und nun, da sie wieder frische Luft geschnuppert hat, scheint sie bereit, sich die Lungen damit füllen zu wollen. Einer der Vorteile von Burke ist die Lage auf dem Land (nun ja, aber immerhin im Grünen). Wenn sie dort vor die Tür tritt, fern von der Hektik einer Stadt, wird sie wirklich entspannen können.

Aber sie verschwendet ihre Zeit nicht mit Tagträumen. Wie gesagt, heute ist viel passiert – sowohl im Krankenhaus wie auch zu Hause.

Laurens Gesicht wurde für die Kunststoffmaske vermessen, die ihrem Gesicht exakt entsprechen muss, um genügend Druck auf die Narben auszuüben. Aber da es ein paar Probleme gab, wird die Prozedur am Montag wiederholt.

Lauren brachte heute in Begleitung von zwei Physiotherapeuten ihren bislang längsten Spaziergang hinter sich und wanderte schier endlos über Krankenhausflure. Ich weiß zwar nicht genau, wo sie überall gewesen sind, aber es gab Lauren mit Sicherheit einen weiteren Vorgeschmack auf die Freiheit. Sie verbrachte drei Minuten in der Tretmühle und trainierte – ermutigt durch die streckende Wirkung der Schiene auf die Finger ihrer rechten Hand – die Beweglichkeit ihrer Hände.

Bisher tendierten die Fingerspitzen der rechten Hand dazu, sich in einem Winkel von neunzig Grad zu krümmen, während der Rest der Finger gerade blieb. Diese unnatürliche Stellung ist ein Hauptgrund dafür, dass Laurens Reha-Therapie ein bis zwei Jahre in Anspruch nehmen wird. Aber überraschenderweise kann sie über Nacht die rechten Finger besser bewegen, hat mehr Kontrolle über sie. Ihre Entschlossenheit reicht buchstäblich von den Zehen bis zu den Fingerspitzen. (Weil sie am 11. September feste Schuhe trug, blieben ihre Zehen unverletzt.)

Die neuen Schienen fixieren Laurens Hände in der Stellung, mit der wir etwa bei Schattenspielen den »Schwan« vorführen: mit in neunzig Grad von der Handfläche abgewinkelten Fingern und gestrecktem Daumen. Heute Abend wurden beide Hände nur locker verbunden, und ich lernte, ihr die Schienen anzulegen, die sie nachts tragen muss. Das sind zwei Plastikschalen, die um Unterarme und Hände gelegt werden und mit Mullbinden fest umwickelt werden, um einen starken und möglichst gleichmäßigen Druck auszuüben.

Im Verlauf des Tages statteten Angehörige der NY Firefighters Burn Center Foundation Lauren einen Besuch ab und überreichten eine Baseballcap, ein Polohemd, ein Sweatshirt und eine Schürze. Sie blieben vierzig Minuten und unterhielten sich mit Lauren über den 11. September. Auch sie haben viele Freunde und Kollegen verloren.

Kurz nach meiner Ankunft im Krankenhaus kam Karen Waizer in Laurens Zimmer. Genau wie ich hatte sie nach dem 11. September quasi im Burn Center gelebt und die lange Phase der Verzweiflung über sich ergehen lassen, die mit Wachen am Bett des in ein Koma versetzten Patienten begann, mit Gebeten für sein Überleben, um irgendwann mit Erleichterung über die bevorstehende Entlassung zu enden, aber auch mit banger Ungewissheit über die Anforderungen der Zukunft. Und sie hatte »nebenbei« drei Kinder zu versorgen!

Ihr Mann Harry ist aus Burke nur kurz ins New York-Presbyterian Hospital gekommen, er liegt nicht einmal auf der eigentlichen Station für Brandverletzte. Aber weder er noch Lauren können ihre Bande zum Burn Center auf immer durchschneiden. Lauren wird noch jahrelang in regelmäßigen Abständen in die Klinik zurückkehren, damit sich ihr Arzt von ihren Fortschritten überzeugen kann.

Lauren und Karen haben sich lange und ausführlich über Burke unterhalten. Obwohl die Zimmer nicht unbedingt groß sind, ist die Betreuung offenbar ausgezeichnet. Die Ärzte arbeiten pflichtbewusst und hingebungsvoll, die Therapeuten bemühen sich, die Leistungsfähigkeit ihrer Patienten zu steigern, jedoch ohne zu übertreiben. In Burke kümmert man sich um viele Menschen mit ernsten Problemen, es ist aber offensichtlich eine Institution, in der sich alle gut aufgehoben und optimal versorgt fühlen.

Harry freut sich auf Lauren wie sie auf ihn, und es muss wundervoll für die beiden sein, wenn sie in Burke zusammensitzen und sich klarmachen, dass sie es geschafft haben. Beide mussten ähnlich traumatische Erfahrungen machen, beide sind Symbole der Hoffnung für Cantor Fitzgerald.

Als das Flugzeug in den Nordturm raste, befand sich Harry in einem Fahrstuhl von der Skylobby in das 105. Stockwerk.

Stellt euch vor, wie es sein muss, in einem geschlossenen Kasten zu stecken, der plötzlich absackt und zu brennen beginnt. Stellt euch Harrys Verzweiflung vor, als er schreiend und fluchend versuchte, das Feuer mit seinen Händen auszuschlagen, wie er den Rauch einatmete, der entstand, als das brennende Kerosin die Teppichbeläge, die Holzverkleidung und die Kleidung der Liftinsassen in Flammen setzte. Dann öffneten sich die Türen zu einem Flur. Und dann stellt euch vor, 78 Stockwerke hinunter flüchten zu müssen, bevor ihr auf Hilfe hoffen dürft.

Und denkt an Lauren, wie sie Glas- und Metalltüren aufstieß, brennend aus der WTC-Lobby stürzte und schrie: »Ich will nicht sterben. Ich werde nicht sterben. Ich will für Tyler und Greg weiterleben!«

Drei Monate später sitzt ihr im Westchester County unter Bäumen, ein leichter Wind rauscht in den Blättern, und ihr befindet euch in der Gesellschaft eines Menschen, der euer Glück teilt: Überlebt zu haben, die frische Luft atmen, das Gras riechen, den blauen Himmel sehen zu können.

Ich glaube, es wird für beide einfach wundervoll sein.

Im Hinblick auf das Burn Center empfand Harry gegen bestimmte Maßnahmen und Methoden einen ähnlichen Widerwillen wie Lauren, vor allem gegen den Becken-Raum. Beide fanden den Aufenthalt dort auf gewisse Weise erniedrigend. Nackt liegt man in einer Stahlwanne, während Pflegekräfte um einen herumwimmeln, die einen umdrehen, waschen und reinigen.

Für gewöhnlich zittern die Patienten nach dieser Prozedur förmlich vor Kälte, und wenn die Schwestern sie abtrocknen wollen, haben sie »nie genug warme Tücher«, wie Lauren sagte. Als Resultat verliert der Patient einige Grade seiner Körpertemperatur. Als Lauren noch im Koma lag, wurde über ihrem Bett ein Heizgerät eingeschaltet, oder man hüllte sie in einen »Bair Hugger«, eine mit warmer Luft gefüllte Decke. Aber nachdem sie das Bewusstsein wiedererlangt hatte, wickelte man sie meistens nur in die üblichen Decken und überließ es ihr, sich »warm zu zittern«.

Als vor ein paar Tagen wieder Andrew für Lauren sorgte, holte er ihr einen »Bair Hugger« und ließ ihn in ihrem Zimmer zurück. Für den Rest ihres Aufenthalts im Burn Center haben wir so eine Möglichkeit, sie zu wärmen.

Schon bald nach Laurens Einlieferung haben mir die Schwestern und Pfleger erzählt, es sei ihre größte Freude, die am schwersten verletzten Patienten aufzusuchen, wenn sie aus dem Koma erwacht sind. Daher ergießt sich seit ein paar Tagen ein wahrer Strom von »Besuchern« in Laurens

Zimmer, die in ihrer härtesten Zeit für sie sorgten und nun kommen, um mit ihr zu plaudern und zu scherzen. Sie versichern Lauren, wie großartig sie aussähe, und sie rät ihnen, mit dem Rauchen aufzuhören, nennt ihnen wirklich gute Immobilienmakler oder versucht auf andere Weise, ihnen behilflich zu sein. Sie ist unglaublich.

Ich könnte mir vorstellen, dass es für die Pfleger extrem befriedigend ist, unter den Verbänden und Schienen eine so direkte, humorvolle und motivierte Persönlichkeit auftauchen zu sehen. Wenn Lauren einen Witz macht, leuchten ihre Gesichter sichtlich auf. Das heißt nicht, dass Lauren anspruchslos wäre, es heißt nur, dass die Pfleger einen Moment lang mit einem Menschen lachen können, dem sie das Leben gerettet haben.

Doch heute war Lauren – nach ihrem kurzen Ausflug ins Freie – so müde, dass sie gegen halb neun einschlief. Und ich war nach meinem Tag vermutlich ähnlich erschöpft.

Das Erfreuliche zuerst: Am Nachmittag begleitete ich Tyler zu einer Geburtstagsparty in seiner Kinderturngruppe an den Chelsea Piers, bei der Scharen von Einjährigen über Matten krochen, mit Gummibällen um sich warfen oder aus bunten Papiersteinen errichtete Türme zum Einsturz brachten.

Tyler stürzte sich sofort auf einen großen, grünen Ball und rollte ihn so energisch herum wie Indiana Jones den Felsbrocken am Anfang von *Jäger des verlorenen Schatzes*. Schließlich schlug er mit beiden Händen rhythmisch auf den Ball ein. Ich beugte mich vor und begann den Takt von »Wipeout« zu klopfen, und prompt folgte Tyler meinem Beispiel.

Sein anderes Lieblingsspielzeug war ein roter Luftballon, mit dem er mir wiederholt ins Gesicht schlug, als ich mit ihm auf dem Arm herumging, um mit anderen Eltern zu sprechen. Alle zeigten sich hocherfreut über Laurens Fortschritte und trugen mir gute Wünsche für sie auf, obwohl die meisten sie noch gar nicht kennen gelernt hatten.

Tyler beeindruckte wie immer. »Er sieht aus, als hätte er

das Zeug zu einem Politiker«, bemerkte eine Frau. »Er wirkt ausgesprochen *senatorisch.*« Ich schwöre euch, das ist keine Erfindung von mir.

Mein Tag begann mit einem Besuch im Büro von Eliot Spitzer, dem Generalstaatsanwalt des Staates New York. Er selbst war zwar durch eine dringende Reise nach Kalifornien verhindert, hatte mich aber gebeten, mit zwei seiner Vertreterinnen vorlieb zu nehmen, was ich gern tat. Absicht meines Besuches war es, die Bedürfnisse der überlebenden Opfer der Terroranschläge zu erläutern und über meine eigenen Erfahrungen zu sprechen, da seiner Behörde die Verteilung staatlicher Beihilfen für die von der Katastrophe Betroffenen oblag. Ich wurde von der Stellvertretenden Generalstaatsanwältin und der Beauftragten für Verbrechensopfer des Staates New York empfangen. Beide Frauen zeigten sich ausgesprochen zuvorkommend. Sie behandelten mich sehr höflich und gaben mir wertvolle Ratschläge und Empfehlungen.

Ich möchte euch meinen Besuch kurz schildern. Das Büro befindet sich gegenüber Ground Zero, hoch oben in einem der Zwanzigergeschosse, und bietet einen umfassenden Ausblick auf die Stätte der Katastrophe.

Da es kurz zuvor geregnet hatte, machte Ground Zero den Eindruck einer düsteren Schlammwüste. Schutt und Trümmer waren weitgehend abgetragen, und nun drangen die Räummannschaften in die Tiefe vor. Auf einer Seite der riesigen Grube heben sich die unterirdischen Parkgaragen ab wie gebrochene geologische Schichten. Gewaltige Bagger kratzen mit ihren Schaufeln im Erdboden. Die Schuttlaster fahren in die Mitte der Grube, um mit Trümmern beladen zu werden. Auf gespenstische Weise erinnerte mich die ganze Szenerie irgendwie an Fotos vom Bau des World Trade Centers. Ganz so, als hätten wir eine Zeitreise in die Vergangenheit gemacht. Aber auch wenn an dieser Stelle Gebäude wieder erstehen, die Menschen kommen nicht zurück.

Die Überreste der Türme One und Two waren weitgehend geräumt, auch die hitzeverbogenen Stahlträger der

Lobbys. Bei meinem Besuch am 3. Oktober hatten noch Berge von Schutt fünfzehn bis fünfundzwanzig Meter in die Höhe geragt.

In die nördliche Fassade eines Bürogebäudes gegenüber dem Tower Two hat die Wucht der Explosion über drei Meter breite Lücken gerissen, die mit Metall und Ziegeln notdürftig verkleidet wurden. Auch die durch herumfliegende Trümmer verursachten Schäden am American Express Building und dem World Financial Center hat man auf ähnliche Weise »beseitigt«.

Natürlich hätte ich das American Express Building vor dem 11. September gar nicht gesehen, sondern eine achtzig Etagen höhere Masse aus Stahl und Glas. Früher hätte man aus diesen Fenstern gerade einmal auf die »Kniehöhe« des Büroturms geblickt, und nun sah man durch sie auf die Fundamente – genau wie zum Zeitpunkt des Baus des World Trade Centers.

Lauren und Harry hatten die zerstörerischen Kräfte überlebt, die diese Gebäude zum Einsturz brachten. So wie Tausende andere auch, aber die hatten sich an günstigeren Orten aufgehalten. Lauren und Harry waren dem Abgrund hautnah gewesen und erstaunlicherweise mit dem Leben davongekommen.

Auf dem Nachhauseweg lief ich rund um Ground Zero herum und drängte mich an Hunderten von Leuten vorbei, die Fotoapparate, Videokameras und Ferngläser in den Händen hielten. Die Absperrungen waren mit Fotos, Flaggen und Grußbotschaften bedeckt wie die Galeriewand im Burn Center. Etwas weiter steckten zwischen den Maschen der Sperrzäune unzählige Blumensträuße.

Da ich gerade über mein Mobiltelefon angerufen worden war, nahm ich viele Details kaum wahr. Diesen Weg hatte ich bereits tausendmal zurückgelegt, aber stets im Schatten des World Trade Centers. Die Straßen waren immer belebt gewesen, aber mit Leuten, die zur Arbeit gingen. Jetzt standen sie in Freizeitkleidung da und bemühten sich, einen Blick auf die Geschichte zu werfen.

Die Wahnsinnigen, die die Terroranschläge verübten, haben Ground Zero für eine Zeit zum Zentrum der Welt gemacht. Und die gesamte Zivilisation weiß, dass unsere Feinde darauf aus sind, unsere Wohnhäuser, die Zentren unserer Regierung und unserer Kultur in Trümmerwüsten wie Ground Zero zu verwandeln.

Das wird nicht geschehen.

Herzlichst,
Greg & Lauren

Absender: Greg
Empfänger: alle
Datum: Sonntag, 9. Dezember 2001, 15:34
Betreff: Lauren am 8. Dezember

Heute waren Lauren und ich zu einem kleinen Nachmittagsspaziergang verabredet. Wie alle Frauen wurde sie nicht rechtzeitig fertig.

Bei meiner Ankunft umwickelte eine Therapeutin ihre Hände gerade mit selbsthaftenden Stretchverbänden. Dabei wird jeder Finger einzeln umwickelt, dann ihre Hände und die Handgelenke. Wir halfen ihr beim Anziehen ihres Sternenbanner-T-Shirts und einer roten Hose von Eddie Bauer, setzten ihr die NYPD-Basecap auf, und dann konnte es endlich losgehen.

Sie stand auf, und wir machten uns daran, das gesamte Burn Center zu durchqueren. Lauren lief ein wenig langsamer als normal, aber zügig und ohne zu schlurfen. Ihr Zimmer liegt in der Südwestecke der Station. Mit mir an einer und ihrer Schwester an der anderen Seite, aber ohne jede Unterstützung von uns, marschierte Lauren der südöstlichen Ecke in rund fünfzig Meter Entfernung entgegen.

Als wir auf halber Strecke am Schwesternzimmer vorbeikamen, blickte ich auf ihre Füße, die in normalen Laufschuhen steckten (an die neuen, knöchelhohen Sportschuhe konnte sie sich so recht nicht gewöhnen).

»Du schlägst Tyler um Längen, Honey«, bemerkte ich.

»Das will ich auch hoffen«, lachte sie.

Wir erreichten das Ende des Korridors und bogen um die Ecke auf einen anderen Flur mit weiteren zwanzig Zimmern für Schwerverletzte. Insgesamt verfügt das Burn Center über vierzig Intensivbetten.

Da in diesem Bereich einige ganz kleine Patienten liegen, kamen wir an Buggies und Stofftieren vorbei, als wir uns dem Ende des Korridors näherten, die Tür zum Gym links liegen ließen und über die Galerie zurückliefen.

»Das ist der Raum, in dem meine Eltern gewartet haben, und du auch?«, fragte Lauren, als wir am Wartezimmer vorbeikamen, in dem wir so lange gebangt und gehofft hatten, während unser Liebstes in tiefem Schlaf lag.

Die automatischen Türen öffneten sich auf Knopfdruck, wir verließen das Burn Center durch den Haupteingang, wanderten an der Kleiderkammer vorbei und blieben stehen, um den Weihnachtsbaum zu bewundern, der mit Grußkarten geschmückt war, auf die mit ordentlicher Kinderschrift »Gute Besserung« oder »Hoffentlich werdet ihr schnell wieder gesund« geschrieben stand.

Der Mann hinter dem Empfang lächelte uns an, und ich erkannte ihn als den wieder, der schon am 11. September hier seinen Dienst versah, der uns Karten und Briefe gebracht und Kaffee angeboten, Laurens CD-Player eingeschaltet, die Temperatur in ihrem Zimmer verändert und uns zusätzliche Decken für Lauren gegeben hat, sobald wir ihn darum baten. Jetzt stellte ich die beiden einander vor, und er sagte: »Wie schön, Sie wieder auf den Beinen zu sehen.«

»Es freut mich, Sie kennen zu lernen«, erwiderte Lauren, und wir betraten das Burn Center wieder, kamen an ihrem früheren Raum gegenüber dem Schwesternzimmer vorbei, in dem sie Wochen mit geschlossenen Augen und bewegungslos zugebracht hatte, während zahllose Schläuche in ihren Körper führten, Baxter-Pumpen sie mit genau abgemessenen Mengen von Medikamenten und Nährstoffen versorgten. Das alles unter dem unablässigen Piepen von Monitoren, die die Kurven ihrer Herztätigkeit, ihres Blutdrucks und des Sauerstoffgehalts ihrer Lungen aufzeichneten.

Nachdem wir auch den Becken-Raum passiert hatten und uns wieder auf ihr Eckzimmer zubewegten, sahen Lauren und ich uns an.

»Nicht schlecht, was?« meinte sie.

Und dann begann sie zu tanzen.

Sie schloss lächelnd die Augen und bewegte Hüften und Schultern wie auf dem Tanzparkett. Im Hintergrund spielte Christines CD. Auch ich fing an zu tanzen und erinnerte mich an das letzte Mal, als wir miteinander tanzten. Sie lag im Bett, unfähig zu sprechen oder sich ohne Hilfe aufzusetzen, bewegte aber den Kopf im Rhythmus der Musik, weil ihre Therapeuten ihr das empfohlen hatten. Damals war ihr Gesichtsausdruck der gleiche wie jetzt, aber ansonsten hat sie unglaubliche Fortschritte gemacht.

Ein Handverband saß so fest, dass Lauren die Therapeutin bat, Abhilfe zu schaffen. »Das halte ich nicht aus«, sagte sie plötzlich, als sie zusah, wie ihre Finger neu verbunden wurden. »So kann ich einfach nicht leben. Nichts kann ich ohne Hilfe tun. Ich kann mich nicht allein waschen, mich anziehen, nichts.«

Dann schüttelte sie den Kopf und gab ein langes »Aaaah« von sich, das eindeutig ein Urschrei der reinen Frustration war.

»Es ist gar nicht lange her, seit Sie weder sprechen noch laufen konnten«, erwiderte die Therapeutin und wies so darauf hin, wie weit sie inzwischen gekommen war. Irgendwann würde sie wieder alles tun können, wonach ihr der Sinn stand, fügte ich hinzu, sie müsse nur ein wenig Geduld aufbringen und dürfe nicht erwarten, dass alles von jetzt auf heute geschah. Lauren gewann ihre Beherrschung wieder, bat aber um ein Beruhigungsmittel.

Kurz nach fünf erschien Howard Lutnick. Er war vor zwei Wochen schon einmal da gewesen, doch da hatte sie ihr Bewusstsein noch nicht ganz wiedererlangt. Er beugte sich über ihr Bett und erzählte ihr immer wieder, wie sehr er und alle bei Cantor Fitzgerald Lauren liebten. Dieses Mal winkte Lauren ihm lächelnd zu, als er in sterilem Kittel und mit Haube in der Tür stand. Mit drei, vier Schritten stand er neben ihr und beugte sich zu ihr hinab, während sie an seiner Schulter in Tränen ausbrach.

Er trat einen Schritt zurück und zeigte ihr die Basecap, die er ihr mitgebracht hatte. Vorn stand »Cantor Fitzgerald« und hinten »United We Stand«.

»Da ich gelesen habe, dass Sie Polizei- und Feuerwehr-Basecaps tragen, musste ich Ihnen unbedingt eine von Cantor mitbringen«, erklärte er.

Lauren setzte sie auf, schob die Beine aus dem Bett und stand auf. »Und wie sehe ich aus?«

»Nun, Sie sehen besser aus«, stellte er fest, sah mich an und fügte lachend hinzu: »Sogar sehr viel besser.«

Lauren umarmte ihn, dankte ihm für seine Unterstützung und begann wieder zu weinen. Das passierte in der nächsten Stunde noch häufiger, obwohl auch viel gelacht wurde.

Sie würde ihm sehr fehlen, sagte Howard. Der neue Marktumsatzdaten-Bereich könne sie wirklich gut brauchen, jetzt besonders, da er langsam in Schwung kam. »Jahrelang habe ich auf diese Chance gewartet«, erwiderte Lauren. »Jahre! Aber nachdem ich alles gründlich vorbereitet hatte, passiert das …«

Sie sprachen über Howards Bruder, der am 11. September sein Leben verloren hatte. Lauren betonte, dass sich Gary und sie im letzten Jahr sehr viel näher gekommen seien.

Dann berichtete Howard von seinen Erfolgen beim Wiederaufbau von Cantor und davon, dass er künftig andere Akzente setzen wolle. Sein Hauptaugenmerk gelte seiner Familie, seinen Mitarbeitern und den Angehörigen der Angestellten, die er verloren hat. Um denen helfen zu können, müsse er vor allem darauf achten, dass die Firma nicht nur überlebt, sondern prosperiert. (Er hat Tausende von Bewerbungsschreiben erhalten, aber ihm fehlen die Leute, die Kandidaten alle »unter die Lupe zu nehmen«.)

Mit Bedauern erinnerte er sich daran, was mit dem World Trade Center verschwunden war. Hervorragende Büros, gute Geschäfte in der Nähe und ein Ausblick, der selbst an einem trüben Tag atemberaubend war. Die Terroranschläge hätten Cantor Fitzgerald buchstäblich vom Gipfel geholt.

»Nun, man kann es sich aussuchen«, meinte er nachdenklich. »Man kann den Berg wieder hinaufklettern und nach vielleicht fünf Jahren wieder oben angekommen sein, oder man kann sich die Skier anschnallen und über ebenere Hänge gleiten.«

Die zweite Alternative ist eindeutig einfacher.

Er äußerte sich auch über den Erfolg des Cantor Relief Fund, aber da ich mich nicht an alle Details und Zahlen erinnere, möchte ich nichts Falsches wiedergeben. Er unterstützt die Menschen, denen er Hilfe versprochen hat. Und ich habe nie daran gezweifelt, dass er sein Wort halten würde.

»Vielleicht hört es sich missverständlich an, wenn ich sage, Sie hätten Glück gehabt«, meinte er im Zusammenhang mit den Anstrengungen, die noch vor Lauren liegen. »Aber vergessen Sie nicht, wie viele Menschen sich glücklich schätzen würden, in Ihrer Lage zu sein. Sie können Tyler aufwachsen sehen, er hat Sie nicht verloren. Das ist ein großes Geschenk.«

»Ich werde mich nicht unterkriegen lassen«, sagte Lauren. »Es muss einen Sinn haben, mit dem Leben davongekommen zu sein.«

»Wenn Sie zu uns zurückkommen, steht ein blitzblanker, neuer Schreibtisch für Sie bereit. Aber jetzt werden Sie erst einmal ganz gesund. Machen Sie sich keine Sorgen, wir warten auf Sie.«

1993 waren die Dinge ein bisschen anders gelaufen, wie sich Lauren erinnerte. Howard hatte sie bei ihrem Bewerbungstermin warten lassen. Nach anderthalb Stunden beschloss sie, es reicht, stand auf und verließ den Raum. Howard lief ihr nach und holte sie am Lift ein, an demselben Fahrstuhl, durch dessen Schacht der Feuerball am 11. September entwich. Hätte Howard sie nicht mehr erreicht, wären wir nicht verheiratet, würde es Tyler nicht geben. Wie man sieht, hatte ein kleiner Zufall große Auswirkungen auf unser Leben.

Wahrscheinlich haben viele von euch den Artikel in der Zeitschrift *New York* gelesen, in dem Howard Lutnick seiner Freude darüber Ausdruck gab, dass »Lauren Manning vierzig Schritte gelaufen« ist.

Lauren hatte davon gehört, und als Howard aufbrechen wollte, verließ sie das Bett und begleitete ihn zu den siebzig Meter entfernten Besucherfahrstühlen. Nach einer letzten Umarmung und nachdem sich die Lifttüren hinter ihm geschlossen hatten, spöttelte sie: »Ich wollte ihm zeigen, dass ich mehr als vierzig Schritte laufen kann.«

Das ist die kämpferische Einstellung, die sie so weit gebracht hat, und es war noch genug Energie in ihr, um die Strecke zurück in ihr Zimmer zu bewältigen. Aber sie war doch ziemlich erschöpft, daher erschien die Schwester, um ihr ins Bett zu helfen und ihr ihre Medikamente zu geben. Neben Lauren, in Harrys altem Zimmer, lag eine alte Frau, deren Kleidung eines Abends beim Kochen Feuer gefangen hatten. Sie kämpfte tapfer um ihr Leben, aber die Prognosen der Ärzte waren nicht sehr positiv. Ältere Menschen überstehen Verbrennungen besonders schwer, und sie war achtundachtzig oder neunundachtzig Jahre alt. Die Tür zu ihrem Zimmer war meistens geschlossen.

Als Lauren sich nach der Frau erkundigte, erwiderte die Schwester leise: »Sie ist verschieden.«

Lauren begann zu weinen. »Direkt neben mir ist jemand gestorben«, schluchzte sie.

Ich dachte daran, dass das schon häufiger geschehen war

– wenn nicht direkt neben ihr, so doch ein paar Türen weiter, aber das konnte ich ihr natürlich nicht sagen. Die Schwester wies auf das Alter der Frau sowie die Schwere ihrer Verletzungen hin und erzählte, ihre Angehörigen hätten ihr Einverständnis erklärt, dass im Fall einer lebensbedrohlichen Krise keine lebenserhaltenden Maßnahmen eingeleitet würden. Ich hatte vor Stunden mitbekommen, wie Ärzte das Nebenzimmer betraten und wieder verließen, fand aber, dass mich das nichts anging.

Es hat nur in einer Hinsicht Bedeutung für mich. Wir dürfen uns von der spektakulären Aussicht auf den East River, Laurens Fortschritten und der Zuneigung, die so viele auf der Station für sie empfinden, nicht zu der Annahme verleiten lassen, das Burn Center wäre ein angenehmer Aufenthaltsort. Das ist er nicht. Sie sollte keinen Moment länger hier bleiben als unbedingt nötig.

Erschöpft von ihrem bislang aktivsten Tag, schlief Lauren ein, und ich fuhr nach Hause, um erstmals seit dem 11. September die Nacht allein zu verbringen. Laurens Eltern hatten für ihre letzten Tage im Burn Center eine andere Unterkunft in der Umgebung von New York gefunden.

Tyler war natürlich da, aber sonst niemand. Die Wohnung wirkte sonderbar groß und sehr, sehr einsam. Ich bezweifle stark, dass ich diese Leere kurz nach dem 11. September ertragen hätte. Drei Monate später fühlte ich mich ein bisschen deprimiert, aber ansonsten okay. Es war auch das erste Mal wieder in einem richtigen Bett. Bis jetzt hatte ich auf der Couch geschlafen.

Es herrschte tiefe Stille, aber ich wusste, dass bald wieder reges Leben herrschen, dass Laurens und Tylers Lachen von den Wänden widerhallen würde. Sie hatte um ihr Leben gebetet. Ihre Gebete waren erhört worden.

Ich musste daran denken, wie viele Gebete anderer Opfer nicht erhört werden würden, nicht erhört werden konnten, und erkannte, dass das, was mir in unserem dunklen, nur vom Schein der Straßenlaternen erhellten Zimmer Gesellschaft leistete, bis ich endlich die Augen schloss und in meinem eigenen Bett einschlief, die Hoffnung war.

Herzlichst,
Greg & Lauren

Absender: Greg
Empfänger: alle
Datum: Montag, 10. Dezember 2001, 01:28
Betreff: Lauren am 9. Dezember

Der Exodus hat begonnen, und er ist umfangreicher, als man denken würde. Im Laufe der letzten drei Monate hat Lauren eine Menge Zeug angesammelt: CDs, Videokassetten, Bücher, Schlafanzüge, T-Shirts, Basecaps, Poster, Fotos und Hunderte von Briefen und Karten.

Heute haben wir mit dem Packen begonnen. Nachdem die Karten abgenommen sind, sehen die Wände ziemlich kahl aus. Videobänder und Bücher wurden nach Hause gebracht, zusammen mit einigen Kleidungsstücken, die Lauren in Burke tragen wird.

Seit dem 11. September hat sich vieles zum Besseren gewendet, aber ich scheine auf der Stelle zu treten. Oft kam es mir vor, als befände ich mich in einer »bipolaren« Unordnung. Zwölf Wochen lang habe ich an zwei verschiedenen Orten gelebt, im Burn Center und in unserem Apartment. Mit Ausnahme von ein paar Umwegen bin ich von Parkgarage zu Parkgarage gefahren und habe mit Ausnahme von Neuigkeiten über den Kampf gegen den Terror, über die Yankees und Lauren kaum etwas mitbekommen.

Ich kenne inzwischen die Sicherheitsleute im Krankenhaus und die Parkwächter. Ich kenne fast alle Pflegekräfte des Burn Centers und die meisten Ärzte. Ich habe mich an Dinge gewöhnt, die noch am 10. September unvorstellbar und überwältigend gewesen wären, nun aber zu unserem

Leben gehören: Sorgfältiges Einkleiden vor jedem Kontakt mit Lauren, der Alltag in einer Klinik für Brandmedizin, das Kommen und Gehen von kritisch kranken Patienten, das Bewusstsein, an Zimmern vorbeizukommen, in denen Menschen im künstlichen Koma gehalten werden und sich nicht bewusst sind, wie ihr Organismus um das Überleben kämpft.

Ich kann mich nicht erinnern, wie ich mich am 10. September fühlte, diese Welt kommt mir vor wie eine völlig andere Ära. Ich erinnere mich an kaum mehr als an mein Bemühen, wochenlang die schnellste Route quer durch die Stadt zu suchen. Und jetzt, da es mir gelungen ist, stellt mich Westchester vor neue Anforderungen. Aber Lauren hat es geschafft. Sie wird das Burn Center verlassen, und das ist nicht weniger als ein Wunder. Schließlich, endlich, kommen auch wir voran.

Für Lauren war es ein ereignisreicher Tag, aber da ich zu Hause Wäsche wusch, habe ich davon nur wenig mitbekommen. Eine Freundin brachte ihr ein Geschenk, und ein Ehepaar, das ihr T-Shirts mit dem Sternenbanner geschickt hatte, stattete ihr einen Besuch ab. Ich bedauere, die beiden nicht persönlich kennen gelernt zu haben, aber wenigstens weiß ich, woher die T-Shirts kamen. Lauren trainierte ihre Finger, lief recht zügig über den Flur, und als ich zu ihr kam, lag sie bis zum Hals zugedeckt im Bett und ruhte sich aus.

In den vergangenen Wochen haben wir allabendlich miteinander gegessen, und meistens aß ich mit, was die Krankenhausküche zu bieten hatte. Aber in den letzten Tagen ließen wir uns ein Dinner kommen, wie andere New Yorker Ehepaare auch.

Heute aus einem japanischen Restaurant. Lauren hatte großen Appetit auf Sushi. Doch da roher Fisch nicht in Frage kam, einigten wir uns auf Tempura-Shrimps, Pfannengemüse und Tofuklößchen. An den vergangenen zwei Abenden kam unser Dinner von Brunelli's, einem italienischen Restaurant an der 75th Street Ecke York, das zu

Christines Spendern gehört. Es war Christines Vorschlag, aber Brunellis Pastafagiole, und ich kann sie nur empfehlen.

Später sahen wir uns auf TCM *Giganten* an, und Lauren wandte dreieinhalb Stunden lang keinen Blick von der Mattscheibe.

Vor dem Film hatten wir uns ausführlich unterhalten, vor allem ging es Lauren darum, mir ihre Wünsche mitzuteilen (welche Kleidungsstücke und anderen Dinge ich für sie zusammenpacken sollte, wer sie im Krankenwagen begleitete und wer mit dem Auto folgte). Ohne meinen sterilen Kittel und die hellgrüne Haube hätte man es für eine typische häusliche Szene halten können. Nachdem ich ihr gerade einen Bissen Tempura in den Mund geschoben hatte, sah ich sie mit in der Luft schwebender Gabel an. »Du bist unglaublich. Einfach unglaublich. Und wunderschön.«

Ich wurde mit einem strahlenden Lächeln belohnt.

»Ich liebe dich«, sagte ich. »Sogar sehr.« Ich hatte bereits eingeräumt, dass mir das vor der furchtbaren Katastrophe zu selten über die Lippen gekommen war. Aber jetzt konnte ich es gar nicht oft genug sagen.

»Du bist meine Frau«, stellte ich fest.

»Yeah, eine Frau, die weder allein essen noch sich selbstständig anziehen kann.«

»Du wirst es bald wieder können. Es dauert nur noch ein bisschen.«

»Yeah, ein Jahr oder noch länger.«

»Das wissen wir. Wir müssen es eben durchstehen. Und vielleicht sieht in einem Jahr alles ganz anders aus. Du kannst heute nicht wissen, welche Fortschritte du in einem Jahr machen wirst. Bisher hast du großes Glück gehabt.«

Lauren räumte ein, dass sie wieder sprechen und laufen konnte. Mit ein wenig Mühe würde auch alles andere wieder werden.

»Ich war jeden Tag bei dir«, sagte ich.

»Ich weiß. Und ich danke dir sehr, dass du mir beigestanden hast«, erwiderte sie und begann leise zu weinen.

»Aber das ist doch selbstverständlich. Ich werde immer an deiner Seite sein. Für dich sorgen, dich beschützen.«

»O Greg, ich liebe dich sehr. Wir müssen zusammenbleiben, miteinander alt werden und irgendwann zusammen sterben.«

»Damit sollten wir uns vielleicht noch etwas Zeit lassen«, wandte ich ein.

Herzlichst,
Greg & Lauren

Absender: Greg
Empfänger: alle
Datum: Mittwoch, 12. Dezember 2001, 00:13
Betreff: Lauren am 10. Dezember

Heute war ich schon um Viertel vor zehn im Krankenhaus, um mir nichts von Laurens Aktivitäten entgehen zu lassen. Ich wollte jeden Aspekt ihrer Reha-Übungen mitbekommen und die Physiotherapeuten und Krankengymnasten des Burke kennen lernen, die aus Westchester gekommen waren, um einen Tag lang mit Lauren zu trainieren.

Wie schon betont, hat sich Burke nicht per se auf Verbrennungsopfer spezialisiert. Es ist eine Reha-Klinik, in der eine breite Vielfalt traumatischer Verletzungen behandelt wird, darunter Rückgratleiden und Schlaganfälle. Brandverletzte stellen in Burke keine große Gruppe dar, und ihre Rehabilitation ist ungemein aufwendig. Das Burke-Personal besitzt mit Sicherheit fundierte Kenntnisse der nötigen Therapien, verfügt aber nur über wenige Patienten wie Lauren, die das gesamte Spektrum benötigen. In etwa lässt sich das mit der Situation im St. Vincent's vergleichen, wo sich die Mediziner nach Laurens Einlieferung über die optimale Behandlung von Verbrennungen erst genauer informieren mussten, weil sie mit derartigen Fällen nicht täglich zu tun haben. Darüber hinaus wissen die Burke-Therapeuten noch nicht, in welchem Maß Lauren bereit ist, selbst zu ihrer Wiederherstellung beizutragen oder wie weit sie das zulassen können, ohne unzumutbare Schmerzen zu riskieren. Daher hat dieses erste Treffen große Bedeutung für die künftigen Therapiemaßnahmen.

Laurens Verletzungen waren so schwerwiegend, dass ihre Nachbehandlung alles fordert, was das Burn Center auf den Gebieten Physiotherapie und Krankengymnastik zu bieten hat. Lauren hat Verbrennungen an nahezu allen Gliedern sowie auf dem gesamten Rücken erlitten und Teile ihrer Finger durch Amputation verloren. Sie muss erst wieder lernen, ihre Beine, Arme und Hände einzusetzen, die Beweglichkeit ihrer Glieder trainieren. Ihre Ausdauer muss gestärkt und ihre Körperhaltung korrigiert werden, weil die Narben zu unbewussten Verspannungen führen. Sie hat so viele Übungen zu bewältigen, dass Lauren ihrer Physiotherapeutin zufolge den größten Teil ihres Arbeitstages ausfüllt.

Heute sollte ich das ganze Ausmaß dieser Bemühungen kennen lernen.

Bevor Lauren für einen Spaziergang das Bett verlässt, machen die Therapeuten Streckübungen mit ihren Beinen und Füßen. Dann hievt sich Lauren mit Hilfe ihrer Ellbogen in eine sitzende Position, schiebt die Füße vom Bett, setzt sie auf den Boden, steht auf und läuft.

Die ersten Schritte des heutigen Programms führten in die 18. Etage des Hauptgebäudes, in den hellen und luftigen PT-Saal des New York-Presbyterian mit einem umwerfenden Panoramablick auf Manhattan. Auf dem Weg dorthin lief Lauren mit uns über den Flur und um ein paar Ecken zu einem Lift mit blau gestrichener Tür, an der mit weißen Buchstaben »Patients Only« stand. Sie schritt resolut aus und war unübersehbar bester Stimmung. Wir schwebten mit dem Fahrstuhl die zehn Stockwerke in die Höhe.

Die durch die Fenster hereinscheinende Sonne verlieh dem Raum mit seinen diversen Liegen und Sportgeräten, an denen sich Patienten in Trainingsanzügen betätigten, eine ausgesprochen heitere Atmosphäre. Lauren trug ihre schwarzen Danskin-Jogahosen, ein Lycra-Jogaoberteil mit weiten Dreiviertelärmeln und ihre braune Bascap mit einem blauschwarzen Cantor-Fitzgerald-Logo.

In einem kleinen Verschlag im Hintergrund des Raumes wurde Laurens Gesicht erneut für die silikonbeschichtete Maske vermessen, die sie tragen wird, um übermäßige Narbenbildung zu verhindern. Diesmal klappte das Scanning.

Während ich auf Lauren wartete, bemerkte ich eine der Physiotherapeutinnen, die bis vor zwei Wochen im Burn Center gearbeitet hatte. Wir begrüßten einander, und sie erklärte, Lauren sähe großartig aus.

»Ich erinnere mich noch genau an den Tag, an dem sie eingeliefert wurde«, sagte die Therapeutin. »Und offen gestanden befürchtete ich, sie würde es nicht schaffen. Aber nun sehen Sie sie an!«

»Ich habe die Hoffnung nie verloren«, erwiderte ich.

»Nein, aber sie auch nicht.«

Lauren legte sich auf eine Liege, machte ein paar Bewegungsübungen mit den Beinen, stand auf und wollte den Raum wieder verlassen. An der Tür trafen wir die Physiotherapeutin, die für Lauren am New York City Marathon teilgenommen hatte, und sie zog Fotos aus der Kitteltasche, die sie uns überreichte. Auf einem Bild steht sie neben einer anderen Frau, beide in roten T-Shirts. Auf dem Rücken trug die Therapeutin ein weißes Spruchband mit den Worten »In Honor of Lauren Manning, WTC Survivor«. Auf dem ähnlichen Transparent der anderen Frau stand »9-11-01«.

Danach kehrten wir in das Burn Center zurück. Als wir Laurens Zimmer erreichten, war es Mittagszeit, und wir gönnten uns eine Pause. Lauren erklärte, sie hätte einen wahren Heißhunger auf Hot Dogs mit Senf und Relish, einen Knisch mit Senf und ein Ginger Ale. Ich rannte hinunter zum Hot-Dog-Stand an der Ecke, um ihre Wünsche zu erfüllen.

Als ich das Krankenhaus verließ, traf ich mit einem Mann zusammen, der Lauren kurz nach den Terroranschlägen besucht hatte, einen früheren Cantor-Mitarbeiter, der im August entlassen worden war. Als ich damals im Warteraum mit ihm sprach, erklärte er mir den Tränen nahe, er sei gekommen, um Lauren ein Segen bringendes Heiligenbild zu bringen, und versicherte, dass sie durch Gottes Gnade verschont worden sei. (Er äußerte die Überzeugung, gleichfalls zu den Auserwählten zu gehören, denn hätte er noch immer bei Cantor gearbeitet, wäre er am 11. September gestorben.) Diesmal wirkte er sehr viel entspannter, und ich bat ihn, mich über die Straße zu begleiten. Es endete damit, dass er Laurens Lunch bezahlte.

Ich schlug ihm vor, ins Wartezimmer zu gehen, während ich Lauren die Hot Dogs brachte, denn vermutlich würde sie ihn gern sehen wollen. Er reagierte überrascht, denn eigentlich war er gekommen, um mich zu sehen, da Lauren nur von Angehörigen und wenigen guten Freunden besucht wurde. Ich überließ ihn seinen eigenen zwei Hot Dogs und versprach, Lauren mitzuteilen, dass er da sei.

Als ich in ihr Zimmer kam, hatte sie bereits eine Besucherin, die Frau aus Milwaukee, die am Tag zuvor schon einmal da gewesen war. Und diesmal erinnerte ich mich genauer an die Frau. Zusammen mit ihrem Mann führt sie eine Erholungsstätte für Kinder, die Brandverletzungen überstanden hatten. Nachdem sie in der *New York Times* über Lauren gelesen hatten, schickten sie ihr zwei T-Shirts mit aufgedruckten US-Flaggen und ein kleines Album mit wunderschönen Fotos dieser Kinder.

Eigentlich hatte die Frau am Morgen nach Hause fliegen wollen, war aber nachts um drei mit der Überzeugung wach geworden, Lauren unbedingt noch einmal sehen zu müssen. Sie ging zu Tiffany's und kaufte zwei silberne Armbänder.

Eins schenkte sie Lauren und versprach, das andere selbst zu tragen, bis Lauren gesund nach Hause zurückkehrte.

Lauren trug ihres den ganzen Tag, sogar unter ihren Armschienen.

Während sich die Frau auf den Aufbruch vorbereitete, half ich Lauren beim Verputzen ihres Lunchs, angefangen beim fettreichen Hot Dog mit Senf bis zum ähnlich gehaltvollen Knisch. Da sie Kalorien noch immer sehr schnell verbrennt, kann sie buchstäblich alles essen und tut es auch. Ich berichtete Lauren, dass ihr Kollege im Warteraum saß, und sie meinte, sie würde ihn gern sehen. Daher fragte ich die Frau aus Milwaukee, ob es ihr etwas ausmache, ihn zu uns zu schicken.

Er kam herein und hatte bald nach der freudigen Begrüßung Trauriges zu berichten. Lauren erfuhr vom Tod eines nahen Kollegen, dessen Tochter im vergangenen Jahr an Krebs gestorben war. Die Nachricht ließ sie in Tränen ausbrechen. Aber der Mann erzählte ihr, dass die Frau des Kollegen, der noch eine Tochter geblieben ist, trotz ihrer Trauer nicht verzweifelt. Nachdem sie innerhalb eines Jahres zwei ihrer liebsten Menschen verloren hat, sucht und findet sie Trost im Glauben.

Die beiden unterhielten sich weiter über die Katastrophe, die Cantor Fitzgerald in besonderem Maß betroffen hat, und Lauren wiederholte, was sie schon einmal geäußert hatte: »Ich werde mein Leben in der Erinnerung an die Toten leben. Ich werde sie nicht vergessen.«

»Ich bin fest davon überzeugt, dass Sie von Gott verschont wurden«, sagte der Mann.

Als tiefgläubiger Mensch bat er Lauren, ein Gebet sprechen zu dürfen. Er kniete sich neben ihr Bett, ich legte seine Hand auf ihren Arm, und er begann leise zu beten. Mit geschlossenen Augen hörte Lauren zu und dankte ihm mit einem Lächeln.

Nach dem Essen wollte Lauren ein wenig dösen und wäre fast fest eingeschlafen, aber es war Zeit für Teil zwei ihrer Übungen im Gymnastiksaal im 18. Stock.

Diesmal waren ihre Hände an der Reihe. Sie setzte sich auf einen Stuhl und legte die Hände auf einen kleinen Tisch vor ihr. Ihr gegenüber nahm die Therapeutin Platz und begann ganz sanft jeden einzelnen Finger zu massieren, jeden Knöchel und jedes Gelenk. Die damit verbundenen Schmerzen ließen Lauren mehrmals aufstöhnen.

»Bringen wir die Folter hinter uns«, sagte sie, als sie sich setzte.

Die Prozedur dauerte eine Stunde. Manche Fingergelenke mussten gebeugt, andere gestreckt werden. Es sind sehr langwierige, anstrengende Übungen, aber unerlässlich, wenn Lauren die volle Beweglichkeit ihrer Finger zurückerhalten soll.

Unsere Hände benutzen wir nahezu unbewusst, Tag für Tag, von Kindesbeinen an. Wir schreiben und tippen, greifen zum Telefon, angeln Banknoten und Münzen aus der Tasche. Sie können weit mehr, als uns beim Waschen und Anziehen helfen, sie sind unsere wichtigsten Werkzeuge.

Im Moment kann Lauren mit ihnen buchstäblich nichts anfangen. Ihre Hände erlitten die verheerendsten Verletzungen, da sie mit ihnen rot glühende Türen aufstieß, um den Flammen zu entkommen. Das Metall dieser Türen war heißer als ein Brandeisen. Es kommt mir wie ein Wunder vor, dass sich der Zustand ihrer Hände den Medizinern und Therapeuten zufolge entscheidend verbessern soll.

Als die Therapeutin versuchte, die Finger um neunzig Grad zu beugen, wurde die Haut auf Laurens rechtem Handrücken schneeweiß, und ich bekam einen kleinen Einblick in das, was Lauren zu erdulden hat. Sie muss die Spannung der Sehnen und des neuen Hautgewebes bekämpfen, damit die kleinen Fingermuskeln ihre Arbeit tun können.

Mit Hilfe eines Apparats, der aussieht wie die verunglückte Hand eines Roboters, können Laurens Finger einzeln und für eine bestimmte Zeitspanne »gedehnt« werden, um sie geschmeidiger zu machen. Die Therapeutin bezeichnete die Vorrichtung als ganz besonderes Folterinstrument.

Nach dieser Tortur war Laurens Körper an der Reihe, ein ähnlich heikler Bereich, da sich ihr Rücken mittlerweile anfühlt, als stecke sie »in einer Rüstung«, wie sie sagt. Narbengewebe entwickelt sich über einen Zeitraum von einem bis anderthalb Jahren, eine Art nachhaltiges Echo auf einen katastrophalen Knall, aber Lauren wird sich Mühe geben und auch diese Probleme überwinden. Bei einer Übung kniete sich eine Therapeutin auf die Matte hinter Lauren und drückte mit dem Kopf gegen Laurens Wirbelsäule, damit es ihr leichter fiel, sich aus der Taille heraus nach vorn zu beugen.

Danach lief Lauren total erschöpft in ihr Zimmer zurück und schlief erst einmal eine Stunde.

Wir beschlossen, uns zum Dinner wieder Pastafagiole von Brunelli's kommen zu lassen, und wollten gegen Viertel vor sechs gerade anrufen, als Christine mit einer Starbucks-Tüte und drei backfrischen Croissants auftauchte. Ich erzählte, dass wir gerade Pastafagiole bestellen wollten, aber sie meinte, das sei nicht nötig, sie würde sich darum kümmern. Und eine halbe Stunde später kehrte sie mit fünf Portionen zurück.

Ich schob abwechselnd Lauren und mir Bissen in den Mund und achtete darauf, dass Lauren neben den Bohnen auch genügend Nudeln abbekam. Ich dachte über den Zufall nach, der uns Christine ins Krankenhaus geweht hatte, aber dann erinnerte ich mich an den einfühlsamen Busfahrer und kam zu der Erkenntnis, dass Gott in der Tat in jedem Detail zu stecken schien.

Gott hatte Lauren während ihrer Flucht vor den Flammen beschützt, er hatte ihr zum richtigen Zeitpunkt den Retter über den Weg geschickt, der sie zu einem Krankenwagen schleppte, er sorgte dafür, dass sie von einem wundervollen Arzt behandelt wurde, der acht Hauttransplantationen an ihr vornahm, ihre Wunden schloss und ihr die Funktionsfähigkeit ihrer Hand so gut wie möglich erhielt. Ich streichelte und liebkoste Hautpartien, von denen er das verbrannte Gewebe wie beschädigten Film entfernt hatte und auf die er genügend von Laurens gesunder Haut verpflanzt hatte, dass sie angenommen wurde und sich befriedigend weiterentwickelte.

Gott schickte uns die Schwestern und Pfleger, die Tag und Nacht rund um die Uhr dafür sorgten, dass ihre Verletzungen nicht tödlich wurden. Gott schenkte uns die Liebe, Zuwendung und Gebete von Angehörigen, Freunden, Kollegen und vieler mitfühlender Menschen in aller Welt. Gott führte Kareen zu uns, die an dem Abend in unser Leben trat, als sich Lauren, gerade erst zu sich gekommen, mit schreckgeweiteten Augen vor der nächsten Nacht allein auf der Intensivstation fürchtete.

Später kamen etliche Pflegekräfte, um sich bereits von uns zu verabschieden, und einer von ihnen, der Rollenspiele-Fan, sagte mit breitem Grinsen zu Lauren: »Sie haben Ihren Aufenthalt überzogen.«

Das mag sein, aber nur im Burn Center, nicht auf Erden. Ich muss wiederholen, was ihr Kollege heute sagte. Sie ist irgendwie auserwählt und hat viele Menschen inspiriert, vor allem mich. Und das könnte sehr gut ihre Aufgabe im Leben sein. Sie hat keine Veranlassung, *mehr* zu werden als das, was sie war, als sie am 11. September die Lobby des World Trade Centers betrat: eine liebevolle Frau, fürsorgliche Mutter und überzeugte Geschäftsfrau. Ich erhebe keinen Anspruch auf göttliches Wissen. Das kommt mir nicht zu. Aber ich weiß, was ich empfinde.

Gestern vergaß ich die emotionalsten Worte wiederzugeben, die Lauren und ich je ausgetauscht haben:

»Von allen Menschen auf der Welt hat Gott dich erwählt, Lauren.«

»Ich weiß, ich weiß«, erwiderte sie, während ihr Freudentränen in die Augen traten. »Danke, lieber Gott. Danke für mein Leben.«

Herzlichst,
Greg & Lauren

Absender: Greg
Empfänger: alle
Datum: Mittwoch, 12. Dezember 2001, 15:09
Betreff: Lauren am 11. Dezember

Es war ein historischer Tag, und er begann mit einer weltweiten Schweigeminute. Lauren hatte den Fernseher eingeschaltet, und da sie nicht an die Fernbedienung herankam, sah sie die Übertragung der nationalen und internationalen Gedenkfeiern für den 11. September.

»Sie haben schon wieder zugeschlagen«, schluchzte sie, als ich das Zimmer betrat.

Ich blickte auf den Bildschirm und sah ein zerbombtes Pentagon, dann Präsident Bush, und nahm einen Moment lang ebenfalls an, es hätte einen weiteren Anschlag gegeben. Aber die Bilder stammten vom 11. September, und Präsident Bush sprach auf der heutigen Gedenkveranstaltung.

Lauren wirkte sehr erregt, als sie zusah, wie die Welt der Katastrophe gedachte, bei der sie fast ihr Leben verloren hätte.

»Warum siehst du dir das an?« fragte ich.

»Weil ich es möchte«, erwiderte sie.

»Aber du musst dir das nicht antun«, sagte ich. »Wir können uns ein Band besorgen.« Damit schaltete ich das Gerät aus.

Sofort besserte sich ihre Stimmung, und wir überlegten, was wir noch packen mussten, da sie heute entlassen werden sollte.

Wir halfen Lauren beim Anziehen. Auf meiner Fahrt zum Burn Center hatte es geregnet, aber inzwischen war die Sonne hervorgekommen, und der Blick auf den East River muss herrlich gewesen sein. Doch niemand von uns sah aus dem Fenster. Lauren entschied sich für ein weißes T-Shirt, rote Jogahosen und ihre braune Cantor-Basecap. Auf ihrem Gesicht saß die silikonbeschichtete Maske (und Lauren fand sie unbehaglich fest; sie braucht eben etwas

Zeit, sich daran zu gewöhnen). Unter ihrem T-Shirt trug sie eine himmelblaue Jobst-Weste.

Kurz nach meiner Ankunft war Laurens Arzt erschienen, um sich zu verabschieden (zumindest bis zu ihrem Kliniktermin am nächsten Montag). Er hat ihr das Leben gerettet – im OP ebenso wie durch seine täglichen Visiten. Er hatte über ihre Medikamente und die Antibiotika entschieden, die Pflegekräfte und Therapeuten eingewiesen, die für sie sorgten, aber vor allem hat er im Operationssaal ihre verbrannte Haut durch neue ersetzt. Sie ist der glänzende Beweis für seine Fähigkeiten.

Das weiß Lauren genau. »Danke«, sagte sie heute zu ihm. »Vielen Dank, dass Sie mir das Leben gerettet haben.«

Ihr Gesicht verfärbte sich tiefrot, wie neuerdings immer, wenn sie sich sehr erregt, und sie begann zu schluchzen. Er legte seine Hand auf ihre Schulter und versuchte, sie zu beruhigen und zu trösten.

Das leere Zimmer bedeute medizinischen Erfolg, schrieb er mir später in einer E-Mail, aber er empfinde auch Bedauern, weil es dort nun niemanden mehr gibt, mit dem man sich austauschen kann. »Auf die Ankündigung, Lauren würde am nächsten Tag ihre Reha in Burke beginnen, kam am Montag in der Dienstbesprechung spontan Beifall auf. Ich nehme an, dass die Mitglieder des Teams sich selbst applaudierten. Danke für Ihre Unterstützung und Laurens Willensstärke. Wir sind alle sehr stolz.«

Jetzt packten wir ihre Dinge zusammen. Eine große braune Tüte wurde mit Verbandsmaterial gefüllt, eine andere mit Tubi Grips, Silikontuben, Elta-Feuchtigkeitscreme. Ihre Jogasachen kamen in einen roten SportSac, andere Habseligkeiten in eine kleine, karierte Tasche, der Rest in einen nagelneuen Rucksack, den sie am Tag zuvor von ihrer Freundin aus Milwaukee erhalten hatte. Alles wurde auf einen Rollstuhl getürmt wie auf einen Gepäckwagen, denn Lauren brauchte ihn nicht. Sie verließ das Zimmer auf ihren eigenen Beinen.

Andrew füllte den nötigen Papierkram aus. Er war der

Erste gewesen, den ich am 11. September im Burn Center zu Gesicht bekam, als er Laurens Trage entgegenblickte und schrie: »Der Nächste!« Heute übergab er mir ihre Entlassungsformulare, und zum letzten Mal im New York-Presbyterian Hospital unterschrieb ich für sie.

Wir standen noch ein paar Minuten auf dem Flur vor ihrem Zimmer. Ich verabschiedete mich von der Pfarrerin. Laurens Arzt kam noch einmal kurz vorbei, weil wir ihn darum gebeten hatten. Erneut dankten wir ihm, und Lauren hatte wieder Tränen in den Augen, aber diesmal stand sie und umarmte ihn. Dann wandte er sich an mich und sagte: »Lange her, seit wir im Warteraum standen und ich Ihnen die Details von Laurens Behandlung erläuterte.«

Zwei Sanitäter in blauen Uniformen kamen über den Korridor auf uns zu. Lauren stellte sich ihnen vor. Sie wollten sie auf einer Trage in den Krankenwagen bringen, aber sie bat darum, das Krankenhaus auf ihren Beinen verlassen zu können.

Lauren hob die Arme und verkündete: »Es ist so weit. Nach exakt neunzig Tagen können wir das Burn Center verlassen.«

Begleitet von einem Sanitäter, begann sie über den Flur zu laufen, während der andere mit der Trage folgte. Ich schob den Rollstuhl und merkte plötzlich, dass mir die Tränen kamen. Lauren hatte wochenlang im Bett gelegen, aber ich war so oft über diese Korridore gelaufen, dass mir der Abschied nicht in Laurens Zimmer bewusst wurde, sondern in dem Moment, als wir an den beiden Schwesternstationen vorbeikamen. Es gab so viele Menschen, denen wir Dank schuldig waren, die Lauren gerettet und mich getröstet hatten, die mir Grund zur Hoffnung gegeben hatten, ohne die Wahrheit zu verschweigen – vom resoluten Direktor der Klinik, der nicht wollte, dass sich »diese Bastarde« auch nur eines weiteren Opfers rühmen konnten, bis zu all den Pflegern und Schwestern, die sich fachkundig und liebevoll um Lauren gekümmert hatten.

Ich fühlte mich überwältigt. Ich hatte Freude erwartet,

aber stattdessen wurde mir bewusst, wie unglaublich das alles war: Lauren *lief,* verweigerte die Trage und führte ihr Gefolge in die Zukunft. Wir verließen das Burn Center. Wir würden zurückkehren, aber unter anderen Umständen. Als Reha-Patientin – als mein Wunder, ihr Wunder. Und das alles verkörpert in dieser Lady von einsdreiundsechzig, mit ihren Druckverbänden, den Jogaklamotten und der Cantor-Basecap.

Ich wandte mich Andrew zu, um ihm die Hand zu schütteln, aber dann zog ich ihn an mich und dankte ihm für alles. Er wünschte uns viel Glück – dabei stand er kaum zehn Meter von der Stelle entfernt, an der er an jenem verhängnisvollen Tag Lauren in Empfang genommen hatte.

Am Empfang hatten sich Physiotherapeuten versammelt, und Lauren blieb stehen, um jeden von ihnen zu umarmen. Dann betrat sie den Galeriegang mit den Grußkarten und guten Wünschen. Wir folgten ihr zu den Patientenfahrstühlen.

Ich erinnerte mich daran, wie ich am 11. September benommen hinter ihrer Trage herlief, voller Angst, sie würde es vielleicht nicht schaffen, bis ich sie endlich den einzigen Menschen übergab, die ihr Leben retten konnten. Jetzt lief sie uns voran, und wir fuhren möglicherweise in derselben Liftkabine ins Erdgeschoss. Spontan reckte ich meinen Daumen.

Lauren verließ das Krankenhaus dort, wo man sie eingeliefert hatte. An der Auffahrt für Krankenwagen, an der am 11. September Menschen in betroffenem Schweigen zusahen, wie sie aus der Ambulanz gehoben und in das Gebäude gerollt wurde – in einer so absoluten Stille, dass man die Räder leise quietschen hörte. Diesmal winkte Lauren vergnügt aus dem Krankenwagen.

Ich dachte an Jennieann, Inga, Dolores, René und die anderen, die den Kampf um ihr Leben verloren hatten, die durch dieselben Türen ins Burn Center gefahren worden waren, begleitet von den verzweifelten Wünschen ihrer Familien, die auf das Unmögliche hofften: dass alle überlebten. Wie sehr musste sich jeder von ihnen einen Tag wie diesen ersehnt haben, ging mir durch den Kopf.

Ich folgte der Ambulanz vom Krankenhausgelände auf den FDR. Der Krankenwagen fuhr mit Blaulicht, aber ohne Sirene. Ich hatte Scheinwerfer und das Warnblinklicht eingeschaltet. Auf dem Weg nach White Plains gelang es drei Autos, sich zwischen uns zu schieben. Nachdem sie vergeblich darauf gewartet hatten, dass die Ambulanz die Sirene einschaltete und ihnen einen schnelleren Weg durch den Verkehr bahnte, gaben sie auf und überholten den Krankenwagen. Wir kamen vor dem Burke an, und kurz vor zwölf war Lauren in ihrem Zimmer.

Im Vordergrund des sechzig Morgen großen Geländes von Burke erhebt sich ein prächtiger roter Klinkerbau im klassizistischen Federal Style mit sechs weißen Säulen und einem Uhrenturm. Hinter diesem Forschungsgebäude befindet sich die Reha-Klinik, ein zweistöckiges Gebäude mit langen Seitenflügeln. Innen ist alles hell und sauber. Auf den Fluren sitzen Patienten in Rollstühlen, andere bewegen sich mit Gehhilfen langsam vorwärts. Als Lauren hineingerollt wurde, lächelten uns Pfleger zu und sagten: »Willkommen in Burke.«

Laurens Zimmer war in der Tat recht klein und erinnerte mich an den Raum in einem Studentenwohnheim, der auf einen neuen Bewohner wartet. Es gibt ein Handwaschbecken mit einem Spiegel, ein winziges Bad mit Dusche und Toilette, ein Bett, eine Art Regal mit Schiebetüren, einen Kleiderschrank und einen Garderobenständer. Anstatt auf den East River blickt Lauren nun auf eine große Rasenfläche mit Spielplatz und darf sich nachmittags auf Sonnenschein freuen.

Die Pflegekräfte tragen verschiedenfarbige Jacken, die grauen Kittel sind passé. Sie sind beruhigend freundlich und zugänglich. Sie wissen, dass sie in Laurens Fall ein wenig dazulernen müssen, sind aber sicher, dafür nicht lange zu brauchen. (Es war weise, dass Kareen über Nacht blieb, denn sie musste den Nachtschwestern zeigen, wie Lauren verbunden wird.) Man war bemüht, Lauren das Leben leichter zu machen. Innerhalb einer Stunde erschien ein Techniker, der eine Vorrichtung installierte, bei der sie nur in einen Strohhalm zu blasen braucht, um Fernseher zu bedienen, die Schwester zu rufen und sogar Telefonate zu beantworten. Derartige Vorrichtungen sind eine große Hilfe für Patienten mit irreversiblen Wirbelsäulenschäden. Glücklicherweise wird Lauren es nur ein paar Tage benötigen, höchstens eine oder zwei Wochen. Jetzt kann sie die TV-Kanäle selbst wählen.

Im Erdgeschoss gibt es eine Bibliothek, und Lauren wurde eine Art Buchstütze zur Verfügung gestellt, die ihr das Umblättern der Seiten erleichtert. Sie wählte einen Kriminalroman mit Kay Scarpetta aus und begann in ihm zu lesen, als ich sie am Abend verließ.

Kurz nachdem Lauren ihr Zimmer bezogen hatte, erschien ihr neuer Arzt, ein Reha-Spezialist, um die Therapie und die nötigen Medikamente mit ihr zu besprechen. Er wirkte ungemein herzlich und zuvorkommend. Als Lauren ihren Heißhunger auf Pommes frites erwähnte, griff er zum Telefon und bat, ihr eine Portion zu bringen. Er versicherte ihr, dass sich das Personal umfassend über ihren besonderen Fall und seine Erfordernisse informieren und alles tun würde, was zu ihrer Rehabilitation nötig sei.

Später traf ich ihn auf dem Flur und unterhielt mich ausführlich mit ihm. Nach Harry Waizer ist Lauren die zweite Patientin in Burke, die bei den Terroranschlägen verletzt wurde.

Später untersuchte der Arzt Lauren gründlich und bemerkte irgendwann über die im Burn Center geleistete medizinische Arbeit: »Beeindruckend, höchst beeindruckend.«

Mein erster Eindruck war sehr positiv. Lauren und ich gingen durch die Bibliothek und dann in einen sonnendurchfluteten Aufenthaltsraum mit einem riesigen Erkerfenster. Wir hatten eine Intensivklinik mit einem Ort vertauscht, an dem sich niemand Sorgen darüber zu machen brauchte, ob ein Patient die Nacht übersteht. Im Burn Center ging es um Leben oder Tod. Hier um Wiederherstellung, Heilung.

Heute betrachtete sich Lauren zum ersten Mal in dem Spiegel über ihrem Waschbecken. Die Physiotherapeutin im Burn Center hatte ihr geraten, das möglichst bald zu tun, damit sie erkannte, dass noch viel gegen die Narbenbildung getan werden musste. Ihr Gesicht ist nicht wirklich entstellt, aber eine Reihe kleiner Narben zieht ihre Unterlippe herab. Es ist noch immer ihr Gesicht, habe ich geschrieben, und das stimmt, aber sie hat es nicht mehr gesehen, seit sie sich am 11. September früh schminkte.

Ihre Reaktion bestand darin, dass sie um das Silikonpflaster bat, das sie über der Oberlippe tragen muss. Sie sah, wo es ihr am besten helfen würde. Als Folge des Traumas sind ihre Haare ein wenig dunkler als früher. Ihr Teint ist rosiger als zuvor. Aber der Ausdruck in ihren Augen ist geblieben, wie auch ihr hinreißendes Lächeln. Und so gab es keine Tränen, sondern nur entschlossenes Handeln.

Sie ist auf dem richtigen Weg. Vom 11. September bis zum 11. Dezember hat Lauren den Kampf nie aufgegeben. Er ginge noch immer weiter, sagte sie, aber ich entgegnete, der Krieg sei vorbei, sie habe gewonnen. Sie sei die siegreiche Heldin.

Während des Abendessens in Westchester sprachen wir über die Katastrophe. Sie wusste, dass für den 11. September im *Windows on the World* eine Konferenz geplant gewesen war, an der ich teilnehmen wollte. Sie wusste auch, dass sie sich an diesem verhängnisvollen Tag ein wenig verspätet hatte.

»Gott sei Dank, dass die Konferenz verschoben wurde«, sagte sie. »Wir wären gemeinsam mit dem Taxi zum World Trade Center gefahren. Du wärst in den hundertundsiebten Stock gefahren, ich in den hundertundfünften. Wir wären beide gestorben, und unser kleiner Sohn … unser kleiner Sohn hätte keine Eltern mehr.«

Selbst jetzt kommen mir wieder die Tränen. Ich habe davon geschrieben, darüber gesprochen. Aber heute dachten wir beide daran. Ich sah Lauren an, sie sah mich an. Wir waren beide am Leben, unser kleiner Junge hat seine Eltern behalten.

Das Grauenhafteste, was ich mir vorstellen kann, ist Menschen zugestoßen, die Lauren und ich kannten. Wir können nicht aufhören, darüber nachzudenken, was hätte sein können …

Aber ich hatte an diesem Morgen keinen Termin im WTC, sie hat sich verspätet, und ich habe sie gefunden. Ein Team von Engeln in Kitteln hat sie mir zurückgegeben und für unseren Sohn am Leben erhalten.

»Ich liebe dich, Lauren. Du ahnst nicht, wie sehr.«

Sie blickte mich an und begann wieder zu weinen. Irgendwie können wir uns in letzter Zeit nur schwer beherrschen.

»Ich bin so glücklich, dass wir zueinander gefunden haben«, sagte sie.

»Du bist hier, bei mir«, erwiderte ich. »Es geht dir gut und bald noch sehr viel besser. Du wirst nirgendwo mehr hingehen.«

»Nur noch nach Hause«, flüsterte sie.

Herzlichst,
Greg & Lauren

Absender: Greg
Empfänger: alle
Datum: Dienstag, 18. Dezember 2001, 00:05
Betreff: eine Mitteilung von Lauren

Hallo, ihr Lieben,

endlich meldet sich die Patientin.

Irgendwie fehlen mir die richtigen Worte, meine Dankbarkeit für eure Liebe, euer Mitgefühl, eure Unterstützung und eure Gebete auszudrücken.

Die wundervollen Briefe und Geschenke, die ihr mir geschickt habt, waren ein Glück und eine große Freude für mich.

Ich danke euch von Herzen für eure Liebe und alles, was ihr für mich getan habt und weiterhin tut, um mir meine Tage ein wenig leichter zu machen.

Wie ihr wisst, bin ich jetzt in Burke, und wir arbeiten energisch an meiner Rehabilitation. Obwohl ich nie wieder ganz so aussehen werde wie früher, weiß ich in meinem tiefsten Innern, dass es einen Sinn haben muss, dass ich überleben durfte, und aus dieser Erkenntnis heraus will ich anderen helfen, die Ähnliches durchmachen mussten.

Gott schütze euch und erhalte euch alle in guter Gesundheit …

Ich liebe euch alle.

Herzlichst,
Lauren

Danksagungen

Dieses Buch habe ich spätabends oder frühmorgens geschrieben, auf meinem Computer, aber auch auf denen von Freunden. Passagen davon entstanden auf einem BlackBerry im Warteraum des New York-Presbyterian Hospital. Was als E-Mail-Informationen über Laurens Befinden begann, wurde zu einem Tagebuch unseres Lebens. Doch das Buch wäre nie entstanden oder ganz anders ausgefallen, wenn Lauren den Kampf um ihr Leben nicht gewonnen hätte. Daher möchte ich die Gelegenheit als Laurens Mann und als Autor ergreifen, dem Team des Weill Cornell Burn Center, den Ärzten, Schwestern, Pflegern, Physiotherapeuten, Krankengymnasten, Psychologen und Sozialarbeitern dafür zu danken, dass sie Lauren das Leben gerettet haben.

Ich möchte Dr. Roger Yurt danken, dem Direktor der Intensivstation für Brandverletzte und Laurens behandelndem Arzt, der die entscheidenden Operationen durchführte und die Art ihrer Therapie bestimmte. Seine fachlichen Fähigkeiten werden nur von seinem Verständnis und seinem Mitgefühl übertroffen. Dank auch an seine Kollegen Dr. Palmer Bessey, Dr. Gregory Bauer, Dr. Jason Rolls und Dr. Joseph Turkowski sowie den anderen Medizinern, die während Laurens neunzigtägigem Aufenthalt im Burn Center für ihre Behandlung verantwortlich waren.

Ein besonderes »Dankeschön« den Schwestern und Pflegern, die Lauren umsorgten. Manche hat sie wegen ihres Komas kaum wahrgenommen, sich aber mit anderen, die während eines späteren Stadiums ihrer Therapie für sie zuständig waren, fast angefreundet. Ich habe alle kennen gelernt und weiß, dass sie Laurens Herzschläge und Atemzüge peinlich genau überwachten und ihr durch jede Krise halfen.

Richard Thalman war in den ersten kritischen Tagen ihr Tagpfleger und der Erste, der ihr klassische Musik vorspielte. Lars Updale brachte Lauren durch ihre erste Nacht, gefolgt von Pauline Lee, die in den nächsten Nächten für sie sorgte. Danach kamen viele, die sich mit gleicher Hingabe um Lauren kümmerten. Ich führe sie in alphabetischer Reihenfolge auf: Jill Abshire, Nicole Alden, Eugene Ambrosio, Alex Baguio, Dawn Battle-Massey, Virginia Bentley, Jennifer Bianchi, Edna Blaise, Zenon Borawski, Andre Cesarski, Nicole Cole, Mervin David, Bobby Dixon, Hantz Dumont, Judith Dziuba, Monica England, Jennifer Estes, Faith Fajarito, Jennifer Forsberg, Marjorie Fortin, Debra Fox, Polly Frank, Sandra Garraway, Michael Geremia, Jonathan Gilbride, Ellen Gilley, Kelly Giudice, Andrew Greenway, Daniel Haughie, Diana Kraus, Jo Kraynick, Gregory Lee, Holly Macklay, Bernadette Maguire, Alison Malarkey, Barbara McGee, Charles Mitchell, Peggy Mitchell, Chanita Montgomery, Oscar Nagrampa, Kenneth Osorio, Arti Panchal, Rafael Portales, Theresa Potocki, Kathleen Pry, Linda Quintiliani, Barbara Ritchwood, Elvira Robateau, Kelly Russell, Meredith Santiago, Sarah Seiler, Roger Tague, Hayes Vargo, Susan Vinge, Tanya Walker, Rhonda Wilson und Svetlana Zavuroua. Vielen Dank, Dan und Gene.

Unser Dank gilt auch den Physiotherapeuten und Heilgymnasten, die Laurens Rehabilitation mit Sachkunde und Hingabe begleiteten, vor allem Hope Laznick und Robin Silver, aber auch Kimberley Broderick, Jennifer Gilbert, Kimberly Hill, Rita Ingram, Tracy Maltz, Maureen Marren, Ivette Mayo, Alyssa Padial, Kerrie Schryver, Malvina Sher und Samuel Yohannan. Dank auch an Tracy für ihre Teilnahme am New York City Marathon in Laurens Namen.

Jennifer Roberts, die Psychologin des Burn Centers, gewährte Angehörigen und Patienten gleichermaßen Rat und Hilfe. Die Sozialarbeiterinnen Joyce Scheimberg und Nancy Li unterstützten uns bei der Suche nach der geeigneten Reha-Klinik. Reverend Carolyn Yard gewährte unermüdlich geistigen Beistand und Trost.

Am 19. September dachte ich keine Sekunde lang an ein Buch, aber im Lauf der Zeit kamen andere auf diese Idee. Mein Freund Dan Gold schickte einige der E-Mails an Stephen Fried, einen erfolgreichen investigativen Reporter und Autor. Steve machte mich mit Ann Harris bekannt, seiner Lektorin bei Bantam Dell.

Ende Oktober setzte ich mich erstmals mit Ann zusammen, und sie gewann sehr schnell die Überzeugung, dass das Manuskript nach der Fertigstellung publiziert werden sollte. Ich werde Ann für ihr wohlwollendes Urteil, ihr Vertrauen und ihr kritisches Auge stets dankbar sein. Sie hat aus den E-Mails ein Buch gemacht, das sich nicht nur interessant liest, sondern auch informativ ist. Gleichermaßen danke ich Irwyn Applebaum, dem Verleger von Bantam Dell, für seine freundlichen Worte und seine Unterstützung. Dank auch an Barbara Burg, die Leiterin der Abteilung Kommunikation, die dafür sorgte, dass Laurens Geschichte nicht nur aufgeschrieben, sondern auch gelesen wird.

Besonders verbunden fühle ich mich den Freunden und Kollegen, die in jenen ersten schrecklichen Tagen an unsere Seite eilten und sich seither als verlässliche Quellen der Unterstützung und des Zuspruchs erwiesen haben. Worte reichen nicht aus, ihnen für all ihre guten Wünsche und Gebete zu danken.

Mein tief empfundener Dank gilt Howard Lutnick, dem Präsidenten von Cantor Fitzgerald, der unverzüglich zu Lauren eilte, um sie seiner Zuneigung und seines Mitgefühls zu versichern, und der zusammen mit seiner Frau Alison unermüdlich Beistand leistete. Dank auch an Gil Scharf, dem CEO von Euro Brokers, dessen erste Worte an mich nach der Katastrophe in dem Auftrag bestanden, an der Seite meiner Frau zu bleiben und sie in ihrem Ringen zu unterstützen.

Und Dank vor allem an Lauren, die unglaublich tapfer um ihr Leben gekämpft hat – für Tyler und für mich.

Ein Wort über den Autor

Greg Manning ist Absolvent der University of Pennsylvania. Er arbeitete als Reporter und Redakteur sowie seit 1984 in führenden Marketingpositionen der Wirtschaftsinformationsbranche. Jetzt ist er Direktor der Abteilung Information Sales and Marketing bei Euro Brokers, die gleichfalls im World Trade Center ihren Firmensitz hatten. Er lebt zusammen mit seiner Frau Lauren und ihrem Sohn Tyler in New York City.

gregandlauren@aol.com

Abdruckgenehmigung